Los
Profetas
Menores

CHARLES L. FEINBERG

EDITORIAL
Vida

La misión de Editorial Vida es proporcionar los recursos necesarios a fin de alcanzar a las personas para Jesucristo y ayudarlas a crecer en su fe.

ISBN 0-8297-1088-4

Categoría: Comentarios bíblicos

Este libro fue publicado en inglés con el título
The Minor Prophets
por Moody Press

Traducido por René Arancibia M. y Augustín S. Contin
Editado por Esteban Marosi

Cubierta diseñada por Héctor Lozano

Printed in the United States of America

02 * 12 11 10 9 8 7 6

INDICE

PROLOGO

En esta obra el doctor Charles Feinberg ha dado muestras de poseer una desacostumbrada combinación de talentos, que han contribuido a una extraordinaria excelencia en la enseñanza de laicos cristianos que aman la Biblia de todo corazón. Su profundo conocimiento del hebreo bíblico, el cual obtuvo en su preparación original para el rabinato, junto con un dominio total del griego del Nuevo Testamento, lo capacitan para realizar un minucioso estudio de las Sagradas Escrituras en las lenguas originales.

Como erudito responsable, está muy al tanto de los puntos de vista de otros expertos bíblicos no dispensacionalistas, y tiene buen cuidado de tratarlos siempre con justicia, a pesar de su dedicación personal básica al dispensacionalismo. Esto significa que casi todos los lectores premilenialistas considerarán sus exposiciones útiles y enriquecedoras, aun cuando pueda haber algunos puntos secundarios de desacuerdos sobre detalles. Sin embargo, en temas relacionados con el marco histórico y el sistema cultural en que los doce profetas menores recibieron sus mensajes del Señor, ningún erudito bíblico bien informado podría encontrar errores en la manera que el doctor Feinberg maneja la información.

Además de su competencia en lingüística, historia y teología bíblica, el autor demuestra en este volumen que domina muy bien el arte de la comunicación. Su estilo es lúcido y claro, y comunica el mensaje de las Escrituras en una forma sencilla, pero persuasiva, que la mente puede captar y a la que el corazón puede responder. Trata incluso los temas de interpretación más difícil y controvertida (tales como la inmoralidad de Gomer, la esposa de Oseas, y el problema ético de su matrimonio con ella) de un modo satisfactorio y convincente, en términos que la mayoría de los lectores puede entender. Es admirable su talento para tratar los temas de ese tipo de un modo tan pertinente y preciso.

Junto a su lucidez concisa, el doctor Feinberg demuestra tener un ardiente interés y una sincera preocupación por el crecimiento espiritual de sus lectores. Con mucha frecuencia pasa de la interpretación a la exhortación, persuadiéndolos del deber de aceptar con verdadera fe y amor la voluntad revelada de Dios, para que sus vidas lleguen a ser realmente diferentes.

El doctor Feinberg da muestras de tener un exquisito sentido de equilibrio al tratar temas de controversia a medida que se van presentando en los puntos más polémicos de los profetas menores, Con relación al pasaje del capítulo 2 de Joel que Pedro citó el día de Pentecostés, en Hechos 2:16-21, comenta: "No podemos adoptar la posición de que sólo había de cumplirse una porción de la profecía, porque eso trastornaría las profecías bíblicas. . . La mejor actitud que se puede tomar es considerar que Pedro empleó la profecía de Joel como una ilustración de lo que estaba sucediendo en su día y no como el cumplimiento de esta predicción. En pocas palabras, Pedro vio en los acontecimientos de aquel día una prueba de que Dios todavía habría de llevar a cabo completamente todo lo que profetizó Joel. Así pues, la profecía de Joel tuvo entonces un anticipo de su cumplimiento; todavía está por cumplirse (como lo demuestran los pasajes del Antiguo Testamento que se refieren al derramamiento del Espíritu Santo)." Algunos de nosotros podríamos expresarlo de una forma un poco distinta, afirmando ciertamente que parte de la profecía de Joel se cumplió el día de Pentecostés y otra parte queda todavía por cumplirse en los últimos días; pero la elección del doctor Feinberg de la frase anticipo de su cumplimiento minimiza la separación entre su punto de vista y el nuestro. Debo añadir que he utilizado su gran comentario sobre Zacarías, uno de los libros proféticos más complejos, y ha sido de gran ayuda para mis alumnos de la escuela nocturna para laicos. Su interpretación del intrigante simbolismo de las visiones del profeta es clara y convincente, además de que dedica una atención muy respetuosa a las opiniones con las que no está personalmente de acuerdo.

Gleason L. Archer
Trinity Evangelical Divinity School

PREFACIO

Una de las ineptitudes literarias de todos los tiempos es el nombre común dado a los últimos doce libros del Antiguo Testamento: Profetas menores. La impresión que da este calificativo es que se trata de libros de poca importancia. Un modo mucho mejor de designarlos es el que han utilizado los rabinos, esto es: los doce. El canon hebreo dividía los libros proféticos en Profetas anteriores (Josué, Jueces, Samuel y Reyes) y posteriores (Isaías, Jeremías, Ezequiel y los Doce). Se conocía a los doce desde la antigüedad como los profetas menores debido al tamaño relativo de sus profecías al compararlas con las de Isaías, Jeremías y Ezequiel. Constituían un solo volumen para asegurarse de que no se perdiera ninguno de los doce libros.

Los autores humanos de estos libros vivieron, trabajaron y escribieron entre el siglo nueve y el cinco antes de Cristo. Sus mensajes, que tienen una importancia muy grande, contienen los temas predominantes de las Escrituras proféticas relativas al Mesías, a Israel, a las naciones y al reino terrenal del Señor. Sus días corresponden a la era del imperio asirio, el período babilónico y los siglos posteriores a la cautividad. Sin embargo, su secuencia en la Biblia no sigue un orden cronológico.

Los temas que contiene este comentario aparecieron primero en cinco volúmenes (1947-1952). Durante el período de más de un cuarto de siglo que ha transcurrido desde la publicación original de esos cinco volúmenes, hemos recibido muchas expresiones de aprecio por lo cual le estamos agradecidos a Dios.

Este libro tiene la finalidad de satisfacer una verdadera necesidad de material sobre los tan desatendidos profetas menores, situándolos en su marco apropiado con relación a Israel. Es asombroso cuán oportunos y aplicables son los mensajes de esos siervos de Dios a nuestra época tan trastornada. Cualquiera que desee tener un buen equilibrio en lo que se refiere a la verdad de Dios, deberá ponderar cuidadosamente estos libros de los profetas.

El autor tuvo siempre en cuenta el texto en hebreo a todo lo largo de los estudios. El lector descubrirá muy pronto que el libro contiene toda una serie de referencias cruzadas que se cotejaron y recopilaron con todo cuidado y son esenciales para el estudio. Es preciso recalcar que, para sacar el mayor provecho posible, se debe seguir el texto de la Biblia en español junto el estudio de este libro.

El autor escribió este libro teniendo en mente a los lectores cristianos promedio, con el fin de despertar en ellos un amor duradero y bíblico a Israel, el pueblo escogido de Dios, y de hacer que se llenen de fervor misionero por su salvación. Por esta razón, aun cuando consultamos con cuidado distintas obras clásicas sobre los profetas menores, no hemos considerado necesario cansar a los lectores con una gran cantidad de citas en notas al pie de la página. Tuvimos siempre delante el texto hebreo al escribir la obra y confiamos en poder respaldar con el texto original todas las posiciones adoptadas.

El autor se ha sentido ricamente retribuido en bendiciones espirituales al dedicarse a estos estudios de la Palabra de Dios, y se ha regocijado al ver que al Señor le ha parecido bien hacer que fueran también de bendición para otros. Le estaremos muy agradecidos a Dios si utiliza estas páginas para hacer que muchos corazones se vuelvan a Israel en su triste situación en estos días trascendentales, para que le den a conocer su Mesías, el Señor Jesucristo.

Ahora ponemos esta obra en las manos de Dios para su gloria y para la divulgación de la verdad, tanto entre los judíos como entre los gentiles, así como entre toda la familia de la fe.

Charles Lee Feinberg
Decano emérito
Profesor de lenguas semíticas
y Antiguo Testamento
Seminario Teológico Talbot

PRIMERA PARTE

OSEAS:
El amor de Dios por Israel

1

OSEAS, EL PROFETA

EL HOMBRE

El libro mismo de Oseas es nuestra única fuente de información sobre la vida y el ministerio del profeta. Su nombre, que aparece en la Biblia como Oseas, Josué y Jesús, significa salvación. Fue contemporáneo de los profetas de Judá Isaías y Miqueas (Compárese Oseas 1:1 con Isaías 1:1 y Miqueas 1:1). En tanto que el ministerio de estos dos últimos profetas estaba dirigido al reino meridional de Judá, la labor de Oseas se centró primordialmente en el reino septentrional de Israel, fundado por Jeroboam, hijo de Nabat.

Oseas ejerció su ministerio durante los reinados de Uzías, Jotam, Acaz y Ezequías de Judá, y en el período de Jeroboam II, hijo de Joas de Israel. Si comparamos las fechas, comprobaremos que Oseas vivió mucho más que Jeroboam II. Sin embargo, no es necesario sostener que su ministerio tuviera lugar desde el primer año del reinado de Uzías hasta el último de Ezequías, lo que significaría un período de aproximadamente un siglo (debemos recordar que el reinado de Jotam traslapa al de Uzías, su padre, que era leproso; su enfermedad hizo que fuera imperativa una corregencia, 2 Reyes 15:5). Es probable que Oseas profetizara durante un poco más de medio siglo. Algunos sostienen que lo hizo durante setenta u ochenta años.

Vida doméstica

De ninguno de los otros profetas tenemos tanta información sobre su vida en el hogar como de Oseas, porque es en ella donde radica el mensaje de Dios para su pueblo, como lo veremos más adelante. Tanto la esposa como los hijos de Oseas fueron señales y presagios para Israel, Judá y la nación reunida del futuro. Si Isaías pudo decir: "He aquí, yo y los hijos que me dio Jehová somos por señales y presagios en Israel, de parte de Jehová de los ejércitos, que mora en el monte de Sion" (Isaías 8:18), Oseas pudo decir lo mismo con igual derecho. Con mucha frecuencia, por haber pasado por alto este hecho, se ha disipado la fuerza del mensaje de su profecía, considerando simbólicos los eventos relatados. Sin embargo, el mensaje era real porque los hechos señalados tuvieron lugar verdaderamente en la vida del profeta.

Su mensaje

Los capítulos 1 al 3 constituyen una sección bien definida del libro, en la que se nos dan a conocer las experiencias domésticas del profeta. Los mensajes proféticos propiamente dichos los encontramos en los capítulos 4 al 14. Amos había predicado el arrepentimiento para conducir a Israel de vuelta a Dios; pero Oseas proclamaba el amor. Amós había dado a conocer la inalcanzable justicia de Dios; Oseas, el indefectible amor de Dios. Nuestro profeta presenta al Señor como el Dios del corazón lleno de amor. Alguien dijo muy acertadamente que Oseas fue el primer profeta de la gracia, el primer evangelista de Israel. Del mismo modo que Lucas nos presenta al hijo pródigo, Oseas nos da un retrato de la esposa pródiga. En ninguna otra parte de toda la amplia revelación de Dios encontramos palabras de amor más hermosas que en Oseas 2:14-16; 6:1-4; 11:1-4, 8, 9; 14:4-8.

Su época

Para entender correctamente el mensaje de cada profeta, se debe estudiar en el trasfondo de su momento histórico. Oseas vivió en un período aparente de prosperidad material. El reinado de Uzías se caracterizó por una serie de batallas triunfales, un número creciente de proyectos de construcción en el país, la multiplicación de las fortificaciones y el fomento de la agricultura (véase 2 Crónicas 26). Los reyes que lo sucedieron tuvieron también prosperidad, aunque no en la misma magnitud. En cuanto a Jeroboam II, logró recuperar para Israel un dominio territorial mayor que el que había tenido desde el rompimiento del reinado salomónico (2 Reyes 14:25), anexando incluso Damasco, que ya se había perdido desde los días de Salomón (1 Reyes 11:24).

A pesar de la prosperidad que les concedió Dios, el pueblo substituyó la realidad interior con formas exteriores (véase Isaías capítulos 1 y 58). Cometían toda clase de pecados y estaban en una gran decadencia moral y espiritual. Jesurún había engordado y tirado coces (Deuteronomio 32:15). El profeta Oseas y sus contemporáneos prorrumpieron en expresiones de desaprobación contra ese bajo nivel de espiritualidad del pueblo.

LA INTRODUCCIÓN

Los primeros tres capítulos del libro tienen un carácter introductorio y nos proporcionan un resumen del mensaje completo del profeta. (Por razones de espacio omitimos el texto de la profecía; pero el lector debe tenerlo a mano para aprovechar al máximo el estudio.) Oseas inicia su profecía situándola en el tiempo. A pesar de ser un profeta de Israel, marcó su mensaje primordialmente con los nombres de los reyes de Judá, porque las promesas de Dios se centraban en el linaje de David.

La primera comunicación que el profeta recibió de Dios fue una orden para que se casara con una mujer que más tarde se convertiría en ramera. Esta orden dada por Dios al profeta ha sido objeto de muchos debates y desacuerdos. Se sostiene que si esto fuera literalmente cierto, Dios le estaba imponiendo a Oseas la realización de un acto indigno, por no decir pecaminoso. Este modo de razonar es difícil de entender, ya que el profeta no podía contaminarse personalmente tan sólo por casarse con una mujer que más tarde resultó ser una ramera, o más bien una adúltera, puesto que sus delitos los cometió después de haberse casado. Sólo es posible comprender plenamente el significado del mensaje del profeta cuando se considera la transación en su carácter literal como que señala la relación entre Dios e Israel.

En otras palabras, Dios escogió a Israel y estableció una relación muy bendecida entre ellos y El, semejante a los lazos matrimoniales; y estando en esa condición, el pueblo se prostituyó. Su pecado consiste en alejarse de Dios. Del mismo modo que la prostitución y el adulterio, pecados profundamente viles y aborrecibles, son el resultado de la infidelidad, así también la prostitución espiritual (una situación en la que lo físico se transfiere a los dominios de lo espiritual, como lo vemos en repetidas ocasiones en las Escrituras) es el resultado del alejamiento espiritual de Dios. Dios había establecido un pacto eterno con Abraham y deseaba permanecer ligado a su pueblo. Pero, en correspondencia justa, esperaba que el pueblo tuviera también presente sus lazos con El. No obstante, los israelitas no lo hicieron así y Dios ilustra la infidelidad de Israel mediante la vida doméstica del profeta (véase Salmo 73:27. Cualquier buena concordancia le mostrará al lector cuantas veces se transfiere al ámbito espiritual la figura natural de la prostitución. Será muy instructivo ver cuántas veces usaron esta analogía los mensajeros de Dios).

¿Será necesario que digamos cuánto hería al profeta la conducta vergonzosa de su esposa? ¿Cuánto mayor era el dolor que la conducta de Israel le causó a Dios? A los hijos de Gomer se los llama "hijos de fornicación" no porque no fuesen hijos de Oseas, ya que los que recibieron esta designación aún no habían nacido. En otras palabras, el matrimonio del profeta fue normal en cuanto a la procreación de hijos, los cuales reciben este calificativo ("hijos de fornicación") porque su madre fue una esposa infiel. La madre representa a Israel en forma colectiva, en tanto que los hijos representan a la nación individualmente, aunque las relaciones en el hogar de Oseas fueron literales e históricas.

Los hijos como señales

El primer hijo de la unión del profeta con Gomer, hija de Diblaim, fue varón. Dios ordenó que se le diera el nombre de Jezreel, porque al poco tiempo Dios iba a vengar la sangre de Jezreel sobre la casa de Jehú e iba a poner fin al reinado de la casa de Israel. ¿Qué quería decir Dios por medio de ese nombre? La larga y triste historia de Jezreel comienza en los días del vacilante y débil Acab y su malvada e intrigante esposa Jezabel (1 Reyes 21). Nabot el jezreelita, propietario de una viña cercana al palacio de Acab, fue asesinado gracias a un plan infame urdido por Jezabel para despojarlo de la herencia de su padre. Por esta atrocidad, Dios pronunció sentencia en contra de Acab, Jezabel y sus descendientes, habiendo de cumplirse esa sentencia en Jezreel, en el lugar donde Nabot fue asesinado. La sentencia se cumplió primeramente contra Acab, en la batalla de Ramot de Galaad (1 Reyes 22). Después el juicio cayó sobre Jezabel y Joram por medio de Jehú, hijo de Josafat, hijo de Nimsi (2 Reyes 9).

Jehú fue el instrumento que usó Dios para ejecutar su juicio contra la casa de Acab. Pero Jehú llegó al trono mediante crímenes alevosos y sangrientos (2 Reyes 9:14 y ss.). Es cierto que su proceder fue elogiado (2 Reyes 10:30), ya que era loable por sí mismo; pero los acontecimientos posteriores demuestran que las causas que motivaron la vida de Jehú fueron el orgullo y la ambición. El pronunciamiento del profeta Oseas había encontrado allí su objetivo, porque Jeroboam II, que reinaba entonces, era de la casa de Jehú. Dios no sólo iba a castigar a esa casa porque se había metido en la idolatría, sino a todo Israel, destruyendo su reino, porque se habían alejado completamente de Él.

Una distinción con una diferencia

Aquí debemos desviarnos del tema por un momento, puesto que se está enunciando un gran principio del gobierno divino. Está claro que aun cuando Jehú fue el instrumento utilizado por Dios para castigar a Acab y su dinastía; sin embargo, Dios se lo demandó porque su propio corazón no era recto y porque tenía ambiciones personales contrarias a la voluntad del Señor. ¿No podríamos sacar de esto una buena lección respecto a Israel y las otras naciones de la tierra? A pesar de que Dios profetizó la esclavitud en Egipto, lo que en cierto sentido fue un castigo sobre la simiente de Jacob por haber dejado la tierra de bendición, Dios juzgó a los egipcios por haber oprimido a su pueblo.

El profeta Habacuc dejó en claro que Israel estaba maduro para el juicio a causa de la maldad existente en todas partes, y Dios predijo que los babilonios serían los instrumentos del castigo. No obstante, el mismo profeta revela que la ira de Dios estaba sobre los enemigos de Israel porque no estaban llevando a cabo la voluntad de Dios en sus actos, sino que los dirigía la maldad de su propio corazón. Ningún hombre puede oprimir al pueblo de Dios con fines egoístas y esperar una recompensa de Dios, por el hecho de pretender ser instrumentos en las manos del 'Señor. Dios exige verdad en lo interior del hombre, y lo desea tanto en el corazón de Israel como en el de los demás. Alguien dijo muy acertadamente: "Es algo muy tremendo ser instrumentos de Dios para castigar o reprobar a otros, si no mantenemos, mediante su gracia, nuestras manos y nuestro corazón limpios de pecado." Hasta el momento, ninguna nación ni individuo alguno ha logrado realizar esto, por lo que el camino más fácil y seguro de seguir, el que cuenta con la aprobación de la sabiduría, es el de no descargar una mano dura sobre Israel bajo ninguna condición ni circunstancia.

El cumplimiento

Aun cuando en ese entonces el reino del Norte prosperaba y todo parecía ir bien, Oseas les advierte anticipadamente el fin de la dinastía de Jehú y la destrucción del reino, junto con su poder militar en el valle de Jezreel (versículo 5). Esos hechos tuvieron lugar, si bien con una separación de al menos cuarenta años, tal y como se había predicho (véase 2 Reyes 15:8-12 y el capítulo 8). El valle de Jezreel es la gran llanura de Esdraelón, en Palestina central. Oseas vivió lo suficiente para ver el cumplimiento de esta profecía en la victoria de S.manasar en Bet-arbel (10:14). Fue la última advertencia pavorosa que hizo Dios antes de la caída de Samaria.

NO COMPADECIDA

El segundo descendiente de Oseas y Gomer fue una hija a la que le pusieron el nombre de Lo-ruhama, "no compadecida". En el original, la palabra expresa un profundo amor y una gran ternura. Había llegado la hora del castigo de Israel, el reino del norte, y nada lo podía evitar. Estaba maduro para el juicio, el cual se aproximaba con rapidez. Pero al mismo tiempo Dios promete que su ira no alcanzaría a Judá entonces. Para ellos tenía todavía una reserva de misericordia, una liberación que no sería lograda por esfuerzo humano, sino únicamente por el poder de Dios. La derrota de Senaquerib ante Jerusalén durante la última parte del siglo ocho a.C., cuando el ángel de Jehová mató a 185.000 hombres en una noche (véase 2 Reyes 19 e Isaías 37), fue un glorioso cumplimiento de esta predicción; pero las profecías de todos los profetas resplandecen con promesas acerca de la completa liberación (física) y salvación (espiritual) futuras de Israel.

No pueblo mío

Cuando se destetó a Lo-ruhama (y en el Oriente esto ocurre dos o tres años después del nacimiento), la esposa del profeta concibió y le dio a luz un segundo hijo, varón, Lo-ammi. De este modo, Dios le estaba diciendo a Israel que ellos ya no eran su pueblo y que El ya no era su Dios. ¿Cómo puede ser cierto esto? ¿Había derogado Dios su pacto incondicional con Abraham? ¿Acaso Pablo no se refiere todavía a Israel como "su pueblo" (de Dios) en Romanos 11:1? La dificultad desaparece si nos damos cuenta de que el pacto abrahámico permanece firme, haga lo que haga Israel. Es un pacto incondicional bajo todos los conceptos. Esto hace que la simiente de Abraham sea siempre el pueblo escogido de Dios; pero ellos deben permanecer en obediencia y seguir la voluntad de Dios antes de que puedan experimentar la realización del pacto mismo en su vida. Cuando se apartan del camino del Señor y en consecuencia Dios los castiga, parecen ser prácticamente como "no pueblo mío", Lo-ammi. Un día, cuando vuelvan a Dios por mediación de Cristo, serán lo que siempre han sido en los planes de Dios.

Este mismo principio opera en la actualidad en los cristianos, ya sean de Israel o de los gentiles. Por la fe en Cristo y en su obra consumada en el Calvario, cualquier alma, judía o gentil, nace nuevamente del Espíritu de Dios a vida eterna. Sin embargo, puede ser que ese hijo de Dios no esté lo suficientemente separado del mundo y parezca no conocer nada el cuidado paternal de Dios, y no disfrute nada de las bendiciones de la intimidad con el corazón de Dios.

Por esta razón, Pablo exhorta a los cristianos de Corinto a que se separen del mundo, para que Dios pueda ser su Padre y ellos, sus hijos e hijas (2 Corintios 6:14-18). ¿Es que acaso no lo eran ya por el hecho de ser creyentes? Sí, pero Pablo quería que comprendieran en la experiencia diaria qué eran en su verdadera posición delante de Dios. La situación es similar en lo que se refiere a Israel y recalcamos esta gran verdad, puesto que hay tanto error respecto a esta característica vital de la relación de Dios con Israel. En pocas palabras, Israel, por haber estimado muy livianamente el privilegio que tiene con relación a Dios (una verdadera Gomer), no disfrutará de la bendición ni de la realidad de ella. Las bendiciones y promesas patriarcales nunca son abrogadas, porque Israel, como nación, son "amados por causa de los padres", aun cuando son enemigos del evangelio por causa de los gentiles (Romanos 11:28, 29).

Promesa de bendición

Del mismo modo que ningún otro profeta pronuncia juicio solo contra Israel, sin una promesa de bendición futura, así también Oseas, luego de sus oscuras predicciones, pronuncia palabras de gran consuelo. En la porción comprendida entre 1:10 y 2:1 el profeta promete cinco grandes bendiciones a Israel: (1) *incremento nacional* (1:10a); (2) *conversión nacional* (1:10b); (3) *reunión nacional* (1:11a); (4) *liderazgo nacional* (1:11b) y (5) *restauración nacional* (2:1). Si se tiene en cuenta la espantosa diezma de Israel en Europa, realizada por los criminales nazis, la promesa de crecimiento demográfico es una esperanza brillante.

¿No nos recuerdan estas palabras una de las mismísimas promesas hechas a Abraham, de que tendría una numerosa progenie? No sólo eso, sino que entonces vivirían de acuerdo a su herencia, por la gracia divina, como hijos del Dios vivo. Véanse Romanos 9:25 y 1 Pedro 2:10, donde la expresión se aplica tanto a gentiles redimidos como a judíos, pues unos y otros están en igual condición ante la gracia de Dios. La unificación de la nación dividida manifestará la restauración del favor de Dios para con su pueblo (véase Ezequiel 37:15-23). El único gobernante que tendrán será su glorioso Mesías Rey, el mayor de los hijos de David, en quien confiarán (Oseas 3:5; Jeremías 23:1-5; Ezequiel 34:23; 37:15-28).

Su subida de la tierra se ha interpretado como su ida a la batalla de Esdraelón, la cual será decisivamente victoriosa para ellos; pero tal vez sea mejor ver en la predicción la subida de las gentes desde todas las partes de la tierra para celebrar sus fiestas solemnes (de entre las muchas referencias a este respecto, véanse Isaías 2:1-4 y Zacarías 14). "El día de Jezreel será grande" pues en aquel día Dios, en Cristo, derrotará al enemigo de una vez para siempre, cuando el Mesías de Israel afirme sus pies sobre el monte de los Olivos para abogar personalmente por la causa de Israel. Entonces serán ellos Ammi (pueblo mío) y Ruhama (compadecida). De este modo vuelven a aparecer los tres nombres; pero ahora son portadores de bendiciones.

Las malas consecuencias de la desobediencia

En los versículos 2 al 13 del capítulo 2 encontramos la declaración de Dios respecto al juicio que iba a caer sobre Israel a causa de sus muchos pecados. Dios repudia a Israel: éste es el valle de Acor. En la última parte del capítulo (versículos 14-23) se expresan las bendiciones de la obediencia y la restauración. Dios vuelve a llamar así a Israel: ésta es la puerta abierta a la esperanza (véase 2:15 que es la clave de todo el capítulo).

Los aludidos en el versículo 2 no son los hijos del profeta, sino Israel. Se considera a la nación de Israel como la madre, mientras que los hijos son los ciudadanos individuales. El propósito de esta distinción es hacer recaer sobre la madre el reproche que se merece por sus actos pecaminosos y hacerla desistir de su continua infidelidad.

En todo este pasaje y por medio de las figuras empleadas, se puede apreciar más claramente la enormidad del abandono espiritual de Israel al Señor y lo aborrecible que eso era. La desvergüenza de su infidelidad se describe con las palabras: "sus fornicaciones de su rostro". Dios nunca disculpa el pecado. Este es un rasgo distintivo de la Biblia que la diferencia de cualquier otro libro, antiguo o moderno. Nunca excusa el pecado, sea quien sea que esté involucrado. Por lo tanto, Israel debe sufrir el amargo castigo y adversidad por sus adulterios y fornicaciones espirituales. La advertencia indica que se verá privada de toda subsistencia y posesiones terrenales. Todo esto se da a conocer bajo la figura de la desnudez (véase Ezequiel 16:4), la desolación, el estrago y la muerte de sed. Tenemos aquí una insinuación de la cautividad futura del reino del Norte en Asiria; pero sin establecerse todavía de modo específico.

La vergüenza de la infidelidad

Como ramera desvergonzada, Israel declara su intención de seguir a sus "amantes" (los ídolos de su adoración pagana) para conseguir pan, agua (necesidades de alimentos), lana, lino (necesidades de vestido), aceite y bebidas (lujos). Consideraban que la prosperidad que disfrutaban en esa época, una manifestación generosa del amor de Dios, era un beneficio proveniente de los dioses falsos que estaban adorando.

El profeta exclama a gran voz, en el nombre de Dios: "Y ella no reconoció que yo le daba el trigo, el vino y el aceite, y que le multipliqué la plata y el oro que ofrecían a Baal" (versículo 8). Nótese el énfasis en el posesivo "mi" en el versículo 5. Israel tomó esas abundancias como que le pertenecían legítimamente. Pero en el versículo 9 se les muestra cómo en realidad eran de Dios, porque Él las reclama con un reiterado "mi". Este caso lo podemos comparar con el que aparece en Jeremías 44:15-23, donde Israel nuevamente atribuye los beneficios de Dios a la adoración de los ídolos falsos. Ninguna expresión podría dar a conocer más acertadamente lo insensato de la adoración de los ídolos. Esta práctica entenebrece y obscurece de tal modo la mente, que las beneficencias de Dios se atribuyen a vanidades insensatas y que nada aprovechan (véase Romanos 1).

Retribución de parte de Dios

A raíz de este cáncer purulento en la vida espiritual de Israel, Dios le pondrá límites por todos lados, para separarla de sus amantes. Irá incesantemente tras ellos; pero no los encontrará. Su desilusión será tan grande que anhelará volver a su verdadero y "primer esposo". Se verá privada de trigo, vino nuevo, lana y lino, y le tocará en suerte una depresión de gran magnitud. Para vergüenza de ella, Dios la desnudará ante sus amantes. Además, le quitará toda ocasión de gozo o alegría: sus banquetes, sus lunas nuevas, sus días de reposo y sus asambleas solemnes. En esas ocasiones su asociación con la idolatría encontraba su máxima expresión, en vez de ser tiempos para honrar a Dios.

Por esta profanación de las cosas de Dios, El devastará sus tierras, convirtiéndolas en matorrales y multiplicará en contra de ellos las bestias del campo. Los "días de los baales" en los que Israel se olvidó de Dios, le serían tomados en cuenta para su retribución. De este modo, el profeta bosqueja con un lenguaje vívido e inequívoco la maldición y la adversidad de la desobediencia de Israel; su triste salario sería desnudez, devastación, hambre, sed, vergüenza, tristeza, soledad y aflicción.

Las bendiciones de la obediencia

Oseas no concluirá esta profecía hasta que no haya proclamado las futuras bendiciones y la gloria reservadas para Israel cuando viva en obediencia a la voluntad de Dios revelada. En aquel día Dios traerá a Israel al desierto, es decir, le hablará a solas a su corazón. De este encuentro cara a cara con el Señor, el valle de Acor de Israel, valle de la tribulación, se tornará en puerta de esperanza.

La mención del valle de Acor es otro de los frecuentes usos de acontecimientos pasados en la historia de Israel. Nos recuerda la entrada de Israel a la tierra de Canaán en los días de Josué. Por medio de la fe, el Señor les había dado una victoria gloriosa sobre Jericó; pero Acán había tomado del botín maldito de la ciudad, que había sido prohibido estrictamente por Dios. La consecuencia de ese pecado fue la derrota de Israel en Hai. Sólo después que Acán y su casa quedaron al descubierto y fueron apedreados, el Señor les dio éxito en su campaña contra Hai. De este modo, el pecado de Acán se convirtió en bendición, al abrirse el paso al territorio mediante la derrota de Hai. Véase Josué 7:24-26 y también Isaías 65:10, donde el valle de Acor llega a ser un lugar de pastoreo para el ganado. Del mismo modo, cuando Israel haya reconocido su pecado y se haya liberado de él en verdad, habrá restauración. Por eso el valle de Acor será transformado en una puerta de esperanza.

El Señor restaurará y añadirá a los años que devoraron las orugas. Aun los mismos nombres de los baales (ídolos de Baal) serán quitados de Israel. A Dios lo llamarán Ishi (esposo mío) y no Baali (mi señor o mi amo). La primera palabra sugiere afecto, mientras que la segunda manifiesta autoridad. Sin embargo, todavía hay más: la palabra *Baal* debe desaparecer por causa de su connotación maligna y los actos pecaminosos realizados en los cultos a Baal.

Misericordia abundante

El día que Israel regrese al Señor, tendrá bajo su dominio toda la creación. Las bestias del campo, las aves de los cielos y los reptiles de la tierra serán refrenados por Dios, para que Israel pueda habitar seguro. Ya no existirán el arco, la espada ni las batallas. Tal como lo profetizara Miqueas, cada hombre se sentará debajo de su propia vid y debajo de su higuera, y nadie los intimidará (Miqueas 4:4).

Sin embargo, lo mejor de todo será la nueva relación en que se hará entrar a Israel. Habrá una renovación de los votos matrimoniales. Tres veces le dice Dios a Israel que lo desposará consigo: (1) para siempre, (2) en justicia, juicio, benignidad y misericordia y (3) en fidelidad. (Todo israelita ortodoxo recita los versículos 19 y 20 del capítulo 2, mientras se coloca la filacteria en el dedo medio de la mano izquierda.) La palabra usada para "desposar" ('*aras*, o sea, cortejar a una doncella) dice mucho acerca de la gracia de Dios que borra el pecado. Ya no se mira a Israel como una ramera o adúltera, sino como una virgen sin mancilla. Se lo considera como si nunca hubiese pecado. Compárase esto con 2 Corintios 11:2 respecto a la iglesia a pesar de todas sus faltas. En cuanto a Israel, véase también la notable declaración de Números 23:21 y la designación benévola de Deuteronomio 32:15 (Jesurún es un diminutivo que significa "el pequeño justo").

Entonces la tierra producirá su fruto y la nación prosperará una vez más. Esta promesa se nos da en los versículos 21 y 22 como una personificación, como si los cielos le pidieran al Señor que les permita hacer caer lluvias refrescantes sobre la tierra para que produzca trigo, vino nuevo y aceite. La respuesta de Dios será afirmativa e Israel será sembrado por el Señor: Jezreel (véase Miqueas 5:7 e Isaías 37:31). Finalmente, la promesa es que Lo-ruhama será Ruhama y Lo-ammi será Ammi. De este modo se completa un ciclo. No solamente se conjurará toda maldición, sino que será convertida en bendición. En nuestro resumen de las bendiciones sobre Israel vemos: (1) consolación — versículo 14; (2) fecundidad de la tierra — versículos 15,

21 y 22; (3) eliminación de la idolatría — versículo 17 (Zacarías 13:2); (4) restauración de la gloria de la naturaleza — versículo 18 (Isaías 35); (5) seguridad en la tierra — versículo 18; (6) misericordia del Señor en su favor restaurado — versículo 23 y (7) conversión nacional — versículos 19, 20 y 23. ¡Ciertamente el valle de Acor será la puerta de la esperanza!

2

IMPORTANCIA DE
LA PROFECIA

Aun cuando en el hebreo original el tercer capítulo del libro de Oseas se compone sólo de ochenta y una palabras, ocupa con todo derecho su lugar entre los pronunciamientos proféticos más grandes de toda la revelación de Dios. No hay duda de que se aplica muy bien a este pasaje la expresión de "multum in parvo" (mucho en poco espacio). El profeta nos pinta con destreza y en trazos rápidos, por medio del Espíritu de Dios, el cuadro completo de la historia nacional de Israel. El cuarto versículo es una de las pruebas más seguras del origen divino de la profecía y de la Biblia en general. Se ha comparado este capítulo con el capítulo 11 de Romanos, porque en ambos Dios hace grandes revelaciones sobre sus planes relativos al pasado, presente y futuro de Israel, su nación escogida. Nos sentimos grandemente tentados a citar el capítulo completo, pero nos refrenamos de hacerlo para ahorrar espacio. Sin embargo, insistimos en que el lector tenga la Biblia abierta delante de sí mientras considera estas líneas. Nada absolutamente nada que podamos decir respecto a estas líneas y estos versículos de las Escrituras es comparable al pasaje en sí.

EL PASADO DE ISRAEL

En los versículos 1-3 tenemos el acto que se llevó literalmente a cabo en la vida del profeta; en los versículos 4 y 5 se expresan con claridad el significado y la intención de la transacción. En el segundo capítulo de la profecía que nos ocupa, la figura de Gomer en el hogar de Oseas se amplió para convertirse en el mensaje de advertencia y bendición para todo Israel. Ahora el profeta vuelve a la relación individual y personal que se estableció al comienzo del libro. Dios le habla directamente al profeta y le dice que ame nuevamente a la mujer que, aunque amada por su marido, se había hecho una adúltera. Específicamente, esto es una representación del amor ilimitado de Dios para Israel. No obstante, Gomer, tan exaltada y elevada por su posición como esposa del profeta y partícipe de todo su amor, se había rebajado a una condición tan miserable que tuvo que ser comprada para recuperarla, tal y como en el mercado de esclavos. ¡Y qué barato fue su precio! Una vez recuperada, se le pide solemnemente que no vuelva a ser la mujer de ningún hombre, y el profeta asume una posición similar hacia ella. Ya que ésta es una miniatura del trato de Dios con Israel, podemos aplicar estos hechos en forma directa a los acontecimientos históricos. Inmediatamente surgen tres rasgos característicos: primero, la relación con Israel; segundo, la infidelidad de Israel y, tercero, el amor de Dios por Israel.

Relación con Israel

Es imposible leer el Antiguo Testamento con cierto grado de comprensión sin quedar muy pronto impresionado en el relato con el hecho de que Dios estableció, de modo voluntario y soberano, una estrecha relación de pacto con Israel. Dios lo tomó para sí al rescatarlo de Egipto y al establecer una relación de pacto con él (véanse Exodo 4:22 y Amós 3:1, 2).

La relación fue y es interna, sagrada e indisoluble. Está representada de modo exacto por el matrimonio entre el profeta Oseas y Gomer. Dios nunca ha olvidado el momento en que estableció su relación de pacto. Jeremías expresó: "Así dice Jehová: Me he acordado de ti, de la fidelidad de tu juventud, del amor de tu desposorio, cuando andabas en pos de mí en el desierto, en tierra no sembrada" (Jeremías 2:2). ¿Se da cuenta de lo que Dios está diciendo aquí y qué maravillosa gracia está manifestando? No menciona la amarga esclavitud que soportó Israel en Egipto, ni sus gemidos y lamentos al Señor cuando se encontraba en triste aflicción, ni su continua rebelión mientras estuvo en el desierto. La imagen que se muestra es que Dios se deleitó con el amor de Israel, el amor de los esponsales, y pensó que la nación iría con el Señor, aun cuando tuviera que atravesar el desierto. El amor de Dios hace a un lado todos los detalles secundarios del cuadro y fija su atención en el hecho glorioso de que Israel llegó a ser suyo.

Infidelidad de Israel

La esposa del profeta Oseas se volvió adúltera. ¡Qué vergüenza, qué desgracia pública y qué angustia tan intensa para el corazón sensible del profeta! No obstante, eso no fue nunca tan terrible como el que la nación desposada con Jehová se uniera a otros dioses y amara las tortas de pasas. En Jeremías 7:18 y 44:19 se explica que esas tortas de pasas eran parte de una ceremonia en honor de la reina del cielo. Son evidencias de la abierta adoración de los dioses falsos de la época. La magnitud de la vergüenza y el escándalo público que significó esto a los ojos de Dios, puede percibirse sólo ligeramente de su equivalente, a escala humana, en la vida del profeta Oseas. A qué profundidad llevó esto a Gomer resulta evidente por el precio que hubo que pagar por su rescate: quince piezas de plata. El precio de un esclavo común era de treinta piezas de plata, según Exodo 21:32. Gomer había caído tan bajo que ya no valía más que la mitad del precio de un esclavo. El homer y medio de cebada indica su absoluta falta de dignidad, puesto que era para alimentar a los animales. Nada puede destruir y arruinar a un hombre de un modo tan completo como el apartarse del Señor. Esto no es menos que alta traición contra los altos cielos.

El amor de Dios a Israel

Cuando Dios mandó a Oseas que amara a "una mujer amada de su compañero", no le impuso al profeta una tarea en la que El mismo no pudiera participar. El amor de Dios a Israel no guarda relación con el tiempo: es eterno y constante. Cuando leemos que Gomer era amada de su compañero, esto no indica el amor de un amante. La palabra indica la ternura con que la trata él, haciendo que la acción de la mujer sea todavía mas inexcusable.

Obsérvese que en el primer versículo de este capítulo se utiliza cuatro veces la palabra "amor" o un derivado. Casi podemos ordenar el versículo en una proporción matemática: del modo en que el amor de Dios se ha manifestado siempre hacia Israel, aun cuando la nación amara a los ídolos más bien que al Señor, así también ha de ser el amor de Oseas para con Gomer, a pesar de que ella haya amado a extraños más bien que a su esposo legítimo. Así como Gomer conserva todavía el amor del profeta, el Señor ama a Israel. Israel se halla esculpida en las palmas de las manos de Dios (Isaías 49:14-16) y es la niña de sus ojos (Zacarías 2:8). Además, aun después de siglos de desobediencia por parte de su pueblo, Dios pudo reprender a Satanás, dándole la respuesta suprema de que El había escogido a Jerusalén (Zacarías 3:2).

EL PRESENTE DE ISRAEL

Ni Gomer ni Israel tienen un pasado glorioso; pero la historia aún no concluye. La condición actual de Israel está esbozada en el versículo 4. Esta ha sido su condición desde que eligió al César como gobernante antes que al Cristo de Dios. Es sorprendente la exactitud de todos y cada uno de los detalles, de los cuales hay aquí muchos, hasta que nos damos cuenta de que es Dios el que está hablando, el que conoce el fin desde el principio.

Este versículo refuta todos los argumentos tales como el denominado angloisraelismo. Las condiciones que se describen aquí no han sido nunca las de Inglaterra y no se pueden torcer para darles ese significado. Esa situación es anómala y desafía todos los esfuerzos de clasificación. No es extraño que el gran filósofo alemán Hegel, ardiente estudiante de la filosofía de la historia, dijera sobre la historia de Israel: "Es un enigma obscuro y complicado para mí. No puedo comprenderlo. No encaja en ninguna de nuestras categorías. Es un acertijo." Del mismo modo en que Gomer se encontró en una posición donde ya no se citaba con sus antiguos amantes ni estaba tampoco en una relación matrimonial total — una condición realmente extraña —, así también Israel se encuentra en esta era en una posición en que no es idólatra ni tampoco disfruta de comunión con Dios en una adoración que sea del agrado de El.

Carencia múltiple

Durante muchos días, que son correspondientes a los de Gomer, Israel estará sin rey, sin príncipe, sin sacrificio, sin estatua, sin efod y sin terafines. ¿Qué significado tiene esto?

Antes que nada, significa que la nación estará sin gobierno civil: no tendrá rey ni príncipe. Después de la cautividad en Babilonia y la muerte de Sedequías, el último rey de Judá, el pueblo de Israel no conoció otro rey entre ellos (la dinastía de los Macabeos no puede compararse siquiera con las dinastías anteriores al exilio). No obstante, tuvieron príncipes, como Zorobabel, hijo de Salatiel, tal y como su genealogía lo muestra con claridad. En esta era, desde la muerte del Mesías de Israel, que vino como Rey de los judíos, Israel no ha conocido rey ni príncipe. Se ha dicho: "Ninguno de su propia nación ha podido reunirlos o llegar a ser su rey."

En segundo lugar, estarán sin el sacrificio ordenado por Dios. No hay Templo, porque el terreno en que se encuentra el Templo no les pertenece; tampoco hay sumo sacerdote, porque no hay genealogías para respaldarlo; no hay sacrificio, porque no hay sacerdotes debidamente constituidos para llevarlos a cabo, y el único sacrificio en Cristo se ha cumplido de una vez y para siempre: no hay expiación, porque no hay sangre de sacrificio en sus ceremonias religiosas.

En tercer lugar, y probablemente lo más notable de todo, estarán sin idolatría. La inferencia lógica nos llevaría a creer que si Israel cayó repetidas veces en la idolatría cuando practicaba la verdadera adoración a Dios, con mayor razón lo haría cuando estuviera carente de la verdadera adoración. Pero no, el profeta Oseas no nos cuenta la historia por inferencia humana, sino por revelación divina. Indica que, a pesar de que Israel estará sin un centro de adoración y sin ritual, no se volverá a la idolatría. Durante los siglos que dure su dispersión, Israel no tendrá estatua para adorar (el obelisco), ni terafín yaciente. Aun cuando Israel ha perdido las características nacionales distintivas — rey y príncipe y, junto con ello, la ocupación de todo el territorio también — y las características religiosas, tales como el sacrificio y el efod, ¡con todo, lo maravilloso es que Israel subsiste! El ambicioso y vacilante Balaam habló mejor de lo que sabía cuando dijo: "He aquí un pueblo que habitará confiado, y no será contado entre las naciones" (Números 23:9).

EL FUTURO DE ISRAEL

En este punto hay quienes quisieran hacernos creer que la historia ya se ha escrito y que éste es el fin de Israel. Si fuera así, haríamos bien en desechar la Biblia como objeto vil y sin valor, en el que no se debe confiar en absoluto. Si esta situación es el fin de Israel, ¿por qué Oseas no concluyó su profecía en este punto? ¿Por qué nos hace creer que hay un "después" para Israel? ¿Por qué? De hecho, puede muy bien hacerlo, porque hay un mañana para Israel, un futuro para el despreciado, criticado y exiliado pueblo de Dios. Nótense las tres marcas cronológicas: "muchos días", "después" y "en el fin de los días" que tienen una importancia vital aquí, al igual que en cualquier otra parte de las escrituras proféticas.

Aquí se encuentran los tres elementos del futuro de Israel: volver, buscar y venir con temor. El versículo 1 nos dice que Israel se volvió a otros dioses; éste nos dice que volverá al Dios verdadero (véase Deuteronomio 4:30, 31; 30:1). Israel no necesitará que lo busquen, sino que por la gracia divina, la nación misma buscará a Jehová su Dios. Obsérvese la verdad importante que hay en Oseas 5:15. Buscarán a su Dios y a "David su rey" en la persona de su Hijo mayor, el Señor Jesucristo. Es digno de mencionarse de que el Tárgum de Jonatán dice: "Este es el Rey Mesías" (véase Jeremías 30:9; Ezequiel 34:23; 37:24). Acudirán con temor (temor reverente mezclado con gozo; véase el mismo verbo en Isaías 60:5) a su salvación y bendición. ¿Cómo podría manifestarse de otro modo el amor de Dios? El amor de Dios excede al de Israel, del mismo modo en que el amor de Oseas excedió al de Gomer. ¡Quiera Dios derramar ampliamente este divino amor por Israel en nuestro corazón para que pueda conocerlo!

LA SEGUNDA PARTE DE LA PROFECÍA

El capítulo 4 de Oseas introduce el resto del libro y contiene un resumen de los mensajes del profeta. Los capítulos de esta parte nos comunican con detalles minuciosos y vívidos lo que se expone en un amplio bosquejo figura de una escena doméstica en los capítulos 1, 2 y 3. La sección no se presta fácilmente a una división, porque sus partes forman una larga acusación de Dios en contra de una nación moralmente corrupta, en decadencia política y en la bancarrota espiritual. En el comienzo mismo nos enfrentamos a la palabra cautivante de "¡Oíd!" (que se repite en 5:1). La nación entera es objeto de atención, poniéndose un énfasis especial en Israel, el reino del norte. Nótese la frecuencia con que aparece Efraín (que equivale a Israel, llamado así por el hecho de que Efraín era la más numerosa de las tribus que lo integraban) en el encabezamiento de estos capítulos, a partir de Oseas 4:1 hasta el final del libro.

Exposición detallada de los hechos

El capítulo 4 es para el libro de Oseas lo que el capítulo 1 del libro de Isaías es para esa profecía. Tanto en un caso como en el otro, encontramos la acusación de Dios contra su pueblo. De la misma forma que en un proceso judicial normal, se atrae nuestra atención mediante las palabras: "¡Oíd palabra de Jehová!" (véase también Isaías 1:2). Luego viene la exposición detallada de los hechos, una acusación tras otra, todas ellas de carácter devastador. Dios tiene un pleito, una controversia contra su pueblo. La tierra ha sido despojada de verdad, de bondad y del conocimiento de Dios, y está llena de perjurios, mentiras, homicidios, robos, adulterios y derramamientos de sangre.

Nótese cuántas violaciones de los diez mandamientos se le atribuyen aquí al pueblo. Esos alejamientos de Dios llevan aparejado un juicio seguro del Señor, por lo que la tierra se ha extenuado y enlutado. Por eso aun las bestias del campo, las aves del cielo y los peces del mar han experimentado el disgusto de Dios. El pecado del hombre causa estragos incluso en las criaturas inferiores de la creación. ¿No sucede lo mismo en la actualidad con los destrozos causados por la guerra en el mundo? El hombre tiene una gran capacidad para causar no sólo su propia ruina, sino también la de los que lo rodean.

También se nos recuerda que no es el hombre el que está juzgando el pecado del pueblo, sino Dios. El advierte que tiene el asunto en sus manos y espera que ningún hombre se inmiscuya. El pueblo necesita esta advertencia, ya que desde hace mucho se hicieron adeptos a disputar con sus sacerdotes. Esto revela su falta de sumisión a la voluntad revelada de Dios, pues habían demostrado la mayor falta de respeto al contender con los maestros del pueblo designados por

Dios. En Deuteronomio 7:12 se muestra la gravedad de esa actitud. Pero las acusaciones eran válidas contra todos, ya fueran el pueblo, los sacerdotes o los profetas. Estos últimos, los sacerdotes y los profetas, habían dado ejemplos vergonzosos: eran borrachos, sensuales, rechazaban a Dios y sus demandas, practicaban una adoración formal y estaban desprovistos de espiritualidad. La sentencia del Juez es clara: "¡Destruiré a vuestra madre!" (es decir, la nación misma).

Falta de conocimiento

La causa del problema es, según se declara, la falta de conocimiento; pero únicamente porque ya han rechazado el conocimiento que se les había dado. En esto, los sacerdotes, que eran sus maestros, eran los principales transgresores, porque habían hecho que el pueblo de Dios se desviara. Al rechazar el conocimiento y la voluntad de Dios, Israel ya no podía seguir desempeñando sus funciones sacerdotales y por eso se lo destituyó de su noble posición. Por cierto tiempo Dios hace a un lado a Israel en su llamamiento sacerdotal (Exodo 19:6), al cual será restablecido en el futuro de acuerdo con la profecía de Zacarías 3. Y todo este alejamiento que experimentó el pueblo no vino a causa de que Dios no los hubiese prosperado previamente. La prosperidad tuvo un efecto contraproducente: cuanto más los multiplicaba Dios, tanto más pecaban contra el Señor. Por consiguiente, la gloria que tenían se convertiría en vergüenza.

"Como el pueblo, así el sacerdote"

La acusación de Oseas en contra de los sacerdotes de su tiempo es extremadamente grave. Culpa a los sacerdotes de deleitarse en los pecados del pueblo y de tener su corazón puesto en la iniquidad del pueblo, por cuanto esto les producía ingresos por concepto de multas y ofrendas por los pecados. Tenían un interés creado en que el pueblo siguiera pecando. El sacerdote y el pueblo eran igualmente malvados: el uno correspondía al otro exactamente. El pueblo no era menos culpable que el sacerdote, ni era éste menos censurable que el pueblo. El sacerdote vivía de conformidad con el modo de vida del pueblo, y ellos al ver la conducta impía de sus maestros, tomaban un ejemplo que se deleitaban en imitar y que, a la vez, respaldaba su mal proceder. Los sacerdotes recogían su cosecha en un pueblo corrupto y desviado del bien. Ambos iban a ser castigados del mismo modo por su mal proceder. Lo que tenían no les satisfaría y no conocerían un verdadero aumento de la población (véase una situación sorprendentemente análoga en Hageo 1:5, 6).

Las profundidades de la corrupción moral

Como el pueblo no deseaba retener el conocimiento de Dios, El los entregó para que hicieran toda clase de impurezas morales. Es la misma suerte que les aconteció a las naciones paganas, tal y como se indica en el capítulo 1 de Romanos. El dedicarse a ritos estériles hizo que la gente cayera en la idolatría y en toda clase de prácticas inmundas. Todo ídolo insensato llegó a ser su oráculo y su fuente de consejos. Sobre ellos posaron la ceguera y el espíritu de error.

Las abominaciones destructoras del alma que practicaban los cananeos y por las que Dios pronunció contra ellos su terrible juicio, hasta su extinción, llegaron a ser práctica y rutina diaria del pueblo de Dios grandemente favorecido por El. Se conformaron a las prácticas malsanas de quienes los rodeaban, en vez de haber protestado contra ellas con fervor y celo santo. Esas prácticas idólatras estaban ligadas con toda clase de impudicias carnales. Esa contaminación se propaga como un cáncer, y muy pronto todas las mujeres de la nación se corrompieron. El desplome de la nación y la ruina concomitante se hicieron inevitables.

La deslealtad hacia Dios provoca siempre la infidelidad a los lazos más sagrados de la tierra. Si el hombre no honra a Dios en su vida, no puede esperar que a él mismo le vaya mejor. El apartarse de Dios trae consigo el desastre en la vida social y hogareña de la nación. Isaías también protestó contra esa situación (véase Isaías 3:16-26).

Efraín dado a los ídolos

Hasta ahora, en el capítulo 4, el profeta ha estado censurando a toda la nación. Ahora se vuelve un momento para dirigir unas palabras especiales a Judá. Podríamos inferir que Judá, el reino del Sur y centro de la dinastía davídica, era más leal a Dios que Israel, el reino del Norte. Se exhorta a Judá enérgicamente a que no siga los perversos caminos de Israel. No deberá ir en peregrinaciones a las fiestas idólatras de Israel en Gilgal y Bet-avén.

Estos eran santuarios famosos de las diez tribus. Gilgal había sido la sede de una escuela de profetas durante el tiempo del profeta Eliseo (2 Reyes 2:1; 4:38); pero Oseas se refiere a él en su profecía, diciendo que es un lugar de adoración de ídolos (9:15; 12:11). En cuanto a Bet-avén, una ciudad situada al este de Betel, se lo menciona en forma especial más bien que a Betel por una razón muy significativa: el profeta quiere mostrar que el pueblo había cambiado Betel ("casa de Dios") por Bet-avén ("casa de vanidad"). Dios le dice a Judá: "¡Mantente lejos!" Se le advierte a Judá que se aparte de las prácticas de Israel que deshonran a Dios, en las que se mezclan los juramentos en el nombre de Jehová con el servicio a los ídolos.

El profeta parece desear ansiosamente que Judá escuche bien la advertencia, pues Israel, actuando como novilla indómita, no le hizo caso. Los calificativos que el profeta le aplica a Israel no pueden considerarse de ningún modo como falsos halagos, pues llama a Efraín paloma incauta (7:11) y torta no volteada (7:8). Pero como una novilla indómita, intratable y porfiada, deja ver con claridad su disgusto por las restricciones divinas. Por eso, ¿los apacentará Dios como a corderos en un lugar espacioso? Esto se ha interpretado con frecuencia en el sentido de que Dios les permitirá que hagan lo que quieran: que les dará rienda suelta a sus caprichosas inclinaciones. Ahora podrán vagar como ovejas en una gran planicie, sin saber que tal dispersión los conducirá a su propia ruina. Una interpretación semejante no le hace justicia al hecho de que Dios va a apacentarlos como se apacienta a los corderos.

Otra alternativa es considerar estas palabras como una ironía: Si Israel es tan porfiado, entonces Dios los apacentará como corderos. ¿No les parece? Esto es bastante forzado. La mejor opción es la de tomar la última porción como pregunta: puesto que Israel es tan rebelde, ¿cómo puede Dios apacentarlos como corderos en un lugar espacioso? Isaías 30:23 muestra que la expresión se usa en el buen sentido y no como un castigo.

El grito desgarrador del profeta Oseas: "Efraín es dado a ídolos; déjalo", nos muestra con claridad cuán lejos se ha desviado Efraín de seguir al Señor. Está tan dedicado a los ídolos que no se habrá de separar de ellos. La palabra que se ha traducido como "dado" es el vocablo que se emplea para dar la idea de atar mediante conjuros. El reino del Norte está sujeto a la idolatría como si estuviera bajo un hechizo, embrujado por ella y totalmente impotente para liberarse por sí mismo. Se ha entregado tan totalmente, se ha casado con sus ídolos insensibles de tal manera que lo único que le queda es el juicio. Ahora debe descubrir toda la amargura de sus obras mediante una experiencia muy costosa. "¡Déjalo!" Fue a ese extremo al que llegó Israel debido a su impiedad. Los placeres mismos en que se estuvo deleitando durante tanto tiempo, iban a resultarle sumamente desagradables. Sus bebidas y borracheras llegarían a disgustarle y se corromperían. Los líderes de la nación, a los que se les llamaba "escudos", porque debían ser los defensores del pueblo, están tan corrompidos como las clases más bajas de la sociedad. El devastador fermento de la idolatría, junto con las inmoralidades que la acompañan, ha realizado su obra desde lo más elevado hasta lo más bajo de la sociedad. ¿Cuál puede ser el único resultado? El azote de la tempestad asiria habrá de llevarse todo por delante: ídolos, pueblo, profetas, sacerdotes y líderes.

3

"YO CONOZCO A EFRAIN"

Los capítulos 5 y 6 de la profecía de Oseas nos muestran de manera vívida la destrucción y ruina a que el pecado y la rebelión de Efraín y Judá los han llevado. Tan llena está la copa de iniquidad del pueblo de Dios que el siervo de Dios tiene que censurar, reprender y exhortar de distintas maneras. Dios recobraría a los suyos mediante un ruego lleno de amor antes de la hora del juicio. En el pasaje que ahora tenemos ante nosotros, del mismo modo que en los capítulos anteriores, se hace un recorrido por toda la historia de Israel, desde el momento en que Oseas le estaba proclamando la Palabra del Señor hasta el día en que, restaurado y obediente, Israel conocerá en verdad el favor de Dios hacia ellos.

Con una triple exhortación a oír, Oseas se dirige a los sacerdotes, al pueblo y a la corte real. El juicio de Dios va dirigido a todos ellos. El pecado de la idolatría, como un veneno, había contaminado de igual manera a la clase alta y la baja. Los que estaban constituidos como jueces del pueblo de Dios iban a ser juzgados ahora por El a causa de su deslealtad y de su desobediencia a su verdad y su voluntad. Mizpa, al oriente de la tierra, y Tabor, al occidente, habían sido constituidos en lugares de lazo y trampa, en los que el pueblo era seducido a adorar a ídolos en los lugares altos. Para abreviar, en vez de proteger al pueblo de los engaños que harían que se apartaran de la adoración del Señor, los líderes mismos eran quienes salían como cazadores para impedir que siguieran al Señor.

Se han entregado tan de lleno a su rebelión contra el Señor, que han cometido toda clase de excesos. Y todo ello a pesar de las repetidas advertencias y amonestaciones de Dios por medio de su mensajero. Si Efraín piensa que el Señor no ve o no le importa su conducta, Dios les recuerda: "¡Yo conozco a Efraín!" Todas las cosas están abiertas y claras para Aquel con quien tenemos que tratar. Efraín puede esperar ocultar su corrupción ante los demás o engañarse a sí mismo a este respecto; pero el Señor le recuerda que conoce la existencia y la amplitud de su corrupción.

DIOS SE APARTA DE ELLOS

El poder maligno de los hábitos impíos de los israelitas está logrando su propósito, puesto que sus mismas obras les impedirán volverse al Señor. Están sujetos como por una prensa. Del mismo modo que el espíritu de embriaguez o el de estupor se apoderan de la gente, así también el espíritu de prostitución y deserción espiritual se ha posesionado del pueblo. Por tanto, han caído en las tinieblas espirituales y no conocen a Jehová.

Observe el contraste que hay entre los versículos 3 y 4: Dios dice que conoce a Efraín; pero Efraín no lo conoce a El. En vez de que las advertencias de Dios hicieran que Efraín realizara un profundo examen de conciencia y se volviera al Señor, el pueblo se volvió intolerablemente soberbio. La soberbia siempre está fuera de lugar y con frecuencia se recurre a ella para ocultar otros errores. Sin embargo, esa misma arrogancia de Israel, alimentada por la aparente prosperidad material de la nación, será un testimonio en contra del pueblo a la hora de la ruina y la decadencia nacional. La soberbia precede siempre a la caída, por lo que Israel y Judá van derecho hacia la ruina.

Ahora, impulsados por un temor servil, buscan al Señor para presentarle animales de sus rebaños y manadas en sacrificio; pero Dios conoce el verdadero estado de su corazón y no lo hallarán. Se ha apartado de ellos. Al no encontrar en lo profundo de ellos la raíz de la verdad, el Señor no se contentará con actos y ritos externos. Exige que tengan verdad y sinceridad en lo íntimo de su corazón. No se han dado cuenta de la enormidad de su pecado. Han actuado traicioneramente contra el Señor (ésta es una ilustración del lazo matrimonial entre Dios e Israel), y la generación que han criado no conoce a Dios.

De este modo, la apostasía se perpetuaba entre ellos y no se conocía el temor de Dios en su máxima expresión. Dentro de poco tiempo, tanto ellos como sus posesiones serían alcanzados por la destrucción y las calamidades.

LA INVASIÓN ENEMIGA

Por fin el anunciado juicio de Dios viene sobre el pueblo. Ante los ojos mismos del pueblo se describe la invasión del territorio por los ejércitos asirios. Se anuncia la llegada de las fuerzas del enemigo en un llamamiento a defender el territorio, mediante gritos y el envío de avisos de alarma por toda la nación.

El peligro amenazará también a Benjamín, una parte del reino del

Sur que era limítrofe del territorio de las tribus del Norte, ya que Gabaa, Ramá y Bet-avén eran todas ciudades de Benjamín. Se alzará el antiguo grito de guerra: "¡Después de ti, Benjamín!" Evidentemente, el enemigo pasará arrasando el reino de Efraín y comprometerá también a las tribus del Sur. Este es el "día de la reprensión" y el castigo acerca del cual recibieron tantas advertencias.

Ahora no se trata ya de una amenaza condicional que pudiera evitarse. Dios ha hecho saber lo que sucederá con toda seguridad. No hay esperanzas de que el fallo sea suspendido porque el pueblo está totalmente impenitente. Los príncipes de Judá, sin mostrarse mejores que sus hermanos del reino del Norte, se han situado en el plano de los ladrones más vulgares de la tierra: los que desplazan los linderos de las heredades. Los derechos de los demás no tienen ningún valor para ellos. Desde la primera vez que Acab logró su objetivo al cometer aquel desafuero contra Nabot, hechos semejantes se venían cometiendo una y otra vez. Por esta razón, la ira de Dios se derramará sobre ellos como una inundación. Efraín y la casa que lo gobierna serán oprimidos por el juicio de Dios, porque obedecieron mandamientos de hombres, el mandamiento de Jeroboam que convocó a Israel para que adorara los becerros de oro en Dan y Betel.

En la hora del castigo, Dios ha llegado a ser como polilla para Efraín y como carcoma para la casa de Judá. Ambos reinos se están desmoronando y ya no pueden subsistir. En el momento de su necesidad, en lugar de volverse a Dios, ambos miraron al hombre. En forma necia acudieron al rey de Asiria, quien era indiferente a sus intereses y había de ser el azote final en las manos de Dios para llevar a Efraín a la cautividad.

Judá no estaba libre de culpa, porque buscó la ayuda del poderío asirio (véase Isaías 7:17-19). Ni el brazo del monarca asirio ni ninguna otra potencia humana servirá para sanar las heridas del pueblo de Dios, porque el Señor se encargará de destrozarlos y despedazarlos, como un león irresistible. Cuando arrebate la presa, nadie podrá hacerle frente ni librar de sus manos (véase Salmo 50:22).

RETORNO AL SEÑOR

¿Acaso no hay una palabra de consuelo o de esperanza para el futuro de este pueblo herido? ¿Los hiere la mano del Señor sin dejar lugar a remedio alguno? El Señor da la bendita palabra de confianza. Predice que se alejará hasta que su pueblo reconozca su pecado y lo busquen de todo corazón. En la hora de su aflicción, buscarán a Dios de modo diligente.

¿Cuál es el significado de estas palabras? Se han utilizado para significar que, siguiendo la ilustración del león rapaz, Dios se irá y retirará su favor, del mismo modo que el león se aleja con su presa a su madriguera. Si la profecía nos quiere mostrar esto solamente, entonces la última parte del versículo 15 del capítulo 5 tiene muy poco significado, si es que tiene alguno en absoluto. Este pasaje puede interpretarse como que se refiere al retiro de la protección y el favor de Dios para con su pueblo en el tiempo de las pasadas cautividades, y luego a la búsqueda del Señor por parte de los piadosos (como Daniel, Esdras y Nehemías) en la época de su aflicción en el exilio.

Sin embargo, la predicción de Oseas es mucho más impresionante si comprendemos que mediante el espíritu de la profecía, Oseas está mirando el futuro lejano de Israel. El mira más allá tanto de la cautividad de Efraín en Asiria como de la de Judá en Babilonia y de la dispersión final de la nación entera por todo el mundo, al tiempo en que se vuelva a establecer la relación adecuada entre el Señor y su pueblo.

Cuando en el cumplimiento de los tiempos Dios envió a su Hijo, El vino a los suyos y los suyos no lo recibieron. No quisieron considerarlo su Rey, sino que prefirieron al César. Por consiguiente, se fue y regresó a su lugar. ¡Y qué lugar se le había preparado a la diestra del Padre! (véase el Salmo 110:1). Allí, el bendito Hijo de David y legítimo Rey de Israel permanece hasta que Israel reconozca arrepentido la ofensa que cometió al rechazarlo y entregarlo a los romanos. En aquella hora ellos buscarán su rostro y no los planes o panaceas de los hombres. Será una hora de aflicción: el día y la hora de tribulación de Jacob (Jeremías 30:1-7), cuando la nación buscará con ahínco al Señor.

Este breve versículo nos da una descripción muy real de los acontecimientos de la historia de Israel, desde el tiempo de la primera venida del Señor hasta la hora de su segunda venida, cuando la nación lo recibirá como el que viene en el nombre del Señor. Es la misma hora de la que habla Zacarías (12:10-14) cuando profetiza que sobre Israel se derramará espíritu de gracia y de súplica, y que ellos mirarán al que traspasaron, con gran dolor y aflicción del corazón a causa de la calamidad reinante en la nación y por la ingratitud de ellos hacia el Pastor de Israel.

Al comienzo del capítulo 6 no sólo se afirma el hecho del retorno de Israel, sino se consigna también las palabras mismas que utilizarán ellos en esa ocasión. (La división de los capítulos no es muy afortunada, ya que 5:15 y 6:1 están estrechamente relacionados). Ahora reconocen quién los ha herido tan intensamente y quién es el que los puede sanar. La figura la extraemos del capítulo anterior, donde se representa a Dios como un león lleno de furia contra Israel. El hombre puede herir, despedazar y destruir; pero no tiene poder para vendar y curar. Sólo el Señor puede hacer esta tarea, y lo hará con premura "en el tercer día". Entonces comenzará a latir nuevamente el corazón de la nación, y ellos vivirán delante de El.

Aquí viene al caso la gran profecía de Ezequiel en el capítulo 37 de su libro. En ella se describe a Israel como un montón de huesos secos en medio de un valle. Como nación, Israel no tiene vida y aparentemente está sin esperanza. Sin embargo, por la omnipotente palabra de Dios, un hueso se une a otro, aparecen tendones sobre ellos, la piel cubre los huesos y tendones, y los cuerpos reciben aliento de vida. El resultado es un ejército inmensamente grande. ¡Un cementerio mundial que resucita! Será vida de entre los muertos (Romanos 11:15). Y donde hay vida debe haber crecimiento. Esto también lo sabrá Israel, puesto que al conocer al Señor, la nación proseguirá en conocer a Dios hasta la plenitud, después que El le haya salido como la mañana tras la obscura noche de calamidad y angustia. Entonces Dios ya no será para Israel como polilla, o carcoma, o león, sino como lluvia fructífera, refrescante y de bendición, en su tiempo apropiado.

Constantes súplicas de amor

Pero hemos estado observando un cuadro de las futuras bendiciones y la restauración de Israel; Oseas tuvo necesidad de fijar su atención también en la lamentable situación espiritual de su época. Dios ruega y pregunta tiernamente a Efraín y a Judá qué más podría hacer por ellos, aparte de lo que ya ha hecho al bendecirlos y advertirles que vuelvan su corazón a El. Si su corazón se inclina hacia Dios, es sólo durante un momento pasajero que desaparece pronto como el rocío bajo los rayos del sol de la mañana. Sus deseos de hacer lo bueno eran superficiales y no podían perdurar. Por esta razón Dios tenía que enviar a sus mensajeros con ásperas y severas advertencias de que los cortaría y quitaría su vida, para que cuando llegara el castigo supieran de dónde procedía.

No debían pensar que los sacrificios y holocaustos bastarían para su necesidad. Una vez que el hombre natural llega a tener conciencia de lo triste de su situación, busca remediarla recurriendo a ritos y formas externas. Se hace más diligente en seguir con el remedio de su propia invención. Pero, como Samuel le hizo ver con toda claridad a Saúl (1 Samuel 15:22), el Señor se complace más en la piedad del corazón y el conocimiento de El, que en los simples ritos externos.

Algunos han inferido de un pasaje como éste y de otros tales como Isaías 1:11-20; Miqueas 6:6-8; Jeremías 7:21-26 y varios otros, que

Dios nunca deseó el sistema de sacrificios de Israel. Esto, sin lugar a dudas, equivale a tener la vista muy corta, ya que Dios mismo estableció en Israel el sistema levítico, como se ve con toda claridad en los libros de Moisés. Lo que Dios está pidiendo es algo más profundo que la mera rutina de llevar ofrendas al altar y presentar sacrificios. Es fácil substituir lo real con lo visible. Ante todo, el Señor prefiere la piedad. Ellos, en cambio, han violado el pacto, han derramado sangre y han hecho muchas iniquidades. Los sacerdotes han sobrepasado todos los límites, juntándose en bandas para asesinar a hombres en los caminos, tal y como hacen los salteadores. Tampoco Judá está exenta de culpabilidad a este respecto. Para ella se prepara también su castigo correspondiente.

¿Qué haré a ti?

Dios hace esta tierna pregunta tanto a Israel como a Judá; pero sólo después de haberles dado prueba tras prueba de su bendición. Al pensar en Israel en la actualidad, no es inapropiado que nos preguntemos: "¿Qué he hecho por ti?" ¿Nos reprenderá nuestro corazón por haber descuidado esas almas? Es cierto que Oseas describe a Dios como que se estaba apartando de ellos en esos momentos para que se cumpliera su juicio; pero en esta época de gracia el Señor está cercano a todos los que lo invocan. La promesa sigue siendo válida: todo el que le invocare será salvo. Esta es la dispensación de la gracia para el mundo y también para Israel. ¡Ojalá que Israel escuche el mensaje de vida en Cristo a través de nuestras oraciones y de nuestro interés mientras aún dura el día!

PROFUNDIDADES DE PECADO

En el capítulo 6 se registra el deseo de Dios de salvar a Israel de sus enfermedades espirituales; pero en el capítulo 7 se ve que cada vez que Dios hace un esfuerzo para sanarlos, el mismo queda frustrado una y otra vez, debido a los pecados del pueblo. Cada intento hecho por redimir a Israel deja al descubierto todavía más de su pecaminosidad. Por más que lo estuvo buscando, Dios no pudo encontrar arrepentimiento en su pueblo. El pecado que los condenaba era la idolatría.

Todo Israel es culpable; pero en "Efraín" y "Samaria" se señala especialmente al reino del norte. La infidelidad y la deslealtad hacia Dios han dado como resultado violencia y peligro para el hombre. El ladrón lleva a cabo su trabajo dentro de la casa, y una banda de salteadores despoja en el exterior. Toda la sociedad está insegura cuando los hombres le dan la espalda a Dios y se apresuran de cabeza hacia su propia destrucción. Humanamente no había esperanzas de que Israel se recuperara.

Además, lo trágico de todo eso era que la nación no se daba cuenta de que Dios lleva un registro de todos nuestros actos. Sus delitos lo han cercado y encerrado. Todos sus actos, indiferentemente de lo que pensaba, eran manifiestos para el Señor. Se ha dicho con acierto que los pecados secretos en la tierra son un escándalo público en el cielo. Nuestros pecados ocultos quedan descubiertos a la luz de su semblante (véase el Salmo 90:8). Cada trazo de la pluma del profeta pinta el cuadro en colores más vivos y encarnados. Los gobernantes encontraban un verdadero deleite en la iniquidad del pueblo. Se animaban unos a otros en el pecado. Cualquier cosa aprobada por los que estaban en el poder, era la norma de vida para las masas. Tanto el rey como los príncipes gobernaban mal y rebajaban sus altos puestos al hallar placer en la iniquidad del pueblo. En esas circunstancias, ¿cómo era posible que la mano de Dios no aplicara el castigo?

Estallido de maldad

Pero todavía no era el fin. El cuadro que Oseas describe a continuación respecto a Israel es repulsivo, porque revela los extremos a los que llegó la nación en sus iniquidades. Con una vigorosa expresión, el profeta denuncia a todo el pueblo como adúlteros. Y habitualmente actuaban de ese modo, según lo demuestra la palabra hebrea en el original.

Aquí el pecado no es el apartarse espiritualmente del Señor, sino el adulterio en el ámbito moral, como lo revela la figura del horno. Estaban desbordantes de deseos y pasiones prohibidos. Eran como un horno que, aun cuando ha sido calentado por el panadero, mantiene su llama baja hasta que el panadero ha completado su trabajo de sobar y leudar la masa. Sus deseos carnales, que ya estaban encendidos, aun cuando se mantenían bajo la forma de una tranquila respetabilidad, esperaban únicamente la oportunidad de manifestarse en los actos de inmoralidad más espantosa. Aun el día del rey, probablemente su aniversario de coronación o cumpleaños, era ocasión para alborotos y excesos. Los príncipes se enfermaban con vino y el rey representaba el papel de bufón. Todo poder de autorrestricción y respetabilidad se desvanecía. Como si fuera un manantial perenne, su corazón amontonaba pecado continuamente. Nótese la triple mención de un horno en los versículos 4, 6 y 7.

El pecado rebotó sobre aquellos que primeramente lo instigaron. Los jueces, esto es, sus reyes, fueron devorados por las corrientes de influencia del mal que ellos desataron mediante su ejemplo y respaldo. El profeta declara que todos sus reyes habían caído. De modo más específico, habla de los asesinatos de Zacarías, Salum, Manahem, Pekaía y Peka. El reino del Norte no había sido establecido según la voluntad de Dios y permaneció inestable, sin firmeza, durante toda su historia. Lea la historia y vea cuántos reyes fueron asesinados. Hasta el comienzo de la cautividad asiria, el reino del Norte había sufrido nueve cambios desde el desplome del reinado salomónico. No hubo ninguno entre ellos que invocara a Dios. No hubo siquiera un rey justo que gobernara en Efraín. ¡Tremenda acusación!

"Una torta no volteada"

Las caracterizaciones con que Oseas designa a Efraín son famosas, pero no resultan ser ni en lo más mínimo un elogio para él. Ante todo, Efraín olvidó el gran principio de la separación que Dios en repetidas ocasiones procuró inculcar en el corazón del pueblo de Israel (véase Exodo 34:12-16, especialmente). Se mezclaron con los demás pueblos, las naciones paganas que los rodeaban. Dios siempre censura las mezclas (Deuteronomio 22:10, 11; la mezcla de la multitud egipcia en Exodo 16 y Números 11, y 2 Corintios 6:14, 18).

Al aplicar la figura de la mezcla, el profeta Oseas se refiere a Efraín como una torta sin voltear. La torta a que se refería era una especie de panqueque (circular). Entre todas las clases sociales en el Oriente, especialmente donde es necesario darse prisa, se acostumbra cocer tortas sobre piedras calientes. Es importante darle vuelta a la torta en el momento preciso, porque, de lo contrario, se quemará por un lado y el otro quedará crudo y pastoso. En Israel, la actuación externa se llevaba a cabo a la perfección; sin embargo, la indiferencia interna a las cosas de Dios era de una total crudeza.

Es fácil que todos nosotros vengamos a ser como una torta no volteada. Podemos tener mucha doctrina y pocas obras, mucho credo y poca conducta, mucha convicción y poco comportamiento, muchos principios y poca práctica, mucha ortodoxia y poca rectitud en el proceder. Es posible que en cada alocución o conferencia bíblica que tengamos aparezca Israel abundantemente y, sin embargo, falte del todo en nuestro corazón o en nuestros esfuerzos o dádivas misioneras. Debemos entender que aun cuando sostengamos a cien misioneros en países paganos de todo el mundo, pero no tengamos ninguno para Israel, todo nuestro programa misionero será como una torta no volteada. Debemos tomar en cuenta tanto a los judíos como a los gentiles para que no se nos considere como una torta sin voltear.

El pobre Efraín se encontraba en una situación verdaderamente triste y ni siquiera se daba cuenta de ello. El pecado nos hace ser insensibles. Extraños estaban consumiendo la fuerza de la tierra, y con todo, Efraín no se daba cuenta de ello. De hecho, los reyes de Siria y Asiria impusieron un tributo sobre la tierra. Las señales de envejecimiento y decadencia venidera se encontraban ya presentes, pero Efraín no se daba cuenta de cuán seria era realmente su situación. Había decadencia y menoscabo, pero no parecía estar consciente de ello. Efraín nos recuerda a Sansón, quien no sabía que el Espíritu de Dios se había apartado de él, insensible a su situación. Y en medio de todo esto, Efraín daba muestras de tener una soberbia insoportable. Su propia soberbia lo condenaba, pero era difícil causar una impresión que le llegara al corazón. Volverse al Señor con fe era algo que estaba lejos de sus pensamientos.

"Una paloma incauta"

Oseas usa otra ilustración sacada de la naturaleza para representar a Efraín en su pecado. Es como una paloma incauta, sin entendimiento (literalmente, sin corazón). Un proverbio oriental dice: "No hay nada más simple que una paloma." Una paloma incauta presta atención a todas las llamadas y señales, volando de un lado a otro sin un destino seguro. Un ave de esa índole no siente ningún afecto hacia su bienechor. Efraín había estado yendo y viniendo entre las dos naciones poderosas de esos días (Egipto y Asiria). El objeto era poner a una contra la otra para mantener ese estado evasivo que se conoce como "equilibrio del poder". Realmente, ninguna de esas naciones tomaba muy en cuenta los intereses de Efraín y, a fin de cuentas, ninguna de ellas podía ayudar a Israel. No obstante, el pueblo de Dios recurrió a todos los medios humanos, e ignoró y no tomó en consideración a Dios.

Sin embargo, el Señor no tiene la intención de dejar que Israel siga adelante por su mal camino. Les advierte que tenderá su red sobre la nación y los hará caer como si fueran aves del cielo.

¿Cómo se debe interpretar estas palabras? Algunos consideran que el Señor quiere decir que ama demasiado a su pueblo como para dejar que se vaya, por lo que tiende su red sobre él. Que el Señor ama a Israel resulta harto evidente en todo este libro profético, así como en toda la Palabra de Dios; pero ese amor divino no impide que Dios castigue a los suyos. Lo cierto es que los suyos reciben repetidos castigos en la actualidad (como ocurría entonces) como demostración del amor del Señor y su deseo de tener oro más refinado.

El resto del versículo 12 muestra que Dios ha desplegado su red sobre la nación para castigarla. Le limitará sus caminos y la sujetará. Este no es un principio nuevo para el pueblo de Israel, ya que lo han escuchado una y otra vez. Moisés, los profetas y el mismo Oseas habían señalado muchas veces que el castigo seguía siempre a la desobediencia. Aquí tenemos el primer "ay" de la profecía (el único otro que hay en el libro se encuentra en Oseas 9:12). Sus extravíos del Señor les traen como consecuencia su destrucción. Cuando el Señor quería redimirlos, decían mentiras contra El, como si Dios no pudiera o no quisiera liberarlos. ¡Qué mal pago da el hombre a los esfuerzos llenos de amor que hace Dios para redimirlo!

"Un arco engañoso"

En medio de sus terribles castigos, el pueblo no ora al Señor como su único recurso, sino que gritan sobre sus camas. Sus alaridos no expresaban su arrepentimiento ni su fe. Gritaban su dolor a causa del aguijón del castigo de Dios y no debido al pesar por sus malos caminos. Lo que ocupaba su mente era su angustia y no lo aborrecible de sus pecados delante de Dios. Sus reuniones no eran para la gloria de Dios, sino para tratar de obtener ganancias de trigo y mosto. Estaban empeñados en rebelarse contra el Gobernador moral del universo. La fortaleza que Dios les había dado la habían utilizado traicioneramente en contra de El. Y no es que no hubiesen cambiado, sino que nunca lo habían hecho para el Señor. Eran un arco engañoso. Por muy bien que se apuntara al blanco, el tiro siempre salía desviado. Nunca podía confiarse en ellos para dar en la diana con precisión. Puesto que no estaban dispuestos a volver a Dios, debían todavía recibir castigos más grandes de su mano. Serían ridiculizados por los mismos (los egipcios) de los que esperaban recibir ayuda. En vista de que empleaban imprudentemente la lengua, las lenguas de otros, de sus enemigos, serían utilizadas contra ellos.

"¡Oh Efraín!"

¡Cuán gráficas y cortantes son las designaciones que emplea Dios para describir y calificar a Efraín: una torta no volteada, una paloma incauta y un arco engañoso! ¿Había dejado de preocuparse el Señor por su pueblo descarriado? ¿Puede haber alguna duda en nuestra mente sobre esto? Oigamos a Oseas cómo hace eco al grito lastimero del corazón adolorido de Dios: "¿Cómo podré abandonarte, oh Efraín?" (11:8). Dios no los ha abandonado ni los abandonará. Aun hoy día les sigue enviando mensajeros de amor para que los ganen para el Salvador, el Señor Jesucristo que murió por ellos.

LA ALARMA ATERRADORA

A lo largo de su profecía, hasta este punto, Oseas ha estado deplorando y denunciando el pecado de Israel en todas sus formas. El capítulo ocho no es una excepción a su propósito, que es hacer volver a Israel, por todos los medios posibles de súplicas y advertencias, del horrible abismo de destrucción hacia el cual corre tan precipitadamente. En este capítulo se hace hincapié en las constantes violaciones de los mandamientos de la ley de Dios. Este mal proceder continuo sólo puede dar como resultado el devastador castigo de Dios.

Oseas prorrumpe en dos gritos breves y enfáticos, como se pone de manifiesto por la aspereza de lo que dice: "Pon a tu boca trompeta" y "Como águila viene contra la casa de Jehová". El vigía debe llevarse la trompeta a la boca para advertir al pueblo de la invasión venidera. El ataque será tan rápido y repentino como el ataque del águila en su vuelo. Su objetivo será la casa de Jehová, la totalidad del pueblo de Israel (9:8-15 y Zacarías 9:8).

El resto del capítulo nos presenta un bosquejo, por medio de acusaciones específicas, de las cinco razones para el juicio venidero que aquí se predice: (1) transgresión del pacto y violaciones de la ley de Dios, versículo 1; (2) el establecimiento de reyes y príncipes sin la dirección de Dios, versículo 4; (3) la idolatría, versículos 4, 5 y 6; (4) el pecado de acudir a Asiria en busca de ayuda, versículo 9, y (5) los altares idólatras y pecaminosos, versículo 11. Puede ser que el hombre considere poco importantes el pacto y la ley de Dios; pero el Señor ve con gran disgusto toda infracción o violación de cualquiera de los dos. Es el Dios que guarda el pacto y lo menos que puede requerir de su pueblo es una obediencia completa. Los israelitas se mostraron reacios a darle esto, pero Dios no podía modificar sus justas exigencias.

En medio de sus tribulaciones, claman a Dios como a quien conocen; pero no lo hacen con sinceridad y verdad. Pretenden conocer a Dios (¿cuántos en las iglesias actuales hacen lo mismo y sus declaraciones se dan por sentadas?); pero no es cierto (véanse Isaías 29:13 y Mateo 7:21, 22). ¿Cuándo comprenderán los hombres que ante Dios no valen para nada sus pretensiones? Aun cuando Israel pretende conocer a Dios, en los momentos de agonía, el Señor dice que la nación ha rechazado el bien y, por ende, el enemigo la perseguirá. En el versículo 2 tenemos la defensa de Israel ante Dios; pero en el versículo 3 se ha de hallar su verdadera condición y la retribución divina por causa de ella.

El pecado penetrante

La raíz del pecado del reino del Norte era la instauración de reyes y príncipes sin la autorización de Dios. El Señor no la había aprobado ni la había ordenado, ni la había sancionado. Es verdad que Ahías, el profeta de Dios (1 Reyes 11:30 y los versículos siguientes) le había anunciado a Jeroboam hijo de Nabat el rompimiento del reinado de Salomón; pero esto no quería decir que el Señor lo aprobara. Las ciudades establecen leyes debido a las violaciones de los reglamentos de tránsito; pero eso no significa que aprueben esas infracciones. Además, se habían producido muchos destronamientos y asesinatos en el reino de Israel (7:7). Ciertamente, esto no provenía de Dios, ni le agradó tampoco al Señor la consiguiente entrega del pueblo a la idolatría.

Un pecado conducía a otro. Nótese cómo su alejamiento de la dinastía davídica está ligado a su entrega a la idolatría. Así como Dios no puede olvidar el pacto que hizo con Abraham, tampoco puede olvidar el que estableció con David respecto a que le daría una dinastía perpetua, ya que esos dos pactos están inseparablemente ligados. El desecho de cualquiera de los dos hace que se despierte la ira de Dios. De este modo, la idolatría del pueblo llegó a ser la causa de su destrucción. La nación había quebrantado gravemente el primer mandamiento que le dio Dios en el monte Sinaí y lo único que le quedaba por esperar era el castigo impuesto por el Señor. Se hizo imágenes de oro y plata para su propia ruina. El pecado más condenado es la idolatría. El último mandato del apóstol Juan en su primera epístola tiene el propósito de advertir a los hijos de Dios que se guarden bien de caer en la idolatría (1 Juan 5:21).

Cuando comprendemos también que Dios considera la avaricia como idolatría, podemos ver más claramente cuán real es la tentación contra la cual nos previene la Palabra de Dios (véase Colosenses 3:5).

Se hace un llamamiento a Samaria en representación de todo Israel y se le asegura que la ira de Dios se ha encendido en contra de ellos a causa de su ídolo, el becerro de Samaria. Oseas les pregunta en forma directa y sin temor, cuánto tiempo ha de pasar hasta que alcancen la inocencia, cuánto tiempo antes de que puedan dar muestras de inocencia, pues son incapaces de andar piadosamente delante de Dios, sin mancha de contaminación de idolatría. El ídolo era sólo una obra humana y en ninguna manera de Dios; el becerro y su adoración tuvieron su inicio con ellos y no con el Señor.

Isaías, contemporáneo del profeta Oseas, ha mostrado con consumada maestría y sarcasmo en su profecía (44:9-20) la insensatez de la idolatría. Pero esos miserables substitutos del Dios verdadero y vivo, amante y justo deben desaparecer, y quienes cometen tan grave pecado deben quedar bajo el desagrado doloroso y la ira acumulada de Dios. Siembran vientos y recogen tempestades. No pueden abrogar la ley de la cosecha: si siembran, deben segar. Tampoco pueden invertir la ley de la uniformidad: si siembran el viento: la idolatría insensata, inanimada, vana y vacía, deben segar según la especie. No pueden abrogar la ley de la multiplicación: aun cuando sólo siembran vientos, se producirá una abundante cosecha de torbellinos que los arrollarán, junto con toda su obstinada oposición a Dios y a su Ley (10:12). El resultado es que no tienen mies; todas sus esperanzas y perspectivas resultan nulas. No hubo fruto en parte alguna; pero si hubiera tan sólo una apariencia de fruto, aun ella sería consumida por el ejército invasor. La sombra de Asiria, los extraños del versículo 7, se está proyectando ya en su camino.

Israel devorado

Cuando Dios escogió a Israel para gloria y alabanza de su nombre entre las naciones de la tierra, su intención era que se mantuviera separada del mundo. Israel no puso por obra este designio de Dios y, por mezclarse con las naciones, fue devorada. Perdió lo que era su razón de existir; llegó a ser como un utensilio que nadie necesita. Las fuerzas desintegradoras habían obrado y corrompido de tal forma, que hasta para las otras naciones Israel carecía de valor, y estaba lejos de ser una delicia para el corazón de Dios. Nada nos desmoraliza tanto y nos hace inútiles de modo tan rotundo como una continua oposición a la voluntad revelada de Dios para nosotros.

Israel, desafiando repetidas advertencias, igual que una mula testaruda y cerril, había acudido a Asiria en busca de ayuda y alianza. Esta fue la necedad de Manahem cuando fue a Pul de Asiria para que lo estableciera en su trono (véase 5:13; 7:11 y también 2 Reyes 15:19). A causa de esta desobediencia, Israel llegó a ser tributario del poder asirio.

Qué triste es el cuadro que se nos presenta de Israel que corre de un lado a otro, buscando ayuda de todas partes, menos de Dios, y todo ello "para sí solo". Esto ha sido cierto en todas las épocas: Israel permanece solo, a pesar de las muchas promesas de lealtad por parte de sus amigos del mundo (véase Números 23:9).

Efraín, tal y como lo hizo Gomer la hija de Diblaim en la vida de Oseas, tuvo amantes alquilados. Pero aun cuando los amantes fueron aparentemente conquistados para la causa de Israel, Dios los reunirá en contra de Israel para juicio, en vez de la ayuda que tanto deseaba Israel. Por lo tanto, el fin de todo eso para Israel será una disminución y un gemir bajo el pesado yugo y tributo del rey asirio, el rey de los príncipes que estaban sometidos al dominio de los asirios. En las inscripciones asirias hallamos la jactancia de sus soberanos de que eran reyes de reyes, como Dios designó a Nabucodonosor en Daniel 2:37. Así pues, mucho peor todavía que el hecho de que la cosecha de Israel sería devorada es la amenaza y la advertencia (que fue cumplida de modo tristemente literal) de que Israel sería devorado.

Dios olvidado

Debido a que Efraín, contraviniendo en forma directa el explícito mandamiento de Dios (léase cuidadosamente Deuteronomio 12:5, 6, 13, 14), multiplicó altares por toda la tierra, mediante los cuales pecó contra Dios, aquellos mismos altares resultaron ser fuerzas engañosas y seductoras para arrastrarlo a un pecado todavía mayor y más grave. Con frecuencia, el pecado llega a ser su propio castigo (véase Isaías 1:31).

Y no fue como si no hubiera ley ni precepto para guiarlo en tales asuntos, pues tenía la gran variedad de estatutos, ordenanzas y juicios del Señor mediante los cuales había de regir su vida religiosa. No obstante, consideró todo ello como una cosa extraña, como si no se aplicara en absoluto a su vida. Aun cuando le presentaba ofrendas al Señor, su intención final era ver cuánto provecho personal podía sacar de comer la carne de los sacrificios. En la misma forma que los hijos de Elí, el sacerdote (1 Samuel 2:12-17), su única preocupación era su satisfacción personal (véase Zacarías 7:4, 5).

Así pues, Dios no podía aceptar con agrado aquellas ofrendas y, debido a la perversión del modo de acercarse a El, por El mismo señalado, debe castigar necesariamente al pueblo por sus pecados. La advertencia respecto al retorno a Egipto era mucho más que una simple figura retórica, pues los israelitas huyeron allá para escapar de los asirios cuando estos últimos derrocaron el reino del Norte hacia el año 772 a.C. (Respecto a la misma situación en Judá, cuando ellos llevaron consigo al profeta Jeremías, véase Jeremías 42-44).

Mientras leemos este capítulo y otros de esta profecía, nos preguntamos continuamente: "¿Pero por qué todo esto? ¿Por qué? ¿Por qué?" La respuesta es sencilla: "¡Porque Israel se olvidó de su Hacedor!" ¿Cómo podía ser posible esto? La nación había estado siguiendo su propio camino durante tanto tiempo y había dejado a Dios fuera de toda consideración de modo tan persistente, que finalmente había llegado a olvidarse del Señor, su Hacedor. Era como si no existiera. No formaba ya parte de sus pensamientos. ¿Es posible esto? Es no sólo posible, sino que constituye una terrible realidad. Cuán indeciblemente triste es construir templos para los ídolos y ciudades fortificadas para depender de la carne y descuidar la única fuente de ayuda y esperanza en Dios. Tanto Judá como Israel participaban en ello. El fuego sobre sus ciudades y palacios que había sido profetizado se cumplió cuando Senaquerib invadió el país; sólo Jerusalén quedó exenta (véase 2 Reyes 18:13 y los versículos siguientes).

"NO TE ALEGRES, OH ISRAEL"

El capítulo 9 de Oseas está lleno no sólo de la reprensión del Señor contra su pueblo pecador y rebelde, sino también de las características definidas de su catastrófico juicio venidero. Los elementos de ese juicio eran: (1) el cese del gozo, versículos 1 y 2; (2) el exilio de su tierra, versículos 3 al 6; (3) la pérdida del discernimiento espiritual, versículos 7 al 9; (4) la disminución de la tasa de natalidad, versículos 10 al 16 y (5) la expulsión, versículo 17.

Puesto que el alma alejada de Dios no puede tener gozo, el profeta Oseas exhorta a su nación a que no se alegre ni salte de gozo como otros pueblos. El gozo a que se alude aquí se basa evidentemente en la cosecha, como lo indica muy bien el resto del versículo. En esa época Israel estaba disfrutando de un período de prosperidad y lujo, y gozaba con los beneficios que le daba Dios, sin tomar en cuenta para nada al Dador.

El salario que se menciona aquí es el de una ramera, del amante a la querida, en este caso del ídolo a su adorador insensato.

Israel atribuía a los ídolos los frutos que le habían sido dados, y en todas las eras de trilla se celebraba este hecho con gran desenfreno. Dios retira sus bendiciones cuando se abusa de ellas. La tierra, con sus granos y productos de la vid, va a dejar frustrado a Israel en sus esperanzas de incremento. La nación va a perder la cosecha debido al cautiverio, pues ya no seguirá viviendo en la tierra de Jehová (véase Deuteronomio 30:17, 18). Volverá a Egipto, pues recurrió a su antiguo enemigo en contra de la voluntad de Dios. La nación será enviada allá, exiliada y desterrada, en contra de su voluntad.

Algunos comentaristas de este pasaje consideran aquí a Egipto como representante típico de Asiria que, en toda la profecía, es la vara de la ira de Dios (5:13; 10:6, 14) y, teniendo en cuenta el texto de 11:5, que Israel no volverá a Egipto, sino que el rey de Asiria será su soberano. Sin embargo, compárese Deuteronomio 28:68 con Oseas 8:13. Además, comerá alimentos impuros en Asiria. Nótese el contraste con Daniel, en Daniel 1:8. Israel ha hecho esto en su propia tierra, contra la voluntad de Dios, al comer en los festines dedicados a los ídolos. Ahora, por necesidad u obligación, tendrá que comer tales cosas en tierra extraña para subsistir. Lo que había hecho intencionada y voluntariamente, violando la ley de Dios, se vería obligado a hacerlo de modo habitual, en una forma que situaría a Israel en el mismo nivel que las naciones paganas que lo rodeaban.

También cesarían las libaciones de vino que se derramaban con relación a los holocaustos (véase Éxodo 29:38-41 y Números 28:3-

9). Esto era una práctica tanto diaria como del día de reposo. Según Números 15:8-10, tenían también relación con las ofrendas de paz. La predicción de Oseas implicaba que cesarían todos los sacrificios públicos (3:4). Y debido a que ya no existirían los medios señalados para acercarse a Dios, el pueblo mismo dejaría de ser del agrado del Señor.

Esta es la situación en que se encuentra Israel en la actualidad. No le es agradable a Dios, porque todavía no ha recibido por fe la reconciliación efectuada mediante el sacrificio de Cristo (véase Romanos 10:1-4). Si Israel intentara ofrecer sacrificios a Dios fuera de su país, no sólo serían inaceptables para Dios, sino que serían fuente de contaminación y de profanación, como el pan de los enlutados. Todo lo que se hallaba en la misma tienda o casa en que estaba el muerto, era inmundo durante siete días (Números 19:14). Israel podría usar esos sacrificios para su propia satisfacción personal; pero el Señor no los aceptará.

¿Qué haréis?

¿Qué hará el Israel errante en el día de la solemne asamblea y el día de la festividad de Jehová, cuando se encuentre disperso entre las naciones y exiliado de su amada patria? Esas eran ocasiones de gozo festivo que conmemoraban los actos de la bondad de Dios para con Israel. Cuando la nación quedara excluida del servicio de Dios, esas ocasiones serían de muy profunda pena y gran tristeza, porque Dios les habría retirado sus bendiciones (2:11).

Para evitar su destrucción por Asiria, Israel había escapado a Egipto, que sería una causa aún más segura de destrucción. Egipto reuniría al pueblo para un entierro en masa. Nadie escaparía. Menfis era en esa época la capital de Egipto y un lugar favorito de sepultura entre los egipcios. La mención de las ortigas y los espinos completa el cuadro de una consumada y total desolación. Los profetas falsos habían asegurado en forma engañosa que no vendrían los días de castigo y de retribución; pero llegaron, en forma inevitable, inexorable e irresistible. Israel conoce ahora por experiencia lo que antes no quiso recibir por fe.

Los incrédulos habían tachado de necio al verdadero profeta y siervo de Dios, y de loco al hombre del espíritu (o sea, al que tenía el Espíritu Santo para profetizar). Lo mismo le sucedió a nuestro Señor Jesucristo (Juan 10:20). La raíz y la causa de las calamidades de Israel eran la abundancia de su iniquidad y la magnitud de su aborrecimiento a Dios. Véase Juan 15:25 respecto del odio infundado contra Cristo. Primeramente, los impíos *pasan por alto* a Dios; luego, *desobedecen* a Dios (cuando se les da a conocer su divina voluntad) y, finalmente, desprecian a Dios (cuando los juzga y castiga).

El versículo ocho de nuestro capítulo es reconocidamente muy difícil. El significado probable es que Efraín era un atalaya con Dios, esto es, la nación entera cuando era ayudada y sostenida por Dios, y estaba en comunión con El y en armonía con sus propósitos. Así Dios lo había hecho para con las otras naciones; pero por causa del pecado había llegado a ser una trampa en vez de un apoyo.

El profeta que se señala aquí es de modo específico el falso que seducía al pueblo de Dios y que era la personificación misma del odio en la casa de Dios. Ellos se han corrompido totalmente.

La referencia a los días de Gabaa es otra de las muchas menciones de la historia pasada de Israel, que se usan para enseñarle al pueblo el carácter desastroso del pecado. Oseas se refiere a aquella vez que Benjamín (Jueces 19 y capítulos siguientes) ultrajó a la concubina del levita, un caso que hace resaltar con suma claridad un período de degradación espiritual de Israel sin precedentes. En aquella ocasión pereció toda la tribu de Benjamín, con excepción de 600 hombres. Aun cuando lo ha soportado durante mucho tiempo, Dios aplicará finalmente a Efraín el juicio anunciado.

"Como uvas en el desierto"

En medio de una escena de juicio y de terribles profecías de castigo, el tierno corazón de Dios vuelve a los días de la historia temprana de Israel, como hizo con tanta frecuencia (véase Jeremías 2:1-3). Jehová recuerda cómo encontró a Israel al principio como uvas en el desierto. La idea es que Israel le resultó agradable a Dios, del mismo modo que se sentiría complacido alguien que encontrara uvas en el desierto. Además, la nación israelita era como los primeros higos que maduran, cuya dulzura es proverbial a causa de su frescura y porque se echan muy de menos durante la larga temporada en que no se producen (véase Isaías 28:4).

Dios habla de Israel como si fuera agradable y delicioso a sus ojos; pero muy pronto se corrompió, junto con los dones que había recibido del Señor. Respecto al cuidado especial de Dios para su pueblo en aquel entonces, véase Deuteronomio 32:10. ¿Cómo fue que se corrompió? Cometió las abominaciones de Baal-peor. Esa fue la piedra de tropiezo recomendada por Balaam a Balac. Cuando el profeta no pudo maldecir a Israel, dio consejos sobre cómo hacer que se corrompiera (véase Números 25:1-5). El pueblo se apartó y se volvieron nazareos; pero no para Dios, sino para la vergüenza de Baal-peor con sus prácticas viles y sensuales relacionadas con su idolatría. El resultado fue que se hicieron abominables como los objetos de su amor (véase el Salmo 115:8). Se ha dicho muy bien que el hombre "hace su dios a su imagen y semejanza, la esencia y concentración de sus propias malas pasiones, y luego, se adapta a la imagen, no de Dios, sino de lo que era más malo dentro de sí mismo". Por consiguiente, la gloria de Efraín se alejaría como un ave.

Oseas, a diferencia de todos los demás escritores de la antigüedad, señala que el resultado de la inmoralidad y el pecado de la nación será la disminución de la población. Dios les quitaría lo que había sido su honra, su gloria y su posición de privilegio. El nombre de Efraín, que significa fructífero (véase Génesis 41:52; 48:19), no será ya más su gloria, pues Dios les quitará las concepciones, los nacimientos y los hijos.

No se quiere dar a entender aquí una exclusión total de la capacidad procreadora, pues en el versículo 12 se puede ver claramente que tienen hijos; pero su número se reducirá considerablemente (compárese con Deuteronomio 28:58-62). La culminación de todos sus males y calamidades es que Dios se apartará de ellos. El lugar en que se encontraba Efraín era hermoso (véase Isaías 28:1): Dios le daría gloria semejante a la de Tiro. Sin embargo, aun cuando la nación fuera rica y su situación envidiable, a todos les esperaba una existencia sin hijos.

"¿Qué les darás?"

Puesto que la miseria que aguarda a los hijos de los israelitas es tanta, el profeta se siente constreñido a orar pidiendo que no tengan más hijos, en un acto de misericordia que les evitaría una pena mayor.

Gilgal era el centro donde se manifestaba su maldad. El lugar que había experimentado tantas bendiciones de Dios, se había convertido en el escenario de la adoración de ídolos. Cuando Dios dice que los aborrece, la expresión es una manifestación de la profundidad de su disgusto. Además de echarlos de su casa, los expulsa también de la tierra (compárese 8:1 donde se usa casa en el mismo sentido).

"No los amaré más" es un juicio nacional que no excluía la misericordia para con los individuos y que entraña una idea de un tiempo definido. Después de su castigo, Dios volverá a recibirlos en la comunión más completa. En esta misma profecía (14:4), Oseas predice: "Los amaré de pura gracia." Sin embargo, puesto que en esa época todos sus príncipes y gobernantes habían seguido el camino de Jeroboam, el hijo de Nabat, habían abierto las compuertas de la ira de Dios contra ellos. Efraín iba a ser sacudido como un árbol (versículo 16). El hecho de que su raíz se secara quería decir que no habría esperanza de dar frutos en el futuro. No sólo dejarían de tener hijos, sino que, además, les estaba reservado el tener que andar errantes entre las naciones, porque se habían negado a escuchar al Señor.

¿NO SIGNIFICA NADA PARA USTED?

Cuando comprendemos que los cánticos e himnos de Israel están en tono menor, llegamos a entender lo profundamente que se ha enraizado en la nación el mandato de no regocijarse. ¿Cómo pueden alegrarse cuando no están agradando al Señor? ¿Cuando no tienen ningún modo de acercarse a Dios? ¿Cuando hay tantos que no han oído hablar del sacrificio suficiente para todos y que todo lo satisface, del Mesías de Israel? ¿No significa nada para nosotros que ésa sea la condición en que se encuentra Israel, el pueblo de Dios?

4
MULTITUD DE ALTARES

Como un cirujano diestro y experimentado, el profeta Oseas sigue examinando el corazón del pecado de Israel, es decir, su idolatría. Vuelve a utilizar una figura extraída de la naturaleza para describir al pueblo de Dios. Israel es una frondosa viña. La idea es que la viña se vierte en fruto y se esparce.

Para el observador superficial, el pueblo era rico y próspero durante los reinados de Joás y Jeroboam II, y no carecían de nada. (En cuanto a la metáfora de la viña, véase el Salmo 80:8 y los versículos siguientes; Isaías 5:1-7, sobre todo el versículo 7, donde se da la explicación de la figura empleada; Jeremías 2:12 y Ezequiel 17:6.) Sin embargo, cuanto mayor era la prosperidad que Dios les daba, tanto mayor era el mal uso que hacían de su generosidad, alabando a los ídolos mediante sacrificios sobre los altares de idolatría (véase 8:11 de nuestra profecía). Por cada bendición proveniente de Dios, el pueblo les daba gloria y adoración a los ídolos. La raíz de todo su fracaso y pecado consistía en que su corazón estaba dividido.

El corazón dividido y el dudar entre dos opiniones fueron características del Israel de los días de Elías (1 Reyes 18:21) y lo hizo clamar por una entrega a Dios de todo corazón. Sabemos muy bien cuán necesaria es esta exhortación en nuestros días, en medio de la iglesia de nuestro Señor. Tenemos necesidad de orar junto con el salmista: "Afirma mi corazón para que tema tu nombre" (Salmo 86:11).

Como consecuencia de su alejamiento espiritual del Señor, Israel es hallado culpable: sus altares y pilares serán arrasados por el castigo de la mano de Dios. La amenaza es vívida puesto que la palabra traducida "demolerá" en realidad significa "romper el cuello". En medio de sus sufrimientos, el pueblo entristecido expresará su desaliento y desesperación, lamentando la pérdida de su rey. Se verán privados de su soberano porque será cortado (tome en consideración los versículos 7 y 15 de este capítulo). Y no será como si ignoraran la causa de sus calamidades. Por el contrario, ellos mismos admitirán que todo eso les ha sobrevenido porque no obedecieron ni temieron al Señor. Desecharon a su Rey celestial, de modo que se quedaron privados de rey terrenal. Pero al reflexionar más y en forma más profunda, concluyen con la pregunta: "¿Qué puede hacer el rey por nosotros, si Dios está en contra de nosotros?" Ahora comprueban que no hay argucias ni personalidades humanas que puedan tener valor alguno en contra del Dios omnipotente y soberano.

LA GLORIA SE APARTÓ

Entre los fallos del pueblo estaba el defecto de hablar mucho, con palabrería hueca y excesiva. Vivimos precisamente en una época similar, con una gran cantidad de libros, revistas, foros y transmisiones de radio y televisión con sus noticias, puntos de vista y comentarios. Palabras y más palabras, discursos interminables. Cuando esto sucede en el ámbito espiritual y entre las naciones, los efectos son desastrosos.

Israel juraba en falso cuando establecía sus pactos. Se ha sugerido que lo que se dice aquí se refiere a la falta de cumplimiento de su compromiso con Salmanasar (2 Reyes 17:4), para establecer un pacto con So rey de Egipto. En todos sus tratos, la nación cometía faltas contra la justicia y la equidad, de tal modo que la justicia y el juicio se pervertían (véase la misma verdad en Amós 5:7 y 6:12). Esa falta era como una ponzoña mortal, como cicuta en los surcos de los campos.

Una vez más, el profeta vuelve a ocuparse del pecado destructor y devastador de la idolatría. Los habitantes de Samaria, en lugar de poder descansar confiados en el poder de sus imágenes, estarían aterrorizados al ver lo que les sucedía a sus diosecillos falsos. Los becerros están relacionados con Bet-avén, un nombre burlesco que se le daba a Betel (véase 4:15, donde la casa de Jehová ha sido transformada en albergue para la vanidad y el pecado). Lejos de recibir ayuda de sus imágenes, estarán preocupados y temerosos de lo que pueda sucederles a sus ídolos. Oseas los denomina pueblo del becerro y no pueblo de Dios, y sus sacerdotes lo son del becerro y no del Dios Altísimo.

Los sacerdotes sentirán principalmente la pérdida de los ídolos cuando sean llevados en cautiverio, pues anteriormente se habían regocijado a causa de las ganancias que obtenían gracias a ellos. La gloria de los ídolos de la que se habla aquí es evidentemente la adoración que se les rendía a los tales. Ciertamente la gloria se habrá apartado de Efraín e "Icabod" estará escrito con grandes letras sobre el reino del Norte.

Se ve claramente que los ídolos no escaparán del castigo que caerá sobre las diez tribus, pues serán llevados en cautividad a Asiria, lo que será una prueba manifiesta de su impotencia e inutilidad (compárese Isaías 46:1, 2, en lo que se refiere a la inutilidad total y el estorbo que representaban los ídolos en tiempos de pruebas y cautividad).

Cuando caiga sobre Israel todo el peso del castigo de Dios, el pueblo se sentirá avergonzado del consejo que aceptó Jeroboam, hijo de Nabat, para establecer un reino separado de Judá y, sobre todo, para iniciar la adoración del becerro.

Los ídolos son impotentes y el pueblo y los sacerdotes también; pero, ¿que podía decirse del rey, aquel poderoso brazo para defender al pueblo? El rey de Samaria será cortado como espuma o, mejor todavía, como ramitas o pajuelas sobre las aguas. Será como algo liviano, vacío y sin valor. Así era Oseas (2 Reyes 17:4), el rey que fue llevado a Asiria. Los santuarios de los ídolos — los lugares altos que se mencionaban como el pecado de Israel — iban a ser demolidos.

La mención del espino y el cardo completa el cuadro de la desolación de la tierra y el cese del pecado de la idolatría. Con su vida nacional destruida, el objeto de su confianza (los ídolos) arrebatado y su estructura política en ruinas con el derrocamiento del rey, el pueblo se encontrará sumido en la desesperación más profunda. Procurarán escapar de lo que para ellos será peor que la muerte. En consecuencia, clamarán a los montes para que los cubran y a los collados para que caigan sobre ellos. ¡Qué fin más trágico para las vidas sin Dios! Es lo que caracterizará la desesperación futura que se apoderará del corazón de los hombres en la hora de la gran tribulación y angustia (véanse Lucas 23:30 y Apocalipsis 6:16).

La idolatría, como todos los pecados, llevaba consigo la semilla de la destrucción de Israel. El apartarse del Dios vivo para adorar de modo absurdo a los ídolos es fomentar una catástrofe segura y terrible. Siempre es cosa horrenda caer en manos del Dios vivo, porque nuestro Dios es fuego consumidor al vindicar su santidad y su justicia.

UN NUEVO RECORDATORIO DE GABAA

En el versículo 9 volvemos a encontrar una mención de los días pecaminosos de Gabaa (véase 5:8 y 9:9). El relato del libro de Jueces revela que Benjamín era el principal culpable de la ofensa que allí se registra; pero todo Israel estaba en pecado y no sólo Benjamín, pues al comienzo todas las tribus fueron heridas en batalla delante de Benjamín. De cualquier modo, lo que era verdad en el caso de la tribu de Benjamín, era también aplicable al resto de la nación, y eso es lo que nos dice Oseas. Sin embargo, aunque fueron derrotados dos veces, el pueblo defendía la ley justa de Dios, por lo que permanecía firme en contra de Benjamín.

No se trata de que persistieran en su pecado, como algunos pudieran interpretarlo, sino más bien que las demás tribus se mantuvieron firmes y no perecieron. En aquella oportunidad, la batalla contra los inicuos no los hizo sucumbir; pero ahora caerán. Aunque Dios los perdonó en aquella ocasión, esta vez no lo hará. La batalla de Gabaa, donde Dios juzgó a los inicuos de Gabaa, será una señal del castigo más duro que se aplicará al reino del Norte por su pecado continuo.

Cuando Dios desee reivindicar su justicia, su castigo caerá sobre los impíos. Del mismo modo en que todas las tribus se unieron contra Benjamín, así también todos los pueblos, los invasores extranjeros, se unirán para luchar contra las diez tribus.

Y la causa de todo ello es que han quedado ligados a su doble pecado. Algunos sugieren que las dos transgresiones son las que menciona Jeremías 2:13, donde dice que Israel ha dejado al Señor, fuente de agua viva, y ha cavado cisternas, cisternas rotas que no retienen agua. Sin embargo, si nos atenemos al contexto que menciona repetidamente el terrible pecado de la idolatría, preferimos interpretarlas como los dos becerros de Betel y Dan.

En el pasado, Israel, al igual que una novilla domada, se había acostumbrado a los trabajos agradables y provechosos. Trillar pisando el trigo o la cebada era más fácil que arar o desmenuzar terrones. En la trilla se le permitía al animal comer lo que quisiera (Deuteronomio 25:4) y fue así como Israel engordó y tiró coces (compárese esto con Deuteronomio 32:15). De este modo tenemos un cuadro de la prosperidad y sibaritismo de Israel hasta aquí. La trilla del trigo y de la cebada era mucho más agradable, desde cualquier punto de vista; pero Efraín tendrá que realizar las tareas más duras de arar la tierra y desmenuzar los terrones, porque ahora iba a llevar el yugo sobre su cuello. Y no sólo tendrá un yugo en el cuello, sino también un jinete sobre el lomo: el invasor asirio.

Oseas les había advertido con anterioridad que Dios rodearía de espinos su camino y que les pondría cerco. Esta es otra confirmación de la misma intención. Pero el reino del Norte no estará solo en esto. El juicio también se extenderá a Judá, pues él tampoco está exento de pecado. Compartirán el juicio de Dios que aquí se presenta bajo la figura de arar y romper terrones. Con qué claridad expone el profeta ante ellos y nosotros la evidente verdad de que el pecado no libera, sino que al contrario, aprisiona y restringe, y finalmente le roba a uno la libertad.

¿QUÉ CLASE DE SIEMBRA?

Por única vez en este capítulo, la Palabra de Dios le ruega a Israel que se vuelva atrás de sus malos caminos. Se le exhorta a que regrese para evitar el castigo. Mediante tres ruegos directos se le suplica que siembre para sí en justicia, como objetivo, para que siegue conforme a la misericordia, según la medida de la gracia de Dios, y que roture el barbecho, al remover sus ídolos y las prácticas pecaminosas.

La nación había estado sembrando contrariamente a lo que era la voluntad de Dios y, como resultado, había cosechado el desagrado de Dios, la represión y el castigo. Ahora deberá sembrar para la gloria de Dios, retirando de su camino los obstáculos espirituales, para poder obtener una cosecha abundante de bendiciones de Dios, de prosperidad y de gozo. Hacía ya mucho que había llegado el tiempo en que la nación debía estar buscando a Dios, en lugar de los ídolos, con el fin de que el Señor pudiera venir y enseñarles justicia.

La última parte del versículo 12 es una alusión directa a Jesucristo. La venida "del Señor" es seguramente la promesa de la venida del Mesías en santidad, para enseñar a su pueblo en los caminos de Dios y para obtener para ellos la salvación, tanto temporal como espiritual.

El mandato de sembrar según el modelo de Dios, es tanto más necesario en vista del hecho de que el pueblo había estado arando impiedad y segando iniquidad. Al arar impiedad, estaban con dolores de parto para cultivar el pecado. Cuando cosechaban iniquidad, estaban evidenciando una vez más la verdad de la ley de la cosecha: lo que el hombre siembre, eso también cosechará. En efecto, comían el fruto de las mentiras. En lugar de promover el bienestar y la prosperidad del reino de Israel mediante sus obras, como había sido su esperanza, estaban logrando tan sólo causar su caída y su ruina total. Descubrirían que el fruto de su falsa adoración era la amargura misma, por cuanto confiaban en sus propios caminos y no en los del Señor. Hay una maldición de parte de Dios para el hombre que confía en el hombre y pone carne por su brazo (Jeremías 17:5).

¡Cuán fácilmente descansa el corazón del hombre en apoyos carnales, en lugar de sostenerse con el brazo poderoso del Dios omnipotente! Sin embargo, los hombres valientes de Efraín no ayudarían a su nación cuando estallara la guerra entre ellos. No había unidad que los amoldará juntos, por lo que el profeta los llama "pueblos" en lugar de "pueblo". Todas sus fortificaciones serán destruidas, del modo que Salmán aplastó en batalla a Bet-arbel.

Sin lugar a dudas, Salmán aparece aquí como una contracción del nombre de Salmanasar (véase 2 Reyes 17:3). Este último es un apelativo asirio compuesto y se omite lo que tiene en común con otros nombres asirios, tales como Tiglat-pileser y Sareser. La historia no nos ha proporcionado todavía información respecto a una devastación de Bet-arbel realizada por Salmanasar; pero no por ello es menos cierta la declaración de Oseas.

La Bet-arbel que se menciona aquí es una ciudad de Galilea a la que los griegos llamaban Arbela. Obsérvese el cumplimiento de la profecía del propio Oseas (1:5). Como ejemplo de la extrema crueldad y barbarie de esa destrucción hecha por Salmanasar, una suerte similar que aguarda ahora a Israel, el profeta afirma que en aquella batalla la madre fue despedazada junto con sus hijos. Esta práctica era común tanto entre los sirios (2 Reyes 8:12), como entre los asirios (aquí y en 13:16), los medos (Isaías 13:16) y los babilonios (Salmo 137:8, 9).

El becerro de Betel será la causa de un castigo de Dios similar a Efraín, debido a la depravación de su maldad, como dice el original. Pronta, rápida e irrevocablemente, el rey de Israel sería quitado de forma perpetua y el reino de Israel junto con él. Después de Oseas, el reino del Norte nunca tendría otro rey aparte del linaje de David. La monarquía fue abolida por completo en las diez tribus con la cautividad asiria. El trono del reino del Norte nunca ha sido restaurado hasta el día de hoy y jamás lo será. Ellos mismos fueron quienes atrajeron esa calamidad sobre sí mismos. En definitiva, no serían ni Dios ni los asirios los que traerían esa catástrofe sobre Israel, sino los pecados cometidos en Betel.

YO AMÉ A ISRAEL

En los primeros diez capítulos de la profecía de Oseas se ha hecho hincapié en la desobediencia del pueblo de Dios y el inevitable juicio, como consecuencia de ello, aun cuando no faltan pasajes que describen detalladamente las bendiciones y la gloria que esperan a un remanente arrepentido y creyente, en el Israel de los días venideros. El tono dominante en los últimos cuatro capítulos del libro es el amor de Dios.

Algunos sostienen que en los discursos alternados de estos capítulos es el Señor, cuyas alocuciones están cargadas y llenas de amor, en tanto que los mensajes del profeta revelan una sensación de pecado e indignidad del pueblo de Dios. En su esencia una tal interpretación no puede ser válida, por cuanto es el Señor el que habla en todo momento, tanto en primera como en tercera persona.

Cuando Dios quiere hablar de su infinito amor por la nación de Israel, muestra que ese amor se inició cuando apenas comenzaban a constituirse como nación, en medio del terrible crisol de la esclavitud en Egipto. Dios amó a Israel desde los primeros tiempos de su historia, El mismo lo dice. Y en ninguna parte de la Biblia leemos que Dios tenga que explicar ese amor o defenderlo, como para justificarlo. Su amor es soberano, sin límites, y ama porque ama.

Fue ese amor el que motivó a Dios a liberar a su pueblo de la esclavitud en Egipto. Llama a Israel no tan sólo "hijo", sino "mi hijo" (véase Exodo 4:22). Esto revela una relación de pacto que nunca podrá disolverse. Dios los sigue amando en la actualidad, por causa de los padres (Romanos 11:28).

Si vamos al Nuevo Testamento, vemos que este pasaje se cita en Mateo 2:15 con relación a nuestro Señor Jesucristo. ¿Quién estaba equivocado, Oseas o Mateo? Ninguno de los dos, pues ambos fueron inspirados por el mismo Espíritu Santo para darnos una relación infalible. Oseas llama a Israel "mi hijo", y Mateo llama "mi hijo" a nuestro Señor Jesucristo. La respuesta debe encontrarse en el modo maravilloso en que Cristo se identifica con su pueblo, de tal modo que su posición es de ellos y su relación es de ellos.

En más de una oportunidad se considera juntos a Israel y el Mesías, como para constituir un cuadro compuesto. Como ejemplo, vea Isaías 49:3. En ese pasaje, Isaías nos está dando el segundo de los cánticos del siervo que llega a su culminación en Isaías 53. Ha estado hablando con toda claridad del Mesías, y entonces lo llama "Israel". Haríamos bien en recordar que el Mesías e Israel están unidos de modo inseparable y eterno en el conjunto de vida en el Señor nuestro Dios.

A causa de esta relación consigo mismo a la que Dios trajo a Israel, podría suponerse que la nación sería más dedicada y obediente a El; sin embargo, es triste reconocer que la situación era precisamente lo contrario. Cuanto más los profetas y emisarios del Señor llamaban al pueblo de Dios para que anduviera por sendas de justicia y bendición, tanto más se alejaban de la verdad de Dios. Triste comentario es éste sobre el modo en que el hombre retribuye siempre las efusiones de gracia del corazón de Dios hacia él. La desviación de Israel, a pesar de las súplicas de los profetas, no fue para volverse hacia algo o alguien mejor, sino para entregarse a los insensatos baales e imágenes inanimadas de talla. Sin embargo, el amor de Dios, que nunca ha tenido como base los méritos de los hombres ni la bondad humana, persistió en seguir al pueblo desobediente. Después de todo, ningún padre terrenal renuncia a un hijo debido a la desobediencia y tampoco lo hará Dios, aun cuando el pecado de idolatría es más atroz para el Señor que lo que la mente humana puede llegar siquiera a comprender.

Nunca se pecó tanto contra un padre humano como contra Dios; sin embargo, el Señor le enseñó a Efraín a dar sus primeros pasos. Del mismo modo como un padre enseña a su hijo a caminar y soporta todos sus desmañados tropezones, Dios enseñó a andar a Israel con ternura y solicitud. Cuando el hijo se cansa de sus primeros intentos hechos con esfuerzo, el padre está listo para intervenir y tomar al niño otra vez en sus brazos. Ese es el cuadro del trato amorosísimo que el Señor le ha dado a Israel. Pero durante todo ese tiempo, la nación no había estado consciente del cuidado de Dios. ¡Cuán duro es cuando el amor no recibe reconocimiento ni es correspondido!

Hace poco tiempo, durante un periodo de ministerio en San Antonio, Texas, después de uno de los cultos, una joven madre vino al frente del templo, trayendo con esfuerzo a su hija de buen tamaño que yacía sobre una almohada. La niña tenía cuatro años de edad y estaba totalmente incapacitada, de tal modo que ni siquiera podía alimentarse. Incluso le resultaba difícil tragar su comida. Cada día, la madre debía dedicar seis horas para alimentar la niña. No es preciso que les cuente del profundo dolor de aquella mujer por la situación en que se encontraba su hija, que no podía responder a su amor y sus cuidados, aun cuando, con verdadera sumisión cristiana, la madre daba gracias a Dios por aquella carga que hacía que ella se acercara todavía más al Señor, para recibir más ayuda.

¡Qué lastimeras son las palabras: "Y no conoció que yo le cuidaba"! Durante sus jornadas y murmuraciones en el desierto, el pueblo no comprendió que su Padre era también su Sanador, el gran Jehová Rafa (véase Exodo 15:26). El trato que Dios les otorgó (Deuteronomio 1:31) era mejor que el que podía manifestarles el mismo Moisés, aun con el gran amor que sentía por su pueblo (Números 11:12).

Una de las expresiones más bellas de la Biblia, en lo que se refiere al amor de Dios, se encuentra en Oseas 11:4. Los atrajo (no los arrastró, ni tiró de ellos, ni siquiera los impulsó) con cuerdas humanas. Bandas como las que usan los hombres para conducir a los niños, no sogas como las empleadas para los bueyes, utilizó Dios para atraer a su pueblo hacia El. Aun cuando se opusieron a Dios y se mostraron reacios, El no los condujo como bestias, sino que los atrajo con lazos de amor. El Señor sabe que hay más poder en el amor que en la fuerza, por lo que se deleita en utilizar lo que es mejor.

Se nos dice que Napoleón el Grande, en la isla de Santa Elena, le dijo al general Bertrand: "Te aseguro que conozco a los hombres, Bertrand, y te digo que Jesucristo no es un hombre. . . Todo lo que se refiere a El me maravilla. Su espíritu, su personalidad me sobrecoge y su determinación me confunde. No hay comparación posible entre El y cualquier otro ser en el mundo. En realidad, El es un ser único... Su nacimiento y la historia de su vida, lo profundo de su doctrina, su evangelio... su imperio y su paso a través de las edades, todo esto es para mí un motivo de asombro, un misterio insoluble... Aunque me acerque y haga un examen detenido, todo está por encima de mí, es grande con una grandeza que me aturde... Alejandro, César, Carlomagno y yo mismo hemos fundado imperios; pero, ¿cuál ha sido la base de las creaciones de nuestro genio? La fuerza. Tan sólo Jesucristo fundó su imperio sobre una base de amor; y en este momento hay millones de personas que morirían por El."

El poder del amor, del amor de Dios, es incalculable. Del mismo modo que un novio corteja a su amada, Dios ha atraído repetidamente a Israel hacia su corazón, con lazos de amor infinito. Además, era Dios quien lo aliviaba de sus cargas y le daba el sustento. El quitar el yugo es una figura del pastor que cuida su ganado. Los animales vuelven a casa por la tarde, después de la labor del día, y el pastor les quita los yugos para alimentarlos. Todo esto es un cuadro apropiado para describir el trato de Dios para con Israel, al liberarlo de la esclavitud de Egipto y alimentarlo en el desierto. Lo hizo así, a pesar de que preguntaron con incredulidad: "¿Podrá Dios poner mesa en el desierto?

El azote asirio

El amor de Dios puede ser y es ilimitado; pero no puede pasar por alto el pecado ni desecharlo a la ligera. Dios considera siempre el pecado como algo horrible y muy grave. Nunca lo excusa ni tiene trato alguno con él. Su propósito permanente es exterminarlo, tanto de raíz como las ramas. Por consiguiente, Israel quedará sometido a los invasores asirios.

La afirmación de que la nación no regresaría a Egipto parece contradecir varios pasajes de este libro profético, tales como 8:13 y 9:3. Sin embargo, en casos como éstos, Egipto representa típicamente una tierra de esclavitud, o sea, una esclavitud semejante a la de Egipto. Siempre que volvieron a Egipto, fue para conseguir ayuda en contra de Asiria (7:11), como hicieron cuando recurrieron al rey So (2 Reyes 17:4), después de rebelarse contra Asiria, a quien pagaron tributo desde los días de Manahem (2 Reyes 15:19). No les será posible ir a Egipto, por cuanto estarán cautivos en Asiria. El profeta Oseas les dice claramente que no regresarán a Egipto, hacia el cual miraron y del que dependían, sino que, en lugar de ello, tendrían un rey asirio que los gobernaría y que no sería de su agrado en absoluto. Puesto que no querían a Dios como su rey, quedarían sometidos a un soberano asirio. Debido a que rehusaron volver al Señor, la espada caería sobre sus ciudades, consumiendo y destruyendo a diestra y siniestra.

Y eran sus propios consejos los que los habían conducido a aquella situación. En lugar de liberarlos, sus consejos, mal fundados y mal dirigidos, eran la causa de su destrucción. Y la situación espiritual del pueblo no era un fenómeno temporal o accidental: estaban empeñados en desviarse del Señor; literalmente, estaban "adheridos" a ello. Tan absortos estaban en sus caminos de rebeldía, que no importaba en qué forma los exhortaran los siervos de Dios para que se volvieran al Altísimo (7:16), no demostraban tener ninguna disposición para exaltarlo.

"¿Cómo podré abandonarte?"

Nuevamente, una conducta semejante en contra del Dios vivo debe ser objeto de su justa ira y condenación; pero Dios nunca se agrada en el castigo, que es para El obra extraña, sino que se goza en la misericordia y la gracia. Cierto es que Israel merece el castigo; pero ese debe tener en cuenta el amor de Dios también. Por consiguiente, desde lo más recóndito de su bendito ser, exclama: "¿Cómo podré abandonarte, oh Efraín? ¿Te entregaré yo, Israel?"

Se ha dicho que este versículo es el mensaje más sublime de todo el libro, y puede muy bien competir por ese honor. Si Dios dice que los amó desde el comienzo, desde su niñez, ¿cuánto mayor debe ser ahora su amor hacia ellos, al cabo de tantos siglos de tratarlos con indulgencia? Al Señor le resulta imposible abandonarlos, a pesar de que se rebelaron contra El. Su amor toma ahora la forma de compasión, porque en su indignidad necesitan todavía más su amor. ¡Cómo nuestros hijos se entrelazan en nuestro corazón a medida que van teniendo una mayor edad! Eso mismo hizo Efraín con relación al corazón de Dios. Dios no podía llegar al punto de desecharlos totalmente, como hizo con Adma y Zeboim (Deuteronomio 29:23), las malvadas ciudades de la llanura que fueron destruidas totalmente junto con Sodoma y Gomorra.

En realidad, Dios les afirma que son tan malvados y culpables como esas ciudades y que merecen el castigo más severo; pero su amor hacia ellos se inflama. No olvidemos que Dios los castigó realmente por su extravío, aun cuando no los desechó del todo.

Su amor y sus misericordias se encienden cuando piensa en Israel. Está decidido a no dar curso al ardor de su ira; la misericordia se regocija sobre el juicio. Efraín no ha de sufrir la misma suerte irrevocable de las ciudades de la llanura. Todo esto porque el Señor es Dios y no hombre, quien descarga su ira encendida bajo una gran provocación. Dios no entrará a la ciudad como enemigo, como en los días de Sodoma.

La razón de que la misericordia del Señor triunfe de modo tan señalado, es el remanente que hay entre el pueblo de Dios. Ellos buscarán a Jehová y lo seguirán por sus caminos (véase 3:4, 5). La apostasía en Israel, incluso en las épocas más obscuras de su historia, nunca ha sido completa y universal; siempre ha habido un remanente fiel entre el pueblo. A estos piadosos Dios les rugirá como león, para convocar a los que están dispersos. Será una voz majestuosa y tremenda que llamará a los descarriados para que vuelvan. A su vez, ellos acudirán temblando de ansiedad y gozo anticipado. El lugar de donde procederán será específicamente el Occidente, al igual que Egipto y Asiria.

Esto no se cumplió en los exilios asirio o babilónico; pero ha sido la verdad desde la dispersión provocada por los romanos. Lo que se quiere dar a entender en este punto es una reunión de retorno de todo el mundo, tal y como lo confirma el profeta Isaías (Isaías 11:11). Procedentes de todos estos lugares acudirán volando velozmente como una paloma (ya no como la paloma incauta y necia de 7:11), para que el Señor vuelva a establecerlos en su propia tierra, de donde ya no serán desarraigados jamás.

Falsedad de Efraín y fidelidad de Judá

En el original hebreo, el versículo 12 del capítulo 11 es el versículo 1 del capítulo siguiente. Quizá es mejor la ubicación que tiene al final de nuestro capítulo 11. El profeta muestra que Efraín no se encuentra ya en la situación que se acaba de describir. En efecto, está amontonando falsedades por todas partes, principalmente la de la idolatría. En lugar de circundar al Señor con su amor y su fidelidad, lo ha rodeado intencionalmente de mentiras.

Esa era la situación de Efraín; pero la de Judá era diferente. En éste, la decadencia era más lenta que en Israel. Cuando menos en forma externa, era fiel, acatando al rey designado por Dios del linaje de David y manteniendo al sacerdocio aarónico con sus sacrificios. La palabra *aún* significa que Judá también abandonaría al Señor; pero en el presente contrastaba con el estado en que se encontraba Efraín, sumido en profunda apostasía.

EL VIENTO COMO ALIMENTO

Al concluir el capítulo once, Oseas acusó a Efraín de rodear al Señor de falsedad y engaño. Ahora el profeta demostrará que Israel ha sido tan desleal y quebrantador de pactos con los hombres como con el Señor. Siempre ha sido así en la historia de la humanidad; la actitud manifestada hacia Dios determina la actitud hacia el hombre.

Efraín se ha estado alimentando de viento — un alimento muy precario, por no decir otra cosa — y ha estado yendo tras el viento del este. El alimentarse de viento es una vívida descripción de la búsqueda de cosas vanas que no tienen provecho alguno. El viento del este es el siroco que proviene del desierto que está al oriente de Palestina: un viento seco, abrasador y devastador. Las tribus del norte recurrían continuamente a las mentiras, las que finalmente darían por resultado su propia desolación, en sus tratos tanto con Asiria como con Egipto. Siempre instigaban un poder contra el otro, en el antiguo juego, siempre renovado, de la política del poder. Con el fin de mantener ese estado ilusorio, llamado "equilibrio del poder" en la actualidad, establecieron un pacto con Asiria (5:13; 7:11) y, luego, buscaron también la ayuda de Egipto (véase 2 Reyes 17:4; Isaías 30:6 y 57:9). Palestina tenía fama por su aceite (Deuteronomio 8:8; Ezequiel 27:17) que exportaba a Tiro. Ahora mandaban su aceite a Egipto como pago por cualquier ayuda que pudiera prestarle esa nación al decadente reino israelita.

Pero Judá no está exenta de culpa en todo esto. El Señor tiene también algo en su contra (capítulo 4:1 y Miqueas 6:2). Judá había caído en la idolatría durante el reinado de Acaz, como resulta evidente en 2 Reyes 16:3, 10-16. Por consiguiente, el juicio de Dios debe caer sobre toda la nación, llamada aquí por el nombre de Jacob.

Jacob, príncipe de Dios

Los que han interpretado el relato de la vida de Jacob en el libro del Génesis de tal modo que no sea posible decir nada bueno sobre él, tendrán dificultad para comprender las palabras de Oseas respecto del ilustre patriarca, con cuyo nombre vincula el Señor el suyo propio, "el Dios de Jacob". Se puede discernir con facilidad en la vida de Jacob que él siempre buscó las bendiciones espirituales. Tal vez las haya buscado antes del tiempo señalado o con la energía de la carne; pero lo cierto es que anhelaba ansiosamente las cosas del Espíritu de Dios y de la vida espiritual. Esto es innegable.

Aquí se le recuerdan a la nación las experiencias de Jacob y se señalan los contrastes más salientes. Jacob siempre buscó el favor del Señor, incluso en sus momentos de flaqueza y dudas; pero los israelitas no apreciaban los caminos de Jehová. Aun en el vientre de su madre, Jacob trató de obtener la bendición de ser el primogénito (Génesis 25:22-26) y ya adulto estuvo dispuesto a luchar toda la noche con el ángel de Jehová para obtener la bendición del Señor. Allí fue donde la obtuvo (Génesis 32:24-32). Su fortaleza residía en su debilidad consciente que consistía en su muslo descoyuntado

(2 Corintios 12:9, 10). Cuando Jacob ya no pudo seguir luchando, recurrió al llanto y a las súplicas, prevaleciendo de este modo con respecto a Dios y recibiendo el alto honor de ser llamado "Israel", o sea, príncipe de Dios. En Génesis no se habla del llanto; pero se menciona la súplica. De este modo, Oseas muestra que Jacob, tras haberse esforzado por obtener la bendición de Jehová desde el vientre de su madre, logró finalmente que Dios se la concediera en su madurez.

¡Qué diferentes del patriarca eran sus descendientes de la época del profeta! Mientras Jacob prevaleció con respecto a Dios, los israelitas se vieron dominados por los ídolos. Dios halló a Jacob en Betel (primeramente cuando iba de viaje hacia Harán, Génesis 28:11-19 y, por segunda vez, cuando venía Génesis 35:1); pero ese mismo lugar lo habían convertido sus descendientes en centro de adoración de ídolos. En Betel Jacob trató de purgar su casa de toda idolatría (véase Génesis 35); por su parte, en el mismo santuario, los israelitas habían establecido la corrompida adoración de ídolos y prácticas paganas.

Dios le extendió su gracia al patriarca en aquel día, y la extendería también a su progenie en los días de Oseas, en virtud de su carácter revelado en su nombre inmutable, mantenedor de la fe, YO SOY. Este es el nombre memorable de Dios, el que lo distingue de todos los dioses que no tienen valor alguno (véanse Salmo 135:13 e Isaías 42:8). Por consiguiente, en vista de los tratos de Dios con su insigne antepasado y la gracia que le fue concedida, se exhorta a todos ellos a que vuelvan al Señor, a que guarden la misericordia y el juicio, incluidos los deberes para con el hombre, y que espere en su Dios, lo que incluye sus deberes hacia el Señor. El mandato es el mismo que en Miqueas 6:8.

Efraín, el cananeo

Con una especie de estallido repentino, el profeta les aplica el sobrenombre de "Canaán" a sus contemporáneos mercenarios. La palabra que en la versión Reina-Valera se tradujo como "mercader", corresponde al vocablo hebreo "Canaán".

Los cananeos o fenicios fueron los grandes mercaderes de la época (Isaías 23:11 y Ezequiel 17:4). Se hicieron famosos por sus procedimientos codiciosos y fraudulentos. Hasta el mismo Homero, el gran poeta griego, dijo que los fenicios eran "amantes del dinero". Ahora se compara a Efraín con ellos. Es porque utiliza balanzas engañosas (fraude secreto) y ama la opresión (brote de violencia). De ese modo estaban violando continuamente los claros mandamientos de la ley de Dios dada por medio de Moisés (Levítico 19:36; Deuteronomio 25:13-16).

¿Tenía Efraín conciencia de su error? ¿Hizo las rectificaciones consiguientes? Por el contrario, cuanto más prosperaba en sus caminos de impiedad, tanto más presumían que todo andaba bien entre ellos y Dios. Efraín razonaba en el sentido de que su prosperidad misma era buena prueba de que nada andaba mal y que los profetas que denunciaban su pecado estaban equivocados. El Predicador tenía razón cuando dijo: "Por cuanto no se ejecuta luego sentencia sobre la mala obra, el corazón de los hijos de los hombres está en ellos dispuesto para hacer el mal" (Eclesiastés 8:11). Efraín confiaba en su integridad; se jactaba de que nadie podía encontrar iniquidad en él que se calificara de pecado.

Qué fácil resulta creer que Dios seguramente está complacido con nosotros, simplemente porque El nos prospera en lo exterior. La prosperidad no es suficiente, porque ¿no es la bondad de Dios la que nos lleva al arrepentimiento, a reconsiderar nuestros caminos delante de El? Efraín se sentía seguro de que nadie podía encontrar iniquidad en él; pero para Dios todo estaba abierto y al desnudo.

Misericordias multiplicadas

Tampoco estaba tratando Dios ahora con un pueblo con el que antes no hubiera tenido trato alguno. Era la misma nación a la que había sacado de Egipto con grandes y tremendas plagas sobre Egipto y sus dioses, secando el mar Rojo, con la columna de fuego por la noche y la de nube durante el día, con maná del cielo para las jornadas del desierto y con agua extraída de la roca. Sobre ellos se habían derramado las misericordias de Dios, una tras otra, y también la gracia divina abundante. ¿Cómo podían tratar de aquella manera a su amoroso Dios? Sin embargo, para revelarles su carácter inmutable, les predice que aún los haría habitar en tiendas, como en los días de la fiesta solemne.

Los intérpretes de las Escrituras han entendido estas palabras de modos muy distintos. Hay quienes sostienen que el profeta estaba prediciendo que Dios volvería a hacer que Efraín fuera un pueblo sin prosperidad comercial, que regresaría a la vida nómada o que Dios los castigaría haciendo que perdieran sus hogares. Otros dicen que el habitar en tiendas no es una amenaza, sino otra manifestación de la misma misericordia divina que sacó a Israel de la tierra de Egipto. En lugar de desecharlos, Dios les extendería una gracia todavía mayor.

No hay duda de que este último punto de vista es el correcto. Debemos recordar que los días de la fiesta solemne, la de la Pascua, la de las semanas y la de los tabernáculos, eran ocasiones de regocijo (véase Deuteronomio 16:13-17). La época de habitar en tiendas era particularmente de gozo, por el hecho de que la cosecha ya se había recogido y a todos les era tan manifiesto el cuidado de Dios. Esta profecía se cumplió en realidad al regreso de Babilonia (Nehemías 8:17; vea allí la palabra relativa a la alegría); pero sólo en parte.

Hay una época, todavía en el futuro, en la que Israel entrará verdadera y plenamente en el gozo de la fiesta de los tabernáculos, es decir, en la era del milenio. (Véase Zacarías 14:16-19 y también Apocalipsis 7:15-17. Observe aquí también cómo se hace hincapié en el gozo, puesto que se dice que Dios enjugará toda lágrima). ¡Cómo resplandece la gracia de Dios en toda su plenitud, cuando podemos leer promesas como éstas inmediatamente después de las palabras de pecaminosidad arrogante del perverso Efraín!

Dios había manifestado en el pasado otras muestras de su favor. Había dado su mensaje a los profetas para que le hicieran un llamamiento a su pueblo. Esos mensajes deberían haber hecho que regresaran a Dios, de quien se habían apartado. Y no sólo eso, sino que, además, el Señor había utilizado a sus siervos, dándoles visiones y analogías, para expresar su mensaje en términos que pudieran ser comprendidos y obedecidos con facilidad. Dios probó todos los medios para llegar a su corazón. Mediante el uso de varios métodos, Dios procuró atraer de nuevo a su pueblo. Tal y como en el caso de Oseas, Dios comienza con la analogía de la vida de Oseas mismo, luego mediante el reproche, después por medio de la predicción del juicio venidero y por medio de promesas de bendición y gozo para los piadosos que había entre ellos. Mediante cualquiera de esos varios métodos bien pudieran haber discernido la voluntad de Dios para con ellos. Sin embargo, su corazón estaba empeñado en seguir su propio camino.

Efraín es homicida

El profeta va al fondo del asunto por medio de una pregunta directa: "¿Es Galaad iniquidad?" El hacer la pregunta equivale a contestarla. Galaad era totalmente falsa, por cuanto estaba saturada de idolatría. La referencia es aquí a Mizpa de Galaad (6:8 y Jueces 11:29), que representaba el territorio del otro lado del Jordán.

No obstante, Gilgal, lugar típico de la región occidental del Jordán, no es mejor, puesto que sacrificaban toros a dioses ajenos. ¿A qué han de ser comparados sus altares? Son como montones, tan numerosos como las pilas de piedras quitadas de un campo, y tan estériles, peligrosos y desagradables. (En cuanto a Gilgal como lugar de idolatría, véase 4:15 y 9:15).

Una vez más, el profeta recurre a Jacob para reprenderlos con la vida de su antepasado. El patriarca tuvo que huir al campo de Harán. Esta es la región que está entre los ríos Tigris y Eufrates, llamada Mesopotamia. Fue fugitivo, oprimido y obligado a trabajar en forma dura. Sin embargo, a pesar de todo, mantuvo una fe firme en el Señor. (Algunos han sugerido que Jacob, al huir, tenía la intención de evitar casarse con una idólatra, como se había casado Esaú; pero el texto no sugiere siquiera ese tipo de pensamiento.)

Se presenta una vez más a Jacob como ejemplo ante el pueblo, en que durante las horas de penalidades confió en el Señor. La mención del servicio prestado para obtener una esposa puede tener la intención de recordarles las tretas que empleó Labán con Jacob. A pesar de todo, la fe del patriarca en el Señor no flaqueó. Pero, ¿cuál era la situación con respecto a sus descendientes, los israelitas? Dios los había sacado de Egipto de un modo nunca antes realizado y que no se ha vuelto a repetir. Sin embargo, quienes se habían visto liberados de aquella esclavitud, no estaban dispuestos a seguir al Señor.

En lugar de que todos esos cuidados provocaran la gratitud del pueblo de Dios, ellos provocaron al Señor a enojarse con amargura. La expresión hebrea afirma que provocaron a Dios a ira con la amargura misma. Por esta razón debe haber y habrá juicio. Dios no quitará de Efraín la culpa de la sangre, sino que permanecerá sobre él hasta que el castigo se cumpla. Dios les pagará por su adoración de los ídolos. Los castigará debido a su idolatría. Sin embargo, sigue diciendo que es "su Señor". Aunque Dios castigará a Efraín con dureza, no lo desheredará.

OTRA VEZ LA IDOLATRÍA DE EFRAÍN

El pensamiento con que concluye el capítulo doce prosigue en el trece. El profeta recuerda los días pasados, cuando Efraín era honrado en la nación. Cuando hablaba, todos temblaban. Los hombres respetaban su poder y su prestigio. Difícilmente se puede leer la historia de las doce tribus sin advertir la posición destacada que tenía Efraín. Era ciertamente exaltado en Israel, respetuosamente temido. No obstante, cuando se entregó a la adoración de Baal durante el reinado de Acab (véase 1 Reyes 16:31), murió. Su poderío fue destruido y quebrantado. Murió espiritualmente, con la consiguiente decadencia política.

La infección se ha extendido y Efraín ha multiplicado sus ídolos, haciéndolos a su antojo. Utilizó la inventiva y la destreza que poseía para fabricar imágenes que no tenían ningún valor y que no eran más que obras de hombres. Los que hacen los ídolos animan a los que presentan sacrificios, a que les rindan homenaje a las imágenes vanas. El beso era el acto de homenaje en el Oriente, ya fuese en la mano, el pie, la rodilla o el hombro del ídolo. El acto de homenaje se transfirió a los objetos naturales (hacia lo cual se les besaba la mano) y aun a Dios. Compárese 1 Reyes 19:18 (ídolos); Salmo 2:12 (Dios Hijo) y Job 31:26, 27 (objetos naturales).

Al adorar a criaturas tan transitorias como los ídolos, Efraín está condenado a desaparecer también. Se lo compara con la niebla de la mañana, el rocío, el tamo y el humo de las chimeneas. Todas estas cosas tienen una propiedad que les es común: son efímeras. La niebla matutina puede parecer que está llena de permanencia y promesa; pero se va ante el día que se aproxima. El rocío, que es tan intenso en el Oriente, habrá desaparecido al cabo de una hora de estar bajo los rayos cálidos del sol. El tamo, cuando aventaban la paja, se lo llevaba enseguida el viento de sobre el suelo de la era de trillar. La costumbre era lanzar al aire el tamo y el grano juntos. Este último volvía a caer al suelo, mientras que el viento se llevaba el polvo y las granzas (Salmo 1:4). El humo, que asciende en nubes y se esparce, sin contar con substancia ni cuerpo, se disipa muy pronto. Así de efímero es también Efraín. La idolatría ha sido su ruina.

LAS ADVERTENCIAS DE DIOS

No se trataba de que Efraín no tuviera suficiente conocimiento de Dios. Sabía que el Señor lo había liberado de la esclavitud de Egipto. En aquel tiempo Dios les indicó con toda claridad que los judíos no habrían de tener otros dioses fuera de El. Tan sólo Jehová es su Salvador (véase también Isaías 45:21). Dios los cuidó y les dio el sustento en las agotadoras jornadas que pasaron en el desierto. No había razón alguna para que se alejaran de Jehová; pero en cuanto se vieron llenos de la abundancia del Señor, se olvidaron del Dios vivo en la soberbia de su corazón. Ocurrió lo que ha acaecido con tanta frecuencia antes y después: la prosperidad llevó aparejada la soberbia y el olvido del Señor y de su bondad.

Ahora bien, los israelitas pueden olvidarse de Dios; pero el Señor no se olvida de ellos ni de su ingratitud. Será para ellos como un león, un leopardo, un oso y una fiera del campo. Ya Oseas les había profetizado que Dios sería como un león para su pueblo (5:14). A semejanza de un leopardo agazapado, aguardaría junto al camino para abalanzarse sobre ellos. Se enfrentaría a ellos con la furia de una osa a la que le hubieran robado sus oseznos. En esas circunstancias, el animal es temible (compare 2 Samuel 17:8).

Se ha señalado que aquí tenemos las cuatro bestias del capítulo siete de Daniel, las que se mencionan mucho después de la época de Oseas. Allí donde han pecado, Dios los devorará como lo haría una leona. Desgarrará su pericardio, con el fin de penetrar hasta su corazón. Las advertencias son claras y sólo se requiere un corazón dispuesto y obediente para seguir en el camino del Señor.

Ruina y bendición

La destrucción de Israel nace del hecho de que el pueblo está contra el Señor, su única ayuda verdadera. Por supuesto, se habían imaginado que los reyes y príncipes significaban una gran ventaja para ellos. Ahora Dios les pregunta cómo podrán sus reyes y príncipes salvaguardarlos de las calamidades que aún les esperan. Se habían estado aferrando a quienes no podían ayudarlos, olvidándose del Señor que era el único que podía socorrerlos.

La referencia al rey pedido por el pueblo es una alusión a la demanda de la nación en el tiempo de Samuel (1 Samuel 8:4-9). En respuesta al deseo que tenían, Dios en su furor les dio un rey y se los quitó en su ira. ¡Qué resumen para describir la monarquía en Israel! Esa afirmación no sólo es cierta en el caso de Saúl (1 Samuel 15:22, 23; 16:1), sino también en el de la dinastía de Jeroboam (1 Reyes 15:25-27; 2 Reyes 15:30).

La iniquidad de Efraín está atada y su pecado guardado. El caso está cerrado y toda evidencia está en las manos de Dios. El castigo divino es seguro. Mediante una figura atrevida y vívida, Oseas muestra que, cuando Israel pudo ser liberado mediante congojas de arrepentimiento, no debió haberse puesto al borde del desastre aplazando ese momento de liberación. Los dolores de parto de una mujer que está a punto de dar a luz son súbitos y violentos. Si no cumplen su propósito, el resultado es la muerte. Lo mismo sucede con la disciplina divina: si no da como resultado el arrepentimiento del pecador, conduce a su destrucción.

Se compara a Israel con la madre a la que le vienen repentinamente los dolores de parto. Luego se lo compara con el hijo cuyo nacimiento significa alivio para la madre y para el pequeño. Algunos ven en el versículo catorce una continuación de la amenaza del Señor; otros consideran que se trata de una promesa gloriosa. Nosotros la interpretamos en este último sentido, y concebimos la conexión como sigue: Oseas ha estado hablando de una situación que fácilmente podría dar como resultado la muerte, y que a veces lo da (versículo 13). Ahora, el Señor promete la muerte de la muerte misma. La gracia resplandece desde en medio de las palabras de juicio. El Señor, que ha amenazado presentarse como león, oso u otras bestias feroces, aparecerá como el Redentor del Seol y de la muerte para aquellos que creen en El. En medio de la proclamación de un juicio, Dios predice que tiene futuros propósitos de misericordia y redención. El versículo se traduce mejor en forma interrogativa. El Nuevo Testamento (1 Corintios 15:55) considera el pasaje como una promesa y lo pone en forma interrogativa para recalcarlo.

Cuando el Señor dice que la compasión está oculta a su vista, no está diciendo con ello que no prestará atención a los corazones arrepentidos. Esto sería contrario a la enseñanza total de la Biblia. Lo que quiere decir es que se ha propuesto no arrepentirse de estos propósitos establecidos en la promesa. Jamás se arrepentirá de estos propósitos en cuanto a la gracia; tal clase de arrepentimiento está lejos de sus pensamientos. Dios declara que no modificará su propósito de ejecutar su promesa a Israel, si éste se vuelve a El (Romanos 11:29).

Juicio final

Lo mismo que el viento abrasador del este le hace a la fruta, le harán a Efraín los asirios, la vara de castigo de Jehová, a pesar de su abundancia de fruto. Aquí se presenta al asirio Salmanasar bajo la figura del siroco o viento del este. Hay un juego de palabras con el verbo "fructificar", pues éste es el significado del nombre de Efraín. El viento abrasador y bochornoso secará los manantiales y las fuentes, y el enemigo se apoderará de todos los tesoros de la nación como despojos.

El capítulo concluye con el solemne pronunciamiento de que Samaria experimentará en plenitud la retribución de Dios por sus pecados. La rebeldía en contra de Dios no se puede fomentar más que la traición entre los hombres. El despiadado asirio no hará distingos de niños, ni de mujeres ni de embarazadas (10:14; 2 Reyes 15:16; Isaías 13:16 y Amós 1:13).

Arrepentimiento largamente esperado

En muchos sentidos, el último capítulo de Oseas es el más bello de toda la profecía y constituye una conclusión apropiada para toda la serie de discursos proféticos. Nos hace pensar en las verdades que contiene el capítulo dos. Las grandes oleadas de acusaciones y reprobación han fustigado a Israel (especialmente las palabras finales de 13:16, que en el texto original forman el primer versículo del capítulo catorce). Ahora Dios habla con ternura en su gracia. Por fin la gracia brilla a través de las nubes amenazadoras.

La principal exhortación de todos los profetas se repite aquí una vez más: "Vuelve, oh Israel, a Jehová tu Dios." Este ruego expresa un gran anhelo por parte de Dios de que su pueblo pueda hacerlo así, sin demora. Su caída se debió a su propio pecado; pero ahora hay ante ellos un nuevo día. Se les exhorta que pronuncien palabras de súplica y que retornen al Señor; que le presenten un arrepentimiento sincero, no sacrificios ni ofrendas. Lo que Dios desea son palabras de arrepentimiento, de oración y de confesión.

Al regresar de este modo, le suplicarían al Señor que quitara toda su iniquidad y aceptara el arrepentimiento de su corazón. En lugar de bueyes sobre los altares, la alabanza de sus labios habrá de ser la más escogida de todas las ofrendas a Dios (véase Salmo 69:30, 31; Hebreos 13:15). Entonces el pueblo esperará y confiará plenamente en el Señor. Reconocerán la impotencia de Asiria para ayudarlos, aun cuando habían recurrido a ellas una y otra vez. También reconocerán que los caballos no ofrecen ninguna seguridad, de modo que dejarán de volverse hacia Egipto, buscando la ayuda de la caballería (Deuteronomio 17:16). Tampoco recurrirán a los ídolos, que no son otra cosa que la obra de sus manos. Ni en Asiria, ni en Egipto, ni en los ídolos encontrarán misericordia, sino en el Señor mismo, lleno de tierna misericordia y bondad, que manifiesta su misericordia a los huérfanos, los desamparados y los necesitados.

Bendiciones incalculables

Esta porción del pasaje contiene una acumulación de promesas del Señor como una montaña. Repetidamente Jehová dice que hará tal y tal cosa. No nos atrevemos a decir que no las hará. Su primera promesa es que sanará la rebelión de ellos. Los que habían participado en dicha rebelión, (11:7) no salieron indemnes de la experiencia. Por el contrario, estaban profundamente heridos. Dios promete ser su gran sanador espiritual, el verdadero Jehová Rafa. Los amará de pura gracia, sin ningún motivo que ellos mismos, aparte de cualquier mérito o desmerecimiento de ellos sin tener en cuenta los mismos, sólo por pura necesidad de su Ser. Las compuertas de su amor se abrirán y, gracias a Dios, se verán abrumados de amor. Su ira no necesita consumarse sobre ellos. Dios será como un rocío para Israel, haciéndonos recordar los rocíos copiosos que significan tanto para la productividad del suelo.

Esta es la tercera vez que se menciona el rocío en el libro de Oseas. En 6:4 se refiere a la bondad de Israel, que se desvanecía apenas había surgido; en 13:3 se refiere al carácter transitorio de todo el reino del Norte, que muy pronto habría de verse barrido por la invasión asiria. Aquí tenemos una figura del vigorizante y fructificador poder de Dios en la vida de Israel, por medio del cual el pueblo de Dios producirá fruto para El. Todavía echarán raíces hacia abajo y producirán fruto en sus ramas, llenando de frutos toda la faz de la tierra.

Israel florecerá entonces como el lirio, que es conocido por su pureza y productividad. El lirio es una de las plantas más productivas, pues se dice que una raíz puede producir hasta cincuenta bulbos. Aun cuando puede multiplicarse, no tiene profundidad en sus raíces y pronto se marchita; pero Israel echará sus raíces como el Líbano. Es proverbial la firmeza y durabilidad de los cedros del Líbano. Se solía hacer referencia a los cedros del Líbano en la misma forma en que se menciona en la actualidad el Peñón de Gibraltar.

Con la pureza del lirio y la durabilidad del cedro, Israel será también tan fructífero y hermoso como el olivo, siempre verde. Su fragancia será como la de una porción de tierra bien arbolada y plantada. Tan sólo el Líbano, con sus plantas aromáticas y sus flores fragantes puede describir la fragancia de que gozarán en aquel día los que pertenecen al Señor. Los que habitan bajo la sombra del Señor, los que se refugian en El (Isaías 4:6), volverán a su tierra y serán fructíferos como el trigo y la vid. Nunca más producirán uvas silvestres (Isaías 5:2), sino que su fragancia será como la del vino del Líbano. Se ha comparado a las uvas del Líbano con ciruelas por su tamaño.

Efraín, el mismo Efraín que estaba tan apegado a los ídolos y tan entregado a ellos, no tendrá ya ninguna relación con ellos. Los desechará de una vez por todas, porque se habrá entregado a Dios, respondiendo a su llamamiento. Ahora se ocupará sólo de servir a Jehová, absorto en la contemplación del Señor. Como un haya verde (esta designación no puede referirse al Señor, como lo interpretan algunos), Efraín le dará fruto a Dios. Ahora se hallará fruto para el Señor en Israel; antes, los frutos eran sólo para Efraín. Observe "su fruto" en 10:1. En Efraín se verá el fruto de la piedad.

Las palabras finales

El último versículo es el epílogo de toda la profecía. El que es sabio para el Señor y prudente ante Dios entenderá estas cosas. Todos los caminos del Señor se verán rectos. El justo se deleitará al recorrerlos; pero los transgresores caerán a causa de ellos para su propia ruina. Toda profecía se da para estimular una conducta piadosa, de conformidad con la voluntad de Dios. Esto no siempre da buenos resultados, por cuanto el mismo sol que derrite la cera endurece la arcilla. ¡Qué bendición más grande es la de tener un corazón sumiso para aprender los caminos del Señor y seguirlos diligentemente para bendición nuestra y de muchos otros! El transgresor, que no se deleita en los caminos revelados del Señor, descubrirá que el propósito de Dios lo condenará en la hora del juicio.

"Los amaré de pura gracia"

¡Cómo resuenan estas palabras en los corazones de los hijos de Dios! El Señor ha amado a Israel, los ama ahora y los amará también en el futuro, de pura gracia. Por gracia, Dios cumplirá todas sus promesas para ellos. Sin embargo, las promesas futuras para la nación de Israel no son aplicables ahora a los israelitas en forma individual. No pueden salvarlos más de lo que salvarían a los gentiles. Para obtener la salvación, deben aceptar ahora a nuestro Señor Jesucristo como su Mesías y Salvador. Esta es la senda de la obediencia y de las bendiciones inefables.

SEGUNDA PARTE

JOEL, AMOS Y ABDIAS

5

JOEL: EL DIA DEL SEÑOR

El profeta y su época

Joel, nombre de muchos personajes del Antiguo Testamento, significa "Jehová es Dios". Algunos han sugerido que este profeta era hijo del profeta Samuel (1 Samuel 8:2); pero las Escrituras afirman claramente aquí que el Joel de la profecía era hijo de Petuel, de quien no sabemos nada más.

En contraste con la abundancia de detalles dados con relación a la vida del profeta Oseas, no se sabe prácticamente nada de la vida personal de Joel. A partir de la profecía misma podemos colegir que fue un profeta de Judá y que probablemente profetizó en Jerusalén. Nótense las referencias al santuario de Jerusalén, en 1:9, 13, 14; 2:15.

Probablemente, Joel fue uno de los primeros de los profetas menores. Compare la cita de Joel 3:16 con Amós 1:2, y la de Joel 3:18 con Amós 9:13. No se mencionan aquí los pecados denunciados por Amós y Oseas ni tampoco se alude al pecado de la idolatría en absoluto.

Hay diferencia de opiniones entre los que estudian este libro en cuanto a si se debe tomar la primera parte del libro como referencia a una plaga de langostas literal, o si se debe entender en forma alegórica, o sea, como figura de un futuro juicio. Creo que debemos decidirnos por la interpretación literal. En realidad, una plaga de langostas había devastado la tierra, y no hay indicación en el texto mismo de que el profeta esté empleando una alegoría. La descripción de las langostas dada en la profecía es exacta en lo que se refiere al modo de actuar de ellas y también a los resultados de sus terribles invasiones: desaparece la vegetación en los campos; se comen la corteza de los árboles y de las plantas, junto con las raíces bajo tierra; sus nubes obscurecen el sol; su marcha compacta es comparable a la de un ejército; el ruido que hacen al moverse es similar al del viento.

¿Ha ocurrido algo así jamás?

La profecía comienza con una breve presentación que contiene el hecho de la revelación divina y quién la recibió. Sólo se necesita comparar este sobrescrito con el de Oseas o el de Isaías para ver la diferencia en forma detallada. Por esta razón, no podemos hablar dogmáticamente del tiempo del ministerio de Joel. El profeta apela especialmente a los ancianos, para que hagan memoria si han sabido de alguna plaga de langostas similar o si sus antepasados sufrieron alguna devastación como aquélla, provocada por las sucesivas oleadas de langostas. Esta plaga no tenía paralelo en la memoria de ninguno de los contemporáneos del profeta. A causa del carácter inaudito de la destrucción, las palabras relacionadas con ella han de pasar de generación en generación. Es así como se presenta ante nosotros en forma vívida el carácter sin precedentes de la calamidad. Nunca había sucedido algo así antes.

Los cuatro nombres que aparecen en el versículo cuatro significan literalmente: el roedor, o que devora (heb. *gâzâm*); el que vive en enjambres, o multiplicador (heb. *'arbeh*), que es la langosta, o saltamontes, o saltón; el lamedor, o que lame (heb. *yeleq*), o langosta joven; y el destructor, o devorador (heb. *jasil*). La interpretación que se les ha dado es que o se trata de cuatro tipos diferentes de langostas, o bien, de cuatro etapas de crecimiento de la langosta. Ninguno de estos puntos de vista es sostenible, pues el profeta utiliza la palabra común para referirse a la langosta (*'arbeh*) y luego da tres equivalentes poéticos.

Lo que el profeta quiso dar a entender es esto: en los sucesivos enjambres de langostas, lo que una porción de ellas dejó, la siguiente lo devoró. Nótese el número cuatro en cuanto a los juicios mencionados en Jeremías 15:3 y Ezequiel 14:21. Algunos comentaristas hebreos han intentado relacionar los cuatro nombres con los cuatro imperios de Daniel 2 y 7. Nada en el texto garantiza tales tratamientos alegóricos. Además, sólo tenemos que comparar Joel 1:3 con Éxodo 10:2, 6 y Deuteronomio 28:38-42 para comprender la importancia literal de las palabras de la profecía.

A las langostas se les ha dado el nombre atinado de "encarnación del hambre". Se han dado casos en que han devorado todas las hierbas verdes y las briznas de pasto en una zona de ciento cuarenta kilómetros, de tal modo que la tierra tenía el aspecto de haber sido arrasada por un incendio. Las langostas tienen una "política de tierra chamuscada" que les es propia. La descripción que hace Joel de la plaga ha sido confirmada por muchos otros relatos de devastaciones producidas por langostas.

La plaga espantosa

En primer lugar, se exhorta a los borrachos a que despierten de los efectos estupefacientes de su embriaguez con vino. (Compárese esto con Isaías 5:11, 22, 23; 24:7-9; 28:7, 8 y Amós 6:1-6, que hablan de la ebriedad en la tierra.) El borracho, conocido por sus canciones y su risa ronca, habrá de llorar, debido a que su deliciosa vid ha quedado destruida por la plaga de langostas. Nótense los diferentes lamentos en este capítulo: (1) los borrachos, versículo 5; (2) la nación bajo la figura de una virgen, versículo 8; (3) los sacerdotes, versículo 9; (4) la tierra, versículo 10, y (5) los granjeros y viticultores, versículo 11.

A continuación se presenta a las langostas bajo la imagen de una nación invasora, a causa de su gran número y de su obra de destrucción total. El hecho de que se compare las langostas con una nación no es razón para inferir que la plaga no fuera literal. Véase Proverbios 30:25-27, donde se presenta a las hormigas como un pueblo, junto a las langostas, de las que se dice que no tienen rey que las gobierne.

Se comparan los dientes de la langosta con los de un león, pues las dos mandíbulas de la langosta tienen dientes como los de una sierra, semejantes a los colmillos del león. Tanto el león como la langosta son sumamente destructivos en sus depredaciones (Apocalipsis 9:7, 8). El alcance de la desolación puede notarse con claridad a partir de las palabras concernientes a la vid, la higuera y todas las ramas. La corteza de los árboles desapareció y las ramas se marchitaron. Y toda esta desolación le sobrevino a la propia tierra de Dios, por lo que las llama "mi vid" y "mi higuera".

Desolación por doquier

Hasta este punto el profeta ha mencionado el vasto alcance de la catástrofe sólo en términos generales. Ahora llena el cuadro con detalles bien escogidos. La exactitud de la delineación queda fuera de toda duda. Israel, el pueblo de Dios, bajo la figura de una joven virgen que ha perdido a su novio a causa de la muerte de éste, recibe la exhortación de que se lamente por la calamidad que ha caído sobre ellos.

¿Cuál es la razón para este llanto tan amargo? Por cuanto las ofrendas de la casa del Señor (la ofrenda de harina dependía del fruto del campo y la libación del producto de la vid) habían sido cortadas. Hasta la adoración en la casa de Dios quedó afectada por la desolación. ¡Cuánto estrago puede introducir el pecado en cada aspecto de la vida! No hubiera podido sobrevenirles una catástrofe mayor en la esfera espiritual y religiosa. Esto significaba prácticamente que se hacía a un lado la relación del pacto entre Dios y su pueblo. Nótese que hemos dicho que se hacía a un lado esa relación y no que se anulaba.

Así pues, no es de extrañar que los sacerdotes de Dios se entregaran al duelo. La desolación afectó todo: el campo, el grano, las viñas, los olivos, el trigo, la cebada, las higueras, el granado, las palmas, los manzanos y todos los árboles; en otras palabras, todo había sufrido los efectos devastadores de la plaga de langostas. Todo gozo desapareció por cuanto la cosecha y la vendimia les fueron negadas. (Véase Isaías 9:3 y Salmo 4:7 en lo que se refiere al gozo de la cosecha y de la vendimia.) Se nos presenta claramente la gravedad de la situación por la acumulación de palabras que describen la ruina y la desolación: *desapareció*, en el versículo 9; *está asolado*, *se enlutó*, *fue destruido*, *se secó y se perdió* en el versículo 10; *se perdió* en el versículo 11; *está seca*, *pereció*, *se secaron*, *se extinguió*, en el versículo 12. Joel no estaba describiendo ninguna plaga de langostas común y corriente.

Llamamiento al ayuno y la oración

Por medio del profeta, el Espíritu de Dios instruye ahora al pueblo del Señor sobre cómo volver a disfrutar de las bendiciones. Aun cuando los sacerdotes estaban de duelo (versículo 9) debido a la interrupción de la vida ceremonial del pueblo, el Señor los llama a ceñirse de cilicio, a llorar y lamentarse, todo lo cual manifestará que se han vuelto hacia Dios con un corazón arrepentido.

La plaga de las langostas no cayó sobre la tierra porque a Dios le complaciera el castigo. No es su deseo afligir a los hijos de los hombres, sino que por medio de castigos, a menudo severos, pero siempre con un propósito, los hacía volver atrás de sus malos caminos y del abismo de su destrucción. Jehová es todavía el Dios de su pueblo; nótese en el versículo 13 el uso de "mi Dios" y, luego, de "vuestro Dios". Los líderes espirituales de la nación deberán proclamar y determinar un ayuno, convocar una asamblea de todos los moradores de la tierra, en forma especial de los ancianos que habrán de sentar el ejemplo y, luego, clamar fuertemente al Señor por su gracia restauradora. En vista de que el juicio y la calamidad han sido públicos, así deben serlo también la humillación y el arrepentimiento. Dios se deleita en la oración y la piedad del corazón, y atiende presuroso las súplicas de su pueblo.

La señal del día de Jehová

Aun cuando la plaga haya sido literal y el profeta lamente la destrucción que ha causado, con todo dicha plaga, en su sentido literal, no es la expresión definitiva de las intenciones de Dios. Señala hacia el gran juicio venidero del día de Jehová. Se menciona este día en

1:15; 2:1, 11, 31 y 3:14. Por el hecho de que el día de Jehová se proyecta de un modo tan destacado en las Escrituras proféticas, lo definimos así como su relación con otros días que se designan en la Palabra de Dios.

En 1 Corintios 4:3, Pablo habla del "día" del hombre o "día humano". (En el original griego y en algunas versiones viene así. En otras: "juicio humano". Reina-Valera dice: "tribunal humano"). El día que se menciona es el hoy que estamos viviendo, en que el hombre tiene dominio y gobierna en la tierra. Como representación de este gobierno, Dios le concedió a Nabucodonosor el sueño de la imagen de un hombre (Daniel 2). Este día llegará a su fin, al menos en lo que concierne a la iglesia, con el "día de Jesucristo", cuando ocurra el rapto (véase Filipenses 1:6).

Después del rapto comenzará el "día de Jehová". Incluye la época de la Gran Tribulación sobre la tierra, la septuagésima semana de Daniel 9:27, y el período del gobierno del Mesías de Israel sobre todos ellos, en Jerusalén y sobre el trono de David. (Véanse no solamente las Escrituras antes mencionadas en Joel, sino también Amós 5:18; Sofonías 1:14 — 2:2 e Isaías 2:1-21, entre otros muchos pasajes alusivos en los libros proféticos.)

Cuando concluya el día de Jehová, comenzará el "día de Dios". En aquel día, los elementos se fundirán a causa de un calor ardiente y resultarán nuevos cielos y nueva tierra. Este día, cuando Dios sea todo en todo, durará toda la eternidad (2 Pedro 3:12; 1 Corintios 15:28).

Nos hemos extendido a propósito en nuestra exposición sobre esos días de importancia vital por cuanto el tema de la profecía de Joel es el día de Jehová. Teniendo esto en cuenta podemos discernir fácilmente que la plaga de langostas sirve como heraldo o prefigura del día de Jehová que está por venir. Con toda razón, Joel mira hacia ese día con alarma. El juicio actual de aquellos días era una clara advertencia respecto del terrible día de juicio futuro. Las palabras destrucción y Todopoderoso constituyen un juego de palabras muy interesante (literalmente: "shod" y "Shaddai" en el original hebreo). No sólo sufre la tierra, sino también los animales, el ganado y las ovejas. Los animales sufren juntamente con el hombre, y de modo especial a causa de la sequía que acompaña a la plaga. La persistente sequía que afectó los arroyos y los pastizales fue como un fuego que consumió lo que las langostas tal vez no habían tocado. Puesto que los animales no saben orar, el profeta, expresándole su propio deseo al Señor y dando un ejemplo digno de imitación (v. 14), intercede por todos.

EL ESPÍRITU DERRAMADO

El inminente día de Jehová

Así como en el primer capítulo de su profecía, Joel desvió la atención de sus contemporáneos, que estaban saturados de la sensación de calamidad, debido a la ruina causada por la plaga de langostas, de la plaga del momento a un juicio mucho más severo de parte de Dios, sigue haciendo lo mismo a lo largo del capítulo dos de su libro. Hay quienes consideran que este capítulo se refiere sólo a la plaga de langostas, mientras que otros sostienen con igual firmeza que el capítulo es absolutamente futurista. Las dos posiciones son extremistas. En realidad, Joel parte de la situación que existía entonces en el país después de los estragos causados por la plaga de langostas, y luego sigue adelante para describir el terrible día de Jehová, todavía en el futuro; pero inminente.

"¡Dad la alarma!"

Era tarea de los sacerdotes de Israel tocar las trompetas en ocasiones específicas (Números 10:1, 2, 9). Aquí, el Señor los está llamando para que toquen la trompeta de alarma desde el santo monte de Dios, desde el lugar de su santuario y su centro de adoración. ¿Por qué? ¿Cuál era la calamidad que los amenazaba? El día de Jehová estaba próximo.

Aquí tenemos un desarrollo de la predicción de 1:15. La plaga de las langostas era una clara indicación de los eventos que aún estaban reservados para Israel en el inminente día de Jehová. Joel nos explica la causa por la que ese día, esa época de juicio, inspiraba tanto terror. Es un día de tinieblas, de tristeza y de nubes densas. En las Escrituras, las tinieblas son una imagen de calamidad y angustia. (Con relación a esto, véanse pasajes tales como Isaías 8:22; 60:2; Jeremías 13:16; Amós 5:18 y Sofonías 1:15, 16.) La imagen es muy significativa, por cuanto las nubes de langostas, debido a su densidad, llegan a obscurecer la luz del sol.

Algunos estudiantes del pasaje han tenido dificultad para aceptar que las palabras "que sobre los montes se extiende como el alba" se refieren a la obscuridad que se acaba de mencionar, a causa del evidente contraste que hay entre la luz y la obscuridad. Por este motivo se ha sugerido que la comparación con el alba se establezca con las palabras que vienen a continuación respecto al pueblo grande y fuerte. Sin embargo, esta explicación no es totalmente necesaria. Los puntos de comparación son éstos: así como el alba es repentina y extensa, así lo serán las tinieblas del día de Jehová. El pueblo grande y fuerte al que alude el profeta puede deducirse de la última parte del versículo, donde se establece con claridad que nunca ha habido igual y que no lo habrá en el futuro.

Es aquí donde tenemos pruebas de que una plaga de langostas ordinaria o incluso extraordinaria no es el cumplimiento final y concluyente de esta profecía. El Espíritu de Dios, mediante el profeta, está señalando a un enemigo sin igual del pueblo de Dios, el que un día venidero provocará una desolación mayor que la de la plaga de langostas. ¿Cuál es este enemigo? Juntamente con muchos otros estudiantes del libro, entendemos que se trata del poderío asirio en el futuro, la potencia norteña de los postreros días. Estúdiense con cuidado los pasajes de Isaías 10 y Daniel 11.

Destrucción en marcha

Lo que la historia nos describe a continuación es el relato de un testigo ocular de la ruina causada en la tierra por la sequía y las langostas. La sequía fue como un fuego consumidor que dejó todo chamuscado a su paso, y lo que había sido como el huerto del Edén antes de que cayeran las langostas sobre la tierra, quedó como desierto desolado. Nada escapa a la acción devastadora de la plaga.

Lo que viene a continuación es una descripción exacta de la marcha de las langostas, un relato sin paralelo en el ámbito de la literatura. En primer lugar, se compara a las langostas con caballos, y la verdad es que la cabeza de la langosta se parece tanto a la de un caballo, que los italianos la llaman *cavalette* (caballito), y los alemanes las denominan *Heupferde* (caballo del heno). No sólo se parecen a los caballos, sino que, además, tienen la velocidad de la caballería militar (Job 39:20). Todos sus movimientos producen ruido, como el de los carros de guerra cuando están en plena carrera, como cuando el fuego lame la hojarasca seca o cuando se está adiestrando un ejército poderoso para el combate.

El ruido de las alas de las langostas en movimiento y el de sus patas traseras infunde terror en todos los corazones. Durante la vida de todos los israelitas, aquella visión iba a permanecer impresa en sus memorias por mucho tiempo. Las langostas son tan infatigables en su marcha como los poderosos hombres de guerra. De hecho, parecen tener cuadrillas ordenadas como un ejército en marcha (Proverbios 30:27). Son expertas en escalar muros; como si estuvieran dirigidas por una mente maestra, no rompen sus filas, de tal modo que ninguna desplaza a otra de su lugar. Todo se alborota y se llena de confusión cuando arremeten. Los mismos astros se ven obscurecidos por las densas nubes de langostas que cubren en su vuelo la expansión del firmamento. La destrucción está literalmente en marcha, pues las langostas, como ladrones, buscan qué pueden devorar.

Pero en todo ello se encuentra también presente el Señor y deja oír su voz de trueno ante su gran ejército de langostas. En un sentido real, esos insectos forman su ejército, puesto que son poderosos y numerosos. Una de las leyes de Mahoma dice así: "No mataréis las langostas, pues son el ejército del Dios todopoderoso." El mandato de Dios está siendo ejecutado por sus instrumentos.

Si esto resulta tan terrible que el hombre apenas puede soportarlo, ¿cuánto menos podrá hacerlo en la hora en que caigan los castigos más terribles de Jehová sobre un mundo que rechaza a Cristo y deshonra a Dios, en el día de Jehová? Y aquí descubrimos uno de los principios más importantes en los tratos del Señor con el hombre a lo largo de toda la historia: Dios sólo castiga después de una grave provocación y, cuando lo hace, es con el propósito de evitar que el hombre reciba más castigos, todavía más severos, de la ira de Dios. La plaga de langostas fue terrible; pero ni siquiera podría compararse de cerca a la devastación que se producirá en lo que se conoce como el día de Jehová. Dios dice: "Aprended lo más de lo menos, y sed advertidos."

Llamamiento al arrepentimiento

¡Qué gracia les ofrece Dios! Incluso en aquella hora tardía era posible arrepentirse y volverse al Señor, evitando de ese modo un desastre mayor. Dios llama a un tiempo de profundo examen de conciencia y ejercicio espiritual, a un tiempo de ayuno y de arrepentimiento delante de El. Puesto que siempre es tan fácil substituir lo real con lo externo y aparente, perdiéndose en la rutina de los ritos exteriores, Dios los exhorta a rasgar sus corazones y no sus vestiduras.

El rasgarse las vestiduras en momentos de gran aflicción es algo que se menciona muy al comienzo de las Escrituras (véase Génesis 37:29, 34; 1 Samuel 4:12; 1 Reyes 21:27 e Isaías 37:1). Su intención era la de expresar la condición quebrantada y desgarrada del corazón del doliente. En vista de que los signos reemplazan a menudo a la realidad, Dios, por medio del profeta, exige una contrición sincera y profunda. Toda acción de ese tipo, en presencia del Señor, se basa en la naturaleza maravillosa de Dios, pues su gracia es indescriptible y siempre está dispuesto a perdonar. Dios está siempre más dispuesto a bendecir que a condenar, a perdonar que a castigar, a atraer por medio del amor que a herir con el látigo. De modo que siempre existe la posibilidad de que el disgusto del Señor se convierta en una gracia suya, cuando su pueblo se presenta ante El con humildad. Dios no se deleita en la muerte del pecador, sino que desea que se vuelva de su mal camino para que viva (obsérvese el caso de los ninivitas en

Jonás 3:9). Si se arrepienten de verdad, Dios les restituirá cosechas abundantes. La ofrenda de harina y la de libación, dependientes ambas de las cosechas del campo y de las viñas, habían cesado a causa de la sequía y la plaga; pero estarían otra vez a disposición del arrepentido Israel. (Véase 1:9, 13 y 16.)

"¡Convocad a asamblea!"

Una vez más se llama a los sacerdotes para que toquen la trompeta en Sion. La primera trompeta fue para dar un toque de alarma (compárese Joel 2:1 con Números 10:5); la segunda era para congregar a Israel en el santuario del Señor (2:15; Números 10:10). Todos deberían acudir a esa asamblea: ancianos, niños de pecho, niños y aun los recién casados, que por lo común estaban eximidos de toda obligación pública (Deuteronomio 20:7; 24:5). Todos son culpables, de modo que todos tienen que humillarse ante Dios. Los goces personales e individuales deben dar lugar a los intereses de la comunidad entera.

Los sacerdotes, los ministros de Dios, deben asumir sus responsabilidades, ocupar el sitio que les corresponde y dirigir al pueblo en su clamor penitente delante del Señor. Se indican hasta las palabras mismas que deberán pronunciar: "Perdona, oh Jehová, a tu pueblo, y no entregues al oprobio tu heredad, para que las naciones se enseñoreen de ella."

¿Se imagina la tremenda bendición que contienen estas palabras? Cómo una actitud de corazón así predispone el brazo poderoso de Dios a favor de su pueblo. Ojalá que la iglesia del Dios vivo fuera impulsada a orar, por todas partes y en toda su amplitud, para que pudiera producirse en nuestros días un regreso de esa índole a Dios entre los huesos secos de la casa de Israel. Hasta los confines de la tierra resonaría el impacto de un retorno semejante de Israel a Dios. En los días apostólicos se declaró sencillamente que hombres de entre Israel trastornaron el mundo con el mensaje de Dios. Unos ardientes evangelistas israelitas hoy día no pueden tener menos poder de Dios a su disposición. Durante demasiado tiempo las naciones del mundo han hollado a Israel bajo sus pies, con aparente impunidad. Por el hecho de que Dios no ha rasgado los cielos a fin de descender visiblemente para defenderlos, el corazón de las naciones que desafían a Dios se ha endurecido para continuar en su dominio de Israel, al tiempo que gritan: "¿Dónde está su Dios?" Sin embargo, la hora del reloj profético de Dios ya no puede estar muy lejos del momento en que Israel se vuelva arrepentido al Dios viviente, de quien se apartaron tristemente, y el Señor dará su merecido a las naciones por los estragos que le han causado a su heredad y por las heridas causadas a la niña de sus ojos. Entonces conocerán la respuesta a la burla que hacían del Omnipotente, cuando alegaban que Dios era impotente para ayudar a los suyos y que no le importaba ya la relación del pacto establecido entre El e Israel.

La respuesta de Dios

Cuando el penitente emite el más breve clamor, no deja de llegar hasta el oído atento del Señor. Su solicitud y su celo por su pueblo se ponen de manifiesto para bendecirlos generosamente. Dios recuerda las heridas de su tierra y las sana. Está consciente de las aflicciones de su pueblo y lo consuela bondadosamente. El trigo, el vino nuevo y el aceite, que por largo tiempo han escaseado a causa de su pecado, serán restituidos. La tierra dará sus frutos y serán abundantemente satisfechos. Dios quitará el oprobio de ellos entre las naciones y los exaltará como cabeza de todas las naciones.

Al final del día de Jehová, el Señor derrotará completamente al ejército de los invasores asirios, el ejército de la potencia norteña. (Sería difícil considerar literalmente a las langostas como el ejército "del norte"). La tierra seca y desierta es Arabia, el mar oriental es el mar Muerto y el occidental, el Mediterráneo. En pocas palabras, el ejército será dividido y aniquilado por completo. Todo esto le sucederá al enemigo por cuanto se ha exaltado en su soberbia. En lo que se refiere al engreimiento de los asirios, véase el libro de Nahúm y también Zacarías 10:11.

Regocijo y restauración

Tal vez el enemigo asirio intente grandes cosas; pero el Señor hará realmente maravillas por su pueblo. Aquella tierra y aquel pueblo que languidecían, se lamentaban y lloraban, verán que su tristeza se convierte en gozo.

Primeramente se le dice a la tierra que se alegre y regocije (v. 21). Su desolación fue vívidamente descrita en el primer capítulo (versículos 17 y 19). Luego se hace un llamamiento a las bestias del campo para que desechen sus temores, porque ahora habrá pastos y frutos en los árboles y en los viñedos. Antes había gemido por la carencia de agua y de alimentos (1:18-20). Finalmente, en la culminación, los hijos de Sion deberán regocijarse en el Señor (1:16). Primeramente habrá bendiciones temporales y, luego, bendiciones espirituales adicionales. Dios les dará la lluvia temprana y tardía en su medida debida y apropiada, la cantidad necesaria donde ha prevalecido la sequía.

Resulta de gran interés para el estudiante de la Palabra de Dios saber que las lluvias han aumentado en Palestina en los años recientes; pero el gran cumplimiento es todavía futuro, cuando Israel se vuelva al Señor. Una vez que las lluvias ya no sean retenidas más habrá abundantes cosechas de trigo, de vino y de aceite. Las pérdida mismas que se experimentaron debido a la plaga de langostas será restituidas y aún más. Los años en que devoró la langosta llegará a olvidarse a causa de la abundancia renovada. La plaga de langosta no duraba varios años; pero la devastación que causaban perdurab durante largo tiempo. Las langostas eran el gran ejército que Dio había enviado personalmente. Cuando Israel se reconcilie con e Señor, disfrutará la abundancia dada por Dios y quedará satisfech El pueblo del Señor alabará a Jehová y nunca volverán a experimenta vergüenza. Nunca jamás serán avergonzados. Los versículos 26 y 2 concluyen con las mismas palabras porque Dios daría la segurida más completa de la verdad establecida. En el versículo 26 se usa co relación a beneficios temporales; en el versículo 27, con relación beneficios espirituales. Dios es la sola y única garantía necesaria de cumplimiento de todas estas cosas.

Jamás será avergonzado

Dios en medio de Israel para bendición. ¿No es éste el propósit de todos los tratos del Señor con su pueblo? Para esto envió Dios su Hijo, para que fuera el Mesías y el Salvador de Israel. ¿Cóm podemos quedarnos tranquilos, sin darles a conocer a este Salvado y Señor? ¿Cómo podrán oír si no hay quien les predique? ¿Cóm podrá recibir Dios sus legítimas alabanzas de los corazones redimido de los hijos de Israel, sin que oigan y crean el mensaje del evangeli de Cristo? En todo este plan, Dios tiene un lugar, un lugar real, par usted y para mí. Ojalá lo descubramos pronto y estemos dispuesto a obedecer.

El derramamiento del Espíritu

En el texto hebreo, los versículos 28 al 32 forman el capítulo 3, el capítulo 3 de nuestras versiones es el capítulo 4 en el origina Nadie pone en duda que la revelación de la verdad en 2:28-32 tien una importancia suficiente como para garantizar su aparición en u capítulo separado. Es triste decirlo, pero este pasaje vital (con s equivalente neotestamentario en Hechos 2), ha sido muy mal enter dido y se le ha dado un sentido que nunca tuvo en realidad.

Nótese el tiempo señalado en el pasaje. Los sucesos que se co signan aquí están ubicados cronológicamente en la época designad como "después". ¿Qué significado tiene ese tiempo? Lo encontram en Oseas 3:5 y allí está relacionado con "en el fin de los días". I profeta está hablando de los últimos días para Israel, un período qu cubre tanto la Tribulación como el reinado del Mesías que la sigu (Compárese cuidadosamente Isaías 2:2 y las palabras de Pedro e

Hechos 2:17.) En aquel tiempo Dios derramará su Espíritu, el bendito Espíritu Santo, sobre toda carne.

Aquí hay implícitas varias verdades: (1) la imagen empleada se toma de la analogía de la lluvia (2:23); (2) el derramamiento revela que el Espíritu procede de arriba y (3) se da el Espíritu en abundancia. El derramamiento del Espíritu ha de ser sobre toda carne. Será universal en cuanto a su carácter y alcance; pero, ¿significa esta universalidad que ha de ser para todo Israel, o bien, para toda la humanidad en general?

Los expositores de este pasaje están divididos en sus opiniones. Algunos de ellos sostienen una posición, mientras que otros igualmente convencidos, sostienen la otra posición. Sin embargo, por el contexto y las enseñanzas proféticas de otros pasajes del Antiguo Testamento, nadie negará que sin duda todo Israel está incluido. Las diferencias de edad (jóvenes y viejos), de sexo (hijos e hijas) o de posición (siervos y siervas) no constituirán barreras ni impedimentos para este don del Espíritu.

En el Antiguo Testamento no se registra ningún caso en el que se le haya concedido el don de la profecía a algún esclavo. Sin embargo, en los últimos días se cumplirá este profundo anhelo de Moisés (Números 11:29). Los sueños, las visiones y la profecía de que se habla aquí son los tres modos mencionados en Números 12:6. Nótese que el versículo 29 reitera la misma verdad dada en el versículo 28: "derramaré mi Espíritu". También se repite el elemento tiempo.

No debemos pensar que ésta es la primera mención de un derramamiento del Espíritu de Dios sobre Israel en los libros proféticos del Antiguo Testamento (véanse Isaías 32:15; 44:3, 4; Ezequiel 36:27, 28; 37:14; 39:29 y Zacarías 12:10). Sin embargo, ese día significará ira y castigo sobre los incrédulos. Dios llevará a cabo grandes transformaciones en el cielo y en la tierra. El sol y la luna se verán afectados; habrá manifestación de sangre y fuego (como en Exodo 7:17 y 9:24) y serán visibles columnas de humo (como en Exodo 19:18). Será el día grande y terrible de Jehová.

A pesar de todo, el derramamiento del Espíritu traerá salvación. Habrá quienes clamarán al Señor, pidiéndole liberación física, y a quienes Dios los llamará para la salvación espiritual. Observe el doble uso de la idea de llamar: (1) invocar a Dios (esto significa salvación; véase Romanos 10:13) y (2) Dios los llama. El Señor ha predicho que habría un remanente que se libraría (Abdías 17; Zacarías 14:1-5) y éstos se constituirán en una bendición para toda la tierra.

El cumplimiento de la profecía

En este punto resulta apropiado preguntarse si la profecía de Joel se cumplió o no en Hechos 2. Para comenzar, es preciso dejar en

claro que es incorrecto decir que no hay conexión entre los do
pasajes. Pedro establece con mucha claridad que se refiere a la pro
fecía de Joel. Sin embargo, ese hecho de por sí sólo no constituy(
un cumplimiento total. En primer lugar, en Hechos 2:16 falta ente
ramente la fórmula acostumbrada para una profecía cumplida. `
todavía más claro es el hecho de que gran parte de la profecía d(
Joel, aun como se citó en Hechos 2:19, 20, no se cumplió en aquell;
ocasión. No podemos adoptar la posición de que tan sólo había d(
cumplirse una porción de la profecía, por cuanto esto trastornarí;
las profecías bíblicas. Dios predice y es capaz de llevar a cabo lo qu(
dice. Creo que la mejor interpretación que cabe es considerar qu(
Pedro empleó la profecía de Joel como ilustración de lo que estab(
sucediendo en su día y no como el cumplimiento de la predicción
En pocas palabras, Pedro vio en los sucesos de aquel día una prueb;
de que Dios todavía habría de llevar a cabo completamente todo l(
que profetizó Joel. Así pues, la profecía de Joel tuvo entonces u1
anticipo de su cumplimiento y todavía tiene que cumplirse (com(
lo demuestran los pasajes del Antiguo Testamento que se refieren a
derramamiento del Espíritu Santo).

EL JUICIO DE TODAS LAS NACIONES

Ninguno de los profetas del Antiguo Testamento tiene una reve
lación más importante de los últimos días, que la que encontramo
en el capítulo tercero del libro de Joel. Es muy grande la benignida(
del Señor al permitirnos conocer el tiempo exacto de estos sucesos
Tendrán lugar cuando el Señor mismo haga volver la cautividad d
Judá y de Jerusalén. El regreso de Israel a la tierra no se cumplir
del todo hasta que el Señor lo logre por medio de su omnipotenci
(Jeremías 23:1-8).

Cuando Dios haga regresar a Israel a la tierra prometida, congregar
a todas las naciones a juicio en el valle de Josafat. Evidentemente (
profeta tiene en cuenta el relato histórico de 2 Crónicas 20. La tr;
dición le ha asignado el juicio al valle de Cedrón; aun cuando est
tradición procede sólo de la época de Eusebio (siglo IV d.C., e:
adelante), hay quienes creen que es correcta. El lugar señalado deb
estar en Jerusalén o sus alrededores. El método por medio del cu;
Dios reúne a las naciones para el juicio se expone en los versícul(
9-12 del capítulo 3. (Consulte también Zacarías 12:1-3, 9; 14:2-
Isaías 29:1-8).

Una de las características más importantes del juicio es la base d(
mismo: las naciones serán juzgadas a causa del pueblo de Dios y d
su heredad, Israel. Lea con todo cuidado Mateo 25:31-46 y fíjese e

las palabras *mis hermanos.* Es el mismo juicio el que se toma en consideración en ambos pasajes. No hay duda de que nuestro Señor Jesucristo recordaba este pasaje cuando concluyó su maravilloso discurso del monte de los Olivos.

El gran pecado de las naciones (todas participarán en él en el tiempo de angustia de Jacob — Jeremías 30:7) es el de oposición a Israel. Las naciones no parecen darse cuenta de que están provocando la ira de Dios cuando aplican manos de violencia a su heredad y a la planta de su elección. No lo soportará para siempre. Joel muestra que el día de ajustar cuentas ha llegado, por el hecho de que Israel fue esparcido entre las naciones, su tierra fue dividida y fueron vendidos para satisfacer las más bajas pasiones, el libertinaje o las francachelas. El historiador judío Josefo nos dice (véase *Las guerras de los judíos,* Libro VI, capítulo 9, párrafo 2; también su *Antigüedades,* Libro XII, capítulo 7, párrafo 3 y 1 Macabeos 3:41; 2 Macabeos 8:11, 25) que en las guerras romanas el enemigo escogió de entre los judíos "a los más altos y hermosos, y los reservó para el triunfo; y en cuanto al resto de la multitud que estaban por sobre los diecisiete años, los encadenó y los envió a las minas egipcias. . . los que estaban por debajo de los diecisiete años fueron vendidos como esclavos". Indignidades como ésas y todavía peores se han cometido durante nuestra propia generación en contra del pueblo de Dios, y el fin no ha llegado aún. ¿Ejecutará el Señor su juicio por causa de esto? Desde luego que sí.

Retribución divina

A continuación el Señor se dirige por mediación de su profeta, a Tiro y Sidón como representantes de todo el territorio de Fenicia. ¿Creen que su destino será distinto al de todos los demás? ¿No se dan cuenta de que ofenden a Dios al injuriar a su pueblo? Todas las ofensas cometidas en contra del pueblo del Señor las considera como realizadas contra El mismo. Ahora bien, si los hombres creen que pueden ofender a Dios impunemente, el Señor les demostrará que la retribución caerá sobre ellos de modo rápido y los abrumará. Dios no mantendrá su silencio para siempre.

El profeta recuerda el pillaje cometido en contra de Judá y de Jerusalén por los filisteos y los árabes, en la época de Joram (2 Crónicas 21:16, 17). Dios utilizará a los mismos que fueron vendidos lejos para llevar a cabo su juicio sobre sus enemigos y los de su pueblo. En lugar de ser los hijos de Judá los vendidos por deporte o por ganancia, serán los hijos y las hijas de sus enemigos los que serán vendidos en manos del pueblo de Israel, quienes a su vez entregarán al enemigo en manos de una nación lejana. La suerte que le habían reservado al pueblo del Señor caerá sobre los enemigos impíos de Israel.

Los ejércitos reunidos

Dios hace un llamamiento a las naciones con el fin de que se preparen para la guerra; éste es el método por medio del cual El trae a las naciones al juicio que han merecido. (En el versículo 9 el original hebreo y la versión inglesa dicen "Preparad guerra" donde la Reina-Valera dice "Proclamad guerra". De aquí este comentario del autor. — N. del E.) Han de prepararse (literalmente *santificarse*) para la guerra, mediante sacrificios, y ritos y ceremonias apropiadas (véase 1 Samuel 7:8, 9 y Jeremías 6:4). Esto ha de ser una guerra a muerte. Teniendo en cuenta ese objetivo, que se preparen todas las naciones y movilicen sus ejércitos hasta lo máximo. Que acudan totalmente equipadas y armadas. Para que nadie carezca de armas apropiadas, conviértanse en lanzas y espadas todas las herramientas utilizadas con fines pacíficos, tales como azadones y hoces.

Tan grande será el deseo de destruir al pueblo de Dios que hasta los más débiles creerán que son fuertes. ¡Qué reunión será esa! Las naciones se congregarán y se confederarán como nunca antes (véase Salmo 2:1-3). En medio de la visión que pasa ante los ojos del profeta, ora para que los fuertes de Dios (sus huestes) desciendan, en contraste con los "valientes" del versículo 9.

Finalmente hallamos todo el tema resumido en el versículo 12. Se ve a las naciones incitándose a la ira más apasionada en contra de Israel; su objetivo es el valle de Josafat (de qué modo tan apropiado se denomina: "Jehová juzga") y, una vez allí, las naciones se enfrentarán al bendito Rey de Israel, el Protector que el pueblo de Dios ha tenido durante todas las edades y su Adalid en las horas más negras y oscuras: el Señor Jesucristo, quien se sentará dispuesto a juzgar de una vez y para siempre los pecados acumulados por las naciones en contra de Israel. Día espantoso será ese, y las naciones escaparán de él con la misma facilidad con que podrían hacer que el sol dejara de brillar en los cielos.

Del mismo modo en que el Señor les habla a las naciones en el versículo 12, ordena a sus agentes en el juicio. Dicho juicio se describe bajo la doble imagen de la siega y la vendimia. La mies está madura, el lagar lleno y las cubas rebosantes. El significado de todo esto se expresa de modo literal: "porque mucha es la maldad de ellos". Se hace referencia a este juicio en Isaías 63:1 y de manera muy destacada en Apocalipsis 14:14-20. Será terrible el choque cuando los fuertes de Dios se enfrenten a los valientes de las naciones en un combate final y mortal.

El resultado no estará sujeto a dudas, todo está establecido claramente de antemano. La sangre de las naciones empapará la tierra. ¡Cuán indeciblemente triste es el hecho de que las naciones no aprenderán la lección respecto al pueblo de Dios, los judíos, antes de que sea demasiado tarde! Recuérdese que esto no es un capricho de Dios, pues la maldad de las naciones es insoportablemente grande.

Multitudes en el valle de la decisión

Pero la historia es tan importante que se debe presentar en forma más amplia. El profeta ve a las naciones reunidas en huestes innumerables en el valle en que Dios (y no ellos) decidirá. Las palabras "muchos pueblos" tienen por objeto mostrar el inmenso número de los mismos. Hasta donde los ojos pueden ver, las huestes de los pueblos de la tierra están ordenadas para la batalla; un gran mar de seres humanos en agitación. El valle de la decisión es una definición todavía más clara del valle de Josafat. Allí se pronunciarán las palabras decisivas: "Venid, benditos de mi Padre" y "Apartaos de mí, malditos" (aquí vemos que las palabras de Génesis 12:1-3 tienen un sentido literal), y las pronunciará el poderoso Hijo de Dios, con voz como el sonido de muchas aguas. El cielo y la tierra sentirán la fuerza de este juicio, y el Señor mismo se levantará como un león.

En efecto, el León de la tribu de Judá dejará oír su voz desde Sion y Jerusalén. La creación temblará a la voz de quien en esa hora será refugio de su pueblo y fortaleza para los hijos de Israel. El Señor habitará en Sion y todo será santidad para el pueblo de Dios (Salmo 132:13, 14). Ya no pasarán extraños por la nación israelita para saquearla, destruirla y profanarla. Cuando vengan, será para adorar a Jehová de los ejércitos (Zacarías 8:20-23).

Bendiciones sobre Judá

Sin embargo, el juicio de las naciones nunca ha tenido por objeto ser un fin en sí mismo. Dios lo utilizará para bendecir a su pueblo Israel. Joel concluye con palabras prometedoras para los oprimidos de Dios. Aun los montes y collados (que por lo común son los suelos menos productivos) darán frutos en abundancia. Habrá una gran provisión de agua. Un manantial perenne suplirá toda la que se necesite. El valle de Sitim, en el límite entre Moab e Israel, al otro lado del Jordán, conocido por su aridez, será bien regado. Egipto y Edom, representantes de todos los enemigos de Israel (que ese es el caso puede verse con facilidad por la palabra "todas" en los versículos 2, 11 y 12), quedarán desolados para siempre. En cambio, Judá y Jerusalén permanecerán para siempre. El pueblo de Dios permanecerá y cuando el Señor juzgue a las naciones, limpiará la culpabilidad de la sangre de las naciones por haber perseguido al pueblo de Dios (observe los versículos 19-21).

¿Cuánto falta todavía?

Al meditar en esta maravillosa revelación de la Palabra de Dios, llegamos a hacernos la pregunta: ¿Cuándo sucederá todo esto? ¡Ciertamente dentro de poco!

6

AMOS: LA JUSTICIA DE DIOS

ORÁCULOS CONTRA LAS NACIONES

El mensajero de Dios

Amós, cuyo nombre no aparece en ninguna otra parte del Antiguo Testamento, aparte de su profecía, nació en Judá el reino del sur, en Tecoa. No era hijo de profeta (7:14, 15) ni era profeta de nacimiento (Jeremías 1:5), sino que era pastor de ovejas y cultivador de sicómoros. No era de familia noble, adinerada ni de influencia, sino que se había dedicado al pastoreo en la región agreste de Tecoa, ubicada a dieciocho kilómetros al sureste de Jerusalén y a nueve kilómetros al sur de Belén. Sus figuras e imágenes, hermosaa y abundantes, las tomó de la vida rústica. Su libro se caracteriza por su belleza de expresión y sus pensamientos elevados.

Fue contemporáneo de Oseas y, aunque nació en Judá, fue enviado por Dios a profetizar a Israel, el reino del norte, en Betel, que era su centro religioso. Mientras que Oseas hace hincapié en el amor de Dios en medio de sus juicios, Amós recalca la majestad y la justicia inflexible de Dios contra los pecadores. Sus mensajes y visiones proféticos son (con excepción del último) de naturaleza amenazadora. Están dirigidos contra la baja condición moral del pueblo y en forma especial contra su apostasía del Señor y su idolatría.

La época de su ministerio

Los días de Uzías en Judá y de Jeroboam II en Israel se caracterizan por su gran prosperidad. En efecto, ésa fue la época más próspera del reino del Norte. Bajo ese rey, Israel llegó a la cumbre de su poder. Ese período fue de gran riqueza, lujo, arrogancia, seguridad carnal, opresión de los pobres, decadencia moral y adoración formal. La decadencia moral y la degradación espiritual del pueblo eran espantosas.

Amós predijo el castigo que vendría del Señor, pero no mencionó que el invasor extranjero, Asiria, sería el azote de Jehová. A pesar de que en el versículo primero de esta profecía se menciona a Uzías, resulta evidente que el objeto de la profecía es Israel en particular.

La fecha que se le asigna al mensaje es dos años antes del terremoto. Los temblores de tierra no son raros en Palestina; pero el que se menciona debe de haber sido de una excepcional intensidad, puesto que Zacarías lo menciona también, más de dos siglos después (14:4, 5). El historiador Josefo asegura que el terremoto ocurrió cuando Uzías trató de asumir funciones sacerdotales (2 Crónicas 26:16-23); pero no hay pruebas de esto y no sirve para el propósito de fechar el suceso. No tenemos modo alguno de establecer el momento preciso de esa terrible catástrofe natural, que fue de por sí una advertencia del juicio que aún los alcanzaría.

El rugido proviene de Sion

Amós relaciona su mensaje inmediatamente con el de Joel, al declarar que el Señor rugirá como un león desde Sion (véase Joel 3:16). En este caso, el rugido del Señor es contra Israel, mientras que en Joel es a favor de Israel y en contra de sus enemigos. Cuando el león ruge, salta sobre la presa. El juicio está a punto de caer sobre Israel. Con el fin de delimitar toda la tierra que sufrirá el castigo, se mencionan los campos de pastoreo del sur y la cumbre del monte Carmelo, en el norte. El monte Carmelo es el gran promontorio junto al mar Mediterráneo, rico en pastos, olivares y viñedos (véase Isaías 35:2). Si el Carmelo se seca, ¿cuánto mayor será la desolación en otras partes? La marchitez no se debe sólo a la sequía, sino que quiere decir una destrucción general.

Juicio sobre Siria

Los profetas Isaías, Jeremías y Ezequiel tienen también profecías contra las naciones extranjeras; pero sitúan esos vaticinios después de las acusaciones contra Israel, el propio pueblo de Dios. Amós invierte el orden y veremos a su debido tiempo lo sabia que resulta esta disposición.

El juicio caerá primeramente sobre Damasco, la capital de Siria. Las naciones escogidas, que representan un número mayor de naciones, como sabemos de otros pasajes proféticos, son las que más oprimieron a Israel. Se le mencionan al final, como una especie de culminación, (Edom, Amón, Moab) que estaban relacionadas con Israel. La expresión: "Por tres pecados. . . y por el cuarto", que aparece en todos y cada uno de los anuncios de castigos (lo que da una impresión de uniformidad que es intencional), no tiene como propósito presentar una enumeración matemática. Estas naciones no reciben su castigo debido a tres o cuatro transgresiones, sino por una cantidad incalculable de ellas. La expresión significa que la medida de iniquidad está completa y que la ira del Señor debe caer sobre los malvados. El castigo no se puede desviar; es inevitable e irrevocable.

¿De qué modo habían colmado los sirios la medida de sus iniquidades en contra de Israel, el pueblo de Dios? Habían recorrido Galaad con trillos de hierro. Galaad era el territorio que se hallaba al este del Jordán y que pertenecía a las tribus de Rubén, Gad y la media tribu de Manasés. Era una zona expuesta de modo especial a los ataques sirios desde el norte. La atrocidad mencionada aquí — el desgarrar y mutilar los cuerpos con trillos de hierro — la perpetró el rey sirio Hazael, de Damasco, cuando oprimió a Israel durante los reinados de Jehú y Joacaz (2 Reyes 10:32, 33; 13:3-7).

Los profetas de las Escrituras son los comentaristas inspirados de los sucesos históricos de la Palabra de Dios. En cada caso, el castigo se menciona como fuego, el de la guerra y la destrucción (véase Jeremías 49:27). Hazael y Ben-adad fueron dos de los opresores más crueles de Israel. El Ben-adad que se menciona puede haber sido un sirio que llevara ese nombre; pero lo más probable es que se trate del hijo de Hazael (2 Reyes 13:3), mas bien que el Ben-adad al que Hazael mató (2 Reyes 8:7, 15). Quebrar el cerrojo significaba romper la puerta de la ciudad, y la consiguiente entrada del enemigo invasor. El valle de Avén es probablemente la actual Bekaa, entre el Líbano y el Antilíbano, del que Heliópolis (Baalbek) era la ciudad más importante. Bet-edén es un distrito cerca de Harán y Kir es una provincia asiria a orillas del río del mismo nombre. El juicio que se anuncia aquí vino por conducto del asirio Tiglat-pileser, quien llevó a los sirios a Kir (2 Reyes 16:9). Así pues, Siria iba a ser castigada por sus crueldades hacia Israel y, de modo especial, el golpe mayor caería sobre Damasco, la famosa ciudad de la cual los árabes han dicho: "Si hay un huerto del Edén sobre la tierra, ése es Damasco; y si lo hay en el cielo, Damasco es lo que más se le parece en la tierra."

Condenación de Filistea

En Amós 1, la referencia a Gaza incluye toda la Filistea, como es evidente por la mención de Asdod, Ascalón y Ecrón en el versículo 8. Gat se omite al enumerar las ciudades de la pentápolis filistea, probablemente porque ya la había destruido el rey Uzías (2 Crónicas 26:6). El pecado de los filisteos consistía en que habían tomado cautivo a todo un pueblo, sin dejar uno, y lo habían entregado a manos de Edom, que era probablemente el enemigo más inveterado de Israel. Se trata de que había habido una expatriación en masa de toda una región, no el exilio de unos cuantos prisioneros de guerra. Hay quienes creen que esto se llevó a cabo con fines mercantiles.

Si comparamos este pasaje con Joel 3, veremos que todo sucedió como sigue: los filisteos vendieron una porción de sus prisioneros a los edomitas y el resto a los fenicios, los que a su vez se los vendieron a los griegos. Entonces, como ahora, a los enemigos de Israel les parecía sumamente provechoso vender como mercancías al pueblo de Dios.

¿Qué sucesos históricos se mencionan en este punto? Se ha sugerido que estas atrocidades se produjeron durante el reinado de Acaz, cuando los filisteos invadieron las tierras bajas del sur de Judá y las ciudades que había en la zona (2 Crónicas 28:18). Es más probable que el profeta se refiera a la invasión de Judá por los filisteos durante el reinado de Joram (2 Crónicas 21:16). La respuesta de Dios por estos delitos sería la diezma de la población de Filistea. Volver la mano contra Ecrón significa que volvería a castigarlos en la misma forma.

Ira sobre Fenicia

La profecía contra Tiro va dirigida a toda Fenicia. En este caso, el pecado es el mismo que el de los filisteos: la venta de prisioneros de guerra como esclavos. Los fenicios eran famosos como buenos comerciantes y deben de haber vendido los prisioneros de guerra a más de una nación. Puede que esos prisioneros fueran capturados durante las guerras de Israel con Hazael y Ben-adad de Siria, de quienes pudieron haberlos obtenido los fenicios.

Estas transacciones fueron tanto más dolorosas por cuanto las realizaron los tirios, porque se había establecido un pacto fraternal permanente entre el rey Hiram de Tiro, por una parte, y David y Salomón, por la otra (estudie con cuidado 2 Samuel 5:11; 1 Reyes 5:2-6, 15-18; 9:11-14). Además, ningún rey de Israel ni de Judá guerreó nunca contra Fenicia. El juicio anunciado en el versículo 10 se cumplió cuando partes de Tiro fueron destruidas por el fuego iniciado por los proyectiles incendiarios de los caldeos, en tiempos de Nabucodonosor.

Castigo para Amón

Los amonitas, que también estaban emparentados con Israel, habían atacado a Jabes de Galaad dirigidos por Nahas (1 Samuel 11:1). También se unieron a los caldeos en su invasión de Judá para saquear la región (2 Reyes 24:2). Sin embargo, las atrocidades que se mencionan en el versículo 13 no aparecen en las crónicas históricas del Antiguo Testamento. Se llevaron a cabo con fines de expansión. Es el clamor de siempre, que pide el exterminio para poder extenderse, para el *Lebensraum*, como lo llaman los alemanes (literalmente: "espacio vital").

La situación se invertirá y Amón quedará sometido al invasor extranjero. Rabá (Deuteronomio 3:11), la capital, llamada Filadelfia por los griegos en honor de Ptolomeo Filadelfo de Egipto y que ahora se conoce como Ammán, será castigada con invasión y cautividad (Jeremías 49:3). Un capítulo como éste es una refutación tremenda de las opiniones que sostienen que se consideraba al Dios de Israel como un Dios tribal o nacional. El es Señor de toda la tierra, tal y como se afirma en toda la Escritura.

¡No toquéis a Israel!

En el capítulo primero se habla con elocuencia divina de lo peligroso que resulta tocar a Israel, la niña de los ojos de Jehová. Dios no sólo ha reprobado a reyes por causa de su pueblo (Salmo 105:14) sino también a naciones, como lo confirma ampliamente esta porción de la Palabra de Dios. ¿No es evidente que la Palabra de Dios contiene su propia confirmación de la promesa divina de que El maldeciría a los que maldijesen a los descendientes de Abraham? Qué comentario es este capítulo, junto con varios otros que pudieran agregarse, sobre la fidelidad de Dios en cumplir cada palabra que El ha pronunciado. Recuérdese también que aún sigue siendo cierta la otra parte de la promesa por igual: el Señor bendice a los que bendicen a los descendientes de Abraham.

LOS PECADOS DE ISRAEL

Indignación contra Moab

El segundo capítulo de la profecía de Amós prosigue con la condenación de las naciones que se inició en el primer capítulo. Ahora se indica que la indignación de Dios se dirige contra Moab. El pecado supremo de esa nación fue el de haber quemado en cal viva los huesos del rey de Edom. La venganza se manifestaba incluso sobre los muertos. Esto revela un espíritu de venganza que no se detiene ni siquiera con la muerte.

Este suceso no se registra en los libros históricos del Antiguo Testamento. Se ha sugerido, y parece muy probable, que el mismo tuvo lugar en la época de la guerra de Joram rey de Israel, Josafat rey de Judá y el rey de Edom, contra los moabitas (2 Reyes 3:26, 27). Debido a ese despliegue de ira desenfrenada, Dios castigará a Moab con el fuego de la destrucción. Queriot, una de las ciudades más importantes de Moab, verá sus palacios consumidos por el fuego (véanse Isaías 15:1; Jeremías 48:24, 41, 45). La muerte de Moab con tumulto, estrépito y sonido de trompeta, al igual que la eliminación del juez y de los príncipes, se cumplieron cuando Nabucodonosor subyugó por completo a Moab. Desde entonces Moab ya no existió más como nación.

Pecados de Judá

Las naciones reciben castigos debido a sus pecados contra las leyes de la naturaleza, la conciencia y los sentimientos naturales. Judá e Israel reciben castigo porque pecaron contra la voluntad Dios revelada. (Obsérvense las verdades importantes que se dan en Romanos 2:12, 14, 15.) Los versículos 4 y 5 del capítulo 2 de Amós están dirigidos contra Judá, en tanto que el resto del libro de Amós se refiere a Israel. Dios no tiene parcialidad, de modo que aun su mismo pueblo debe ser juzgado cuando es culpable.

Este ciclo de profecías había de concluir con el pueblo de Dios. Los israelitas tenían lo que las naciones paganas nunca poseyeron: la ley de Jehová en los mandamientos dados por medio de Moisés. Sin embargo, no la obedecieron, sino que la desecharon y fallaron del todo en guardar los estatutos llenos de justicia que contenía. En lugar de ello, se entregaron a las mentiras, sus ídolos falsos, que les hicieron desviarse del camino que Dios les había escogido (Salmo 40:4 y Jeremías 16:19, 20).

El mal ejemplo se perpetúa casi siempre, por lo que descubrimos que los padres de los contemporáneos de Amós siguieron en su tiempo a los mismos ídolos despreciables. Las generaciones precedentes fueron culpables de los mismos pecados. El juicio que se pronuncia en cada caso incluye el fuego (1:4, 7, 10, 12, 14; 2:2, 5). El fuego consumió los palacios de Jerusalén cuando las huestes de Nabucodonosor capturaron la ciudad en el año 586 a.C.

Transgresiones de Israel

Se exponen ahora las iniquidades de Israel con todos sus atroces detalles. Dios no puede disculpar las faltas y pecados de Israel si es que la nación ha de darse cuenta de la gravedad de su degradación espiritual y volverse con verdadero arrepentimiento al Señor, contra el que se rebelaron de un modo tan deplorable. Las Escrituras nos dicen que el que oprime al pobre o se burla de él, afrenta a su Hacedor (Proverbios 14:31 y 17:5), y seguramente Dios defiende la causa de sus pobres y justos.

En Israel, a causa de la insaciable codicia de los jueces injustos, el que tenía una causa justa era condenado por el juez, por cuanto éste último recibía cohecho. Esta era una violación de la estricta prohibición que aparece en Deuteronomio 16:19 y otros pasajes. Los tribunales de esa época podían ser comprados por la suma más mezquina, incluso por un simple par de zapatos (véase 8:6). En este libro profético se menciona varias veces el pecado de despreciar a los pobres (2:6,7; 4:1; 5:11 y 8:6).

Además, se dice que los impíos pisotean en el polvo de la tierra las cabezas de los desvalidos. ¿Qué significa esto? Son varias las explicaciones que se ofrecen para esta parte del versículo. Se ha sugerido que lo que el profeta está diciendo es que los malos rebajan de tal modo a los pobres mediante la opresión, que estos últimos echan polvo sobre sus cabezas en señal de duelo. En lo que se refiere a esta costumbre para expresar el duelo, muy extendida en todo el Oriente, véase 2 Samuel 1:2 y Job 2:12, entre otros. Otra opinión es que los impíos pisoteaban literalmente la cabeza de los pobres en el polvo de la tierra. Otros más piensan que los acreedores les regateaban a los pobres hasta el polvo que, para expresar su dolor, se echaban en la cabeza. Probablemente la primera interpretación sea la más acertada, la que sostiene que los inicuos no descansan hasta que han sumido a los pobres en la tristeza más profunda. Y debido a que los humildes no se atreven a presentar y defender sus causas justas, los malos se aprovechan de la situación y pervierten su causa (compárese con Isaías 10:2).

Su codicia va acompañada de lujuria desenfrenada. El padre y el hijo se llegan a la misma joven, probablemente una de las prostitutas del templo de los ídolos, tal como el de la diosa Astarte. De manera invariable, el alejarse espiritualmente del Señor trae como consecuencia un relajamiento de la moralidad también. Como resultado, a propósito o no, se profana el santo nombre del Señor. Los actos viles de su pueblo deshonran a Dios (véase 2 Samuel 12:14).

Puesto que hemos invocado el nombre de Cristo, Dios como a hijos suyos que vivimos nos exhorta en este mundo de maldad a que nos apartemos de la iniquidad (2 Timoteo 2:19). Con nuestros actos honramos la gracia que nos salvó, o bien, por el contrario, la deshonramos.

Sin embargo, Amós no ha terminado en sus acusaciones contra los culpables de Israel, el reino del norte. Parece que ha dejado lo peor para el final, como una especie de culminación. Los malos se acostaban junto a *cualquier altar* sobre ropas tomadas en prenda. Lo que aquí se da a entender es la vestimenta exterior. Exodo 22:25-27 y Deuteronomio 24:12, 13 ordenaban que las mismas se devolvieran antes de la puesta del sol, de modo que los pobres tuvieran con qué cubrirse durante las noches frías. Pero éstos no sólo se negaban a devolver esas ropas, sino que se acostaban sobre ellas y lo hacían así en los templos de los ídolos (así interpreto yo las palabras *cualquier altar*, pues esto no podía referirse de ningún modo al templo central de Dios en Palestina).

El carácter cobarde de este pecado (o más bien de varios pecados combinados) cuanto más se lo contempla, tanto más domina al que lo comete. Cuando aquellos que conocen la luz pecan, a menudo llegan a mayores extremos que los que no conocen a Dios en absoluto. La luz rechazada siempre da como resultado una noche más obscura. El vino que bebían esos impíos en sus fiestas idolátricas y obscenas dedicadas a sus dioses, lo compraban con dinero obtenido mediante multas injustas. La opresión era desenfrenada y se apresuraban hacia el juicio de un Dios infinitamente justo y santo.

Las antiguas misericordias de Dios

Para poner de manifiesto por marcado contraste muy fuerte la vil ingratitud de los israelitas hacia el Señor, Amós enumera algunos de los beneficios que Israel ha recibido por gracia de manos del Señor. Los beneficios de Dios otorgados a Israel son en sí mismos acusaciones en contra de la nación por sus pecados. A pesar de ser rebeldes, el Señor destruyó a los amorreos de delante de ellos (Josué 24:8).

Los amorreos constituían la nación más poderosa de todas las que habitaban en el territorio de Canaán y es probable que en este versículo se mencionen como representantes de todos los demás pueblos de la zona. (Obsérvese cómo se señala con especialidad a esta nación en forma repetida en Génesis 15:16; 48:22; Deuteronomio 1:20; Josué 7:7). La descripción que se da de ellos es vívida: altos como cedros y fuertes como robles, y demuestra que el informe de los espías incrédulos era correcto en lo que se refiere a las apariencias (Números 13:22, 32, 33). Su problema era que no contaban con el poder de Dios, como hicieron los fieles Caleb y Josué. Aun cuando los enemigos eran de estatura gigantesca, Dios destruyó tanto sus frutos como sus raíces; en una palabra, los destruyó por completo. La misma imagen aparece en Ezequiel 17:9 y Malaquías 4:1.

Además, a la destrucción del enemigo en la tierra prometida la había precedido el favor de Dios al liberar a la nación de la esclavitud en Egipto y al preservarlos durante cuarenta años en el desierto (Salmo 44:3). Para culminar todas estas muestras de generosidad, Dios levantó de entre los hijos de ellos, cuando ya moraban en la tierra, a los que habían de llevar el mensaje de su voluntad a la nación, los profetas, e hizo que de entre sus jóvenes hubiese nazareos (véase Números 6). Dios había hecho todo con el fin de proveer lo necesario para su instrucción en la verdad y en su divina voluntad, y para el mantenimiento de la pureza y la santidad de vida en la nación.

Aun cuando el voto de los nazareos era libre y voluntario, con todo se dice que Dios los levantó, porque el impulso y el deseo de esos actos procedían del Señor. En esos hombres jóvenes, Jehová le dio a Israel ejemplos extraordinarios de pureza y dedicación completa al Señor.

Al llegar a este punto, el profeta cambia de tono y pregunta de modo directo: "¿No es esto así?" "¿Osarían negar esto o ponerlo en duda?" ¿Se deleitaba Israel en esas misericordias de Dios y le rendía un servicio de agradecimiento? La palabra de Dios da una respuesta devastadora: tentaban a los nazareos para que quebrantaran sus votos sagrados y que fueran infieles, y procuraban silenciar el mensaje del profeta de Dios. Compare 7:12-14 (Amós experimentó esto mismo en su propio ministerio) con Jeremías 11:21. ¿Podían llevar todavía más lejos la insolencia y el desafío? No. Por consiguiente, Amós les anuncia la hora en que tendrán su castigo.

Juicio inevitable

Se ha expresado la opinión de que los versículos 13 al 15 hablan de un terremoto destructivo. El castigo consistirá en una guerra, según se ve con claridad por los actos descritos en los versículos restantes del capítulo. No todos los versículos del Antiguo Testamento o del Nuevo son tan fáciles de traducir como aparecen en nuestras versiones. ¿Se refiere el versículo 13 del original a Israel como si el Señor lo estuviera sometiendo a presión en la misma forma en que lo está una carreta llena de haces? ¿O es Dios el que está bajo presión debido a ellos? Con toda seguridad, lo correcto es lo primero, puesto que si fuera lo último, la descripción del Señor podría considerarse como poco elegante, por no decir otra cosa. El sentido del versículo es que Israel ha estado recorriendo toda la gama de pecados al alejarse del Señor; no ha tenido ni obedecido controles ni restricciones en su vida voluntariosa. Ahora Dios lo apretará en su lugar y lo cercará de modo que no pueda escapar. El ligero, el fuerte y el valiente serán impotentes ante el juicio del Señor. La ligereza para huir, la fuerza y la liberación les fallarán a estos hombres a la hora de su necesidad. El arquero diestro, el ligero de pies y el jinete (todos ellos señalan, de paso, que el azote es el de la guerra) descubrirán que sus capacidades no les sirven de nada en medio de la calamidad. Aun el más esforzado entre los valientes no logrará más que salvar su propia vida. En resumen, nadie escapará del ejército asirio cuando acudan a cumplir los propósitos de juicio de Dios sobre su pueblo pecaminoso. En aquel día terrible la vara de la ira de Dios caerá y nadie podrá evadirla.

"¿No es esto así?"

Hasta aquí, lo más importante que revelan las profecías de Amós es que su mensaje central es éste: no hay modo de volver atrás el juicio de Dios, después de desdeñar o rechazar sus repetidas ofertas de gracia y bendiciones. Y esto sigue siendo cierto en la actualidad. Con justicia se dice que ésta es la época de la gracia, por la evidente razón de que Dios ofrece gratuitamente la vida eterna y la gloria a quienes, tanto en Israel como en todo el mundo, depositan su confianza en nuestro Señor Jesucristo para su salvación. Aparte del ofrecimiento de Dios, lo único que queda es un irremediable juicio de perdición eterna.

PRIVILEGIOS Y RESPONSABILIDADES

La elección de Israel por Dios

Tal y como lo hace el profeta Oseas, Amós dirige sus profecías primordial aunque no exclusivamente a Israel, el reino del Norte. El tercer capítulo comienza con la llamada: "Oíd esta palabra" (vea la misma expresión en 4:1; 5:1; y observe también 3:13). Aun cuando el mensaje se dirige de modo especial a Efraín, se habla aquí a todo Israel, la familia entera que Dios sacó de Egipto.

¿Cuál es el mensaje tan importante que ambas partes de la nación deben escuchar? Dios dice que de entre todas las familias de la tierra (observe el contraste con la "familia" del versículo 1) sólo ha conocido a su pueblo Israel. Conocerlos, en el sentido de este pasaje, es escogerlos, separarlos para sus propios fines. Dios los escogió para que fueran su pueblo y les concedió privilegios especiales para testimonio. (Respecto a este significado especial del término conocer, lea con atención el Salmo 1:6 y Juan 10:14. En cuanto a la elección especial de Israel, vea pasajes tales como Exodo 19:5; Deuteronomio 4:20; 7:6; Salmo 147:19, 20). Pudiéramos haber esperado que el profeta dijera que, debido a que Dios escogió a Israel, pasaría por alto sus fallas y pecados. Con frecuencia, los ignorantes e incrédulos acusan a Dios de ser parcial con su pueblo Israel a ese respecto, como si el Señor pudiera hacer a un lado su carácter santo, sea quien sea con quien trate. La Palabra de Dios afirma exactamente lo opuesto a lo que los hombres suponen: por el hecho de que Dios ha puesto a Israel en una situación de intimidad con El, con tanta mayor razón hará caer sobre la nación todo el peso de la retribución por sus iniquidades.

En ninguna otra parte de la Biblia se enuncia un principio más vital y básico. Lo que el profeta está diciendo es que el castigo está en proporción con el privilegio. Al que se le da mucho, mucho le será exigido. El juicio debe comenzar por la casa de Dios (1 Pedro 4:17). Cuanto más estrecha sea la relación que tenemos con el Señor, tanto mayor será la fidelidad que se requiere de nosotros. Ni siquiera podemos tomar como norma el relajamiento de otros creyentes.

El profeta truena contra su pueblo diciéndoles que el hecho de que Dios los haya escogido, nunca tuvo el propósito de servirles de excusa para sus maldades. El hecho de que Dios escogiera a la iglesia neotestamentaria como cauce de sus bendiciones en esta era de gracia no es impedimento para que castigue la iniquidad siempre que se presenta. Véase el caso de Ananías y Safira en Hechos 5:1-11. Los ángeles del cielo que pecaron contra la suprema luz, no tienen provisión de redención para ellos en absoluto (2 Pedro 2:4 y Judas 6). Es muy grande la bendición de tener comunión con Dios; pero también es grande la responsabilidad de vivir de acuerdo con esa luz.

Después del pecado, el juicio

En los versículos 3 al 8, el profeta establece su derecho de anunciar el juicio de Dios sobre sus contemporáneos. La intención de esta serie de siete preguntas es mostrarle al pueblo la relación entre las aseveraciones del profeta y los sucesos de su época. En el mundo natural, el reino de la naturaleza, nada sucede por accidente o casualidad. En la misma forma, en la esfera de los tratos de Dios, siempre hay una causa para cada efecto.

La primera pregunta es: ¿Pueden dos personas andar juntas a menos que se pongan de acuerdo respecto a una hora y un lugar específicos, que sean convenientes para ambas? Cuando vemos que dos personas andan juntas, se da por sentado que previamente se pusieron de acuerdo y que son del mismo parecer. Lo primero es el efecto, en tanto que lo segundo es la causa. Al aplicar esto a la esfera de la situación espiritual de Israel, Dios pregunta cómo puede andar con Israel y mirarlo favorablemente, cuando la nación está sumida en el pecado. En cierta época Jehová anduvo con ellos (Jeremías 3:14), porque estaban de acuerdo; pero ahora el camino de Dios y el que estaba siguiendo Israel eran tan diferentes que no podía haber comunión entre ellos.

La segunda pregunta es: ¿Rugirá el león en la selva sin haber presa? Amós conocía bien los hábitos del león y sabía que su rugido significaba que había atrapado una presa. De manera similar, Dios sólo amenaza (Joel 3:16 y Amós 1:2) cuando se prepara para aplicar el castigo. En Mateo 24:28 se expresa el mismo pensamiento con una imagen diferente.

Una pregunta relacionada es: ¿Dará el leoncillo su rugido desde su guarida, si (el león grande) no apresare? Lo cierto es que el leoncillo se excita cuando el león grande se acerca con la presa. La verdad subyacente es que, si los pecados de Israel no merecían y provocaban el juicio, el profeta no estaría clamando contra él. Las predicciones amenazadoras del profeta son el efecto, en tanto que la causa es la condición pecaminosa de la nación.

La siguiente pregunta es tan penetrante como la anterior: ¿Se levantará el lazo de la tierra, si no ha atrapado algo? Así los instrumentos del juicio de Dios hallarán su objetivo, por cuanto siguieron la senda de su pecado. La primera parte del versículo 5 plantea la misma pregunta que la parte final, pero desde un punto de vista ligeramente distinto. En ambos casos la respuesta es exactamente la misma, y en ambos casos el profeta sigue teniendo en mente al Israel pecador.

En la pregunta siguiente se da una indicación de que la trompeta de guerra aún sonará en la tierra: ¿Se tocará la trompeta en la ciudad, y no se alborotará el pueblo? La nación conocía bien el sonido de la trompeta de las ocasiones festivas (Números 10:2,7; Joel 2:15), así como también de los tiempos de guerra (Números 10:9; Joel 2:1). ¿Y quién no iba a sentirse lleno de temor y de malos presentimientos al sonar la alarma de guerra? ¿Quién entre los israelitas no sentiría temor ahora que Amós hacía sonar la alarma, indicando la proximidad de los veloces instrumentos del castigo de Dios?

La última pregunta de la serie se ha visto muy expuesta a interpretaciones falsas. Se ha dicho que enseña que Dios es la causa del mal, o sea, del mal moral. Tal interpretación contradice todas las enseñanzas de las Escrituras (véase Santiago 1:13, 17). La pregunta apropiada es: ¿Le sobreviene el mal a una ciudad sin que la mano de Dios esté en ello? La dificultad se debe (al igual que en muchos otros casos) a que no se toman en cuenta los diversos significados de la palabra *mal* según su uso. En este caso no se refiere al mal moral, sino a una calamidad. (Estudie con cuidado Génesis 19:19; 44:34; Exodo 32:14; Isaías 45:7 y Ezequiel 7:5.) Dicho en pocas palabras, Dios es quien aplica las pruebas y calamidades que merece el pecado.

Dios revela a sus siervos, los profetas, los secretos de sus tratos, de modo que puedan expresar las ideas e intenciones de El. Dios previno a Noé acerca del diluvio, le dijo a Abraham que destruiría a Sodoma y Gomorra (compare Génesis 18:17 con Juan 15:15); previno a José de los siete años de hambre que habría y ha seguido haciendo lo mismo con sus siervos en el transcurso de los siglos de la historia de Israel. Incluso nuestro Señor Jesucristo advirtió a los apóstoles acerca de la destrucción venidera de Jerusalén (Lucas 21:20-24).

Con la misma seguridad con que hay manifestación de temor cuando ruge el león, debe haber profecía cuando Jehová habla. El profeta no puede hacer más que profetizar. Debe obedecer a Dios, no importa cómo la gente reaccione a su mensaje. Amós profetizó, como hicieron todos los profetas de Dios, porque el Señor lo impulsó a hacerlo. ¿Qué autoridad más segura necesitaba el profeta? Ninguna, por cuanto tenía para sus mensajes la autoridad que provenía directamente del Dios omnipotente.

Opresiones de Samaria

El Señor se dirige ahora a sus profetas para que proclamen esta palabra sobre los palacios de Asdod y de Egipto. En el Oriente no sólo se acostumbraba congregarse sobre los techos planos de las casas, sino que desde esas posiciones ventajosas, sobre todo desde los tejados más altos de los palacios, los mensajes podían salir difundidos por todo el país.

Se invita a las naciones a que se reúnan sobre los montes de Samaria para que contemplen los tumultos y opresiones que se habían de hallar en esa ciudad. Asdod aparece aquí en representación de toda la Filistea. Samaria estaba edificada sobre un monte (1 Reyes 16:24); pero había otros montes que rodeaban la ciudad. Desde esos montes que circundaban a Samaria, los hombres podían ver lo que estaba ocurriendo dentro de la ciudad. Si estas naciones paganas, completamente sumidas en la idolatría, condenaban a Israel, ¿con cuánta mayor razón lo hacía el santo Dios?

Los grandes tumultos se debían a la opresión de los pobres. Véase Isaías 5:7 con respecto a la misma verdad. Lo más triste de todo era que el pueblo ya no sabía hacer lo recto. El pecado había obcecado su capacidad de discernimiento (Jeremías 4:22). Hacía ya tanto tiempo que no hacían lo que era bueno, que estaban fuera de práctica. La capacidad que tiene el pecado para obcecar es muy real, como lo saben muy bien todos los que han recibido la iluminación del Espíritu Santo.

Los palacios de Samaria estaban llenos de cosas obtenidas mediante la violencia y la rapiña (véase Proverbios 10:2). Ahora, en un lenguaje vívido y brusco, se declara cuál será el castigo: "Un enemigo vendrá por todos lados de la tierra." Lo brusco del texto expresa la idea de algo repentino y presenta la amenaza con relieves más prominentes. Esos mismos palacios que almacenaban despojos (versículo 10) serían a su vez objeto de despojo. Los pecados de los hombres llevan consigo sus propios horrendos castigos. El cumplimiento de toda esta advertencia se encuentra en 2 Reyes 17:5.

Sin embargo, en medio de la ira, Dios se acuerda de la misericordia, de modo que rescata de la destrucción a un pequeño remanente — que aquí se compara con dos piernas o la punta de una oreja —, de entre todos los que están viviendo con comodidad en Samaria. El cuadro es el de un pastor que trata de salvar del león devorador aun las partes más insignificantes de la oveja, debido a que ama a sus ovejas. Sólo quedará una porción muy pequeña de quienes viven de modo extravagante y en medio del lujo (véase también 6:1, 4) en la capital.

Existe la posibilidad de leer la última parte del versículo 12 como "y en Damasco sobre un lecho". La razón para ello es que en el original se emplean las mismas letras para escribir *damasco* (material) o la ciudad de Damasco. De ese modo, el nombre de la ciudad aparecería formando un paralelo con Samaria. Ahora bien, ¿cómo llegaría el pueblo de las tribus del norte a Damasco? Se sugiere que en la época de la invasión asiria la ciudad estaba en poder de los israelitas, habiendo sido ya conquistada por Jeroboam II, según se afirma en 2 Reyes 14:28. Probablemente después que el reino del norte tomó la ciudad, muchos residentes de las tribus del norte se fueron allá a vivir.

El día del castigo

Se llama a testificar en contra de la casa de Jacob, es decir, las doce tribus, a los mismos del versículo 9. Nótese la acumulación de nombres que se le dan a Dios con el fin de mostrar la solemnidad de la declaración y la certeza de su cumplimiento. Los altares de Betel, que se suponía que habrían de ser un refugio para ellos, serían los primeros que sufrirían por causa del castigo de Dios. Lo que se tiene aquí en cuenta son los becerros de oro (véase 1 Reyes 12:32; 13:2). Amós, al igual que Oseas, determina el origen de toda su calamidad en su desviación y entrega a la idolatría. Juntamente con la eliminación de la idolatría, también su propia vida personal hogareña quedaría destruida. Las casas de invierno y las casas de verano (de los nobles y ricos, así como también de la realeza) tendrían un triste fin, junto con otras muchas casas. Las casas decoradas suntuosamente, con paredes, puertas y cielos rasos incrustados de marfil, sufrirían el mismo destino que el resto. En cuanto a la casa de marfil de Acab, véase 1 Reyes 22:39; también Salmo 45:8. El abuso y mal uso de la prosperidad sólo pueden resultar en una pérdida total e irreparable.

¡PREPÁRATE, ISRAEL!

"Vacas de Basán"

El capítulo cuatro de la profecía de Amós comienza con el mismo llamamiento a oír, con que nos encontramos en el capítulo precedente. La exhortación se dirige ahora a las vacas de Basán.

Basán es el territorio que se encuentra al este del río Jordán, entre el monte Hermón y las montañas de Galaad. Las vacas de Basán se caracterizaban por su naturaleza fuerte y bien nutrida, por cuanto los pastos de la región eran suculentos (Deuteronomio 32:14; Salmo 22:12 y Ezequiel 39:18).

Algunos de los que han estudiado este pasaje consideran que, aun cuando se emplean formas femeninas de expresión, el profeta se refiere a los nobles de Samaria. Sostienen que el uso del género femenino tiene como propósito poner de manifiesto el afeminamiento de la aristocracia del país. Nosotros, junto con muchos otros, preferimos ver una referencia a las mujeres de la capital de Samaria amantes del lujo y la extravagancia. Ese uso no es contrario a los escritos proféticos. Véase la denuncia que hace Isaías de las mujeres desvergonzadas de Sion, en Isaías 3:16-26, así como también en 32:9-13. Una nación cuyas mujeres se han corrompido no está lejos del juicio de Dios. Así estaba Samaria en los días de este profeta.

Para poder disfrutar de sus deleites, esas mujeres oprimían y quebrantaban a los pobres. La forma de expresión que se emplea aquí muestra que ésta era su conducta habitual. Importunaban constantemente a sus señores, o sea, a sus maridos (Génesis 18:12) para que les dieran lo necesario para sus fiestas y bacanales. Obsérvese cómo la opresión y la idolatría (versículo 4) van parejas. A causa de semejante desprecio de la voluntad de Dios y por la profanación de su nombre, Dios juró por su santidad (por cuanto no puede jurar por otro mayor) que serían conducidos al exilio.

Se presenta esta deportación bajo la figura de un pescador que atrapa peces con anzuelos. Se encontrarían impotentes y completamente a merced de sus captores. En aquellos días los conquistadores llevaban a sus cautivos por medio de un garfio que les atravesaba las narices. (Véase 2 Reyes 19:28; véase también Jeremías 16:16; Ezequiel 29:4 y Habacuc 1:15).

La mención de "vuestros descendientes" en este versículo se refiere a los que quedasen después de llevarse a los primeros con ganchos, no a los contemporáneos del profeta.

Durante el sitio de la ciudad, las mujeres, conducidas como ganado, saldrían por las brechas abiertas por el enemigo en las murallas. Cada una iría derecho hacia adelante, sin que el enemigo les permita volverse a un lado, ni al otro y precipitadamente para escapar del terror y de la muerte reinantes dentro de la ciudad.

Hay que admitir que la última parte del versículo 3 es muy oscura. La dificultad se debe a que se utiliza una palabra (el vocablo hebreo *haharmonah*) que no aparece en ninguna otra parte del Antiguo Testamento. Esta es la razón por la que se dan numerosas y variadas opiniones para explicar el pasaje. Algunas traducciones que se sugieren son: "la imagen de Rimón", "Hadadrimón", "los montes de Armenia" o "palacio". Puesto que se tienen tan pocas evidencias en que basarse y con opiniones tan variadas, conviene que evitemos el dogmatismo sobre este punto. Probablemente lo que se da a entender es que, con el fin de facilitar su huida del enemigo, se lanzarían a cierto territorio o distrito en que esperarían hallar refugio por el momento. Más que esto no podemos decir, excepto añadir que los más recientes atlas bíblicos no señalan ningún lugar llamado Harmón. Como quiera que sea, el pensamiento del profeta es bastante claro: el exilio será la suerte que les cabrá a las mujeres de Samaria, indolentes, amantes de los placeres y opresoras de los pobres.

Celo mal dirigido

A continuación Amós pasa de la advertencia solemne a la ironía amarga y mordaz. Invita a todos los del reino y no sólo a las mujeres, a que acudan a Bet-el a prevaricar y a que vayan a Gilgal a multiplicar las transgresiones. No es necesario un estudio muy profundo para darnos cuenta de que estas palabras son irónicas, puesto que en ninguna parte de la Biblia se revela Dios como que aprueba el pecado o que invita a alguien a que lo cometa.

Se mencionan específicamente Betel y Gilgal por el modo en que habían pervertido esos lugares que eran los de recuerdos más sagrados de la nación (véase Génesis 35 y Josué 5:1-9). Los versículos 4 y 5 presentan un cuadro verídico del modo en que la gente se adhería a sus prácticas idolátricas y, sin embargo, se mostraban muy cuidadosos en la observancia de ciertas prácticas ordenadas por la ley mosaica. Presentaban sus sacrificios cada mañana, como lo establecía la ley (Números 28:3, 4). Se apegaban a la letra de la ley, mientras la quebrantaban al adorar a los becerros. Dios los entrega aquí a su propia adoración idolátrica.

También estaban pagando sus diezmos cada tres años, (no cada tres días, como la Reina-Valera sugiere), conformándose en esto también a las ordenanzas de la ley (véase Deuteronomio 14:28; 26:12). Hay quienes consideran que la exhortación siguiente para que ofrezcan un sacrificio de alabanza con algo que contenga levadura es contraria a los preceptos de la ley mosaica. Un estudio de las ordenanzas levíticas mostrará que sobre la ofrenda de harina se esparcía incienso (Levítico 2:1, 2, 8), tal como se establece aquí, y que el pan leudado se había de ofrecer con el sacrificio de acción de gracias (Levítico 7:12, 13). Hasta aquí, todo lo que se ha dicho muestra que eran desusadamente meticulosos en el cumplimiento de los detalles de las leyes para la adoración. Cierto es que su proclamación y divulgación de las ofrendas voluntarias (véase Mateo 6:2) tenían un sabor de voluntad propia en su adoración, por cuanto declara en forma definitiva que esto era lo que ellos querían. Su intención, a fin de cuentas, era complacerse a sí mismos, antes que a Dios (como en Zacarías 7:5, 6).

Sin embargo, no se hace mucho hincapié en estas deficiencias. Las palabras tienen por objeto darnos a entender que todo estaba exteriormente en orden y hecho conforme a la ley; pero que, no obstante, al hacerlo estaban multiplicando la transgresión. ¿Por qué? Porque al mismo tiempo estaban sumidos en todas las formas degradantes de la adoración de ídolos. Dios no se complace con los corazones divididos ni con quienes titubean entre dos opiniones. Es el único Dios y no tolera rivales en la adoración. Así, aun cuando estaban cumpliendo los ritos de la adoración, estaban pecando, porque sus corazones no estaban totalmente entregados al Señor (véase Ezequiel 20:39; Mateo 23:32).

No atendieron los juicios de Dios

Puesto que sus ofrendas le resultaban tan desagradables a Dios, les dio castigos a cambio. La lista de castigos consignados en los versículos 6 al 11 revela no sólo la obstinación y la pecaminosidad de Israel, sino también el amor constante e inagotable de Dios. Es un amor que no abandonará al objeto de su amor. Y los castigos estaban todos destinados a impedir otros mayores. Sin embargo, al concluir cada uno de los castigos, queda la evidencia de que no se habían vuelto al Señor, a pesar de todo lo que había hecho. Nótese la repetición de "no os volvisteis a mí, dice Jehová" en los versículos 6, 8-11. Todo esto nos hace recordar a Isaías 9:13; Jeremías 5:3 y Oseas 7:10.

La repetición que Amós hace señala la oposición persistente, resaltando enérgicamente la testarudez y la falta de arrepentimiento de todos ellos. La primera calamidad fue el hambre, que se describe al vivo como limpieza de dientes y falta de pan. Dios los había privado de las cosas materiales necesarias para la vida, con el objeto de hacerles tomar conciencia y rectificarles los valores espirituales. No es necesario buscar una confirmación histórica de esto en los libros del Antiguo Testamento, por cuanto Dios obró así en más de una ocasión. Se puede encontrar un buen ejemplo en 2 Reyes 8:1. Aun cuando pasaron hambre, no buscaron al Señor con arrepentimiento y fe.

El segundo castigo fue la sequía. Dios retuvo la lluvia tres meses antes del tiempo de la siega. Esto es desastroso. Se menciona la lluvia tardía de la primavera, tan vital para que haya una cosecha abundante de maíz y trigo. Sin embargo, la retención no fue universal: llovía en una ciudad y no en otra. Esto era a propósito, para demostrar que el dar y el retener no era obra de la casualidad, sino un acto de decisión soberana de Dios. La escasez de agua obligaba a los habitantes de las ciudades castigadas con la sequía, a recorrer grandes distancias en busca del agua necesaria para la vida.

Otro castigo fue el viento solano y el añublo, o sea, los juicios anunciados en Deuteronomio 28:22 debido a la desobediencia a la ley de Dios. El viento solano es abrasador y proviene del este, del desierto árido. Véase Génesis 41:6. En el añublo (a causa de la sequía excesiva y no de la humedad), las espigas se ponían amarillas; pero sin grano.

Para culminar esto, una plaga de langostas devoró los viñedos, las higueras y los olivos (véase Deuteronomio 28:39, 40, 42). Sin lugar a dudas, la vida se estaba haciendo insoportable tan sólo desde el punto de vista físico; pero el corazón impenitente acumula ira para sí hasta el día del juicio. Véase Apocalipsis 16:21 en cuanto al efecto de los juicios de la Gran Tribulación sobre los corazones rebeldes. Se repite el triste refrán de que con todo esto, no se volvieron al Señor. De modo similar al Faraón de la antigüedad, endurecieron todavía más su corazón contra las solicitudes de Dios.

A continuación, Dios envió sobre ellos la plaga, a modo de la de Egipto, propia de allí (Deuteronomio 28:27, 60). Y la flor y nata de los varones de la nación fue muerta en el curso de guerras prolongadas y repetidas. Su caballería, de la que se jactaban, fue conducida al exilio. Fue tan grande el número de los que murieron en los campos de batalla, que sus cadáveres sin sepultar llenaban de hedor el aire. Seguramente esa vez se volverían al Señor; pero los registros indican que siguieron en su obstinada desobediencia a Dios.

Finalmente, Amós recuerda que sufrieron trastornos y desolaciones comparables tan sólo a la destrucción divina de las perversas ciudades de Sodoma y Gomorra. Algunos creen que aquí se hace referencia al terremoto de 1:1; pero la información con que se cuenta es insuficiente para decidir de modo definitivo. Probablemente lo que se quiere dar a entender es un resumen de todos los castigos previos (compárese Isaías 1:9). Tan terribles fueron los castigos del Señor que el pueblo apenas escapó de la destrucción total (véase Zacarías 3:2 y 1 Corintios 2:15).

Por quinta y última vez, Amós observa que ni siquiera así estuvo dispuesto el pueblo a volver al Señor.

La calamidad venidera

Ahora el profeta está preparado para declararle a Israel las consecuencias que trae el oponerse de ese modo al Señor y a su voluntad.

Debido a que todos los castigos previos no produjeron en ellos los frutos de arrepentimiento y de fe, Dios dice: "Por tanto, de esta manera te haré a ti, oh Israel." ¡Pero el profeta nunca declara en qué ha de consistir el castigo! El carácter indefinido e incierto de la calamidad venidera hace que el temor y la aprehensión sean todavía mayores. Puesto que la nación no prestó atención a las advertencias providenciales de Dios, ahora deben encontrarse con El cara a cara. Ya no será en forma indirecta, mediante sus juicios, sino en forma directa y personal.

Algunos intérpretes entienden que este aviso significa que deben prepararse para el encuentro con Dios como su enemigo, y no con el propósito de reconciliarse. Aun cuando ciertamente éste es un posible significado, una explicación probable es que el profeta les está lanzando una advertencia final y definitiva. Sería mejor que se prepararan para encontrarse con Dios mismo, no con sus juicios, y para darle una satisfacción por su falta de arrepentimiento. Se declara en términos majestuosos quién es este Dios con el que habrán de encontrarse. Es el Creador omnipotente, que forma las montañas y crea el viento; es el Dios omnisciente que conoce todos los pensamientos del hombre; es el que gobierna sobre toda la naturaleza y que puede convertir a su tiempo la luz de la mañana en tinieblas y El, el poderoso Jehová Dios de los ejércitos, es el soberano sobre toda la tierra. Los cinco participios del original hebreo ponen de manifiesto la majestad de Dios como que actúa constantemente en su universo creado por El, de materia y seres humanos. ¡Este es el Dios todopoderoso con quien Israel debe estar listo para encontrarse!

EXHORTACIÓN AL ARREPENTIMIENTO

Endecha sobre Israel

Hacia la conclusión del capítulo cuarto hay un tono de finalidad que podría inducir a creer que para Israel todo había terminado. Sin embargo, este capítulo muestra que en medio de las advertencias, Dios, en su infinito amor, ofrece las más hermosas promesas para la obediencia y la fe.

El capítulo cinco comienza con una lamentación sobre la ruina de Israel. Amós contempla al reino del norte como si el castigo de Dios ya hubiera alcanzado a los impíos. La ruina es completa. La virgen de Israel ha caído sin esperanzas de recuperación; no hay nadie a quien pueda recurrir en busca de ayuda en su condición actual. Se presenta a la nación como virgen, no por la belleza de la tierra ni debido a que hasta ese momento no ha sido conquistada (Isaías 23:12), sino porque eso era lo habitual en los escritos proféticos, al personalizar a los países o las naciones (véase Isaías 47:1)

Debemos tener cuidado de no interpretar mal lo relativo a que Israel no se volverá a levantar. En esta afirmación hay un énfasis con relación al exilio de Israel y no a las eras futuras indefinidas, porque eso sería una negación de la restauración de Israel (nótese cuidadosamente Isaías 27:6), el retorno glorioso del pueblo de Dios, ampliamente confirmado en todos los escritos proféticos, tanto en el Antiguo Testamento como en el Nuevo.

La invasión de los asirios costaría muchas vidas humanas. Sólo quedaría una décima parte. Esta profecía y otras de Amós y de todos los demás libros proféticos del Antiguo Testamento, muestran de qué modo literal Dios hizo sus advertencias de Deuteronomio 28. Compárese Deuteronomio 28:62 con el versículo 3 del capítulo 5. Así pues, lo que se nos describe es el estado de postración total y de impotencia al que quedaría reducido el reino del norte por la invasión asiria.

Exhortación a buscar al Señor

Antes de que se descargue el castigo, hay todavía una oportunidad de arrepentimiento y restauración. Dios nunca se apresura a cerrar las puertas de la gracia y la misericordia. En los días de Noé, esperó (Génesis 6:3; 1 Pedro 3:20) ciento veinte años antes de cerrar esas puertas (Génesis 7:16). No nos impacientemos a causa de la paciencia de Dios, si El tarda debido a los perdidos de Israel, para que ellos también puedan ser salvos e integrar junto con nosotros el cuerpo de Cristo.

Las palabras del profeta son breves (en el original son sólo dos palabras); pero están cargadas de bendiciones para quienes las escuchen. La exhortación a buscar se repite en los versículos 5 (en forma negativa), 6 y 14. Una y otra vez, el amor de Dios hace un llamamiento a los testarudos. Al Señor es a quien deben buscar y no los lugares de adoración idolátrica de Bet-el, Gilgal y Beerseba.

Las primeras dos de esas ciudades se mencionaron ya en el capítulo anterior (versículo 4) y ahora se les añade Beerseba, reverenciada a causa de los recuerdos del pasado (sobre todo en el caso de Abraham, Génesis 21:33); pero que ahora era un lugar al que se organizaban peregrinaciones con el fin de adorar a los ídolos (véase 8:14 de esta profecía). Puesto que esta población se encontraba a unos cuarenta kilómetros al sur de Hebrón, es posible hacernos una idea acerca del territorio que había que recorrer para llegar allá. Amós declara que el ir tras estos santuarios idolátricos equivale a buscar lo que ha de dejar de ser.

Una vez más se repite el llamamiento a buscar al Señor y vivir.

De otro modo, Dios acometerá como fuego (hemos visto con qué frecuencia fue ése el juicio, en los primeros capítulos de este libro) sobre la casa de José. Se compara a Dios con el fuego en Isaías 10:17; Lamentaciones 2:3 y Hebreos 12:29. "La casa de José" es un nombre menos frecuente para las diez tribus, la más importante de las cuales era Efraín, el hijo de José (Abdías 18; Zacarías 10:6).

De entre los muchos culpables que había en el reino, se señala de modo especial a los jueces injustos, pues habían convertido la justicia en ajenjo (6:12), lo que constituye un error muy amargo. La justicia es dulce; pero la injusticia es amarga, detestable e injuriosa. Por medio de sus hechos han echado por tierra la justicia. Ahora, en contraste con sus métodos injustos, se les insta a que consideren al Señor, que es Juez justo, que también es el Dios omnipotente. El es soberano absoluto de la naturaleza: las Pléyades y Orión (constelaciones bien conocidas que se mencionan en Job 9:9; 38:31) son obra de sus manos; efectúa los cambios de la noche al día y viceversa; controla las aguas del mar (posiblemente haya aquí una alusión al diluvio de los días de Noé). Asimismo, puede traer destrucción repentina e irreparable sobre los impíos y sus objetos de seguridad carnal. Es con Jehová con quien tienen que tratar.

El tiempo malo en Samaria

Los jueces injustos de Samaria han pecado gravemente contra el Señor, pues se los denuncia una vez más. En la puerta de la ciudad, que era el lugar público de asamblea donde se celebraban los juicios, aborrecían a quienes reprochaban su conducta impía y despreciaban a los que hablaban con rectitud. Los pobres eran atropellados y, si querían obtener justicia, tenían que pagarla. Aplicaban impuestos a los pobres (posiblemente también les cobraban intereses, lo que estaba prohibido) para su propio provecho, en lugar de devolverlos a los necesitados que no podían pagarlos. Como resultado, los jueces podían tener casas de piedra labrada, que eran viviendas de mucho costo (Isaías 9:10), por cuanto las casas se hacían habitualmente de ladrillos secados al sol.

Pero las ganancias mal habidas nunca se disfrutan y, en el mejor de los casos, son de corta duración. No habitarían en sus hermosas casas ni disfrutarían el fruto de las viña que habían plantado (véase Deuteronomio 28:30, 39). En el tiempo de la gloriosa restauración de Israel sucederá todo lo contrario (Isaías 65:21, 22). Se califica de muchos y muy grandes las transgresiones y los pecados de los jueces injustos y sobornados. ¡Cuánto aborrece Dios a los jueces injustos! La época era tan mala que parecía que lo más prudente era guardar silencio respecto a esas violaciones. Los que eran sabios espiritualmente comprendían que el protestar, en aquellas circunstancias, no haría más que empeorar las cosas.

Llamamiento al arrepentimiento

Con todo, Amós vuelve a exhortarlos a que busquen el bien y no el mal, para que puedan vivir. En ese caso, Dios estaría verdaderamente con ellos, y no como ellos se estaban reconfortando falsamente respecto de la presencia de Dios con ellos. Sus pretensiones eran absolutamente vanas y estaban basadas en el hecho de que, en lo exterior, seguían adorando al Señor. Se les aconseja que aborrezcan el mal y amen el bien, y que hagan justicia para que el Señor pueda manifestarle su gracia al remanente de José. Aunque Hazael y Ben-adad habían causado grandes estragos en el reino del norte (2 Reyes 10:32, 33; 13:3, 7); en el tiempo de Joás y Jeroboam II habían reconquistado todo el territorio tomado, por lo que el reino no tenía ninguna restricción en lo que se refiere a la extensión (véase 2 Reyes 13:23-25; 14:26-28).

Así pues, esto no puede referirse a las diez tribus durante la época de Jeroboam II. La referencia es al juicio venidero en el cual Israel será reducido a un pequeño remanente. Isaías habla del remanente de Judá en 6:13. En Isaías 1:16, 17 pueden encontrarse pensamientos similares a los de los versículos 14 y 15 del capítulo 5.

El golpe se descarga

Se consigna ahora el juicio implícito en el versículo 15. A la luz de los versículos 7, 10 y 12, y debido a que Dios sabía que no se arrepentirían, les anuncia su castigo. La combinación de los nombres de Dios en el versículo 16 es desusada.

El lamento será universal; la muerte golpeará tanto en el campo como en la ciudad. Los habitantes de las ciudades encontrarán cadáveres en todas las calles, y llamarán al campesino que está en el campo para que vaya a endechar a alguien que ha muerto en su hogar. Las plañideras profesionales que, al ser contratadas, daban muestras de excesivo dolor (Jeremías 9:17-19), tendrían mucho trabajo. Los lamentos de luto penetrarían incluso a los viñedos, donde el único sonido que se oía por lo común era el del regocijo. Dios pasaría por toda la tierra (compárese con Exodo 12:12). Lo que sucedió en Egipto fue la aplicación milagrosa de un castigo. En Israel los asirios serían los instrumentos utilizados por Dios para su castigo.

El día del Señor

Amós se vuelve ahora hacia quienes desean que llegue el día de Jehová y pronuncia un ay sobre ellos. Algunos opinan que en este pasaje se trata de burladores (Isaías 5:19; Jeremías 17:15) que se atrevían a desafiar al Señor a que ejecutara lo peor de su juicio. Si bien es cierto que ésta es una posible explicación del pasaje, nosotros preferimos ver aquí a quienes hablan en forma piadosa en medio de sus acciones pecaminosas. Son hipócritas que se engañan a sí mismos. Estando en medio de todo su pecado, todavía deseaban el día de Jehová, porque pensaban que entrañaría gloria, victoria y liberación para todo Israel, sin que importara cuál era la relación de su corazón con Dios. El profeta explica que el día de Jehová es un tiempo de tinieblas para los malvados (Joel 2:2) y no uno de esperanza brillante.

Habían llegado a tener un concepto totalmente erróneo de la naturaleza del día de Jehová. De cualquier modo, el juicio es ineludible. Al buscar el día del Señor como escape para sus dificultades actuales, iban de un peligro a otro peor. En su estilo rústico, Amós describe a alguien que escapa de un desastre y luego, de otro, tan sólo para ir a caer en un tercero, peor que los anteriores. El hombre que se libra del león lo hace únicamente para encontrarse con un oso, del cual huye tan sólo para ser mordido de muerte por una serpiente que se halla en una grieta de la pared de su propio hogar, donde se apoya para recuperar su aliento. Juicio inevitable y no una perspectiva brillante será lo que les esperará a los impíos en ese día.

Una adoración vana y la sentencia de Dios

Si todavía esperan que su adoración los mantenga en buenas relaciones con Dios, se engañan, puesto que el Señor aborrece y desprecia todos los detalles de la misma. El aborrecimiento y desagrado divinos se expresan en forma enfática por medio de los diferentes términos que manifiestan el vehemente disgusto de Dios. Esto nos hace recordar una acusación similar contra la adoración de Israel, en Isaías 1:10. Entiéndase que no se trata de que Dios no hubiese instituido el sacrificio ritual, sino que no podía soportarlo cuando el corazón no era recto. Todas las fiestas, las asambleas solemnes, las ofrendas quemadas, las de flor de harina y las de paz provocaban la ira de Dios. Les ordena que cesen el ruido de sus cantares, lo que significa una manifestación de desprecio por los cánticos presentados por los levitas en las fiestas solemnes durante la adoración en el templo, cuando ofrecían los sacrificios (1 Crónicas 16:40-42; 23:5).

La adoración en Bet-el era una imitación de la que se realizaba en Jerusalén, en cada aspecto importante. Se les aconseja que incluyan en su vida espiritual los elementos que tan urgentemente necesitaban: la rectitud y la justicia, que debían encontrar su lugar, en forma abundante y perenne, en la corriente de la vida espiritual de la nación. Sólo entonces estaría satisfecho el Señor. Véase 1 Samuel

15:22; Salmo 66:18; Oseas 6:6 y Miqueas 6:8, con relación a esta verdad vital.

Los versículos 25 y 26 del capítulo 5 se clasifican entre los más difíciles de la profecía de Amós, y las interpretaciones que se les han dado son muy variadas. Muchos eruditos respetables tienen opiniones encontradas en cuanto a la respuesta a la pregunta del versículo 25. Algunos dicen que la respuesta que se espera es afirmativa, mientras que otros sostienen que es negativa. Los relatos históricos de los libros de Moisés deben ser decisivos para resolver esta controversia. Allí encontramos (Exodo 24:4, 6; Números 7:19) que Israel ofreció sacrificios y ofrendas a Dios en el desierto de manera muy definida y en más de una ocasión. Es posible que, una vez que la generación que estaba en el desierto fue condenada a morir allí, lo hacían de mala gana o incluso en forma intermitente; sin embargo, no podemos darle una respuesta negativa a la pregunta de Amós. El profeta dice: "Sí, presentasteis ofrenda al Señor y, sin embargo, llevábais también las imágenes que hicisteis de vuestros dioses." De este modo, Amós acusa a Israel de haber observado el ritual de la ley mosaica al mismo tiempo que seguían a los ídolos, tal y como lo estaban haciendo los contemporáneos del profeta en el reino del norte.

Desde tiempos inmemoriales Israel se había dado a la idolatría y al mismo tiempo esperaba que Dios se mostrase complacido con su rutina superficial de ritos en el templo. Esas dos cosas eran incompatibles, tanto en la época de Moisés como en los días de Amós. Su adoración del becerro en Dan y Betel era sólo el resurgimiento de la adoración idolátrica del becerro en el desierto. La sentencia justa de Dios por esta monstruosidad espiritual es el exilio. Todo el reino había de ser llevado en cautividad más allá de Damasco, lo que es una clara referencia a Asiria.

"LOS REPOSADOS EN SION"

¡Ay de los líderes impíos!

El capítulo 6 de Amós comienza con un "ay" que relaciona esta porción con el "ay" de 5:18. Se pronuncia sobre quienes viven reposados en Sion. Descansan sobre una seguridad falsa, engendrada por un ritual y una adoración inanimados que, en su ceguera, creen que satisface a Dios. De este modo, viven de una manera indiferente y descuidada.

Lo que era cierto de quienes vivían en Sion, se aplicaba igualmente bien a los que se consideraban seguros en el monte de Samaria. La naturaleza había dotado maravillosamente bien a la ciudad de Samaria con fortificaciones, que eran de un carácter tal que el rey asirio no pudo tomarla antes de tres largos años de asedio (2 Reyes 17:5, 6). Se toma en cuenta aquí a ambas partes de la nación, o sea, a Judá e Israel, aun cuando se hace hincapié en este último en lo que sigue.

"Los reposados en Sion." ¡Qué designación más vívida para quienes muestran indiferencia mientras se encuentran en un lugar de privilegio y de ricas bendiciones! La denuncia de Amós queda puesta a la puerta de los notables de la nación, que se designa aquí como la principal de las naciones. Su nación mantenía una posición privilegiada y exaltada como el pueblo peculiar y elegido del Señor. El pueblo de Israel acudía a los impíos y despreocupados jefes de esta nación escogida en busca de justicia, ayuda y soluciones para sus controversias. El pueblo acude a sus líderes; pero éstos sólo tienen cuidado de sí mismos, sus lujos y orgías.

A continuación el profeta les dice que consideren cuidadosamente a Calne, construida por Nimrod en la tierra de Sinar (Génesis 10:10; Isaías 10:9 y, probablemente, Ezequiel 27:23), en la orilla oriental del río Tigris, aun cuando algunos la identifican con Kullani, que se encontraba a pocos kilómetros de Arpad; a Hamat, la principal ciudad de Siria que se hallaba situada junto al río Orontes, más tarde llamada Epifanía, y a Gat, la ciudad principal de Filistea.

¿Por qué razón el profeta señala estas ciudades? Sabemos que eran ciudades espiritualmente corrompidas; pero el profeta no hace hincapié en ese hecho. Algunos piensan que el versículo sólo es comprensible si estos reinos estuvieran en decadencia. En lo que se refiere a Gat, vayamos a 1:8, donde ni siquiera se la menciona entre las ciudades que constituyen a Filistea. Se dice que Calne también perdió su independencia temprano y fue anexada al imperio asirio. Hamat la subyugó Jeroboam II (2 Reyes 14:25) y luego, Asiria (2 Reyes 18:34). Esas ciudades no pudieron contener al enemigo, entonces ¿cómo Israel espera lograrlo? Si esas ciudades experimentaron el juicio de Dios por su paganismo, ¿de qué modo podían escapar de un similar castigo de Dios Judá e Israel, que eran culpables? El pueblo de Dios podía ver a todo su alrededor las señales de advertencia de lo que les sucedía a otras naciones impías. Véase Nahúm 3:8.

Aun cuando tal punto de vista es totalmente posible, creemos que el profeta probablemente está señalando a las naciones mencionadas y preguntando si esas naciones eran mejores que estos reinos (Israel y Judá). La respuesta es negativa, puesto que ninguna de las naciones vecinas podía compararse con Israel. Amós muestra que a Israel se lo llama con justicia la principal de las naciones, porque no desmerece en grandeza frente a ninguna de las naciones prósperas que lo circundan y, en efecto, les lleva ventaja. Sus fronteras no eran mayores que las del pueblo de Dios. El profeta dice: Miren a estos otros y vean lo muy favorecidos que son ustedes.

Lujo y pecado

¿Cómo respondió Israel al favor y la bendición de Dios siendo la principal de las naciones? Con aversión y deseos de evitar la ira de Dios, la nación alejó el día malo, el día del castigo de Dios por sus malas acciones (compárese con Ezequiel 12:22, 27). Cuando los hombres desdeñan el día del juicio de Dios, siempre se sienten en libertad de permitirse toda clase de violencias. Esto fue lo que ocurrió en Israel. Véase Eclesiastés 8:11 en lo que se refiere a esta verdad importante.

La violencia se manifestaba de modo muy evidente mediante el ejercicio del juicio por jueces injustos. En tanto que esos jueces eran severos para juzgar a otros, eran muy blandos e indulgentes consigo mismos, y licenciosos. Se estiraban a todo lo largo (así dice el original) sobre camas incrustadas de marfil, y celebraban banquetes para deleite de su corazón con las carnes más finas y escogidas. La autocomplacencia tenía rienda suelta. Había una vida extravagante y descuidada en medio de la opresión y la pobreza. La satisfacción de todo apetito estaba a la orden del día. ¿Y cómo podía haber una orgía sin canciones y vino? En Samaria ciertamente no faltaban estas cosas. Sus canciones eran ociosas y estaban llenas de insensateces. Al borracho se lo conoce por su canto.

Los impíos líderes de Israel inventaron instrumentos musicales para sus festejos y sus ocasiones especiales. Al hacer esto emulaban el genio de David, el gran maestro músico de Israel. Sin embargo, mientras que la habilidad de David tenía como propósito la alabanza a Dios, la de ellos se empleaba en la celebración de las orgías impías a que se entregaban. David honró a Dios con su música, mientras que ellos deshonraban tanto a Dios como a los hombres. La música degradante es señal segura de la decadencia incipiente de una nación.

Las horas de disolución no estarían completas sin que el vino tuviera su lugar entre los celebrantes. Las copas comunes no les bastaban para saciar sus apetitos, de modo que bebían vino en tazones. La palabra empleada aquí es la misma que se usa para designar los tazones en que se recibía la sangre de los sacrificios para luego rociarla (Éxodo 24:6; 37:16). En circunstancias en que debieran haberse sentado sobre cenizas vestidos de saco por causa de la aflicción de su pueblo, esto es, por la baja condición espiritual del reino, en cambio, se estaban ungiendo, con los más costosos aceites. Durante el duelo se suspendía la unción (2 Samuel 14:2).

Predicción de la cautividad

Quienes ocupaban el primer lugar en prominencia y en pecado serían los primeros en el castigo y la cautividad. El hecho de ir con los primeros cautivos haría que su vergüenza fuera tanto más notoria. Las orgías, los ruidos discordantes y los alaridos de los parranderos desaparecerían. El Señor jura por sí mismo (compárese 4:2) que, porque El aborrece y abomina la grandeza de Jacob y sus palacios, entregará la ciudad entera, con todo lo que posee, en manos del enemigo. En Oseas 5:5, la palabra que aquí se traduce como grandeza significa soberbia y arrogancia; en Amós 8:7 se refiere claramente a Dios mismo como el objeto de la gloria de Israel. En nuestro texto aquí debe referirse, en un paralelo con los palacios, al santuario y a todo lo que constituía la gloria de la nación de Israel. Véase Salmo 47:4 y Ezequiel 24:21.

Los palacios, que eran lugares de corrupción y almacenes de los despojos quitados a los pobres (3:10, 15), sufrirían también el castigo de Dios. En los dos versículos siguientes se nos presenta una vívida descripción de la plaga que generalmente venía después de una guerra en el Oriente, como en otras partes, incluso en nuestra época moderna. El profeta desea manifestar el alcance que tendrá el juicio, de modo que nos habla de una casa en que viven diez hombres y declara que todos morirán. El número es una cifra redonda (Levítico 26:26 y Zacarías 8:23); pero indica una casa grande. ¡Qué terrible contraste tenemos entonces aquí con las condiciones manifestadas en los versículos 4 al 6 de este capítulo! Allí se nos ha descrito el lujo, el libertinaje y la indiferencia, en tanto que aquí tenemos temor, tragedia total y muerte universal. La amplitud que alcanzará la plaga se puede ver en el versículo 10. Cuando un pariente, al que le corresponda el deber de la sepultura, vaya a sacar el cadáver para quemarlo, descubrirá que de los diez que vivían allí anteriormente ha quedado sólo uno. Y ese último sobreviviente estará oculto en los lugares más recónditos de la casa, esperando temeroso el momento en que la plaga fuese a arrebatarlo a él también.

En el antiguo Israel, de acuerdo con las palabras de Génesis 3:19, la sepultura era el método aceptado para deshacerse de los cadáveres. En esto coincide la doctrina del Nuevo Testamento respecto a los cuerpos. Por consiguiente, se consideraba que la incineración era incorrecta y no era aprobada (Amós 2:1). No obstante, cuando el juicio de Dios caiga sobre su pueblo, habrá tantos muertos que no los sepultarán, sino que los quemarán. Los casos registrados aquí y en 1 Samuel 31:12 son excepcionales. Aquí se recurre a la incineración con el fin de evitar el contagio; en 1 Samuel se hizo así para evitar que los filisteos deshonraran todavía más los cuerpos de Saúl y de sus hijos.

Cuando se le pregunte al último que quede en la casa si hay otros sobrevivientes, dirá que no. Se le dirá inmediatamente que calle, por temor de que mencione el nombre del Señor al anunciar la muerte de los otros de la casa o al alabar a Dios por su propia liberación. El castigo producirá temor y desesperación en todos ellos, de tal modo que se abstendrán hasta de mencionar siquiera el nombre del Señor (que debiera ser su único refugio en una hora como ésa) para que no venga sobre ellos nuevamente la ira de Dios.

Por mandato del Señor, tanto la casa grande como la pequeña serán heridas. Desde una época muy temprana se ha sugerido que la "casa mayor" es una referencia al reino de las diez tribus, y la "casa menor", al reino de las dos tribus. Aun cuando es cierto que los asirios provocaron el desplome del primero e iniciaron la destrucción del segundo, es mejor ver aquí una referencia al juicio de Dios que afectará los hogares de los ricos y de los pobres por igual (véase 3:15).

Falsa confianza

Amós demostrará a continuación cuán imposible es que esperen la protección, la prosperidad o las bendiciones de Dios, mientras estén en su estado pecaminoso. Toma una figura del ambiente campestre y pregunta si es usual que los caballos corran por las peñas o si se usan bueyes para arar en ellas. Tan posible como esto es que sus malas obras resulten en bendiciones para ellos. ¿Cómo podían esperar el favor del Señor al mismo tiempo que cometían actos que desagradaban a Dios? Esto es tan absurdo como procurar que los caballos corran en las peñas.

Los que se han gozado en el juicio injusto, que han convertido la rectitud y la justicia en veneno y ajenjo, se han enorgullecido y jactado de lo que ciertamente no es nada, es decir, su alardeada fortaleza. Se han vanagloriado por haber conseguido cuernos (que en las Escrituras es una figura de poder, que para varios animales lo es) mediante su propia fuerza. ¿A qué se hace referencia aquí? Tenemos indudablemente una referencia a los recursos militares de Jeroboam II, en los que el reino de Israel confiaba vanamente. La de ellos era una seguridad falsa que estaba condenada al fracaso.

Una vez más Amós predice la venida de la nación que es la vara del castigo de Dios para Israel, esto es, Asiria; pero no se da el nombre. El ejército asirio hará una obra eficaz sobre Israel, pues herirá al reino en toda su extensión, desde la entrada de Hamat, que era el paso entre los montes del Líbano, hasta el arroyo del Arabá, el Cedrón. Este último era el límite sur de las diez tribus y desemboca en el mar Muerto, al sur de Jericó. El profeta comenzó el capítulo con el pronunciamiento de un ay y lo concluyó con su cumplimiento.

LA PALABRA DE DIOS Y LA OPOSICIÓN DEL HOMBRE

La visión de las langostas

El capítulo 7 inicia la tercera división del libro: 1) predicciones de castigos sobre las naciones, capítulos 1 y 2; 2) profecías de amenaza contra Israel, capítulos 3 al 6 y 3) una serie de cinco visiones de juicio que concluyen con una bendición final. Las primeras cuatro visiones tienen prácticamente la misma fórmula introductoria (véase 7:1, 4, 7 y 8:1).

Algunos de los que estudian esta profecía entienden que esas visiones se refieren figurativamente a las tres invasiones de los asirios bajo Pul, Tiglat-pileser y, finalmente, Salmanasar. Sin embargo, la forma de las visiones y el contexto nos llevan a interpretar las visiones como que representan sucesos reales en la vida social de Israel. Tampoco los juicios descritos en las primeras dos visiones son futuros; es mejor considerarlos como reales y que ocurrieron en la época y hora en que Amós profetizaba y servía en su ministerio.

El Señor le mostró a Amós que El estaba formando langostas que invadirían la tierra después de las siegas del rey, cuando comenzaba a crecer el heno tardío. Esta no es necesariamente la misma plaga que se menciona en el capítulo 4, por cuanto las plagas de langostas son frecuentes en Palestina, las cuales ocurren aproximadamente cada siete años. Evidentemente las siegas del rey se refieren a los tributos que el pueblo pagaba al rey de la primera cosecha (compárese 1 Reyes 4:7 y 18:5).

En Palestina era común tener dos cosechas al año. Puesto que las primeras siegas eran del rey, el pueblo dependía necesariamente de su segunda cosecha para su propia manutención y ésa era la cosecha que estaba amenazada por la plaga de langostas enviada por Dios. En el gobierno moral de su pueblo, Dios usa la naturaleza para su corrección.

El lenguaje empleado en el versículo 2 parecería excluir la conclusión de que aquí las langostas significan un ejército invasor, como es el caso en la profecía de Joel; sin embargo, algunos lo interpretan de esa manera.

Cuando las langostas hubieron consumido toda la hierba de la tierra, el profeta se entregó a la oración intercesora. Tan sólo la oración podía desviar el desastre, y el hombre de Dios ora para que el pueblo sea perdonado. De otro modo, ¿cómo podría la nación, impotente y debilitada, esperar poder soportar aquella plaga en su condición insignificante? No tenemos por qué sorprendernos de la condición extrema en que se presenta a Israel en este versículo, pues una plaga de langostas es una calamidad de grandes proporciones. Amós intercede de tal modo que conmueve el corazón de Dios con la situación de su pueblo e implora por ellos. Los profetas siempre se sintieron conmovidos por las necesidades del pueblo de Dios. Nótese Isaías 51:19 y también Salmo 106:44, 45. Por la intercesión de Amós, el Señor se arrepintió y detuvo la plaga. La oración había hecho posible que Dios salvara a Israel, en respuesta a la misma.

Muchos se han preguntado cómo es posible pensar siquiera que Dios pueda arrepentirse de algo (Números 23:19; Santiago 1:17); pero esto está más en forma de lenguaje figurado. Debemos recordar que Dios obra siempre de acuerdo con su infinita santidad y justicia. Cuando el pecado se hace presente, Dios debe condenarlo y castigarlo; cuando la oración y la gracia de Dios obran para proporcionar un medio de escape, Dios perdona. En cada caso, El obra en la más estricta conformidad con su santidad reconocida. De este modo, fue como respuesta a la oración de confianza que Dios dijo que no permitiría que la plaga siguiera adelante en su acción destructora. Tan sólo la eternidad revelará completamente cuánto se ha cumplido en el plan de Dios por medio de la oración constante y persistente por la salvación de las almas en Israel y en todo el mundo.

La visión del fuego

Cuando Israel prosiguió en sus caminos pecaminosos a pesar de haber sido perdonado por la gracia de Dios, El decidió enviar otro castigo sobre la nación.

En la segunda visión, Amós ve al Señor llamando al fuego a su servicio con el fin de castigar a su pueblo. Sin duda el fuego al que se hace referencia es la sequía (4:6-11). (En la primera parte de la profecía se refería a la guerra, como en 1:4 y los pasajes siguientes.) La sequía fue tan severa, que se la representa como devorando al gran abismo, una designación que se le da al océano que alimenta a la tierra con fuentes de agua (compárese con Génesis 7:11; 49:25 e Isaías 51:10). También la tierra, esto es, la porción de Israel, se vio amenazada (Miqueas 2:4).

Este doloroso golpe provocó una vez más la oración de Amós, que le rogó al Señor que cesara, a causa de la situación miserable en que se encontraba Israel. Una vez más el Señor, que se agrada con las súplicas de los suyos y por los suyos, escuchó y quitó la aflicción. De este modo, Amós mostraba que el Señor no tenía intenciones de destruir a Israel, sino hacer que se volviera atrás de sus malos caminos por medio de juicios disciplinarios. En la siguiente visión veremos lo bien que lograron su objetivo estas amenazas.

La visión de la plomada

En la última visión de este capítulo, el Señor le muestra a Amós que El está junto a un muro hecho a plomo (o sobre él), o sea, un muro perpendicular. En la mano tiene una plomada de albañil, que evidentemente tiene que utilizar para comprobar cuán derecho está el muro. En la misma forma en que el constructor utiliza la plomada para comprobar, Dios ejercerá su norma infalible para probar la integridad espiritual de su pueblo.

Las Escrituras revelan que la plomada se empleaba no sólo en la construcción de casas, sino también para destruir. En este pasaje, Dios considera la destrucción, como resulta evidente de los versículos 8 y 9 (véase 2 Reyes 21:13; Isaías 28:17; 34:11; Lamentaciones 2:8). La plomada se coloca en medio de Israel y no sólo en la periferia de la nación. Este será un juicio total, y el Señor advierte que no lo seguirá tolerando ni lo perdonará. Aquí no hay intercesión de parte del profeta, pues la paciencia de Dios ha llegado a su fin. Ahora nada puede detener la catástrofe que se aproxima. En más de una ocasión la intercesión del profeta había evitado el golpe de la mano del Señor; pero esa hora ha pasado.

En seguida llegamos a saber en qué consistirá el juicio: los lugares altos quedarán desolados, los santuarios serán destruidos, y la casa de Jeroboam será cortada con espada.

Los lugares altos eran las arboledas en que se adoraban ídolos, y los santuarios son los que Jeroboam, el hijo de Nabat, estableció originalmente en Dan y Bet-el. Aquí se usa el nombre de Isaac, en lugar de Israel, para designar a las diez tribus.

Tanto la adoración falsa como la monarquía impía de Israel serán asoladas. Amós no indica que Jeroboam perecerá a espada (lo que no fue cierto; véase 2 Reyes 14:23-29), sino que Dios levantaría espada contra la casa de Jeroboam, lo que tuvo su cumplimiento en el asesinato de su hijo Zacarías por Salum (2 Reyes 15:8-10). En la generación siguiente, el nombre de Jeroboam fue cortado. ¡Cuán seguras son las misericordias de Dios y cuán ciertos sus juicios!

Sacerdote falso contra profeta de Dios

Semejante proclamación directa de la voluntad y propósito de Dios siempre resulta desagradable para el hombre impío y no regenerado. Y así fue en los días de Amós. La Palabra de Dios no quedó sin oposición. Amasías, que era el sumo sacerdote en el santuario del becerro de oro, en Bet-el, acusó al profeta ante Jeroboam. Nótense los detalles de su acusación: primeramente, alega que Amós ha conspirado contra el rey mismo dando a entender que había otros con el profeta en un complot; segundo, que la conspiración estaba siendo perpetrada en el mismo medio de la casa de Israel, en el centro religioso del reino, en Bet-el; y, por último, que la tierra no podía sufrir la profecía de Amós.

El impío Amasías comienza con la infundada acusación de traición y concluye con la alarmante declaración de que el resultado de las palabras del profeta puede ser una revolución o sedición. Este fue un testimonio no intencional del poder de la Palabra de Dios cuando se trata de convencer o corregir, o de hecho en cualquier momento. En toda época la conveniencia política deshonra el testimonio de la verdad y se opone a él. Véanse los ejemplos de Elías (1 Reyes 18:17); Jeremías (Jeremías 37:13-15); nuestro Señor Jesucristo (Juan 19:12); los discípulos (Juan 11:48-50) y Pablo (Hechos 17:6, 7).

En el versículo 11 vemos el modo en que un mercenario y oportunista puede torcer las sencillas palabras de un siervo de Dios. Amasías distorsionó las palabras de Amós de tal forma que parecieran una amenaza personal contra el rey.

No hay mención de que el rey emprendiera acción alguna contra el profeta. El sacerdote falso omite la base de la amenaza, la esperanza que el profeta ofrece al pueblo en caso de que se arrepienta (5:4, 6), y la intercesión del profeta mismo a favor del reino.

A continuación, Amasías se dirige a Amós y lo llama vidente, en una desdeñosa referencia a sus visiones, aconseja al profeta que huya a su propia tierra de Judá y que profetice allá para su sustento y su pan. De ese modo, insinuó que Amós profetizaba con el fin de ganarse la vida. El sacerdote del rey era él mismo un mercenario e insinuaba que también lo era el profeta del Señor.

Además, le ordena a Amós que no profetice más en Bet-el, por cuanto era santuario y residencia reales (1 Reyes 12:28). La religión hecha por el hombre no puede sufrir la verdad divina. Nótese que Amasías no dice que Bet-el y su santuario sean la casa o el santuario de Dios. Sólo dice que son del rey. Sin darse cuenta de ello, revela con verdad el origen humano de toda la adoración del reino israelita, iniciada por Jeroboam I y continuada por sus sucesores impíos. Se le dice a Amós que su ministerio en Bet-el debe cesar (2:12), porque la ciudad era la sede de la religión del reino, además de ser una de las residencias reales.

Defensa de Amós y condenación de Israel

La única defensa de Amós, pero totalmente adecuada, consistió en una sencilla declaración de cómo Dios llamó a su siervo para el ministerio de profeta. Amós negó ser profeta profesional o haber recibido instrucción en una escuela de profetas, donde se adiestraba a hombres jóvenes para que instruyeran a la nación (1 Samuel 19:24). Estaba ocupado en su humilde ocupación de boyero y recolector de higos silvestres cuando recibió el inequívoco llamamiento de Dios para que profetizara a Israel. Su palabra y su autoridad no eran de él mismo, sino que provenían directamente de Dios (véase Gálatas 1:1; también 2 Samuel 7:8, donde tenemos palabras similares en el caso del llamamiento de David al oficio real). En resumen, Amós está diciendo que debe obedecer a Dios antes que al hombre (Hechos 5:29).

Nótense los contrastes en el versículo 11: "Así ha dicho Amós", y en el versículo 16: "Tú dices"; y en el versículo 17: "Así ha dicho Jehová". Amós, como verdadero profeta, señala que no importa lo que diga Amasías ni lo que diga él, sino que es sumamente importante oír lo que dice Dios, el Señor. Ninguna clase de oposición humana puede impedir la poderosa acción de la majestuosa Palabra de Dios. Uno de los escritores cristianos primitivos dijo: "El cielo tronó y le ordenó que profetizara; la rana respondió desde su charco, croando: no profetices más."

En vez de taparle la boca al profeta, la arenga de Amasías en contra de Amós acercó más el juicio a la casa de él. Ahora la profecía lo nombra a él individualmente. En la invasión de la tierra por el enemigo, la esposa del sacerdote falso sería violada públicamente; sus hijos e hijas serían asesinados; su tierra sería repartida y él mismo moriría en tierra inmunda (Asiria) a donde Israel sería llevado en cautividad. Con esta profecía final, Amós muestra las aterradoras consecuencias de oponerse a la verdad, tanto para los individuos como para la nación por igual. Es cosa terrible oponerse a la verdad divina. Si el hombre trata de acallarla, clamará con mayor fuerza todavía.

HAMBRE DE LA PALABRA DE DIOS

La visión del canastillo de frutas

Al comienzo del capítulo ocho de Amós tenemos la cuarta visión de la serie que el Señor le mostró al profeta. La visión de la plomada mostraba la certeza del juicio venidero; esta visión revela la proximidad de ese castigo.

El profeta vio un canastillo de fruta madura y el Señor le explicó que eso indicaba que Israel estaba maduro para el juicio. Del mismo modo que la recolección de los frutos marcaba el fin de la siega, así Israel había llegado al final de su existencia nacional. Puesto que los tratos providenciales del Señor, sus amenazas, sus promesas y sus castigos tempranos no habían dado como resultado un verdadero arrepentimiento, la hora del juicio había llegado para el reino del norte.

Hay un vigoroso juego de palabras en esta visión: "fruta de verano" (qavits) y "fin" (qets). Véase Joel 3:13 y Ezequiel 7:2, 3 y 6.

Las palabras: "No lo toleraré más", que quieren decir que el Señor no volvería a perdonarlos, resumen la idea de juicio en las profecías de Amós, interrumpida por la acusación y la oposición de Amasías (compárase 7:8). Por el hecho de que la misma palabra hebrea se traduce a veces como "templo" y, en otras ocasiones, como "palacio", los eruditos difieren respecto a qué canciones se refiere el versículo 3, si a las del templo o a las del palacio. En el libro de Amós se mencionan ambos tipos: las del templo en 5:23 y las del palacio en 6:5, y probablemente también en 8:10. La característica importante era que no serían meramente silenciadas, sino que se convertirían en gemidos y lamentos, debido a los estragos producidos por la muerte en todas partes. Los cadáveres serán tantos que los echarán en cualquier lugar, de modo indiscriminado. Mientras están ocupados en esto, se les ordena que guarden silencio: "¡Chsss!" Es el mismo mandato de guardar silencio como en 6:10; es una exhortación a someterse bajo la severidad del juicio de Dios. El dolor es tan grande que las palabras son totalmente inútiles. ¿Por qué recurrir a palabras cuando la matanza es de tales proporciones que no se pueden efectuar los acostumbrados ritos de entierro? Ciertamente Israel estaba maduro para el juicio, y el castigo no estaba lejano.

Advertencias a los explotadores de los pobres

Amós dirige ahora una severísima represión en contra de los que se enriquecen a expensas de los pobres. Si pudieran hacerlo, devorarían a los necesitados (2:6, 7) y los harían desaparecer del todo de la tierra (véase Isaías 5:8). Su espíritu ambicioso quitó el gozo de las festividades y de los sábados porque, aun cuando los observaban de modo superficial, estaban sólo pensando cuándo acabarían aquellos días sagrados para poder entregarse de nuevo a la implacable obtención de ganancias materiales.

La luna nueva era un día santo en el que no se hacían transacciones comerciales. Por supuesto, el sábado era un día en el que no se podían efectuar tales actividades (compárese con Números 10:10; 28:11; 2 Reyes 4:23 y Nehemías 10:31; 13:15-18). La mención de luna nueva y sábado es otra indicación en este libro de que, aun cuando la gente observaba los rituales de la adoración idolátrica, practicaban también las ordenanzas de la ley mosaica.

Los que carecen de verdadera piedad, tampoco tienen honradez. Así es como descubrimos que estos explotadores no daban el peso completo en los alimentos, al mismo tiempo que aumentaban el precio (en aquellos días se pesaba el dinero: Jeremías 32:9). La ley prohibía estas prácticas deshonestas (Deuteronomio 25:13-16). Todas las transacciones estaban marcadas por los fraudes y la deshonestidad. Finalmente, los pobres se veían reducidos a la esclavitud. Los necesitados tenían que venderse como esclavos por una insignificancia. Levítico 25:39 prohibía tales tratos. Y vendían lo que los comerciantes honrados consideraban como desechos. A pesar de lo atroces que eran esas condiciones, muchas veces no se quedan sin paralelo en nuestro propio tiempo. Las Escrituras indican que prevalecerán condiciones similares en la cristiandad antes de la segunda venida del Señor (véase Santiago 5:1-6).

Un juicio general

Cuando el profeta comienza a describir el juicio multilateral que vendría sobre el pueblo de Dios, declara la terrible verdad de que el Señor ha jurado por la gloria de Jacob, esto es, por sí mismo (como en 4:2 y 6:8), que no olvidaría jamás ninguna de las obras de los israelitas. Habían amontonado pecados para el día de la ira y Dios tenía en cuenta todos los que habían cometido. Sólo la gloriosa provisión de gracia de Dios puede borrar la memoria de cualquier pecado delante del Señor. Será tan grande el efecto del juicio de Dios, que la tierra temblará, todos los habitantes del planeta llorarán y la tierra misma crecerá y mermará como el Nilo, el río de Egipto.

Algunos dicen que en el versículo se está hablando de un terremoto; pero la idea es más bien que la tierra se estremecerá a causa del peso del juicio que habrá de soportar.

El mismo concepto se repite en 9:5; pero allí se presenta para mostrar la omnipotencia de Dios. En ese mismo día del castigo, el sol se pondrá al mediodía y la tierra se obscurecerá en un día claro. Se ha sugerido que la referencia es a un eclipse de sol. Difícilmente podría ser esto una descripción de un eclipse, ni siquiera desde el punto de vista del lenguaje figurado. ¿Podría ser esto una alusión al terrible día de Jehová? Una comparación de este pasaje con Joel 2:2; 3:15 y Mateo 24:29, 30 mostrará con toda claridad que tales fenómenos se producirán el día de la tribulación y del juicio.

Pero muchos acontecimientos trascendentales en la Biblia tienen sus prefiguraciones en los sucesos históricos previos, y éste podría ser uno de esos casos. Por ejemplo, se emplea esta expresión cuando alguien se ve destruido en medio de la prosperidad. Es una exposición metafórica del cambio de la prosperidad a la adversidad extrema. No sólo la tierra y los cielos serán afectados por el juicio general, sino también todos los habitantes de la tierra. En Israel, las fiestas eran siempre ocasiones de gran gozo y regocijo; pero ahora van a convertirse en luto y sus cánticos en lamentaciones (véase Oseas 2:11). El cilicio sobre todos los lomos (Ezequiel 7:18) y toda cabeza rapada (Isaías 3:24 y Jeremías 16:6) son igualmente señales de la tristeza más profunda. Su llanto será como el que brota por un hijo único, por aquel en que había de perpetuarse el nombre de la familia. Joel 1:8 nos presenta una imagen relacionada, mientras que Jeremías 6:26 y Zacarías 12:10 presentan un cuadro idéntico. Lo mismo que en el Egipto de la antigüedad hubo lloro en todas las casas por los primogénitos muertos (Exodo 12:30), del mismo modo existirán condiciones similares en esos momentos, en Israel, bajo el severo juicio del Señor. Además, la tribulación no será transitoria ni temporal, sino que su amargura será continua.

Hambre de la Palabra de Dios

Se debe exponer otra fase del juicio de Dios antes de que Amós presente la última visión en el capítulo final de esta profecía. La aflicción del pueblo será externa e interna, temporal y espiritual. Su condición espiritual se describe en términos de una hambruna; pero no será hambre de pan ni sed de agua, sino una ansia de oír palabras del Señor.

¿Qué puede significar tener esto? Las Escrituras del Antiguo Testamento revelan con suficiente claridad cómo Dios, en su ilimitado amor por Israel, envió sus mensajes por medio de sus siervos, para volver a traer a la nación a los caminos de su divina elección y a la conformidad de su voluntad para con ella. Pero la nación se opuso a esos profetas y siervos; sus mensajes fueron objeto de burlas y se les dijo que dejaran de ministrar. Ahora el Señor les dice que, puesto que despreciaron su palabra que les dio por medio de sus profetas, habrán de experimentar el cese de toda comunicación profética (véase Ezequiel 7:26 y Miqueas 3:7). La palabra del Señor será quitada de ellos. Igual que el desobediente Saúl en la hora de su mayor aflicción (1 Samuel 28:6), la nación buscará a Jehová con el fin de obtener alivio para sus aflicciones físicas y consolación para su corazón atribulado.

Esta es la retribución divina por una oposición a la verdad como la que se ve en 7:12, 13. Compárese esto, en lo que se refiere al mismo principio de trato divino, con Lucas 17:22 y Juan 7:34; 8:21.

Cuán perversa es la naturaleza del hombre. Cuando tiene la palabra de Dios, la desprecia; cuando Dios retiene su palabra, la busca, a causa de la severidad del castigo.

El desasosiego y descontento generales producidos por el juicio del Señor se describen vívidamente en el versículo 12. La gente trastornada irá errante de mar a mar hacia todas partes, buscando la palabra de Dios, y no la encontrará. Se tambalearán como un ebrio o como oscilan los árboles en el viento. Se sostiene la opinión de que los rumbos dados en este versículo se refieren a la extensión de la tierra de Palestina, esto es, desde el Mediterráneo hasta el mar Muerto. En vista de lo indefinido del lenguaje del versículo, y la afinidad que tiene con pasajes tales como el Salmo 72:8 y Zacarías 9:10, lo probable es que el profeta tomara en consideración todos los rincones del mundo. De este modo ha de suceder con Israel en la hora del juicio: buscará la palabra de Jehová; pero no la hallará.

De entre toda la población se señala ahora con especialidad a los más fuertes y los que más bullen con esperanzas: las doncellas hermosas y los jóvenes. Pero éstos también carecerán de toda consolación, desfallecerán de sed de la palabra de Jehová. Si esto resulta cierto en el caso de los jóvenes y vigorosos (Isaías 40:30, 31), ¿qué será de los débiles y los ancianos? Lo que es cierto de ellos lo es mucho más del resto al que representan.

Para finalizar, Amós señala una vez más la razón de las condiciones visualizadas en los versículos 11 al 13. Para abreviar, estaban tan dedicados a los dioses falsos, que ya no podían oír la palabra del Dios vivo y verdadero. Habían abandonado al Señor y ahora El los abandonaba.

Tenían como costumbre jurar en el nombre de sus dioses. Dios les había ordenado que juraran en el nombre de Jehová (Deuteronomio 6:13; 10:20) y no en el de otros dioses (Josué 23:7). "El pecado de Samaria" es una referencia al becerro de oro de Bet-el (véase 4:4 y Oseas 8:5). El dios de Dan era evidentemente la imagen del becerro que había erigido Jeroboam, el hijo de Nabat (1 Reyes 12:29). "El camino de Beerseba" (5:5) era el último de los tres juramentos hechos en el nombre de los tres santuarios de ídolos.

La costumbre de jurar por un objeto inanimado puede parecernos rara; pero en el Oriente no lo es. Los musulmanes acostumbran jurar "por la peregrinación a La Meca", así como por innumerables objetos más que se les ocurran en el momento de jurar.

Todos estos juramentos se hacían de acuerdo con la forma que había establecido el mismo Jehová: "¡Vive Dios!" Esto resultaba apropiado con relación al Señor, porque El vive y en El hay vida. Carecía de sentido cuando se usaba con relación a los ídolos, que no representan ninguna entidad viviente en absoluto. La estimación que hace Pablo (por medio del Espíritu de Dios) respecto a los ídolos, es la única correcta: "Sabemos que un ídolo nada es en el mundo" (1 Corintios 8:4).

La condenación que vendrá sobre ellos a causa de tal idolatría se declara concisamente: caerán, y nunca más se levantarán (5:2). El cumplimiento de esta palabra comenzó con la disolución del reino de Israel y continúa hasta su restauración nacional, que está prometida en pasajes tales como Ezequiel 36:22-31 y 37:15-23. El cumplimiento parcial en la época de la cautividad en Asiria, señala hacia el cumplimiento final en el período anterior al retorno visible del Señor en gloria. La cristiandad apóstata, así como los israelitas culpables, compartirán esa hambre en la época de la Gran Tribulación. En la actualidad, ambos se han vuelto de la luz de la verdad a las tinieblas de las fábulas.

LA RESTAURACIÓN DE ISRAEL

La visión de la destrucción del templo

El último capítulo de la profecía de Amós tiene que ver con la visión final y concluyente, la de la destrucción del templo. La escena se desarrolla en el santuario principal del reino del norte, en Bet-el, y no en Jerusalén. El Señor mismo dirige el juicio y ordena que los capiteles, las cabezas de las columnas, sean derribados, de tal modo que los umbrales mismos se estremezcan. El golpe que viene de arriba destruye el santuario hasta sus cimientos. Se mencionan tanto la parte alta como la de abajo para mostrar la destrucción completa. Cuando se desplomen las columnas, caerán sobre las cabezas de la gente que evidentemente estará reunida en el templo en medio de una festividad. Todos quedarán sepultados en las ruinas. Si alguno llegara a escapar del derrumbe del edificio, será muerto a espada.

El profeta nos describe de este modo vívido la ira de Dios sobre toda la adoración idolátrica de Israel y su juicio sumario sobre ella, un juicio sin recurso. Dos veces se dice que nadie escapará de la catástrofe. Los versículos 2 al 4 amplían el último pensamiento del versículo 1 de que no hay posibilidades de escape. Se nos presentan casos hipotéticos de intentos de escape del juicio y la absoluta imposibilidad de evitar la condenación.

Con palabras que nos recuerdan mucho las del Salmo 139:7-10, Amós proclama la omnipresencia de Dios. Aun cuando el condenado excave las entrañas de la tierra, hasta el Seol, allí lo alcanzará la poderosa mano de Dios; si intentaran subir hasta las cumbres más altas, desde allí Dios los hará descender. Se dice lo mismo de Babilonia en Jeremías 51:53 y de Edom en Abdías 4. Se ha dicho muy bien: "La tumba no es tan terrible como Dios." La omnipresencia de Dios es una verdad consoladora y sustentadora para los buenos; pero es algo terrible para los malvados cuando se avizora el juicio. Aun cuando los fugitivos procuraran esconderse en la cumbre del monte

Carmelo, de nada les valdría contra el ojo escudriñador del Señor. El monte Carmelo se eleva súbitamente desde el mar hasta una altitud de aproximadamente 600 metros. Se dice que hay unas mil cavernas en esa montaña, sobre todo en el lado occidental que da hacia el mar. El monte es conocido por sus densos bosques y sus grandes cuevas que sirvieron a menudo como albergues para ermitaños.

Esas cuevas no sólo resultarían insuficientes para ocultarse de la ira de Jehová, sino que ni siquiera el fondo del mar proporcionaría refugio a quienes escaparan. En el fondo marino, el Señor le ordenaría a la serpiente abisal que muerda a los culpables (compárese esto con Isaías 27:1). Igual que el gran pez obedeció al Señor cuando le ordenó que tragase a Jonás, así la serpiente marina obedecería las instrucciones del Señor respecto a los pecadores de Israel.

Y si los impíos fueran en cautiverio ante sus enemigos, esto es, de modo voluntario, con el fin de salvar la vida, aun allí los destruiría la espada. Una vez más, la mira está puesta en Asiria, aun cuando no se la mencione en parte alguna de la profecía. Todos los intentos de escapar del azote de la mano de Dios en el día de su terrible castigo resultarán inútiles y contraproducentes. La razón se encuentra en el hecho de que Dios ha puesto los ojos sobre ellos con un propósito fijo, no como anteriormente, para hacerles bien y bendecirlos, sino sólo para mal. Así se lo ha propuesto y permanecerá firme en su propósito. Cuidará de que se cumpla su propósito.

El Dios omnipotente

Para que ninguno de sus oyentes se consuele falsamente pensando que el Señor no hará o no puede hacer lo que ha amenazado hacer, Amós declara en forma majestuosa la omnipotencia de nuestro Dios, el Señor Jehová de los ejércitos. El es el Dios de todo poder (véase 4:13; 5:8, 9; 8:8). Ciertamente, el poder pertenece, no a la bomba atómica, sino al Señor. A Dios le bastaría tocar la tierra con ira para que se disolviera (Salmo 46:6).

Dios puede hacer que la tierra se eleve y se hunda, como el Nilo en Egipto, y puesto que El ha formado los cielos y la tierra, puede hacer que las aguas se derramen sobre la tierra. Toda la naturaleza se encuentra bajo su dominio. Sólo el hombre se atreve a desafiar su voluntad. Por consiguiente, como sucedió en el pasado, así también ocurrirá en el futuro: Dios empleará las fuerzas mismas de la naturaleza para castigar a sus criaturas malvadas. Esto se expone con toda claridad en el libro del Apocalipsis. El profeta Amós le pregunta así a Israel: "¿Podéis escapar de un Dios como éste?"

Los pecadores y el remanente

La seguridad carnal que tenían por haber sido escogidos como el pueblo de Dios no los libraría de la ira del Señor en contra de Israel. En cuanto a la idolatría, habían llegado a ser como los pueblos paganos que los rodeaban. Se habían rebajado hasta el papel de los paganos; por consiguiente eran como los etíopes a los ojos del Señor. Esta es la denuncia más firme de Israel que hace el profeta, por cuanto los compara con paganos.

Amós muestra que, puesto que Dios en sus tratos providenciales ha mudado y trasladado a diferentes pueblos de sus lugares de origen, Israel no debe ilusionarse con la idea de que, como El los sacó de Egipto para traerlos a Canaán, estaban en una posición tan privilegiada que nunca podrían ser juzgados severamente por sus pecados. No se pueden invocar privilegios en interés de la salvación y la liberación, mientras se abuse de ellos o se ridiculicen.

Los etíopes habían sido tomados de su lugar de origen en Arabia y habían sido trasplantados entre las naciones de Africa. Después de cuatro siglos de esclavitud los israelitas fueron liberados de Egipto y volvieron a Canaán. Dios había llevado a los filisteos desde Caftor, probablemente Creta, aun cuando los traductores griegos del Antiguo Testamento creían que se trataba de Capadocia (véase Génesis 10:14; Deuteronomio 2:23; Jeremías 47:4; Ezequiel 25:16). Según el pasaje de Deuteronomio, parece que dicho traslado tuvo lugar antes del éxodo del pueblo de Israel de Egipto.

Finalmente, el profeta observa que Dios había trasplantado a los sirios de Kir a las regiones cercanas a Damasco (compárese con 1:5). ¿Dónde estaba entonces la ocasión para que Israel se jactara o confiara carnalmente en su posición de privilegio? Una vez más Dios aparece como Señor de todas las naciones, al igual que en los capítulos 1 y 2. Y en todos ellos por igual, debe castigar los pecados y la rebeldía hacia El. Por tanto declara que sus ojos están sobre el *reino pecador* de Efraín para destruirlo de sobre la faz de la tierra.

Las palabras *reino pecador* son una designación desusada para el reino del norte, y esta condición es totalmente opuesta a lo que era el ideal de Dios para ellos, según se establece en Exodo 19:6.

Hasta este punto en el libro de Amós no ha habido palabra alguna que mitigue la sentencia del juicio. La profecía ha estado singularmente desprovista de promesas de bendición y de prosperidad en el futuro. Ahora el profeta declara que, aun cuando con toda justicia y santidad Dios debe destruir para siempre el reino del norte, no destruirá completamente la casa de Jacob (nombre que se le da a toda la nación). La razón para ello se expresa en Jeremías 31:36. Dios no dejará de cumplir las promesas que les había hecho a Abraham y sus descendientes. Cómo se deben entender y cumplir las últimas palabras del versículo 8 queda expuesto en el versículo 9. Dios va a zarandear (una palabra muy significativa que quiere decir "hacer mover de un lado para otro") la casa de Israel entre todas las naciones, como se zarandea el trigo en una criba; sin embargo, no permitirá que caiga al suelo ni el grano más pequeño.

Aquí tenemos varios puntos importantes. Primeramente, es el Señor el agente en todo el zarandeo. En segundo lugar, el zarandeo es una descripción del estado sumamente inestable de Israel. En tercer lugar, el ser zarandeado entre todas las naciones revela la dispersión universal del pueblo de Dios. En cuarto lugar, el tamo y el polvo serán eliminados y se perderán. Por último, el grano que es el verdadero remanente de Israel, será preservado y liberado. El mundo entero es una gran criba en la que Israel es sacudido de un lugar a otro. Estas palabras describen de un modo muy vívido y preciso la condición de Israel, sobre todo desde la destrucción de Jerusalén por los romanos, el año 70 d.C. Sin embargo, en medio de todo, Dios tiene puestos sus ojos sobre la nación para protegerla. Sólo así se puede explicar su preservación a pesar de su exilio mundial y de las interminables persecuciones del tipo más diabólico.

Ningún grano cae a tierra en este zarandeo del Señor; pero tampoco escapa ningún pecador. Todos los pecadores de la nación perecerán. Se menciona de modo especial a quienes se jactaban en forma desafiante de que no los alcanzaría el juicio de los malvados (véase 6:3, sobre los opresores ricos de Samaria). Quienes no creían en el juicio iban a tener que soportarlo.

Restauración de la dinastía de David

Al concluir la triste dispersión de Israel, el Señor ha prometido volver a reunirlos y poner sobre ellos a su propio Rey justo, el Mesías, el Hijo de David. Amós predice esto a continuación, con palabras de inigualable belleza.

En los días postreros de la historia de Israel, el Señor levantará el tabernáculo (literalmente: la cabaña o caseta) de David que está caído y en ruinas. Reparará los portillos y las ruinas, edificándolo como en los días de la antigüedad. La casa de la que habla el profeta no es edificio magnífico, sino una cabaña desplomada y en ruinas. Esto presenta un marcado contraste con el espléndido palacio que se había hecho construir David para sí mismo (2 Samuel 5:11, 12).

Por lo general, se denomina "la casa de David" a la dinastía davídica (2 Samuel 3:1; 1 Reyes 11:38; Isaías 7:2, 13). En Isaías 16:5 encontramos la expresión "el tabernáculo de David". En nuestro pasaje de Amós se hace referencia a la condición baja y degradada de la monarquía davídica. Isaías 11:1 habla también de la condición baja del linaje de David. Con este versículo como base, los rabinos del Talmud designaron al Mesías "Bar Naphli" (hijo del caído), aun cuando Amós no menciona específicamente a la persona del Mesías, sino sólo el linaje del cual El vendría.

Por medio del Hijo de David serán reparadas las brechas de la casa de David, la primera de las cuales se produjo con la separación de las diez tribus. La dinastía y el reino de David serán restaurados. Y la restauración significará volver a su condición más gloriosa de los tiempos pasados, esto es, en los tiempos de David y Salomón, cuando el reino todavía no se había dividido y gozaba de prosperidad, disfrutando en toda su plenitud el máximo esplendor del gobierno real de toda la historia de Israel.

Cuando Israel tenga a su legítimo Rey en el trono, se constituirá en la cabeza de todas las naciones. Amós predice que Israel poseerá el resto de Edom, y a todas las naciones llamadas con el nombre del Señor. De modo claro, el profeta menciona a Edom como representante de todas las naciones del mundo. A pesar de ser los más estrechamente relacionados con Israel, eran los enemigos irreconciliables del pueblo del Señor (Abdías 12). Aquellos sobre los cuales es invocado el nombre del Señor, es una designación para los mismos que se mencionan en Joel 2:32.

La mención que Jacobo hace de Amós 9:11, 12, en Hechos 15:16-18, no nos da bases suficientes para sostener, como lo hacen algunos, que esta profecía se cumplirá de modo completo en esta época de gracia. La expresión "en aquel día" que aparece en nuestro texto se refiere a los últimos días de Israel. La mención de nuestros versículos en Hechos 15:16-18 se hace con un objetivo: confirmar la conversión de los gentiles. Por esto la cita da sólo el sentido general del pasaje de Amós y no apoya la posición de que el texto del libro de este profeta tiene como meta final la iglesia cristiana.

Cuando Israel sea cabeza de las naciones, su tierra será abundantemente fructífera. "El que ara alcanzará al segador, y el pisador de las uvas al que lleva la simiente." La idea es que cuando el campesino apenas haya terminado de arar, la semilla estará madura, y apenas haya acabado de pisar las uvas, tendrá que comenzar a sembrar (compárese esto con Levítico 26:5). La temporada de la vendimia continuará hasta el tiempo de la siembra, a causa de la abundancia de frutos. Se dice que los montes destilarán mosto, por cuanto las viñas se plantan en las terrazas de las montañas (véase también Joel 3:18).

En ese tiempo, Israel será restablecido de una cautividad de muchos siglos, para que reconstruya sus ciudades, las habite y disfrute de sus viñedos y huertos (compárese con Oseas 6:11 y Amós 5:11). Entonces Israel será plantado y en su propia tierra echará raíces (2 Samuel 7:10) para no ser arrancado ni desarraigado nunca más de su tierra dada por Dios. Gracias a Dios, los días de exilio habrán pasado. Estudie con cuidado Isaías 61:4; 62:8, 9; 65:21-23.

Hagamos un resumen de la notable profecía de Amós que se ha de cumplir en la consumación de la historia de Israel: 1) la restauración de la dinastía davídica, versículo 11; 2) la supremacía de Israel sobre las naciones, versículo 12; 3) la conversión de las naciones, versículo 12; 4) la fertilidad de la tierra, versículo 13; 5) la reconstrucción de sus ciudades, versículo 14; y 6) su establecimiento permanente en su propia tierra después de su retorno de la cautividad, versículo 15.

¿Y qué diremos de los granos?

El corazón de Dios está lleno de buenas cosas reservadas para Israel. ¿Cuál es la actitud de nuestro corazón hacia ellos? El tamo será aventado durante el zarandeo mundial de Israel; pero Dios tiene en cuenta la preservación de los granos. Así, aun ahora el propósito de Dios es llamar de en medio de Israel a los que denomina "el remanente escogido por gracia" (Romanos 11:5).

7

ABDIAS: SENTENCIA SOBRE EDOM

LA IRA DE DIOS SOBRE EDOM

El profeta y su época

La profecía de Abdías es el libro más pequeño del Antiguo Testamento y contiene un total de veintiún versículos. No se la cita en el Nuevo Testamento; sin embargo, su mensaje es parte vital de las Escrituras proféticas. Está escrita en un lenguaje lúcido y enérgico.

Nada se sabe de Abdías, aparte de su nombre que significa "siervo de Jehová". Otros hombres del Antiguo Testamento llevaron ese mismo nombre.

Ha habido una gran diversidad de opiniones respecto a la época de la profecía. La enemistad de Edom para con Israel fue tan continua y persistente en el curso de los siglos, que quienes están dedicados a estudiar este libro encuentran difícil asignarlo a una época específica. Algunos de los cálculos varían tanto que llegan a diferencias de casi seis siglos. Muy probablemente Abdías fue un profeta que vivió antes del exilio babilónico y que previó, mediante el Espíritu de profecía, la ruina de Edom, el mayor enemigo de Israel, el pueblo de Dios. Si hacemos una comparación con Jeremías 49:7-22, encontraremos una profecía posterior sobre este mismo tema y que tiene mucha similitud verbal con la predicción que estamos analizando.

Si Oseas versa sobre el amor de Dios por Israel, Amós sobre la justicia del Señor, Joel sobre el día de Jehová, Abdías profetiza acerca de la sentencia de Edom.

Los edomitas provinieron de Esaú, el hermano gemelo de Jacob. En el libro del Génesis se reseña, de modo inequívoco, la enemistad que existía entre los dos hermanos. Sus descendientes perpetuaron esa contienda. Por su parte, Edom se transformó muy pronto en una nación poderosa (véase Génesis 36; Exodo 15:15 y Números 20:14). Cuando los israelitas subieron de la tierra do Egipto, los edomitas les negaron el paso a través de su territorio (Números 20:20, 21). Sin embargo, Dios le ordenó a Israel que tratara a Edom como a su hermano (Deuteronomio 23:7, 8). No obstante, el odio de Edom (que tipifica muy bien la carne con sus deseos, que no piensa en las cosas de la vida espiritual) por Israel persistió, como queda ampliamente demostrado en las Escrituras del Antiguo Testamento.

Ahora le es dado a Abdías que pronuncie el mensaje de Dios de juicio final sobre este incorregible enemigo de su pueblo. Aunque la profecía tiene muchos siglos de antigüedad, suena familiar en nuestros oídos, pues nos hace recordar hechos de años recientes que han sido perpetrados contra los hijos de Jacob, por todo el mundo.

El orgullo y la caída de Edom

La profecía comienza con la concisa declaración de que se trata de una revelación sobrenatural, una visión, comunicada a Abdías. La palabra de Dios que vino a él, concernía específicamente. Se les hace saber, al profeta y a la nación de Israel, el hecho de que el Señor ha enviado un mensajero entre las naciones para incitarlas a la guerra contra Edom. Dios mismo se los da a conocer, puesto que toma a los suyos y los hace partícipes de sus planes para ellos y para los que los rodean.

Fue la soberana decisión de Dios la que llevó a Asiria y, luego, a Nabucodonosor y sus aliados, contra Edom. El Señor dice de Edom que El la ha hecho pequeña entre las naciones y en gran manera despreciada. En efecto, Dios le dice esta palabra directamente. La resolución del Señor para obrar de este modo hace que la humillación sea tan cierta como si ya se hubiese llevado a cabo. Los enemigos incitados contra la nación se encargarían de su ejecución.

¿Qué es lo que causa la caída de Edom? Su insoportable soberbia. Su soberbia y su vanagloria se basaban en que su territorio estaba lleno de elevadas fortalezas de montaña. Realmente vivían en las grietas de las rocas. La tierra de Edom es una montaña rocosa, llena de cavernas y habitaciones excavadas en la peña. Los horeos, antiguos habitantes del monte Seir, vivían en cavernas (véanse Génesis 14:6 y Deuteronomio 2:12, 22). Evidentemente, el espíritu altanero de Edom provenía de su creencia de que era invencible e inexpugnable. Pensaban que nadie podría arrojarlos de su encumbrada habitación. Dios les asegura que aunque imiten al águila y establezcan su morada entre las estrellas mismas, desde allí los derribará. (Compárense Amós 9:2; Isaías 14:12-20, la caída de Lucifer, Job 39:27, 28.) Edom puede ser inaccesible para el hombre, pero no lo es para Dios. Cuanto mayor sea su orgullo, tanto más desastrosa será su caída.

Destrucción y traición

El profeta expone ahora el carácter total de la destrucción de los idumeos. Si irrumpen ladrones de noche, roban todo lo que necesitan o pueden llevarse. No se llevan todo. Cuando los vendimiadores recogen el fruto de la vid, por lo común siempre dejan rebuscos. La viña no se deja totalmente vacía. Pero, dice Abdías al insertar una exclamación de sorpresa y asombro por la condición de despojo total de Edom, la tierra de Esaú será totalmente arrasada. Su ruina será total. En busca de botín, el enemigo descubrirá los tesoros ocultos de Edom.

La capital de Edom, Petra, era el gran mercado del comercio sirio y árabe, donde se atesoraban muchos artículos costosos. Todo eso sería saqueado.

Por otra parte, sus propios confederados los engañarían y prevalecerían contra ellos. Como recompensa por su traición, lejos de prestarles ayuda en la hora de necesidad, sus aliados los sacarían al cautiverio. Los que en otros tiempos habían gozado de la generosidad, del pan de Edom, harían uso de la traición para provocar su caída segura. Los edomitas no tendrían a quien recurrir en busca de ayuda. En forma abierta o mediante trampas engañosas, los que habían sido sus aliados tramarían su ruina. Esaú no manifestaría nada de su discernimiento que le había hecho famoso. Los hombres sabios del monte de Esaú serían destruidos.

A raíz de su comunicación con Babilonia y Egipto, y por la información obtenida de las caravanas que iban a Europa y a la India, Edom había adquirido una envidiable reputación de sabiduría. Ahora su sabiduría le sería quitada. Los hombres poderosos y sabios de Temán serían atemorizados, por cuanto el Señor se había propuesto acabar con todos los de Edom. Esto constituiría un golpe sin atenuantes. Respecto a la sabiduría de Temán, véanse Job 4:1 y Jeremías 49:7.

Las razones para el juicio

Un castigo semejante requiere la presentación de las causas fundamentales de la ira de Dios contra Edom. Los versículos 10 al 14 nos dan una exposición detallada en contra de ese empecinado enemigo de Israel. Describen las condiciones reinantes en Israel cuando Judá fue invadida por Nabucodonosor.

Edom recurrió a la violencia contra su hermano Jacob (compárese Joel 3:19). La violencia estaba dirigida contra Jacob, su hermano gemelo. Su castigo tendría dos fases: 1) un período durante el cual los edomitas habían de ser esclavos, cubiertos de vergüenza y 2) una época en la que se extinguirían como pueblo.

Finalmente, los edomitas fueron reducidos por Juan Hircán, de la dinastía de los Macabeos, y perdieron su existencia nacional bajo los romanos. Aun cuando el territorio sería poblado nuevamente, como veremos en la última parte de esta profecía, como nación fueron cortados para siempre.

Años más tarde, cuando los caldeos invadieron a Judá, Edom, al igual que los enemigos del pueblo de Dios, adoptó una actitud hostil. Los bienes de Judá fueron saqueados, invadieron sus ciudades y echaron suertes sobre Jerusalén (Joel 3:3) para vender como esclavos a sus habitantes. Edom sentía odio por sus parientes y participó en la calamidad como uno de los cómplices de las atrocidades. (Para comprobar el odio de Edom en esos momentos véanse Salmo 137:7; 83:4-6, sobre todo; Ezequiel 35; Jeremías 49 e Isaías 34 y 63.)

Además, Edom festejó el desastre de su hermano y se regocijó por la destrucción de Judá cuando llevaron al pueblo cautivo, lejos de su tierra natal. No sólo se alegró de la calamidad de Judá, sino que utilizó un lenguaje arrogante para burlarse de sus abatidos enemigos.

Los idumeos pasaron de la contemplación y el regocijo a los insultos y la violencia. Contribuyeron al saqueo del pueblo de Dios cuando los invasores los despojaban. Finalmente se situaron en las encrucijadas para impedir la retirada de quienes querían pasar por Idumea para ir a Egipto, adonde huían de los ejércitos caldeos, y luego los entregaban a sus enemigos. No hay duda de que combinaron sus ultrajes contra los afligidos de Jacob. Obsérvese el alcance de los mismos: 1) violencia (injuria), versículo 10; 2) actitud hostil, versículo 11; 3) regocijo por la calamidad de Israel, versículo 12; 4) jactancia en el momento de aflicción de Jacob, versículo 12; 5) saqueo del pueblo de Dios, versículo 13; 6) impedimento de la huida de los fugitivos, versículo 14; y 7) traición, al entregarlos en manos de sus enemigos, versículo 14. ¿No debía tomar en cuenta todo esto el Señor? Con razón se encendió su ira. Edom merecía el castigo.

El día de Jehová está cercano

Ahondando en el tema de la descarga de la ira de Dios, Abdías se ve transportado por el Espíritu de Dios, en espíritu y corazón, al gran día del juicio de todas las naciones. En la cuenta del Señor, el día de Jehová se encuentra cerca para todas las naciones que han maltratado de modo similar al pueblo de Dios. Al igual que Edom, serán recompensados según sus obras. Edom será juzgado en el día del Señor. Así como la simiente de Esaú celebró sus desenfrenados festejos junto con los conquistadores en la capturada ciudad de Jerusalén, en aquel tiempo, del mismo modo todas esas naciones deberán apurar hasta las heces de la calamidad y de la ira de Dios (véase Jeremías 25:15-33).

Al hacerlo así, serán aniquilados de un modo tan completo que será como si nunca hubiesen existido. El momento de este juicio será inmediatamente antes del establecimiento del Reino del Mesías. Entonces el poder de Edom quedará destruido de manera completa y definitiva. Cuando se organice la última gran alianza de naciones contra Israel (Zacarías 12; 14), los edomitas estarán entre estos adversarios del pueblo de Dios. Serán derrotados y Edom será suprimida como nación. Cuando otras naciones, tales como Asiria y Egipto, sean restauradas e introducidas a las bendiciones del milenio, Edom habrá sido totalmente destruida. Edom, que representa la carnalidad y la mentalidad carnal, contra su enemistad con Dios y su ley, deberá desaparecer irrevocablemente.

La salvación de Israel y el Reino mesiánico

En tanto que Edom sólo puede esperar la destrucción en la culminación del programa profético de Dios, Israel aguarda una restauración a partir de su cautividad mundial. En el monte de Sion estarán los israelitas que hayan escapado de los rigores y la devastación de siglos de tratos crueles dados al pueblo de Dios. Serán restablecidos en su propia tierra. El monte de Sion, tan frecuentemente profanado por las repetidas invasiones de los extranjeros, será santo al Señor (compárese con Isaías 52:1).

La casa de Jacob ocupará entonces sus posesiones; ocuparán completamente aquellas provincias y territorios que les pertenecían en la época de la mayor expansión de la monarquía de Israel. Nunca más serán despojados de sus posesiones. Entonces Israel, que antes fuera el blanco de todos los ataques, será el instrumento de Dios para castigar a Edom. (Compárese con Isaías 11:14 y Zacarías 12:6.) Las casas de Jacob y de José, los reinos reunidos, serán como fuego a la paja cuando ejecuten la ira de Dios en los últimos días sobre Edom, revivido en tiempos proféticos para este mismo juicio. Después de este juicio no quedará ni resto de Edom. Todo será cortado. Entonces Israel recuperará los territorios que por derecho le pertenecen.

Los que habiten en la parte sur de Judá se apropiarán del monte de Esaú; los habitantes de las tierras bajas del oeste conquistarán el territorio de los filisteos. El territorio correspondiente al reino del norte será restaurado para disfrutarlo; y Benjamín, leal a la dinastía de David, se extenderá hacia el este hasta Galaad.

Estamos frente al cumplimiento de Génesis 28:14. El gran número de israelitas cautivos en Fenicia (donde habían sido vendidos y de allí trasladados a Grecia) poseerán la tierra hasta Sarepta, una ciudad entre Sidón y Tiro cerca de la costa del Mediterráneo, la Sarepta de Lucas 4:26. Los cautivos judíos en Sefarad conquistarán las ciudades del sur mencionadas en el versículo 19.

¿Cuál es la identidad de Sefarad? Nunca se lo ha identificado de modo satisfactorio. Las conjeturas van desde España (como lo aseguran las versiones arameas y los rabinos), el Bósforo (opinión que sostiene Jerónimo el traductor latino de la Biblia), Saparda, en el suroeste de Media, según muchos, Esparta y Sardis. La verdad importante es que Judá e Israel poseerán las tierras colindantes.

Y luego subirán al monte de Sion salvadores, libertadores y gobernantes, como los jueces primitivos de Israel durante los días de la teocracia, cuando Dios gobernaba directamente a su pueblo, para juzgar y castigar al monte de Esaú, y el reino será de Jehová. ¡Bendita consumación! (véase Jueces 3:9, 15). Estos libertadores ejercerán autoridad en el nombre del Señor; pero, a fin de cuentas, la soberanía será sólo del Señor. (Lea con cuidado Daniel 2:44; Zacarías 14:9; Lucas 1:33; Apocalipsis 19:6 y, sobre todo, Salmo 22:28, respecto a la fraseología.)

Como recapitulación de los rasgos más salientes de esta importante profecía, diremos que Abdías, en los días previos al exilio, vio por medio del Espíritu Santo la culminación del odio de Edom contra Israel en su maligna conducta hacia el pueblo turbado, en el día de su exilio ordenado por Nabucodonosor.

El profeta determina los motivos de esa actitud y describe vívidamente las características del castigo de Dios sobre Edom por su actitud, su tono arrogante y sus acciones.

¿Cuándo es el tiempo del cumplimiento de esta profecía? El cumplimiento de la ruina de Edom, predicha por Abdías, se inició en el período de los caldeos, que dejaron a Edom desolado (Jeremías 49 y Ezequiel 35). Más tarde los Macabeos los subyugaron todavía más. Los romanos completaron su caída en la época en que destruyeron a Jerusalén, en el año 70 d.C.

En el curso de todos estos siglos, no se ha oído nada acerca de Edom. Sin embargo, al final de los tiempos y antes de la reunión de las naciones contra Jerusalén, en la guerra de Armagedón, Edom volverá a aparecer en el escenario de la historia mundial. Habrá un despertar de muchas naciones antiguas (véase Lucas 21:29, sobre todo las palabras "y todos los árboles"). Entonces Edom experimentará en todo su furor la ira de Dios en la destrucción. El Señor Jesucristo mismo ejecutará el juicio de Dios sobre Edom y sus aliados (Isaías 63:1-6). Una vez destruidas las naciones perversas y eliminado Edom, Israel será restaurada de su cautividad y poseerá todo el territorio que Dios le prometió originalmente a Abraham, y el Señor reinará sobre la tierra.

TERCERA PARTE

JONAS, MIQUEAS Y NAHUM

8

JONAS: EL AMOR DE DIOS POR TODAS LAS NACIONES

EL PROFETA DESOBEDIENTE

El profeta Jonás

No se sabe nada sobre el profeta Jonás, aparte de lo que indica el libro mismo y la presentación histórica de 2 Reyes 14:25. Su nombre significa "tórtola" y el de su padre, "veraz".

El párrafo de 2 Reyes afirma que el rey Jeroboam II restauró algunos territorios de Israel, de acuerdo con la profecía de Jonás. Esta afirmación concerniente al cumplimiento de su profecía no nos proporciona ninguna clave segura respecto al momento en que se hizo, ni tampoco en lo que concierne a la época del ministerio de Jonás. En general, los estudiantes tradicionalistas de este libro sostienen que pertenece al siglo ocho antes de Cristo.

El hogar del profeta se encontraba en Gat-hefer de Zabulón (Josué 19:13), al norte de Nazaret de Galilea. (Observe el error que cometen los enemigos del Señor en Juan 7:52.) El mismo libro de Jonás es suficiente para darnos una introspección en lo que respecta a la vida y el carácter de este profeta tan debatido y desdeñado.

Un libro ridiculizado

Probablemente este libro ha sido atacado por los incrédulos más que cualquier otro de la Biblia. Lo han convertido en blanco de bromas de mal gusto y de una ridiculización injustificada. Este es el gran libro misionero del Antiguo Testamento. Podemos juzgar cuánta importancia le conceden los judíos a este libro, cuando lo leen durante la celebración solemne del día de la Expiación. Cuando Cipriano, un orador cristiano del siglo tres de nuestra era, leyó el libro del profeta, se conmovió profundamente y Dios utilizó ese libro para su conversión.

Han surgido ciertas dudas respecto al carácter profético del libro, debido a que contiene historia y narración, quedando prácticamente excluida la profecía o predicción. Faltan en él los acostumbrados discursos proféticos. Pero hay quienes comprenden que el libro se encuentra entre los profetas, no por los sucesos históricos que relata, sino debido a que las memorias que contiene son profecías en sí mismas. Como podremos apreciar más adelante, el libro es una notable profecía de toda la historia del pueblo de Israel y una clara predicción de la resurrección de Cristo (véase Mateo 12:39-41 y 16:4).

La ridiculización se ha centrado de modo especial en que Jonás fue tragado por el pez y que fue preservado dentro del vientre del animal. La raíz del problema es la negación de lo milagroso. Pero si excluimos lo milagroso de nuestra Biblia, ¿cuánto de ella nos quedará? Y más importante todavía: ¿Qué clase de Dios nos quedaría? Es simplemente incredulidad carente de perspicacia el pensar que se resuelve la dificultad eliminando este milagro del libro de Jonás.

La profecía está llena de milagros. Observe estos evidentes milagros en el libro: la tempestad; identificación de Jonás como el culpable mediante el sistema de echar suertes; aquietamiento repentino del mar; aparición del gran pez en el momento preciso; preservación de Jonás; su expulsión del vientre del pez en la orilla, sano y salvo; la calabacera; el gusano; el viento solano y el hecho más digno de reconocimiento de todos: el arrepentimiento de toda la ciudad de Nínive.

Lo mismo que el cuerpo humano, el libro es una unidad íntegra. Córtelo donde quiera y sangrará. Un hijo de Dios que confía en El no le tiene temor a lo milagroso. Además, ese desprecio perenne del milagro de la deglución de Jonás ha servido por demasiado tiempo para desviar la atención del mensaje central del libro, que es el amor de Dios por todo el mundo, como lo veremos más ampliamente en lo que sigue.

Llamado y desobediencia de Jonás

Quienes se empeñan en decir que esta profecía es un mito, leyenda, alegoría o parábola, no pueden explicar satisfactoriamente por qué el libro comienza con un estilo profético reconocido (véase Zacarías 6:9; 8:1 y otros casos en los libros proféticos). La palabra de Dios dicha a Jonás fue una orden clara e inequívoca para que fuera a la Nínive pagana y predicara contra ella, debido a su gran maldad. Este es el único caso de un profeta enviado a los paganos.

Nínive, mencionada por primera vez en Génesis 10:11, era la vetusta capital del Imperio Asirio en la margen oriental del río Tigris. Senaquerib la constituyó capital de Asiria y posteriormente fue destruida por los medos y los persas el año 612 a.C. Los escritores clásicos nos informan que la ciudad, en forma de trapecio, era la más grande del mundo en aquellos días (3:2, 3; 4:11).

Al profeta se lo comisionó para que predicara contra la ciudad a causa de su gran pecado y corrupción. (Para una expresión similar de pecado, véase Génesis 18:21; respecto a la fraseología, véase 1 Samuel 5:12.) Dios le mandó a Jonás que fuera allá; pero el profeta era de opinión contraria y huyó hacia Tarsis. Los profetas no eran simples máquinas; podían resistirse a la voluntad de Dios. Sin embargo, éste es el único caso registrado en que un profeta se negó a llevar a cabo su misión.

Nínive se encontraba al este de Palestina; mientras que Tarsis estaba al oeste. Según el historiador griego Herodoto, Tarsis corresponde a Tartésides, en el sur de España. Los últimos atlas bíblicos identifican ese lugar como un centro comercial fenicio en España o Cerdeña, puesto que el nombre se encuentra en ambos lugares. No hay ninguna evidencia que permita situar Tarsis en Inglaterra.

¿Por qué huyó Jonás? Las respuestas a esta pregunta han sido varias. Se ha sugerido que presentía que el arrepentimiento de la ciudad, si se producía, significaría la caída de su propio pueblo. Otros expresan la opinión de que el profeta temía que la conversión de los gentiles disminuyera los privilegios de Israel como pueblo escogido de Dios. Se ha explicado la desobediencia del profeta como producto del orgullo y de la intolerancia: no podía regocijarse ante el hecho de que Dios fuera a demostrar su gracia para con un pueblo pagano. Es verdad que Jonás sabía, por las profecías anteriores (véase Oseas 9:3), que Asiria sería la encargada de ejecutar el castigo divino sobre Israel. En el capítulo 4, versículo 2, el profeta mismo nos indica cuál fue su motivo para huir a Tarsis. Se negó a ir a Nínive porque temía que el mensaje de Dios tuviera éxito entre ellos. Por naturaleza, el corazón del hombre prefiere que caiga el juicio sobre otros hombres más bien que se manifieste en ellos la gracia y la misericordia de Dios.

¿Cómo esperaba Jonás huir de la presencia del Señor? No desconocía la omnisciencia ni la omnipresencia de Dios (Salmo 139:7-12; Jeremías 23:24), sino que estaba huyendo de la tierra de Israel donde el Señor habitaba en el templo, en forma manifiesta. (Véase una expresión similar en Génesis 4:16.) Se puede considerar también la idea de su huida o abandono del servicio del Señor. Jope, el moderno puerto marítimo de Jaffa en el Mediterráneo, se utilizaba ya como puerto en tiempos de Salomón (2 Crónicas 2:16). Es de veras interesante que en ese mismo lugar, el apóstol Pedro necesitó recibir una visión del cielo para enviarlo con el evangelio a un gentil: Cornelio (Hechos 10).

La tormenta

Jonás puede huir; pero Dios no ha dejado de tener soberanía sobre la naturaleza y sus criaturas. Dios envió (literalmente, "lanzó") un gran viento y tempestad sobre el mar. Los vientos están a su servicio (Salmo 104:4).

Por gracia, Dios buscó a su siervo desobediente y no le permitió permanecer en su pecado durante mucho tiempo. Los marineros, acostumbrados a las tormentas en el Mediterráneo, sabían que aquella no era una tempestad común y corriente, y se llenaron de terror. Es probable que la mayoría de los marinos fueran fenicios, pero de diversos lugares, y adoraban a diferentes dioses. Además de sus oraciones, los hombres comenzaron a arrojar los enseres del barco al mar para aligerar la carga y evitar así el hundimiento de la embarcación. A juzgar por los detalles que se nos dan, la conducta de los marinos en toda esa situación pareció ser la más plausible.

Mientras todo ese terror, consternación y actividad febril tenían lugar, Jonás, probablemente por la fatiga del viaje a Jope y por la ansiedad que agobiaba su mente, había descendido a uno de los retiros de la nave y se había quedado dormido. Es bien sabido que, con frecuencia, el pecado trae consigo insensibilidad.

Era realmente vergonzoso que un pagano tuviera que llamar a un profeta de Dios a que orara. Como creyentes, debemos sentirnos avergonzados ante los musulmanes, que oran cinco veces cada día. ¿Hay algunos entre nosotros que no se acuerdan de elevar su corazón a Dios siquiera una vez al día?

Con toda probabilidad Jonás oró a Dios; pero la tormenta no se calmó. Los hombres llegaron a la conclusión de que tenía que haber alguien a bordo que era culpable de un grave pecado, y decidieron echar suertes para encontrar al culpable.

El echar suertes no se oponía a la voluntad de Dios. Nótese el echar suertes en el caso de Acán (Josué 7:16), cuando se repartió la tierra bajo la dirección de Josué (Josué 15:1), en el caso de la transgresión de Jonatán (1 Samuel 14:36-42) y en la elección de Matías (Hechos 1:26). En Proverbios 16:33 leemos: "La suerte se echa en el regazo; más de Jehová es la decisión de ella." Después del derramamiento del Espíritu Santo en el día de Pentecostés no hay pruebas de que se haya vuelto a echar suertes entre los creyentes. El Espíritu que vive en nosotros ahora es absolutamente suficiente para dirigir la vida de cada creyente y actúa de conformidad con la Palabra de Dios.

La suerte designó culpable a Jonás. Las preguntas de los marineros no mostraron que dudasen de la suerte echada, sino más bien que querían que Jonás mismo confesara su falta. Las respuestas de Jonás son sinceras. Se declaró hebreo (así se conocía a los israelitas entre los extranjeros, Génesis 39:14, 17; 40:15) y adorador de Jehová, el Creador del cielo, de la tierra y del mar. Al oír aquello, los presentes fueron sobrecogidos de terror, ya que la tormenta proclamaba la omnipotencia de Dios mejor de lo que podía hacerlo Jonás. Aquellos marineros paganos estaban más alarmados e impresionados por la flagrante desobediencia de Jonás que el mismo profeta de Dios lo estaba. ¡Qué reprensión debe de haber sido esto para Jonás!

Jonás en el mar

Cuando el mar se iba embraveciendo más y más, los marineros le preguntaron al profeta qué deberían hacer. No querían imponer un castigo por sí mismos, puesto que se daban cuenta del poder que tenía el Dios al que Jonás había ofendido.

La respuesta de Jonás lo da a conocer con mayor claridad que cualquier otra parte del libro. Requirió un verdadero valor aconsejarlos como lo hizo. Obsérvese que él mismo no se arrojó al mar, ya que hay una gran diferencia entre el despertar de la conciencia y la desesperación. Jonás se confiesa merecedor de la muerte y está dispuesto a sufrir el castigo. Son palabras nobles de un verdadero siervo de Dios. Estaba dispuesto a sacrificarse para salvar a los que estaban a punto de morir. Cuán parecido es este gesto al de nuestro Señor Jesucristo, si bien nuestro Salvador no dio lugar a la calamidad, como Jonás con su indocilidad. Sin embargo, tan nobles como las palabras del profeta fueron las acciones de los marinos, puesto que trataron de salvarle la vida. Remaron con vigor (literalmente: "trabajaron muy duro"), esforzándose todo lo que podían por volver a tierra.

Pero la tempestad arreciaba. Entonces aquellos hombres invocaron a Dios para que no dejara caer sangre inocente sobre ellos. Manifestaron mayor interés por una vida que el que tenía Jonás por centenares de miles de seres humanos en Nínive. Es evidente que, aun cuando aquellos marineros paganos no conocían la ley de Dios dada a Israel, sabían que la vida del hombre es preciosa a los ojos de Dios (Génesis 9:5, 6). También se daban cuenta de que tanto la suerte echada como la palabra del profeta, así como la tormenta, eran señales de la soberana voluntad de Dios. El Señor había hecho según le placía. Eso era discernimiento elevado. Al echar a Jonás al mar, éste se calmó.

Verdaderamente, Dios perdona a los que lo invocan en actitud penitente: los marineros experimentaron esta verdad, como lo experimentaron más tarde Jonás y la ciudad de Nínive. Al ver cómo el furor del mar se calmaba, los marinos fueron testigos, una vez más, de la omnipotencia de Dios. Sobrecogidos de un temor reverente ante el Señor, ofrecieron sacrificios de lo que tenían con ellos en el barco e hicieron votos que esperaban cumplir en cuanto llegaran a su punto de destino.

Jonás dentro del pez

Pero el Señor no había dado por terminados sus tratos con su siervo. Preparó un gran pez que se tragara a Jonás. Uno de los rabinos antiguos sugirió que ese pez fue preparado con ese fin desde la creación del mundo. La palabra hebrea significa "asignar, ordenar". Dios dispuso que el pez estuviese allí cuando Jonás fue echado al mar. La índole y las dimensiones del pez son de importancia secundaria para nosotros. ¡Mucho más importante que el pez es el hombre! No nos arriesgamos a ser desviados y perder de vista al principal protagonista con quien Dios estaba tratando. No hay razones naturales que permitan explicar todos los hechos en este caso. La única explicación para la preservación de Jonás en el vientre del pez es que fue un milagro. Nuestro Señor Jesucristo mismo dice, en Mateo 12:39, que fue una señal.

Jonás como tipo de Israel

Aun cuando el primer capítulo de este libro no contiene ni una sola palabra de predicción, está lleno de profecías relativas a Israel. Jonás es una representación de Israel. Al igual que al profeta, Dios escogió a Israel para que fuera su pueblo y su testigo (véase Deuteronomio 14:2; Ezequiel 20:5 e Isaías 43:10). Del mismo modo que Jonás, Israel recibió una comisión de parte de Dios (véase Isaías 43:10-12; 44:8). Tal y como lo hizo Jonás, Israel desobedeció la voluntad de Dios. (Compárese con Exodo 32:1-4; Jueces 2:11-19; Ezequiel 6:1-5; Marcos 7:6-9.) Así como Jonás se encontró en medio de hombres de distintas nacionalidades, Israel, en su desobediencia, ha sido esparcido por toda la tierra (Deuteronomio 4:27; Ezequiel 12:15). Mientras Jonás estuvo entre los paganos, llegaron al conocimiento de Dios; mientras Israel está entre las naciones, los gentiles llegan a conocer a Dios (véase Romanos 11:11). Jonás fue preservado milagrosamente dentro del monstruo marino. Israel ha sido preservado milagrosamente en el plan de Dios a través de muchos siglos de exilio y dispersión (véase Oseas 3:3; Jeremías 30:11; 31:35-37). En realidad, el libro de Jonás es una profecía de Israel.

EL PROFETA CASTIGADO

La situación de Jonás

En la parte final del primer capítulo de este libro se indica que Jonás permaneció en el vientre del pez que se lo había tragado durante tres días y tres noches. El Dios soberano que puede conservar la vida antes del nacimiento, podía hacer lo mismo con Jonás dentro del vientre del pez y efectivamente lo hizo.

Jonás se hallaba en estado consciente, aun cuando pudiera ser que no comprendiera la magnitud de su situación. Si bien el profeta de Dios estaba desobedeciendo el mandato de Dios porque no satisfacía sus propios deseos, sabía de modo instintivo a quién acudir cuando se hallaba en dificultades. Dentro del pez clamó a Dios en oración.

Ha habido muchos debates respecto al momento de esa oración, así como también sobre cuándo se puso por escrito para nuestra edificación. En el primer versículo del capítulo 2 resulta evidente que Jonás oró mientras estaba todavía cautivo en el vientre del gran pez. Jonás escribió su oración y todos los demás sucesos de esta profecía en una ocasión posterior a su liberación del pez y a su ministerio en Nínive.

Hay quienes creen que Jonás murió realmente dentro del pez y fue vuelto a la vida. Aparentemente se desea hacer la figura y tipo de la resurrección de Cristo tan estrechamente idénticos al cumplimiento o antitipo como sea posible. No es necesario mantener esta opinión. La característica principal de esta narración que mencionó nuestro Señor Jesucristo fue el factor tiempo. No es necesario hacer más suposiciones.

Algunos han dudado de que el profeta Jonás pudiera haber formulado semejante oración al Señor en las circunstancias en que se hallaba. Este es el argumento de la incredulidad. Las Escrituras indican con toda claridad que Jonás hizo esta oración mientras estaba dentro del pez, y eso es precisamente lo que sucedió. La palabra oró no implica necesariamente petición o súplica; puede referirse igualmente a una acción de gracias o alabanza.

Al leer y estudiar la oración del capítulo 2, vemos muy pronto que tenemos aquí no una petición por una liberación futura, sino una alabanza por una liberación ya realizada. Se ha sugerido que en el curso de su oración Jonás fluctuó entre la tendencia a desesperarse y la fe que le hace esperar en la segura liberación de Dios. Por el contrario, en vez de fluctuar, toda la oración respira la atmósfera de una liberación segura, a pesar de la enumeración de las terribles circunstancias en que se hallaba el profeta de Dios.

Obsérvese cómo dirigió su oración al Señor "su Dios" (versículo 1) y "Dios mío" (versículo 6). Estas expresiones muestran la fe de Jonás en su Dios. A pesar de que trató de huir del Señor, sabía positivamente que Dios no lo había abandonado y que en ese momento seguía siendo, igual que antes, su Dios en quien podía confiar. Por fe Jonás vio su liberación ya concedida y agradece a Dios por ello, aun antes de que se cumpliera realmente.

El capítulo está lleno de reminiscencias de los salmos, y esto nos muestra lo bien versado que estaba Jonás en las Sagradas Escrituras, y lo llenos que estaban su mente y su corazón de la Palabra de Dios. El libro de los Salmos revela cómo se derrama el corazón de los santos en momentos de la más profunda aflicción, al igual que en otras experiencias de la vida. El profeta ha guardado estas palabras en su corazón y ahora, en el momento de su mayor aflicción, puede hallar consuelo en ellas. El propósito de las Escrituras es que sean para nosotros también, como creyentes en Cristo, una fuente de consuelo y esperanza (véase Romanos 15:4).

Jonás había clamado al Señor a causa de su aflicción, y el Señor estuvo dispuesto a contestarle. Desde el seno del Seol, que era el lugar en que moraban los que se habían ido, había hecho su oración, y el Señor lo había escuchado. El sitio al que había sido llevado era equivalente a estar entre los que han perdido la vida. Sin embargo, Dios escuchó su clamor de ayuda.

Su situación habría sido suficientemente atemorizante si se hubiera debido a algún tipo de accidente. Pero Jonás sabía que se encontraba en esa situación debido a que había desobedecido y provocado a Dios. (Podemos encontrar pensamientos similares en Salmos 39:9; 18:4-6; 30:2; 120:1.) Ahora el profeta reconoce que su castigo proviene de Dios; era el Señor quien lo había echado al mar. Los marineros se limitaron a ejecutar el castigo que Dios le había asignado.

Pablo nunca se consideró prisionero de Nerón o de Roma (Efesios 3:1; 4:1; 2 Timoteo 1:8; Filemón 1, 9), sino de Jesucristo. Es una bendición recibir de Dios la capacidad de extenderse más allá de las circunstancias y ver la potente y amorosa mano de Dios en todos los asuntos y cambios de nuestra vida.

Notemos también "tus ondas y tus olas", que lleva el mismo pensamiento. Jonás describe con bastante claridad los detalles del peligro del que Dios lo ha rescatado. (Respecto a los modos de expresión, compárese con el Salmo 42:7, y véase en Isaías 43:2 una grata promesa de Dios para momentos como ése).

La oración de Jonás

Del versículo 4 al 7 tenemos la oración propiamente dicha que pronunció Jonás al encontrarse en peligro. Se sentía como que había sido echado fuera de la atención y cuidado especiales que ejerce Dios sobre los suyos. Ahora se da cuenta de lo terrible que es estar separado de la presencia del Señor. A pesar de hallarse desechado, todavía se volverá a Dios con fe. Tenía la esperanza de gozar en el futuro del privilegio de adorar en el templo de Jerusalén (véase 1 Reyes 8:29, 30, 38).

Resulta evidente de su testimonio en 1:9 que Jonás no confinaba la presencia de Dios al Templo, como hacían los paganos con relación a sus dioses. Conocía a Dios como Creador del cielo, del mar y de la tierra (compárese el Salmo 31:22 con Jonás 2:4).

Las aguas furiosas lo rodearon como para extinguir la vida física. Las algas, tan abundantes en el fondo del mar, parecían enredarse en él (Salmo 18:4; 69:1, 2). Jonás había descendido hasta los cimientos de las montañas, que se consideraba que estaban en el fondo del mar (véase el Salmo 18:7, 15). Se consideró desechado de la tierra como lugar de morada, y pensó que sus puertas de barrotes se habían cerrado sobre él para evitar que regresara. Aun cuando a Jonás le pareció, en el momento que sucedió, que aquella sería su suerte permanente, con todo Dios lo sacó milagrosamente del pozo, o sea, de la corrupción. Esa habría sido su parte si el Señor no hubiera intervenido a su favor (véase 1 Samuel 2:6; Salmo 30:3).

Cuando su alma se sintió agobiada, el profeta se acordó del Señor. Había visto la mano de Dios en la tormenta, en las suertes que echaron; pero en la hora de la más profunda aflicción reconoció a Dios y se acordó de El como nunca antes. Descubrió que al alma humilde le resulta fácil suplicarle al Señor. (Puede encontrar referencias en los Salmos 5:7; 18:6; 42:6; 142:3.) La oración de Jonás concluye con la plena confianza de que Dios ha oído. Sus oídos están siempre atentos al clamor de los justos.

La gratitud de Jonás

Al pasar por todas esas experiencias tremendas, el profeta aprendió una de las lecciones más grandes del reino espiritual. Descubrió que los que confían con celosa consideración en las vanidades ilusorias desechan su propia misericordia. Esta es una reveladora descripción no sólo de los idólatras, sino de todos los que depositan su confianza en objetos sin valor e inútiles, en lugar de confiar en el Dios vivo y verdadero.

La misericordia es algo que sólo puede proceder de El; por consiguiente, es una representación de Dios mismo. El es el gran Benefactor, la fuente de todas las misericordias y beneficios. Así conocía David también a Dios (se usa la misma palabra chesedh "misericordia", para Dios, en el Salmo 144:2; véase también Salmo 31:6 y 59:17).

Jonás nos muestra que no puede buscarse liberación sino sólo en el Señor. Ahora conocía la condición de los paganos, puesto que, al procurar huir del Señor, había abandonado también la única fuente de misericordia. El profeta había aprendido una valiosísima lección y estaba dispuesto a darle a Dios las gracias debidas a El. Agradecido por la intervención de Dios a su favor, Jonás promete ofrecer sacrificios de acción de gracias (Levítico 7:12-14) y cumplir sus votos, lo que indudablemente incluía el cumplimiento de su misión en Nínive. Al final del capítulo 2 hallamos a Jonás en la misma posición que los marineros en 1:16, ofreciendo un sacrificio y haciendo votos. Ha llegado a conocer ahora como nunca antes que la salvación, la liberación, ya sea del alma o del cuerpo, sólo puede provenir del Señor mismo. (En cuanto a la misma verdad, véase Salmo 3:8).

La intervención de Dios

Ahora que el castigado siervo del Señor se ha sometido a la obediencia, el Señor libera a su mensajero de su prisión. Mediante el ejercicio de su poder soberano, Dios mandó al pez que vomitara a Jonás en tierra seca. Las órdenes dadas por Dios a sus criaturas irracionales son obedecidas con mayor prontitud que las dadas a los seres humanos. Pluguiera a Dios que todos nosotros, como siervos del Dios vivo en Cristo, estuviéramos tan dispuestos a obedecer toda palabra de Dios como lo estuvieron el viento, la tormenta y el pez de los que se nos habla en esta narración tan veraz y significativa del libro de Jonás.

Es muy probable que la tierra en que fue arrojado Jonás fuera la costa de Palestina, cerca de Jope. Las cosas sucedieron conforme a la fe del profeta: la liberación que había recibido por fe estando en el vientre del pez se hace real ahora y la ve con los ojos.

Jonás e Israel

En la misma forma que los sucesos relatados en el capítulo 1 describen la historia de Israel, el capítulo 2 da más detalles de la figura del pueblo escogido de Dios en la historia de la vida de Jonás.

Aun cuando Jonás fue preservado por el Señor en el vientre del pez, al mismo tiempo estaba bajo la mano disciplinadora de Dios. Durante su exilio entre las naciones, Israel también, aunque milagrosamente preservado a pesar de las persecuciones por parte de las huestes satánicas, soporta el castigo del Señor. Deuteronomio 28 es una notable descripción, hecha con máxima fidelidad, de la condición en que se encontraría Israel durante la dispersión mundial. Sería oprimido, no conocería tranquilidad ni descanso para el cuerpo o el alma, su vida estaría continuamente en peligro y temor. (Lea con cuidado Deuteronomio 28:58-68).

Del mismo modo que Jonás temía una y otra vez estar al final de su vida física, así también Israel ha sido llevado a la desesperación de la existencia nacional una y otra vez. Pero Dios ha sido fiel en preservarle aun en medio del castigo. Es verdad que Dios ha utilizado naciones para este castigo; pero cuando se cumpla todo, el Señor someterá a juicio a las naciones culpables, como hizo en el caso de

Babilonia, Asiria y todos los demás opresores de su pueblo.

A causa del duro castigo impuesto por el Señor, Jonás clamó a Dios en oración. Moisés profetizó que Israel sería esparcido entre todas las naciones, y luego añadió las siguientes palabras importantes: "Mas si desde allí buscares a Jehová tu Dios, lo hallarás, si lo buscares de todo tu corazón y de toda tu alma." (Deuteronomio 4:29). Al hallarse en pruebas y tribulaciones entre las naciones, Israel todavía clamará a Dios en busca de su benévola liberación.

Cuando el profeta Jonás se volvió al Señor en verdad, el Dios de verdad lo oyó y lo restauró a su tierra. Israel será restablecido a la tierra de sus padres, retornado desde los rincones más lejanos del globo. Lo que vemos en nuestros días en una fase preliminar, se verá muy acelerado y facilitado cuando Dios envíe a sus ángeles, con gran sonido de trompetas, para reunir a su pueblo desde un extremo a otro de la tierra. (Compare con Mateo 24:31. Lea las brillantes promesas en Jeremías 16:14, 15; 23:7, 8 y 33:25, 26 y Ezequiel 28:25, 26, y esté seguro de que Dios hará que toda predicción se cumpla en su propio y bendito tiempo y hora.)

Tan cierta y seguramente como que Israel ha sido esparcido, preservado, castigado y disciplinado, será totalmente restaurado por el Señor a su propia tierra y heredad, a lo que es su derecho inalienable, concedido por Dios. En el momento mismo en que este pueblo se vuelva a Jehová su Dios con todo su corazón y toda su alma. El los sacará de su cautiverio, tendrá compasión de ellos, los hará volver y los reunirá de entre todos los pueblos en que hayan sido esparcidos (Deuteronomio 30:1-3).

Salvación del Señor

Más que cualquier otra cosa, Israel necesita aprender hoy la gran declaración del profeta Jonás: "La salvación es del Señor." El pueblo de Israel sabe que se encuentra en tiempos peligrosos; saben que hay fuerzas hostiles que los rodean por todos lados, y saben también lo diabólico que puede ser el enemigo en sus persecuciones. Pero no saben que la salvación es del Señor. Buscan la liberación en la esfera política, esperando contra toda esperanza que las naciones del mundo puedan resolver sus problemas. Están buscando la liberación en la esfera social, confiando en que la educación y la cultura social refrenarán los deseos hostiles de sus enemigos declarados. Están tratando de encontrar la liberación en la esfera militar, procurando al final defenderse por su cuenta. Pero estas y otras muchas estrategias no sirven para nada. Israel sólo puede obtener la liberación, la seguridad y la salvación por medio del Señor. Y esta salvación se imparte por medio de la Persona y la obra de uno solo, nuestro Señor Jesucristo, el Mesías de Israel.

EL PROFETA OBTIENE BUENOS RESULTADOS

La misión renovada

El propósito del Señor al castigar a su siervo era hacerlo más útil para la obra a que había sido llamado de modo muy claro. Así fue cómo le llegó a Jonás el llamamiento por segunda vez. En su maravillosa gracia, Dios volvió a enviar a su mensajero. Dios les da a los hombres una segunda oportunidad de servicio, tal y como lo hizo en los casos de Jonás, Pedro y Juan Marcos. (Esperamos no ser malinterpretados por los lectores. No estamos diciendo que Dios da una segunda oportunidad de creer en Cristo una vez que esta vida terrenal haya concluido. No existe tal enseñanza en la Biblia.) Gracias a Dios porque tiene paciencia con sus siervos descarriados y está dispuesto a darles el mensaje "por segunda vez".

Se le ordena a Jonás que se levante y vaya a Nínive con el mismo mensaje. Dios conoce las sutilezas de Satanás: si no impide la predicación de la verdad, intenta pervertirla. En la predicación de Jonás no debía haber cambio en el mensaje.

A Nínive se la llama "esa gran ciudad" (véanse también Jonás 4:11 y 3:3). La ciudad tenía un perímetro de aproximadamente noventa kilómetros. Un escritor antiguo describió a Nínive como de 480 estadios de circunferencia. Era mucho más grande que Babilonia. Los muros de Nínive tenían treinta metros de altura; su ancho era suficiente como para permitir la circulación de tres carros uno al lado de otro. El muro tenía 1.500 torres elevadas. Puesto que había en la ciudad más de 120.000 niños (4:11), se ha estimado que la ciudad se jactaba de tener alrededor de un millón de habitantes. Una cifra más conservadora es de 600.000 habitantes. No se trataba de una ciudad insignificante, y el corazón bondadoso de Dios se condolía de todos sus habitantes.

El profeta obediente

¡Cuán diferente es ahora el relato! Jonás se levantó e hizo exactamente lo que el Señor le había mandado. En lugar de su actitud caprichosa anterior, ahora vemos una obediencia inmediata. Jonás es ahora un ejemplo vivo de misericordia recibida por medio del arrepentimiento (véase Mateo 21:28, 29). ¡Ojalá Jonás tuviera más seguidores en su obediencia que los que tiene en su huida! Nuestro Señor nos dice que el profeta fue una señal para los moradores de Nínive (Lucas 11:30).

Se sabe que los ninivitas adoraban a Dagón, el dios pez, que era en parte hombre y en parte pez. Resulta muy interesante que "Oannes" (con "I" antes del nombre tiene el sonido de Jonás en el Nuevo Testamento) era el nombre de una de las encarnaciones de Dagón. Hay también un montículo asirio, llamado "Nebi Yunas" (el profeta Jonás). El arqueólogo Botta asoció los dos con Nínive y descubrió los muros de la antigua ciudad.

Aun cuando estas confirmaciones históricas resultan interesantes, el centro del relato se halla en la persona de Jonás mismo al traer el mensaje de Dios. El mismo había sido salvado de la muerte y, de este modo, podía darle a la ciudad pecadora de Nínive la esperanza en el Señor que tanto necesitaba. Una vez más, el relato recalca que Nínive era una "ciudad grande en extremo" (literalmente: "grande para Dios"); era grande para el Señor que no se deja engañar por las apariencias, sino que ve todas las cosas en su verdadera luz. Los tres días de camino vendrían a ser como noventa kilómetros, como ya lo indicamos antes.

Al entrar Jonás en la ciudad y recorrerla, predicaba su mensaje de advertencia. Aquí no se implica necesariamente una distancia definida, por cuanto no sabemos cuánto tiempo pudo haberse detenido el profeta en diferentes lugares.

Los burlones y escépticos han preguntado cómo pudo Jonás haberle predicado a un pueblo al que ni siquiera conocía, y no obstante hacerles entender su predicación. Pudo lograr con facilidad que los asirios lo entendieran. (En relación con esto, véase Isaías 36:11.) Había entonces un idioma de uso general, tal y como sucede en la actualidad. El aviso del juicio era en sí mismo un mensaje de gracia. Se les concedía un período de cuarenta días durante el cual deben volverse a Dios de sus malos caminos. Cuarenta es el número empleado en las Escrituras con relación a las pruebas. (Véase Génesis 7:17, el diluvio; Exodo 24:18, Moisés en el monte; 1 Reyes 19:8, Elías en su huida a Horeb; y Mateo 4:2, la tentación de Cristo.) Aquí se usa el mismo verbo que en el caso de la destrucción de Sodoma y Gomorra. Dios los amenazó con que iba a destruir por completo su ciudad, desde sus cimientos mismos.

El arrepentimiento de Nínive

Nuestro Señor dijo que Jonás había sido una señal a los ninivitas. La noticia de los acontecimientos registrados en este libro habían llegado hasta la gente de Nínive antes de que el profeta llegara a esa capital. En consecuencia, fue una señal para ellos. Podían ver en Jonás que Dios castiga el pecado; pero también que salva al pecador arrepentido. La historia sagrada conserva para nosotros sólo cinco palabras del mensaje de Jonás (en el original de 3:4); pero fue uno de los mensajes más grandes predicados jamás por el hombre, si no el más grande de todos. En ninguna parte de la Biblia ni fuera de ella encontramos una indicación de que un mensaje de Dios fuera usado por El en un grado tan amplio. ¡Porque toda la ciudad de Nínive creyó en Dios! En la historia de los avivamientos, nunca ha sucedido nada ni remotamente parecido a esto. Jonás fue una señal; pero el pueblo no se excitó con el profeta, sino que creyó en Dios.

Una fe semejante honra a Dios, y El la honra realizando grandes maravillas como respuesta a ella. Todos, tanto ancianos como jóvenes, todos sin excepción, se volvieron a Dios y dieron una clara demostración de arrepentimiento por sus pecados. Ayunaron y se vistieron de cilicio. Deben de haber razonado de este modo: ¿Por qué habría de enviar Dios un profeta para prevenirnos? Si hubiera querido destruirnos sin reservas, nos habría dejado seguir en nuestros pecados. Además, ¿por qué nos concede cuarenta días entre el pronunciamiento de la sentencia y el castigo mismo? Con toda seguridad, esto se debe a que Dios tiene intenciones misericordiosas y quiere que nos valgamos de su disposición de perdonarnos.

Esta reacción fue tan espontánea que ninguno esperó recibir órdenes del rey, ni lo consultaron para conocer su opinión a ese respecto. Y cuando el mensaje llegó a los oídos del rey (cuya identidad no se conoce), él reaccionó exactamente igual que sus súbditos. No hubo retrasos ni incredulidad ante ese mensaje, sino un pronto acatamiento de la implicación del mensaje. Se trataba de un llamamiento al arrepentimiento, en términos muy claros. El rey y el pueblo entendieron así la advertencia y actuaron de conformidad con ella.

Algunos explican ese arrepentimiento general (porque el milagro moral del capítulo 3 sobrepasa, con mucho, al milagro físico de tragarse el pez a Jonás, su preservación y vomitar al profeta en tierra, como se indica en los capítulos 1 y 2) sobre la base de que las naciones del Oriente son dadas al emocionalismo, que tienen un alto concepto de la adivinación y los oráculos, y que el hecho de que un extranjero predicara con imparcialidad y denuedo sobre los pecados de la ciudad debe de haber causado una profunda impresión en el pueblo.

El hecho esencial es que Jonás, que viene con un genuino mensaje procedente de Dios, recibe autenticación de su mensaje por el poder del Espíritu Santo en el corazón de los ninivitas paganos. En la hora del arrepentimiento, el rey y el pueblo estaban en el mismo nivel. Dios está interesado en el corazón contrito y humillado, no en la púrpura real ni los andrajos del pobre.

En los versículos 7 al 9 tenemos el decreto del rey y de sus nobles. El hecho de que los nobles participan con el rey en la promulgación del decreto revela que no se trataba de una monarquía absoluta (compárese Daniel 6:17).

En el decreto aparecen aunados dos veces los hombres y las bestias. Esto no es raro en el Oriente. Los historiadores antiguos nos dicen que los persas, después de la caída de su comandante Masistios, cortaron la crin de sus caballos y mulas. El ponerles cintas negras a los caballos en las procesiones fúnebres no es cosa rara ni siquiera en nuestro tiempo.

Cualquiera que haya sido el factor impulsor en la mente de los ninivitas, la acción se basa en una premisa cierta de que hay una relación entre el hombre y las bestias (Joel 1:18, 20), por lo que estas últimas se ven arrastradas al sufrimiento por causa del pecado del hombre, y de allí que ambos anhelan la liberación de la esclavitud de corrupción. (Véase el significativo pasaje de Romanos 8:19-25; también Isaías 11:6-9; 35:1-10). Si Dios hubiese destruido a Nínive, eso habría sido también la condenación de los animales de la ciudad (véase Salmo 36:6, 7). En 4:11, que es el versículo culminante de todo el libro, queda claramente establecido que Dios tiene cuidado tanto de los hombres como de las bestias.

El edicto real destaca la violencia junto con todo el mal camino de ellos, como aquello de lo que tienen que arrepentirse (compárese esto con Nahúm 3:1). Las crónicas de Asiria son catálogos de campañas militares, crueldades y saqueos. Todos debían arrepentirse, con la esperanza de que el Señor se volviera de su ira ardiente (véase Joel 2:13, 14).

Cuando las Escrituras dicen que Dios se arrepiente (tomando en consideración Números 23:19), es tan sólo un lenguaje de apariencias; el lenguaje del acomodo, desde el punto de vista del hombre. Los ninivitas creyeron que era posible la misericordia de Dios, sin que mediara ninguna seguridad específica para alentarlos. De allí que dijeran ¿quién sabe?

La ciudad perdonada

Cuando Dios vio lo que hicieron y que se habían vuelto de su mal camino, se arrepintió del castigo acerca del cual los había advertido y no lo hizo. Los actos de los ninivitas no fueron obras meritorias, por cuanto no se hace mención de sacrificios ni ofrendas, sino sólo de un verdadero arrepentimiento y fe en Dios.

Esto no es salvación por obras. Se hace referencia a su arrepentimiento en cilicio y ceniza, lo que manifestaba un cambio ocurrido en su interior. La disposición que caracterizó sus actos mostró que no estaban maduros para el juicio. (Nótese el principio establecido en Jeremías 18:7, 8; véase también Exodo 32:14.) Se dice que Dios, según el modo de sentir y comprender del hombre, se arrepiente, cuando El altera lo que se había propuesto hacer, o actúa de una manera no esperada por sus promesas o advertencias. En este caso, la sentencia que sirvió de amenaza estaba condicionada al arrepentimiento. Cuando se satisfizo y cumplió esa condición, Dios no tuvo necesidad de ejecutar la sentencia.

El relato bíblico nos da a entender que sin duda alguna el arrepentimiento fue verdadero (de otro modo Dios no habría perdonado a la ciudad por mostrar una conversión simulada); pero que fue de corta duración, lo podemos colegir por las profecías del libro de Nahúm, en las que se anuncia un juicio cierto sobre Nínive. Menos de un siglo más tarde, Dios destruyó esa ciudad; pero el arrepentimiento de los días de Jonás fue verdadero, como lo afirmó nuestro Señor en Mateo 12:41. Gracias a Dios por el poder que hay en el arrepentimiento, que libera el poder de Dios para que obre como a El le plazca. El Señor está mucho más dispuesto a bendecir que a juzgar. Por lo tanto, el libro nos enseña con claridad la eficacia del arrepentimiento, primeramente en el caso de Jonás y, luego, en el de los ninivitas.

Jonás: Una imagen de Israel

El capítulo 3, al igual que los anteriores, es una representación de los tratos de Dios con Israel, su pueblo escogido. Después que Jonás fue restaurado al Señor y a la tierra, recibió nuevamente la comisión de predicar el mensaje que Dios había querido inicialmente.

Cuando Israel se convierta al Señor, cuando el velo sea quitado de su corazón, cuando clame al Señor de verdad, en medio de su aflicción, Dios lo restablecerá no sólo a su propia tierra, sino también a la misión de ser su testigo en el mundo.

Esta misión se consigna repetidas veces en las Escrituras (Isaías 43:10, 12). Israel había de ser una nación sacerdotal que ministrara la voluntad de Dios entre las naciones (Exodo 19:5, 6).

Esta misión se cumplirá en el futuro. Los hombres de todas las naciones de la tierra comprenderán que Israel es el depositario de la verdad divina (Zacarías 8:20-23). En tanto que las naciones del mundo serán los labradores y viñadores en aquel tiempo, Israel cumplirá finalmente la voluntad de Dios para con él como sacerdotes del Señor y ministros de Dios (Isaías 61:5, 6). En aquel tiempo, Israel, igual que el Jonás de la antigüedad, estará armado con el mensaje de Dios para todos los pueblos.

Y todavía más, así como el ministerio de Jonás tuvo resultados gloriosos, gracias al poder de Dios, también usará el Señor a Israel para realizar lo que nunca se cumplió antes: la conversión del mundo. Pablo lo expresa como sigue: Que si el poner a un lado a Israel como nación ha significado el incalculable enriquecimiento y reconciliación del mundo, la restauración y recomisión del pueblo de Dios sólo puede significar vida de entre los muertos (Romanos 11:15). ¡Vida de entre los muertos! ¿En qué sentido? Del mismo modo que Jonás, volverán al Señor como de entre los muertos. Habrá una resurrección nacional (Ezequiel 37). El mundo verá a una nación resucitada espiritualmente. Entonces el mensaje de este pueblo será revestido de poder de Dios para hacer volver a las naciones de la muerte espiritual a la vida espiritual. Para ellos también será vida de entre los muertos. ¡Qué día de avivamiento mundial será ése! Toda una nación de Jonases estará predicando el mensaje de Dios a un mundo necesitado y perdido.

Nuestro misericordioso Dios

Cuán estimulante y consolador resulta para nuestro corazón redimido el meditar larga y satisfactoriamente en la misericordia de nuestro bondadoso Señor. A Dios no le complace la muerte del impío, ni que perezca el perdido, sino que todos se vuelvan de sus malos caminos y vivan. Pero lo triste es que hay muchos que no conocen la misericordia de nuestro Dios en Jesucristo el Señor, para vida eterna. ¿Y de quién resulta esto más cierto que de Israel? Amados de Dios, son los aborrecidos del mundo y de Satanás. Escogidos de Dios, son los despreciados y desechados de las naciones. Apreciados de Jehová, son los menospreciados y perseguidos de los pueblos. ¿Acaso no es ya tiempo de que ahora, por la misericordia que se nos concedió, puedan alcanzar también ellos misericordia? ¡Ojalá que todos recibamos poder para toda buena obra y palabra a favor de su salvación!

EL PROFETA ALECCIONADO

El enojo de Jonás

Si el hombre hubiera escrito este relato sin la ayuda del Espíritu de Dios, probablemente habría concluido al terminar el capítulo 3. Aparentemente se ha llegado al clímax con el arrepentimiento y el perdón de la perversa ciudad de Nínive. La misericordia de Dios se ha manifestado, el ahora obediente profeta de Dios ha tenido éxito on su ministerio, y la ciudad de Nínive ya no corre el peligro de recibir su terrible castigo.

¿Por qué no concluye aquí el relato? Porque hay un clímax todavía más grande, la verdadera meta y objetivo del libro entero. Porque Dios tiene que enseñarle a su siervo (y a nosotros por medio de él) ciertas verdades acerca de la estrechez de su corazón, así como la ilimitada grandeza del propio y bendito corazón de Dios.

Cada vez que lo leemos, el relato nos impresiona hasta asombrarnos, pues vemos que Jonás estaba sumamente disgustado y muy enojado. ¿A qué se debía el enojo del castigado mensajero de Dios? Algunos nos dicen que estaba ansioso por su reputación como profeta. Dicen que porque su predicción no se cumplió, temía ser el hazmerreír de sus compatriotas cuando volviera a su tierra (véase Deuteronomio 18:21, 22). La razón es más bien la que se indica en el versículo siguiente del capítulo 4. Jonás les regateaba las abundantes misericordias de Dios a los ninivitas paganos.

Se nos presenta aquí un tremendo contraste entre la actitud de Dios hacia Nínive después de su arrepentimiento y la actitud de Jonás hacia el arrepentimiento de la misma ciudad. Jonás había recibido la misericordia perdonadora del Señor en su arrepentimiento, pero no quería que con Nínive ocurriera lo mismo. Esto nos hace pensar en la parábola del Señor en Mateo 18:23-35. El corazón humano es siempre el mismo en todas las edades (Jeremías 17:9).

Jonás es como muchos en el día de hoy: les parece que podrían gobernar el mundo de Dios mucho mejor como El puede hacerlo. ¡Imagínese eso! El profeta de Dios estaba sumamente disgustado por la gracia y el perdón de Dios. Como nos sucede a tantos de nosotros, estaba deseando más el castigo de Nínive que su perdón. Suponía que sabía mejor que Dios cuál era el modo más apropiado de actuar.

La oración de Jonás

Sin embargo, el enojo del profeta no lo sacó de su disposición de orar. Sigue siendo un hombre de Dios que ora, pero seguramente no es en conformidad con la voluntad y el plan y el corazón del Dios infinito. Esto llega a ser cada vez más evidente a medida que el capítulo avanza hacia su majestuosa conclusión.

Como si Dios no tuviese conocimiento de los movimientos del corazón de Jonás, el profeta le explica al Señor que éste era el pensamiento predominante en su mente cuando recibió el mensaje la primera vez en su propio país, es decir, que Dios, siendo clemente y piadoso, tardo en enojarse, y de grande misericordia, y dispuesto a detener su mano en el juicio al ver arrepentimiento, perdonaría a la ciudad de Nínive si ésta volvía al Señor. (Véase Exodo 34:6, 7; Joel 2:13.)

Sin denotar vergüenza, Jonás pone al descubierto los impulsos motivadores de su corazón, que eran muy viles. El hombre no puede soportar que la gracia de Dios sea dada a otros. En su desaliento y enfado el profeta justifica su huida y sus rencillas con Dios por haber perdonado a Nínive.

Nos recuerda el hermano mayor en la parábola del hijo pródigo de Lucas 15. Son gemelos espirituales. Tan irritado y disgustado está Jonás que ora pidiendo la muerte (compare los versículos 8 y 9 también). En el capítulo 2 le da gracias a Dios por haberlo librado de la muerte. Aquí busca la muerte como algo mejor que la vida. ¡Cuán contrarios son nuestros deseos, y cuán irrazonables somos cuando estamos impacientes e irritados! También Elías pidió la muerte (1 Reyes 19:4), pero fue a causa de celo por la gloria del Señor y contra la idolatría de Israel. La petición de Jonás es totalmente egoísta e injustificable.

Nótese ahora la abundante gracia de Dios al tratar a su siervo. Aquí encontramos no sólo la gracia y el amor de Dios, sino también su infinita paciencia con el criticón Jonás. No hay palabras de reproche, ni de reconvención, ni castigo. El Señor trata de sacar a Jonás de su egoísmo para que pueda ver su enojo y su disgusto pecaminoso en su verdadera luz. Dios le hace al profeta una sola pregunta, que si su enojo tenía verdaderamente alguna justificación. ¿Tenía verdaderos motivos razonables para estar enojado? Como respuesta, Jonás salió de la ciudad y se construyó una enramada al oriente de ella, para ver cuál sería el destino final de la ciudad.

Se ha sugerido que Jonás adoptó esta actitud antes de que se cumpliera el plazo de cuarenta días que había anunciado. El reproche que Dios le hizo al profeta parece tener más fuerza si entendemos que ocurrió después de haber transcurrido los cuarenta días. Jonás no tenía medios para conocer la realidad o profundidad del arrepentimiento de Nínive. Tomando en cuenta la magnitud de la amenaza, esperó para ver si todavía pudiera haber un cambio en los propósitos de Dios respecto a la ciudad. En la condición mental de su extremo enojo, él puede haber pensado que Dios quería decirle, con su pregunta: "¿Por qué crees tener derecho a estar enojado, cuando por todo lo que sabes todavía puedo destruir la ciudad?" De cualquier modo, Jonás no comprendía que Dios usaría la enramada que él había hecho, como una escuela de disciplina para enseñarle una de las más grandes lecciones del mundo (si no la mayor de todas).

La calabacera, el gusano y el viento

Después que Jonás construyó su enramada, Dios hizo que creciera con rapidez milagrosa una calabacera. El Señor muestra su ternura al preocuparse por la comodidad física de su siervo, aun cuando éste último estaba totalmente en contra del plan de Dios. La calabacera era la planta del ricino, la palmacristi nativa de la India, Palestina, Arabia, Africa y Europa oriental. Por lo común, llega a tener una altura de entre dos metros cuarenta centímetros y tres metros. La planta tiene hojas grandes y crece en pocos días; pero se seca con facilidad si su tierno tallo sufre cualquier daño.

A causa de la sombra que le proporcionaba la planta, Jonás estaba ahora sumamente alegre, tanto como había estado grandemente enojado al principio del capítulo. Este es el único punto del libro en que se dice que Jonás estaba contento, y fue un gozo egoísta, basado en su propia comodidad.

¿Qué libro que conozcamos es tan fiel para mostrar tanto las faltas como las virtudes de sus personajes principales, como la Biblia? Mediante la extraordinaria alegría de Jonás debido a la calabacera, Dios trata de revelarle su propio gran gozo debido al arrepentimiento y preservación de Nínive.

A la mañana siguiente, por mandato del Señor, un gusano (o pudiera usarse el singular en forma colectiva para designar un número de ellos) hirió la calabacera y se secó. Los gusanos pueden despojar a la planta de todo su follaje en una sola noche, según dicen algunas autoridades en la materia. El súbito retiro de ese bien recibido alivio para el profeta habría sido suficientemente malo; pero como adición a su desgracia, al ardor de los rayos del sol se unió un fuerte viento oriental enviado por Dios. El calor bochornoso y de efectos agobiantes del siroco es algo proverbial en todo el Antiguo Testamento (véase Ezequiel 17:10). En medio de su desfallecimiento, Jonás le imploró a Dios que le enviara la muerte. Una vez más el Señor le preguntó si tenía derecho a estar enojado debido a la calabacera. Esta vez el profeta responde con énfasis que tiene todo el derecho de estar enojado, incluso hasta la muerte.

El corazón de Dios

Ahora que Jonás ha declarado de modo tan vehemente su derecho a estar enojado y su deseo de morirse, Dios está a punto de imprimir la lección de estas extrañas experiencias en la vida del profeta. Puesto que el profeta ha expresado tan claramente que se dejó afectar por la calabacera que le proporcionaba sombra y comodidad, se le puede mostrar ahora cómo él ha tratado de negarle a Dios su amor intenso a seres humanos, infinitamente más importantes que una calabacera.

Del versículo 10 resulta evidente por qué se escogió una planta de crecimiento tan rápido como la calabacera para que sirviera como lección objetiva para Jonás. Si hubiera sido una planta de crecimiento lento, él habría tenido que regarla y cuidarla. En tal caso, el regaño del Señor habría perdido su eficacia. ¡Cuán profunda es la sabiduría de Dios! El Señor le estaba diciendo a Jonás: Si llegaste a encariñarte tanto con la calabacera porque te servía y satisfacía tus deseos, una calabacera en la que no invertiste pensamientos, ni trabajo, ni afán, ni sacrificio, ni cuidados, que no la plantaste ni regaste ni atendiste ni podaste, una calabacera de corta duración, que crece con rapidez y muy pronto también desaparece, ¿acaso no he de dejar yo que mi amor y mi compasión fluyan en abundancia hacia multitudes de mis criaturas que son obra de mis manos, la corona de todos mis actos creativos, nutridos, alimentados y abastecidos por mí, y que nunca han de dejar de existir? ¿Hubo alguna vez una lógica más irrebatible que ésa? ¿Y hubo alguna vez un amor y una compasión tan ilimitados? No conocemos nada igual.

Observe cómo se consigna el tamaño de la ciudad de Nínive. Los que no pueden discernir entre su mano derecha y su izquierda son niños: según algunos, esto es a la edad de tres años, mientras que otros alegan que se refiere a los siete años de edad. Sea como sea, si suponemos que esta porción representaba una quinta parte de la población, eso quiere decir que la ciudad tenía unos 600.000 habitantes, lo que constituye una metrópoli de tamaño considerable, incluso de acuerdo con los cánones de la era moderna.

Además, había también mucho ganado, lo que indica la gran ternura del Señor que se preocupa también por los animales. Estos tienen una forma de vida que ni siquiera la calabacera posee. Aquí tenemos una manifestación del amor de Dios para con todas sus criaturas, incluso el ganado. Si Dios estaba dispuesto a perdonar a la malvada Sodoma por diez justos, con toda seguridad deseaba apiadarse de 120.000 y perdonarlos, quienes aunque nacidos en pecado, no habían llegado todavía a la edad del discernimiento y del pecado voluntario. ¡Cuánto mejor es caer en las manos del Dios vivo que en las del hombre! (2 Samuel 24:14).

La aparente brusquedad de la conclusión del libro es intencional y mucho más vigorosa que si el pensamiento se hubiera desarrollado de modo más detallado. Se ha llegado al verdadero clímax del pensamiento de la profecía y queda con el lector el mensaje de suma importancia del libro. La tierna voz del Señor proclama el amor de Dios a todas las naciones, y a todas sus criaturas necesitadas.

¿Cómo no tendrá El piedad?

No nos atrevemos a dejar las palabras con que concluye el libro como si fuesen una idea tardía. Es aquí donde se encuentra la clave del libro de Jonás. Todavía más, es aquí donde está la clave para llegar al corazón de las misiones. Este es el libro misionero más grande del Antiguo Testamento, si no de la Biblia completa. Está escrito para revelar el corazón de un siervo de Dios, que no había sido tocado con la pasión de Dios por las misiones. ¿No nos da esto en lo vivo?

¿Estamos más interesados en nuestra propia comodidad que en las necesidades de una multitud de almas perdidas en Israel que mueren en tinieblas, sin el conocimiento de su Mesías y Salvador, el Señor Jesucristo? ¿Nos sentimos más contentos de quedarnos con las "calabaceras", las comodidades del hogar, que de ver que el mensaje de Cristo sea llevado hasta los confines de la tierra, tanto a los judíos como a gentiles? Tal vez no discutamos con Dios, como lo hizo Jonás, por su benevolencia, misericordia y amor por las almas sumidas en la obscuridad y perdidas en el pecado; pero si no hacemos posible que puedan oír hablar de su gracia y poder para salvar perpetuamente, el resultado es el mismo, hasta donde les concierne.

¿Cómo no tendrá El piedad? El mensaje principal del libro, su tema central y dominante, es el de la Biblia misma. El amor de Dios siempre está tratando de salvar a los que están justamente condenados al castigo eterno (véase Génesis 18:23-33). ¿Podrá ser (o habrá de ser) Dios impedido en sus anhelos por el hecho de que un hombre insignificante sienta en su corazón objetar la ilimitada misericordia y amor de Dios? La Biblia da la respuesta inequívoca: El Señor no será estorbado por la estrechez del corazón del hombre, sino que se apiadará por la necesidad misma de su bendita naturaleza.

¿Cómo no tendrá El piedad? Si Dios no perdonara, ¿dónde estaría entonces la esperanza de nadie en el mundo? Ninguna generación humana, ni siquiera todas ellas combinadas, podría encontrar un modo de escapar de la ira de Dios, si Dios no se hubiera determinado a tener piedad. Si todas las naciones de la tierra deben hallar la provisión de vida eterna en la misericordia y la gracia de Dios en Cristo, ¿de qué otro modo habrá de ser redimido Israel?

¿Cómo no tendrá El piedad? ¿Cómo puede Dios dejar de tener misericordia cuando ha declarado de modo tan claro que se deleita en que se le suplique, que su intención es salvar a judíos y gentiles en respuesta a la fe en el Señor Jesucristo, y que El es rico en gracia para con todos sin diferencia?

¿Cómo no tendrá El piedad? ¿Dejará Dios de ser bueno porque nuestro ojo sea malo? (Mateo 20:15). Por el hecho de que hemos establecido innumerables distinciones entre los hombres y los hemos situado en incontables categorías, ¿habrá de hacer Dios acepción de personas?

¿Cómo no tendrá El piedad? En nuestra Biblia tenemos los notables ejemplos de Jonás y Pedro (Hechos 10), que eran reacios a llevar el mensaje del amor de Dios a los gentiles inconversos. ¿Nos atreveríamos a contar a los que son reacios y negligentes en llevar el mensaje de la gracia salvadora en Cristo a las ovejas perdidas de la casa de Israel? ¡Gracias a Dios eternamente, porque El sí tiene misericordia! ¿La tenemos nosotros también?

9

MIQUEAS: IRA SOBRE SAMARIA Y JERUSALEN

JUICIO SOBRE LAS CIUDADES DE JUDÁ

El mensajero de Dios

El nombre de Miqueas significa "¿Quién como Jehová?" No se sabe prácticamente nada del profeta, aparte del poblado en que residía, y el tiempo y lugar de su ministerio. Provenía de un pueblo pequeño llamado Moreset-gat, que se encontraba a unos treinta kilómetros al suroeste de Jerusalén. Eusebio y Jerónimo citan una tradición que ubicaba el lugar no lejos al este de Eleuterópolis.

El profeta era judío de nacimiento. Profetizó en Jerusalén y era el contemporáneo más joven de Isaías (compárese Isaías 1:1 con Miqueas 1:1). En Miqueas hay algunos pasajes paralelos a los de Isaías, sobre todo Miqueas 4:1-5 con Isaías 2:2-4. Se lo ha confundido, a causa de la identidad del nombre, con Micaías, hijo de Imla (1 Reyes 22:8 — en el original, el nombre de estos dos personajes deriva de un mismo nombre) que ministró durante el reinado de Acab. Como contemporáneo de Isaías, Oseas y Amós, su obra tuvo lugar en la segunda mitad del siglo ocho a.C. El profeta no menciona a ningún rey del reino del norte, o sea de Israel. Sólo los profetas de Israel mencionan a los reyes de ese reino.

Jeremías cita a Miqueas (Miqueas 3:12 en Jeremías 26:18, 19) y nuestro Señor Jesucristo también (Miqueas 7:6 en Mateo 10:35, 36).

La profecía de Miqueas se divide fácilmente en tres partes: capítulos 1 y 2; capítulos 3 al 5 y capítulos 6 y 7. Cada división está marcada por la palabra "Oíd" (1:2; 3:1; 6:1). Cada una de las divisiones del libro comienza con una reprensión por el pecado, luego siguen el anuncio del juicio y la promesa de bendición en el Mesías.

La venida del Señor en juicio

Si el mensaje del libro de Jonás es el amor de Dios para todas las naciones, el de Miqueas se refiere al juicio que vendría sobre Samaria y Jerusalén. Las profecías de este libro están dirigidas sobre todo a las ciudades capitales, como centros de influencia de toda la nación. Los versículos 1 y 5 del capítulo 1 indican que se tienen en perspectiva tanto el reino del norte como el del sur.

El Señor se revela inmediatamente como Juez. El llamado a oír está dirigido en 1:2 a todos los pueblos; en 3:1 a los príncipes de Jacob y a los jefes de la casa de Israel, y en 3:5, a los falsos profetas.

El primer emplazamiento para oír se dirige no sólo a Israel, sino a todas las naciones. Han de ser no jueces sino testigos del juicio de Dios. Es el Señor el que habla desde el cielo y testifica contra su pueblo Israel. (Pueden encontrarse expresiones similares en Deuteronomio 31:28; 32:1 e Isaías 1:2.)

El profeta describe al Señor como que sale de lo alto y holla los lugares altos (las montañas) de la tierra. Las imágenes se toman de la actividad de los terremotos y volcanes. (Compárese con Jueces 5:4; Salmo 18:7-10; 50:3; 68:8; 97:5; Isaías 64:1, 2 y Habacuc 3:5.) Se considera el juicio del Señor como que reduce la tierra a un caos. Los acontecimientos históricos que se representan aquí fueron la destrucción del reino del norte por Salmanasar, la invasión que llevó a cabo Senaquerib y la invasión de Nabucodonosor.

La destrucción de Samaria

Miqueas declara aquí en forma directa qué fue la causa del castigo de Dios: la transgresión de Jacob y los pecados de la casa de Israel. La ira de Dios había de caer sobre toda la nación, pues todos estaban involucrados. Para poner de manifiesto con mayor claridad a los culpables, el profeta pregunta cuál (literalmente quién) es la causa del pecado en Israel. La respuesta revela que las capitales eran las sedes de la corrupción, tanto en el reino del norte como en el del sur. Samaria y Jerusalén son núcleos de corrupción. La reforma que efectuó el piadoso rey Ezequías en el quinto año de su reinado no se había producido todavía.

Los lugares altos eran sitios en las montañas y los collados, donde se erigían altares para los sacrificios a los ídolos (2 Reyes 12:3; 14:4; Ezequiel 6:6).

A continuación se describe la destrucción de Samaria por los asirios. La hermosa ciudad iba a convertirse en sólo un montón de piedras. Iba a quedar tan completamente desolada, que la región volvería a convertirse en campos de labranza. Es probable que el lugar fuera originalmente un viñedo (1 Reyes 16:24). En su tiempo las piedras de la ciudad (3:12) serán echadas abajo desde la cima del collado en que estaba edificada la ciudad al valle dominado por la capital de Samaria. En pocas palabras, la suntuosa ciudad sería destruida hasta los mismos cimientos. Lo que iniciaron los asirios lo completó Juan Hircano (Josefo, Antigüedades. XII.28. 1). Al ser destruida la ciudad, todas sus imágenes serían despedazadas, y todos los donativos de amor ofrecidos a los dioses serían consumidos por el fuego.

El don de una ramera del que se habla en el versículo 7 se refiere al pago que se le daba a una ramera o prostituta del templo, como sucedía entre los fenicios (Deuteronomio 23:18; Oseas 9:1; Isaías 23:17). Aquí evidentemente la palabra significa las imágenes, como también los dones, erigidos en los templos de los ídolos por aquellos que creían haber recibido beneficios del dios inútil. Probablemente estos dones serían usados de nuevo por los paganos, para sus ídolos. Terrible es la paga del pecado, y Samaria iba a recibir su castigo en forma completa.

El castigo cae sobre Judá

Luego de haber descrito en forma gráfica la condenación de Samaria, el profeta de Dios dirige ahora sus palabras y predicciones al reino de Judá. Expresa de qué modo el juicio lo afecta personalmente. Su pena es genuina: se lamenta, aúlla y anda desnudo (una señal de duelo, 2 Samuel 15:30). Se compara su aullido con el de los chacales por su gemido; su lamento se asemeja al de los avestruces por su sonido lúgubre (véase Job 30:29 en su profundo pesar). La pena del profeta es todavía mayor, por cuanto el juicio no se detiene en Samaria. Se extiende por toda la tierra e incluye también a Judá. El golpe causa una herida incurable porque llega al corazón mismo de la nación, incluso a Jerusalén. La misma potencia asiria que venció a Samaria y al reino del norte amenazaría también a Judá y Jerusalén. (Véase también Isaías 10 y 36.) Los que han sido compañeros en el pecado, están condenados a ser compañeros en el juicio. Es una solemne verdad espiritual a la que todos haríamos bien en atender.

Condena de muchas ciudades

Desde el versículo 9 en adelante se encuentra la predicción de los efectos de la invasión de Senaquerib y su sitio de Jerusalén. El último versículo del capítulo 1 parecería como que lleva la verdad del juicio de Judá a la época de la cautividad babilónica. Las ciudades de Judá que habían de experimentar el azote de la invasión asiria aparecen enumeradas y se predice el juicio de cada una de ellas, en palabras que hacen juego con el nombre de cada ciudad.

Las primeras ciudades mencionadas se encuentran en la región montañosa de Judá. El enemigo va desde Samaria hasta Jerusalén. Las siguientes ciudades se encuentran en las cercanías inmediatas de Jerusalén; luego se enumeran las poblaciones de las tierras bajas de Judá, adyacentes al territorio de los filisteos. Nótese que no se dice que la capital esté destruida.

Ante todo Miqueas exhorta al pueblo a que no dé a conocer las noticias de la desolación de la tierra a la ciudad filistea de Gat. El desastre de Judá debe ser mantenido oculto de los enemigos filisteos de Israel, porque el profeta teme el regocijo vengativo de los enemigos del pueblo de Dios. (Encontramos una exhortación semejante en 2 Samuel 1:20.) En verdad, se le dice al pueblo que no llore en absoluto. Algunos han traducido esto, diciendo: "No lloréis en Aco", que era una ciudad marítima en Aser, llamada Tolemaida, entre Carmelo y Tiro. Pero el original no respalda esa traducción. Los cananeos nunca fueron expulsados de esa ciudad (Jueces 1:31) y nunca llegó a ser posesión de Israel.

En señal de aflicción (Josué 7:6), Miqueas se revolcó en el polvo en Bet-le-afra ("casa de polvo"). La ubicación de este lugar se desconoce. De este modo se le hizo saber al pueblo que iba a tener que lamentar su ruina en su propia tierra. Los habitantes de Safir (ubicación desconocida) habrían de ir en cautividad, en medio de vergüenza y desnudez; el pueblo de Zaanán (ubicación desconocida) no saldría a la batalla porque sería asediado (Josué 6:1); y el poblado de Bet-esel, con su lamento, no les permitiría quedarse allí en su huida, ni podrían brindarles refugio. Los habitantes de Marot (literalmente: "pueblo amargo", de identidad desconocida) esperarían en vano buenas noticias, por cuanto el enemigo llegaría con su invasión hasta las mismas puertas de Jerusalén (versículo 9). Sus esperanzas se verían dolorosamente frustradas.

El llamado llega ahora a la muy conocida y bien defendida ciudad de Laquis para que emprenda la huida (Isaías 36:2). La razón que se da para el repentino juicio sobre Laquis es que fue ésta la que introdujo la idolatría a Judá, tal y como Jeroboam, el hijo de Nabat, la había introducido en Israel. Era evidentemente el vínculo de idolatría entre Israel y Judá. No existen crónicas de esto en los libros históricos del Antiguo Testamento, aun cuando se ha sugerido que se guardaban allí los caballos dedicados al sol (2 Reyes 23:11), relacionados con la idolatría. El mismo pecado condenatorio de idolatría del reino del norte se encontraba en Laquis, por lo que debía soportar el mismo castigo.

El versículo 14 se ha interpretado de distintos modos. Algunos sostienen que Moreset-gat se había de llenar con dones para el enemigo; otros tienen la opinión de que se la concedería como ayuda necesaria, en tanto que otros más entienden que la ciudad misma (su nombre significa posesión o herencia) llegaría a ser heredad del enemigo al ir a la cautividad. La última interpretación es probablemente la mejor. La dote era el don que un padre le daba a su hija con motivo de su matrimonio. El hogar del profeta Miqueas caería en manos del adversario asirio cuando éste invadiera la tierra.

Las casas de Aczib (que significa "mentira" y que era probablemente un lugar al suroeste de Adulam) frustrarían las esperanzas de los reyes de Israel, la dinastía de Judá, que buscarían ayuda en ella.

Los *aczabim* del Antiguo Testamento son arroyos que en el verano se secan, engañando de este modo al viajero sediento (Jeremías 15:18).

El Señor llevaría la potencia asiria hasta Maresa para que la poseyera, y la nobleza de Israel, la gloria de la nación, se vería forzada a huir a Adulam (Josué 15:35; 1 Samuel 22:1). El enemigo asirio heredaría todo lo que tuviese frente a él, en la tierra.

El luto de Sion

Después de mencionar doce ciudades, Miqueas se dirige a Israel mismo. El profeta lo exhorta a que se rape y corte el cabello por sus amados hijos, porque se verá despojado de ellos en forma repentina.

En Deuteronomio 14:1 se prohíbe la costumbre de afeitarse la cabeza; no obstante, se siguió practicando entre el pueblo. Era una de las costumbres de luto (Isaías 15:2; Jeremías 16:6). Se compara su calvicie con la del águila calva o la del buitre, cuyo cuello y cabeza carecen de plumas.

La causa de este duelo es la cautividad de los hijos de Sion. Esto difícilmente podía aplicarse a la invasión de Senaquerib en los días de Ezequías; sino que parece más aplicable al tiempo de la condenación del exilio babilónico.

De este modo, el capítulo 1 concluye con el cuadro de un implacable juicio y condena sobre las ciudades del pueblo de Dios, a causa de su incurable pecado y transgresión de idolatría. El castigo que les aguarda está impreso de modo indeleble en los nombres mismos que llevan. La actividad más desastrosa que conoce el hombre es el pecado. Sus consecuencias son espantosas y se describen en forma extensa en las páginas de las Sagradas Escrituras.

Un duelo más grande en la actualidad

En el primer capítulo de Miqueas hay unas diez expresiones que señalan la triste y aflictiva condición de las ciudades de Judá e Israel. El profeta Miqueas no podía contemplar desapasionadamente la escena de destrucción y estrago. Su pena era inconsolable. Sin embargo, lo que contemplaba era solamente una invasión temporal de Senaquerib y una cautividad en Babilonia que duró sólo setenta años, aun cuando fueron amargos y abrumadores. ¿Pero cuánto más grande es la aflicción que caracteriza a Israel en la actualidad? Si Raquel lloró por sus hijos en la época de la cautividad en Babilonia (Jeremías 31:15) y la matanza de los inocentes perpetrada por Herodes (Mateo 2:18) la hizo llorar sin consuelo, ¿cuánto más se ve aumentada su pena en nuestros días? Traicionada por sus amigos y hostilizada por sus enemigos, su corazón se consume de dolor. Pero su aflicción puede ser mitigada. Usted y yo poseemos las gloriosas buenas nuevas de una redención consumada por el Mesías de Israel por todos los pecados y transgresiones de la nación, que pueden hacer que hasta el corazón más triste de Israel salte de gozo y se regocije en Dios, el Salvador.

IMPIEDAD UNIVERSAL

Los pecados notorios de Israel

Si en el capítulo 1 se atacan valerosamente los pecados del pueblo de Dios contra el Señor, en el capítulo 2 se reprocha de modo igualmente claro y desprovisto de temor los crímenes en contra del hombre. Se indica que la violencia y la opresión son razones morales para el juicio de Dios.

El profeta Miqueas pronuncia un lamento sobre los nobles de la tierra (Isaías 5:8) porque de noche, en sus casas, se ocupan en premeditar el mal, concibiendo el plan y desarrollando el esquema total o disponiendo los modos y medios, y finalmente poniendo en operación la trama al llegar la mañana. (Compare su acción con la del justo en Salmo 4:4.) Los impíos tienen éxito en lo que traman porque tienen poder para ejecutar sus deseos. Para ellos, el poder es sinónimo de rectitud. (Para expresiones similares, compárese esto con Génesis 31:29; Proverbios 3:27.)

El versículo 2 pone en claro lo que se proponen los malos con sus perversas maquinaciones. Codician los campos y las propiedades de los demás, y se apoderan de ellos mediante la violencia y la opresión, como lo hicieron los malvados Acab y Jezabel con la heredad de Nabot (1 Reyes 21). Cuando quiera que se tratan livianamente los derechos de Dios, los derechos del hombre no pueden esperar un trato mejor. Como en los días de Noé, cuando los caminos de los hombres se corrompen delante del Señor, llenan la tierra de violencia. No se necesita ser clarividente para establecer un paralelo con la situación de nuestros días.

La nación en el exilio

En contraste con las maquinaciones malvadas de los impíos, el Dios justo le advierte a la nación, con referencia especial a quienes cometen los hechos de los versículos 1 y 2, que está preparando un mal contra ellos. Pondrá sobre ellos un yugo del cual no podrán retirar su cuello. Este yugo impuesto por Dios es la invasión de la tierra por el enemigo y el exilio del pueblo de su tierra. Ya no caminarán erguidos los grandes de la tierra, pues el yugo que tendrán sobre el cuello se lo impedirá. Será una hora mala, el tiempo de su cautividad (véase Amós 5:13).

Para aumentar la miseria de Israel en la hora de su calamidad, sus enemigos levantarán un refrán sobre ellos para escarnecerlos y burlarse de ellos. Evidentemente, utilizarán las propias palabras de Israel. Las tres palabras hebreas (*naha, nehi* y *nihya,* constituyen un expresivo juego de palabras) dan la impresión de un gemido monótono: "lamentar con gemidos sollozantes". Entonces los que sufren el castigo en Israel lamentarán el hecho de que Dios les haya dado su tierra a las naciones circundantes. Se los priva de la tierra como castigo por haberse apoderado de la herencia de los pobres de la nación. Sus campos les serán dados a las naciones que son sus enemigas.

El versículo 5 ha sido interpretado de varios modos. Se dice que en Israel no quedaría nadie con autoridad para dividir la tierra y establecer los linderos. También se ha sugerido que se hace referencia a la división de la propiedad de un hombre entre sus hijos, después de su muerte; a los impíos de Israel no les quedará nadie que reciba la herencia. El probable significado de este pasaje es el siguiente: a causa de los pecados mencionados en los versículos 1 y 2, nadie recibirá herencia o posesión asignada. (En cuanto a la primera división de la tierra por suertes, mediante el uso de un cordel de medir, véase Josué 13:6.) La división de la tierra de Israel la iban a hacer ahora sus enemigos y no los israelitas. Estarían completamente a merced de sus enemigos, de tal modo que no se les permitiría dividir los terrenos para herencias. Los líderes impíos del pueblo ya no tendrán parte en la herencia del pueblo del Señor. Al apoderarse de la porción de otros, perdieron lo que les pertenecía.

Los falsos profetas

Las maquinaciones malignas, la codicia, la opresión y el orgullo van acompañados por una dureza de corazón que no les permitirá oír el mensaje y la palabra que vienen del profeta de Dios. No son sólo los falsos profetas los que les prohíben a los verdaderos profetas que anuncien los juicios inminentes del Señor, sino que Israel, como tal, lo ordena al profeta verdadero que guarde silencio cuando les predica un mensaje del Señor que no es de su agrado (véase Isaías 30:10; Amós 2:12; 7:16). Dios le toma la palabra al pueblo y, en el juicio, les cumple su deseo maligno. No tendrán profetas que les profeticen; pero, con la misma medida, no les será quitada su vergüenza. Si los profetas verdaderos no profetizan a los injustos (versículos 1 y 2) a causa de sus pecados, la deshonra y la vergüenza no se apartarán de la nación, sino que caerá sobre ellos destrucción. Cuando al hombre se le cumple su deseo, un deseo que no procede del Señor, siempre va acompañado de pobreza de alma.

Ahora el profeta Miqueas se enfrenta a la acusación de que la ausencia de profecías de bendición puede deberse a una escasez por parte del Espíritu del Señor. ¿Es su compasión menor que como ha sido en el pasado? No necesitan preguntarse si tales amenazas del profeta de Dios están de acuerdo con la misericordia y la gracia del Señor. ¿Se complace Dios en sus predicciones de juicio? En primer lugar, es a causa del pecado de Israel que fueron necesarias las predicciones de castigo hechas por los profetas. En forma repetida, las Escrituras aclaran que el corazón de Dios no se complace en afligir a sus criaturas. El castigo es tan sólo el resultado de que sus súplicas amorosas son despreciadas y desatendidas.

Todavía más, si sus caminos hubiesen sido agradables al Señor y ellos hubieran hecho la voluntad de Dios, sus palabras no les habrían llegado en la forma de amenazas. Si tan sólo hubieran caminado con rectitud, el Señor siempre se habría deleitado en bendecirlos. Dios habría captado el arrepentimiento, de haber habido, y habría actuado a favor de los piadosos. Por consiguiente, los tratos del Señor con ellos no tenían restricciones, sino que la culpa era de ellos.

Impiedad del pueblo de Dios

Con el fin de revelar cuán culpables eran, el profeta vuelve a describir sus múltiples pecados, que son gravísimos a los ojos del Señor. Aun en tiempos recientes, la opresión de ellos han aumentado, de tal modo que se comparan a un enemigo, a un enemigo invasor. Al robarles a los desvalidos y a los indefensos, no sólo son enemigos de sus víctimas, sino también del Señor (Exodo 22:25-27 y Deuteronomio 25:18).

Las capas mencionadas pueden ser los cobertores de los pobres durante la noche. Se sugiere que los malos roban a sus propios compatriotas que regresan victoriosos de la batalla y se consideran seguros. Los que son objeto del despojo son probablemente transeúntes pacíficos e inocentes. La vida se hace insegura para aquellos que no tienen intenciones de dañar a sus conciudadanos (Salmo 120:7).

Las mujeres expulsadas de sus casas, que son su delicia, son indudablemente viudas desamparadas y desprevenidas. Y sus niños huérfanos quedan privados también de su sustento. (Véase Isaías 10:2 para una descripción de las condiciones del mismo período en la historia de Israel.) Las casas que son su delicia son los hogares heredados de sus maridos, a los que están prendidos sus recuerdos. Sus propiedades les son arrebatadas sin misericordia y se los desaloja.

La gloria (o alabanza) de la que se habla con relación a los niños es el sustento que reciben de parte de Dios, una prueba de la bendición de Dios sobre ellos. Los opresores del pueblo no hacían ninguna distinción de sexo ni de edad. Ni había muestras de arrepentimiento por parte de los responsables por esos atropellos, pues el pasaje indica que pretendían seguir con esas acciones en forma "perpetua".

La sociedad en que no se perdona ni a las viudas ni a los huérfanos se encuentra sin duda en un estado muy bajo de moralidad. En toda la Biblia se tiene a las viudas y a los huérfanos como que están bajo el cuidado especial del Señor, y todo el que abuse de ellos en forma perversa no quedará sin castigo. Por consiguiente, el Señor ordena en tono perentorio: "Levantaos y andad."

Algunos estudiantes de este pasaje entienden que el mandato va dirigido a los piadosos que no podían encontrar descanso en medio de tanta corrupción. Sin embargo, nosotros entendemos que se dirige a los impíos que serán despojados de sus herencias al ir al exilio ya predicho. Dios está amenazándolos otra vez con quitarlos de su propia tierra, que ya no puede seguir soportando sus atropellos.

La intención de Dios fue que Canaán fuera un lugar de reposo (Deuteronomio 12:9, 10) para su pueblo, y eso fue en tiempos de obediencia y bendición. Sin embargo, debido a la corrupción de la tierra por sus obras infames, ahora la tierra iba a vomitar a sus habitantes. (En Levítico 18:25, 28, tenemos la advertencia dada por medio de Moisés.) Los términos del pacto palestino (Deuteronomio 28 — 30) prometían bendiciones y permanencia sobre la tierra, con la sola condición de la obediencia. En caso de desobediencia, sólo había una alternativa: el exilio. Por consiguiente, Miqueas está pronunciando la violación o el incumplimiento de este pacto, y el exilio que inevitablemente seguía.

Puesto que el pueblo de Dios rehusó la orden de los profetas que hablaron con verdad la palabra de Dios procedente del Señor, estaban tanto más dispuestos a recibir y acoger a los falsos profetas. Comoquiera que esos falsos mensajeros, que corrían cuando no eran enviados, hablaban lo que tenían en su mente y corazón, se dice de ellos que caminan tras el viento (así lo expresa el texto hebreo) y que trafican en mentiras. (En cuanto a este fenómeno, compárense los pasajes de Jeremías 5:31; Ezequiel 13:3 y Oseas 9:7.) Las cosas que son engañosas e inestables satisfacen el corazón del que hace oídos sordos a la palabra y a la revelación de Dios. Cuando los hombres se vuelven de la verdad, no se ocupan en algún substituto que sea superior, sino en puras fábulas.

¿Pero por qué son tan populares los falsos profetas? Porque le dicen al pueblo lo que quiere oír. Sin preocuparse por la verdad, tienen libertad para halagar todos lo caprichos del pueblo. Unicamente los profetas que se mostraban indulgentes con los placeres pecaminosos del pueblo podían esperar serle agradable. Aun el profeta más falso, que los halagaba, era aceptable para los contemporáneos de Miqueas. El tema del mensaje de los profetas perversos era la satisfacción de los placeres terrenales. Sin embargo, el pueblo se había apartado tanto de la verdad divina, y su sensibilidad espiritual había llegado a endurecerse tanto, que aceptaban de buena gana el ministerio de esos miserables charlatanes y farsantes.

No tememos exagerar al decir que la razón principal para el surgimiento de la orden de los falsos profetas era el carácter impopular del mensaje del verdadero profeta del Señor. En todas las épocas hay quienes están más deseosos de recibir elogios de los hombres que alabanzas del Señor, y nuestra generación no constituye una excepción.

La reunión del remanente

Después de una denuncia tan vívida de los pecados de Israel, difícilmente se esperaría que Miqueas cerrara esta porción de su profecía con una promesa de bendición y restauración futuras. Por eso algunos interpretan los dos últimos versículos del capítulo 2 como un anuncio de castigo y no como una promesa de liberación. Sin embargo, las transiciones repentinas no son cosa desconocida en los profetas (véase Oseas 2:2; 6:1; 11:9). Tales casos podrían multiplicarse en todos los escritos proféticos. Por consiguiente, el cambio brusco que hay aquí va totalmente de acuerdo con los métodos de los profetas.

También es preciso que recordemos siempre que Dios se complace en mostrar misericordia y procura siempre bendecir. El profeta predice, con palabras enfáticas, la restauración de Israel después de la dispersión. Tanto Jacob como Israel, las diez tribus y Judá, volverán a unirse. La restauración después de la cautividad de Babilonia por medio de Ciro no puede agotar la promesa, pues aquélla fue parcial y nuestro profeta dice: "te juntaré todo". La nación reunida otra vez será conducida a un lugar de ricos pastos.

Bosra era famosa por sus excelentes pastos (2 Reyes 3:4), y las ovejas de Bosra pueden haber sido tan famosas como las vacas de Basán (Amós 4:1) y los carneros de Nebaiot (Isaías 60:7). Cuando se reúnan, harán un gran estruendo, como es usual en una gran multitud de personas.

La promesa del versículo 12 es realmente conmovedora; pero lo mejor de la predicción se encuentra todavía en el futuro. El pueblo de Dios no volverá a reunirse como ovejas sin un líder. El quebrantador, el que abre caminos y quita obstáculos irá delante de ellos. Este no es otro que el Mesías de Israel que derriba todo obstáculo que haya en el paso de su pueblo. En este versículo tenemos tres veces la bendita promesa de que, así como El fue delante de ellos cuando salieron de Egipto (Exodo 13:21 y Deuteronomio 1:30, 33), así el Señor irá delante de ellos en el día venidero, y permanecerá a la cabeza del pueblo (Isaías 52:12). Cuando el Mesías despeje el camino, se abrirán paso desde las ciudades enemigas donde habrán sido mantenidos cautivos, y pasarán por las puertas. Nadie podrá impedir la restauración, porque la obra de su Mesías prometido hecha a su favor será eficaz. Se ve aquí a Cristo en su triple plenitud de: Quebrantador, Rey y Jehová. Todas las bendiciones de Israel para todos los tiempos están relacionadas de modo inseparable con el Bendito de Jehová: Cristo, el Señor.

GOBERNANTES, SACERDOTES Y PROFETAS CULPABLES

Gobernantes injustos

Del mismo modo que los capítulos 1 y 2 constituyen la primera porción de la profecía de Miqueas, los capítulos 3 al 5 constituyen la segunda división del libro.

La segunda sección comienza con la misma exhortación a oír las palabras del mensajero comisionado por Dios. El capítulo 3 es una expansión del juicio expresado en 2:1, 2.

Es notable cómo las acusaciones de Dios se pueden expresar en formas tan variadas, evitándose así una penosa monotonía. Los doce versículos de nuestro capítulo se dividen por igual en tres párrafos. Los versículos 1 al 4 están dirigidos a los gobernantes; los versículos 5 al 8 hablan a los profetas; y a continuación, los gobernantes, los sacerdotes y los profetas se encuentran todos incluidos en los versículos 9 al 12.

Los príncipes de Jacob y los gobernantes de Israel son los jueces y magistrados. En Isaías 1:10 se toma en consideración al mismo grupo. Miqueas les pregunta, con la intención de despertarlos de este modo a una seria reflexión sobre sus malos caminos, si no son ellos precisamente los que deben conocer de un modo práctico las demandas y características de la justicia. ¿Acaso no eran el deber especial de ellos y su responsabilidad conocer la justicia? Puesto que estaban acostumbrados a sentarse para juzgar a otros, debían estar conscientes del castigo que les aguardaba por sus malas obras. (Véase un enunciado de este principio en Romanos 2:1.) Su condenación es mayor porque dejaron de cumplir en forma deliberada lo que constituía su deber especial.

A continuación el profeta Miqueas describe con lenguaje vívido y vigoroso las condiciones morales y espirituales que prevalecían en su época. Quienes debían haber sido ejemplos con su amor por el bien y su aborrecimiento del mal, se caracterizaban (así lo expresan los verbos en el original) por su habitual aborrecimiento del bien y su amor por el mal. Se compara su conducta inhumana contra los pobres e inocentes a la matanza brutal de animales para comer sus carnes. Se reseñan todos los procedimientos de esta transacción con la más franca descripción de los despiadados métodos de los explotadores del pueblo de Dios. (Encontrará otras expresiones similares, aunque no tan completas, en Salmo 14:4 y Proverbios 30:14.)

Parece que se recurría a toda clase de crueles vejaciones para que esos jueces impíos pudieran despojar de sus bienes a sus compatriotas. ¿Cuándo comprenderán los gobernantes sin conciencia que están provocando la ira de Dios con sus notorias malas obras? Sólo cuando el juicio de Dios caiga sobre ellos se darán cuenta del alcance y de la enormidad de sus abominables modos de obrar. Si el lector desea ver de qué manera tan amplia forma parte este tema de los pronunciamientos y predicciones de los profetas de Dios, bastará incluso que les eche un vistazo a los libros proféticos. Qué contraste hacían estos líderes con el Pastor de 2:12. (Nótese la condena que hay en Ezequiel 34:1-10 y la gloriosa predicción de 34:23, 24).

No se deja a los transgresores de la justicia a que conjeturen cuál será el castigo de Dios para ellos; se les declara cuál será su situación en el tiempo de la ira de Dios. Entonces clamarán al Señor pero El no querrá escucharlos. Su clamor tendrá sólo como fin verse liberados de las aflicciones y no se deberá a un verdadero arrepentimiento por sus pecados. Como se negaron a escuchar el clamor de los necesitados, el Señor les pagará con la misma moneda (véase Jeremías 11:11; Proverbios 21:13). Cuando llega la hora del juicio de Dios, se ha acabado la época de la gracia y la paciencia. El Señor esconderá su rostro de ellos (¡qué castigo indecible es éste, puesto que es la esencia del castigo del infierno!) y los dejará perecer en sus iniquidades. Tan bendita como es la gracia de Dios, así de terrible es su ira.

Profetas mentirosos

Si la conducta de los gobernantes era censurable y reprensible, la de los profetas, falsos mensajeros a los que Dios no había enviado, no era mejor en absoluto. La segunda porción del capítulo responde al tema del que trata 2:6, 11, donde se hacen acusaciones contra los profetas mentirosos. Estos últimos engañaban intencionalmente al pueblo, al no denunciar sus pecados, lo que provocaba el disgusto de Dios. Fomentaban en el pueblo de Dios la complacencia y la seguridad carnal, en lugar de declarar sin temor la verdad y la voluntad de Dios. Halagan al pueblo y lo estimulan en sus pecados. Y mientras ellos estén bien provistos de alimentos y de todo lo que necesiten, estarán dispuestos a profetizar paz y prosperidad para la nación. Sin embargo, cuando no están tan bien provistos, predicen guerras y calamidades. Eran hábiles para darles forma a sus mensajes para que sirvieran a sus propios intereses egoístas. Cuando no se hacía lo que deseaban ni se les daba lo que exigían, preparaban (literalmente, santificaban) guerra contra sus opositores. Anunciaban una guerra inminente como un juicio santo de Dios, como para vindicar el honor del Señor en contra de sus enemigos (véase Isaías 13:3; Jeremías 6:4).

Por cuanto estos engañadores han profanado de tal modo el sagrado oficio del profeta, el Señor declara de cuatro modos diferentes, en el versículo 6, las calamidades que caerían irremediablemente sobre ellos. Una imagen común para describir las calamidades y aflicciones es la obscuridad o las tinieblas (Isaías 8:22; Amós 5:18; 8:9). Los que cegaban los ojos y la mente del pueblo serían heridos con noche, obscuridad y tinieblas profundas. La práctica del engaño siempre es desastrosa para los que se acostumbran a ella. La luz que estuvo presente antes se convierte realmente en obscuridad.

Ahora el profeta clasifica a los videntes y adivinos junto con los falsos profetas, porque así como sus obras tienen el mismo objetivo, o sea, la práctica del engaño y de la hipocresía, de la misma manera su fin será el mismo y su castigo idéntico. Al igual que los profetas de Baal en los días de Elías, los profetas mentirosos de la generación de Miqueas serán avergonzados. Cubrirán sus labios. En el Oriente, los hombres se enorgullecían de sus bigotes y sus barbas. El cubrírselos era señal de vergüenza y duelo silencioso (véase Levítico 13:45). Su vergüenza será manifiesta a todos, por cuanto no habrá respuesta de Dios. Ya no pretenderán tener respuestas de Dios, porque tendrán que enfrentarse a la dura realidad de las calamidades que Dios habrá enviado sobre ellos. El Señor no permitirá que suceda ninguna de sus predicciones. Entonces aparecerán con toda claridad como mentirosos que nunca fueron enviados por Dios.

A continuación Miqueas establece un contraste entre él mismo y los falsos profetas y videntes. Al hacerlo así, nos describe claramente las características distintivas del mensajero de Dios. Cada detalle de la descripción tiene una gran importancia. Miqueas estaba lleno del poder del Espíritu de Jehová. Hablaba guiado por el Espíritu Santo, mientras que los falsos profetas hablaban de su propio espíritu. Su mensaje se originaba en ellos, en sus propias facultades y poderes humanos falibles. Por el contrario, las palabras de Miqueas estaban siempre vigorizadas y controladas por el Espíritu Santo (véase Jeremías 5:13; Ezequiel 13:3).

Puesto que el profeta de Dios estaba lleno del Espíritu Santo, estaba también facultado para declarar de modo imparcial el juicio santo de Dios. Además, estaba lleno de poder o valor moral y de denuedo santo para proclamar la verdad sin verse afectado por los deseos del pueblo. Por el contrario, los falsos profetas no tenían en cuenta las exigencias de la verdad y estaban siempre ansiosos por complacer los caprichos y considerar los gustos de sus oyentes. Los verdaderos profetas (ya que lo que era cierto respecto de Miqueas describía el ministerio de todos los profetas de Dios) no tenían que ser sobornados por favores anticipados del pueblo. El mensajero del Señor necesitaba una preparación semejante con el fin de declararle a Jacob sus transgresiones y a Israel su pecado. El profeta tenía que declarar lo que el pueblo quizá no quería oír; pero que no obstante necesitaba oír.

En este versículo ocho del capítulo tres tenemos un retrato escrito de la preparación y habilitación del profeta de Dios. Todos los que hablan en el nombre de Dios en cualquier época hacen bien en medirse de acuerdo con esta norma establecida por Dios. El corazón de nuestro Dios nunca quedará satisfecho con menos que esto. Con contrastes tan definidos entre los profetas verdaderos y falsos, ¿cómo pudo Israel jamás haber fallado en distinguir lo espurio de lo genuino? Su vida sensual, su baja condición moral y su despreocupación por las cosas de Dios cegaron sus ojos y entorpecieron su sensibilidad ante estos asuntos tan vitales. La hora en que vivimos es un trágico comentario sobre las mismas condiciones prevalecientes entre muchos que se dicen cristianos. Observe con cuidado la descripción y la advertencia que aparecen en 2 Timoteo 4:1-4.

El juicio inminente

Después que el profetas Miqueas ha reprendido severamente a los impíos de Israel, se vuelve ahora para resumir la acusación dirigida contra los dirigentes de la nación en el versículo 1. Está poniendo en práctica su misión del versículo 8 que consiste en reprocharle al pueblo su pecado y sus iniquidades. Podrá notarse que en todas estas denuncias no se dice nada en contra del rey mismo (como tampoco en las profecías de Isaías), por cuanto en esa época ocupaba el trono el piadoso rey Ezequías. Pero es evidente que era impotente para refrenar a los líderes codiciosos y voraces.

Los príncipes y jefes de la nación, mediante su aborrecimiento de la justicia y la perversión de todo derecho, estaban edificando a Sion con sangre y a Jerusalén con iniquidad. El pensamiento aquí no es que estuvieran sacrificando su vida para edificar la ciudad, sino que la construían por medio de extorsiones y robos. Erigían para sí mismos grandiosas residencias a costa de la miseria humana, de aflicciones y de homicidios. Las riquezas obtenidas mediante el derramamiento de la sangre de sus legítimos propietarios se usaba para afianzar los intereses mezquinos y perversos de los líderes de Israel (véase Jeremías 22:13; Ezequiel 22:27 y Habacuc 2:12).

En una gran acusación contra las tres clases — los jueces, los sacerdotes y los profetas —, Miqueas detalla los pecados principales de cada grupo. Los magistrados hacían pronunciamientos judiciales a cambio de cohechos. Estas prácticas estaban claramente prohibidas en la ley mosaica (Exodo 23:8; Deuteronomio 16:19). Es imposible administrar justicia de modo imparcial una vez que se ha recibido un soborno.

Los sacerdotes no eran mejores, pues enseñaban al pueblo por paga, mediante el cobro de una remuneración. Los sacerdotes fueron designados por Dios para que instruyeran al pueblo de Dios en la ley, y eso sin paga alguna. Cuando lo hacían por paga, su imparcialidad quedaba embotada. El Señor les había asignado a los sacerdotes lo que les correspondía y por eso la ley les exigía que enseñaran gratuitamente. (Los pasajes que siguen se refieren a este tema: Números 18:20; Deuteronomio 17:8-11; 18:2; 21:5; Levítico 10:11; Ezequiel 44:23, 24 y Malaquías 2:7).

Los pecados de los jueces y de los sacerdotes se equiparaban con las malas obras de los profetas. Estos adivinaban por dinero, mostrando con ello que eran profetas falsos. La palabra *adivinar* nunca se usa en el Antiguo Testamento en buen sentido. Al igual que Balaam y otros profetas paganos, estaban dispuestos a profetizar favorablemente para sus patronos por un precio.

Es verdaderamente triste el cuadro que tenemos de los líderes de Israel de la época de Miqueas. Donde quiera que uno buscara guía o dirección, ya fuera a un juez, un sacerdote o un profeta, prevalecía una consideración dominante: las recompensas, el cohecho o el dinero. Y lo peor de todo era que había una confianza orgullosa e infundada en la presencia del Señor (véase Jeremías 7:4, 8-11). Se jactaban de que, debido a que el Señor estaba en medio de ellos, ningún mal podía sobrevenirles. Esto equivalía a pretender que Dios los estaba bendiciendo en sus malos caminos. Considérese lo ofensivo que debió de ser para el Señor que quienes afirmaban ser su pueblo (y lo eran), se gloriaran de que su presencia estuviera entre ellos con el fin de proporcionarles, mediante esa pretensión, un encubrimiento para sus malas obras y sus intereses egoístas.

La copa de su iniquidad estaba llena, de modo que Dios debía derramar sobre ellos su ira y su juicio. Miqueas predice que, por sus pecados, Sion será arada como un campo, Jerusalén vendrá a ser montones de ruinas y Moríah será como un bosque impenetrable.

La referencia a Sion toma en cuenta la ciudad de David al sur de la capital; Jerusalén incluye las porciones del centro y al norte de la ciudad, y Moríah se refiere al templo en el oriente.

El profeta está anunciando la desolación completa de la ciudad de Jerusalén. Esta profecía se cita en Jeremías 26:18. Los pasajes de Nehemías 2:17; 4:2 y Lamentaciones 5:18 indican el cumplimiento literal de estas palabras de Miqueas. En el Talmud está registrado (Jerónimo lo mencionó y el filósofo judío Maimónides lo repitió) que cuando los romanos, a las órdenes de Tito, destruyeron Jerusalén en el año 70 d.C., un oficial del ejército romano llamado Rufo aró los cimientos del templo con un arado. Se le da poco crédito a este relato. Con la invasión y destrucción de la ciudad efectuada por Nabucodonosor se cumplió la profecía con una triste precisión. Verdaderamente la paga del pecado es muerte, y muerte en todos los aspectos y esferas de la vida.

La noche de Israel

Las palabras que dirige Miqueas a los profetas de su tiempo que estaban en sus pecados son aplicables en la época actual a Israel, el antiguo pueblo de Dios. Se encuentran en una noche espiritual. Carecen de visión y recurren a los planes de sus dirigentes falibles. Su situación espiritual es de veras obscura; pero Dios ha hecho provisión para esta situación misma. Por gracia envió al Mesías prometido, el Señor Jesucristo, como la luz del mundo para iluminar a este pueblo asentado en tinieblas (Isaías 9:2). La muerte de Jesús y su obra redentora a favor de ellos pueden poner de manifiesto el amor de Dios por ellos y pueden disipar toda obscuridad, tinieblas y noche de sus corazones entristecidos.

EL MESÍAS Y LA GLORIA MILENARIA

¿Miqueas o Isaías?

Cuando se comparan los tres versículos iniciales del capítulo 4 de Miqueas con Isaías 2:2-4, se ve que los pasajes son prácticamente idénticos. Esto ha hecho surgir un interrogante respecto a la procedencia original del material. ¿Fue Isaías el que citó a Miqueas o viceversa? ¿O los dos citaron una profecía todavía más antigua?

Aun los expositores ortodoxos y reverentes tienen opiniones divididas sobre ese tema. Algunos sostienen que Miqueas citó a Isaías, mientras que otros opinan que Isaías usó la profecía de Miqueas, que parece cuadrar mejor con el contenido de las predicciones de este profeta menor. Lo cierto es que es difícil ser dogmático a este respecto. El contexto de Miqueas parece favorecer la profecía; pero hay múltiples ejemplos en que los profetas efectúan cambios rápidos en su enfoque. No se podría tomar esto como prueba de que no fue Isaías quien pronunció primero esta profecía. De cualquier modo, es la inspiración del Espíritu Santo la que nos asegura que en ambos casos tenemos la mente de Dios.

Paz y prosperidad milenarias

El tema principal que se desarrolla en el capítulo 4 es la restauración de las bendiciones y la gloria de Sion. El capítulo 3 concluye con palabras de severo castigo sobre Israel. Ahora tenemos lo opuesto del juicio expresado en 3:12. Dios interpone palabras de misericordia y de gracia después de haberles descrito el castigo que en aquel tiempo amenazaba al pueblo y la tierra.

La frase "en los postreros días" es bien conocida en los escritos proféticos. De este modo se hace referencia en toda la Escritura al período que antecede a la era mesiánica y también a ésta última. Aquí tenemos una clara referencia al tiempo del reinado del Mesías sobre el Israel unificado y restaurado. El majestuoso y bendito reinado del Mesías superará a todo gobierno y soberanía en todo el mundo. Sion será el centro espiritual y de gobierno del mundo entero.

Algunos entienden que el pasaje no enseña una elevación de altura física, sino sólo una elevación de la dignidad moral y espiritual. Si entendemos correctamente Zacarías 14:9, 10, habrá cambios físicos definidos que darían lugar a vastas alteraciones.

Este reino no se limitará a los piadosos de Israel: los pueblos y las naciones de toda la tierra serán atraídos de modo irresistible al centro del reino del Mesías. Ese movimiento será de carácter espontáneo (éste es el significado del original en la palabra correrán), brotando del corazón de las naciones redimidas. Animándose unos a otros, acudirán al lugar en que gobierne el Mesías, para recibir instrucción constante en los caminos de Dios. La Palabra de Dios y toda la enseñanza de su voluntad las impartirá el Señor mismo. (En Zacarías 8:20-23 se encuentra una profecía similar sobre esa misma época.)

¡Imagínese por un instante, si quiere, que de Washington, Londres, París, Berlín, Moscú y otros lugares acudan a Jerusalén a aprender la voluntad de Dios! ¿Podrían tener aplicación estas cosas en nuestros días? No; tendrán lugar en la era del reinado personal y visible del Mesías, el Señor Jesucristo, sobre el trono de David, su padre. Pero el Mesías no sólo será Rey y Maestro en esa época ya señalada, sino también Arbitro final de todas las disputas entre las naciones. Incluso los países poderosos distantes de la sede de su gobierno obedecerán sus pronunciamientos autoritativos. Si llegara a haber insubordinación, se resolverá en forma sumaria (véase Apocalipsis 2:27; 12:5).

En aquel tiempo no habrá necesidad de recurrir a la fuerza para resolver las disputas: el efecto del reinado del Mesías será paz. Los instrumentos que antes servían para guerrear y matar, se utilizarán con fines pacíficos. Las armas que se utilizaban con propósitos destructivos serán transformadas en herramientas útiles y provechosas. Las naciones dejarán de adiestrarse para la guerra y ya no estudiarán más las ciencias militares y estrategias.

¡Qué época más gloriosa! Pero su cumplimiento deberá ser efectuado por Dios mismo según su plan: las Naciones Unidas no tienen poder para lograr esa situación. En realidad, les resulta muy difícil tener paz en sus propias deliberaciones.

El versículo 4 del capítulo 4 no se encuentra en Isaías; pero es una continuación del cuadro de prosperidad y seguridad completa (compárese con 1 Reyes 4:25; 2 Reyes 18:31 y Zacarías 3:10). La vid y la higuera son nativas de Palestina. Los viñedos eran muy comunes, como puede verse en las leyes que les conciernen (Exodo 23:11; Levítico 19:10; 25:3, 4; Deuteronomio 20:6). La vid llegó a ser el símbolo de la nación de Israel entre los profetas y salmistas (Isaías 5:1; Jeremías 2:21; Oseas 10:1; Salmo 80:8). En los últimos tiempos de Israel se la encontraba con frecuencia en las monedas judías. Entre otros pasajes, la higuera se menciona en Deuteronomio 8:8 y 2 Reyes 18:31). Tanto la vid como la higuera forman enramadas naturales. El pensamiento del profeta Miqueas es que los hombres estarán seguros aun sin sus lugares habituales de vivienda. Se encontrarán a salvo viviendo a campo abierto. No habrá pobreza; nadie se apoderará de los bienes ajenos, ni habrá guerras que despojen o aterroricen a quienes estén viviendo con tranquilidad.

Aun cuando esto parezca increíble, con todo es cierto, por cuanto Dios lo ha dicho. Si fuera el hombre quien prometiera esto, podríamos desconfiar; pero Dios tiene poder para cumplir lo que anuncia.

El versículo 5 ha confundido a los intérpretes, en vista de la profecía del versículo 2. Se ha sugerido que tales palabras habrían sido dichas por los judíos durante su dispersión. Por cuanto ven la devoción de las naciones paganas a sus dioses, toman la determinación de no olvidarse nunca de adorar al verdadero Dios. Desde luego, el profeta no está dando a entender que cada nación adorará al Dios verdadero bajo el nombre de su propio dios. Aquí hay un contraste entre la adoración de ídolos y la adoración eterna de Dios. Lo que Miqueas declara es que, aun cuando los pueblos paganos adoren en la actualidad a sus propios dioses particulares, Israel, en la época de gloria y paz que acaba de describir, se encontrará en un estado de bendición espiritual, porque estará adorando al Dios eterno y caminando bajo su poder y su fuerza.

La restauración del reino davídico

Antes de que Israel pueda disfrutar la gloria del reinado mesiánico, debe ser reunido de su dispersión mundial y establecido en su propia tierra. Miqueas indica esto claramente a continuación. Porque, como preparación para el reinado de nuestro Señor Jesucristo, el Señor reunirá a su rebaño, a las ovejas lisiadas, descarriadas y afligidas. El tiempo es el que se indica en el primer versículo del capítulo 4.

La figura del rebaño disperso resume el cuadro usado en 2:12, 13 sobre la restauración de Israel. Las ovejas se encuentran en condiciones tan lastimosas debido a que el Señor las ha afligido por sus pecados. Pero con ellas constituirá el Señor su remanente; las multiplicará, les dará poder y gobernará sobre ellas en el monte Sion para siempre. (Compárese esto con Isaías 9:6, 7; Daniel 7:14, 27; Lucas 1:33; Apocalipsis 11:15.)

El profeta dirige ahora sus palabras a dos lugares: Migdal-eder o torre del rebaño y Ofel, que era la ladera del sureste de la colina del templo. Génesis 35:21 menciona la torre de Eder como un lugar cercano a Belén. Según Jerónimo (que vivió en Belén en el siglo cuarto d.C.) la torre de Eder se encontraba a aproximadamente kilómetro y medio de distancia de Belén. Por tanto, el primer sitio representa el lugar de nacimiento de David (y también del Mesías, como lo indica el capítulo siguiente de Miqueas), y el segundo representa a Jerusalén, donde gobernó. Se anuncia ahora a estos lugares el hecho de que les será restablecido el antiguo dominio, el de David y Salomón; pero muy ampliado y aumentado, en el reinado de nuestro Señor Jesucristo, el Mesías de Israel.

Babilonia conquista a Judá

De la visión de la incomparable gloria venidera del reino milenario, el profeta se vuelve a continuación hacia el obscuro futuro que esperaba a la nación. Aun cuando el castigo no se aplicó hasta un siglo después de los días de Miqueas, el profeta anunció con toda claridad el asedio babilonio y la invasión de Judá.

El futuro cercano reserva el exilio del pueblo a Babilonia. Se presenta a la nación gritando de terror debido a que se aproximan los caldeos. El profeta le pregunta a la nación por qué no se vuelve hacia su rey o consejero.

Algunos entienden que la pregunta tiene un contenido burlón respecto a la aflicción de Israel. Es mucho más probable que se haya hecho para indicarle a Israel su condición de impotencia cuando su rey haya sido llevado en cautividad por los babilonios, como sucedió en el caso de Sedequías. (Véase Jeremías 52:9; Lamentaciones 4:20; Ezequiel 12:13.) Mediante el término *consejero* es posible que se haga referencia también al rey (Isaías 9:6). Antes del día bendito de la venida del gran Rey, Judá perderá todo gobierno real.

Miqueas continúa con la imagen de una mujer que está de parto y predice que la hija de Sion pasará por una gran pena y aflicción antes de que llegue el momento de su gozosa liberación. Se describen de manera muy vívida los detalles de su calamidad. Cuando la ciudad sea capturada, sus habitantes se verán obligados a abandonarla. Sin defensa y sin una ciudad fortificada, tendrán que vivir en el campo. Finalmente serán llevados a Babilonia. Miqueas, igual que Isaías, mira más allá del poder actual de Asiria al poderío venidero de Babilonia.

Pero el mismo versículo que anuncia la cautividad predice la liberación de la misma. Mediante la repetición de la palabra *allí* se nos informa que el lugar donde sean oprimidos será también el de su liberación. El Señor iba a redimirlos por mano de Ciro. (Véase Isaías 43:14; 44:28; 45:1-4; 48:20.) Babilonia sería el azote en manos de Dios para castigar a su pueblo; pero ellos a su vez recibirían el castigo a manos de Ciro. La esencia del mensaje del profeta en el versículo 10 es: Deben sufrir; pero el dolor se convertirá en gozo. El parto provoca dolor; pero hay gozo en el momento del nacimiento. Así es como el sufrimiento de Israel concluirá en el día de su liberación.

Asedio mundial de Jerusalén

Hay expositores que creen que en el versículo 11 Miqueas continúa con el tema de la invasión babilónica. Entonces la mención de las naciones se refiere a los diferentes pueblos representados en los ejércitos de Nabucodonosor.

Lo que no se explica es por qué, en esta ocasión, estos diferentes grupos en los ejércitos habrían de ser señalados de modo tan especial. ¿Acaso no era costumbre de los gobernantes llenar las filas de sus ejércitos, en sus campañas militares, con personas de muchos orígenes? Nos unimos a muchos otros que creen que el profeta se refiere a un asedio distinto al del versículo 9.

De la contemplación del asedio babilónico, el Espíritu de Dios hace que su visión pase al último gran ataque de las naciones del mundo contra Israel. Los acontecimientos son los que aparecen en Joel 3, Zacarías 12 y 14, Ezequiel 38 y 39 y otros pasajes proféticos de los libros del Antiguo Testamento.

En el versículo 2 se nos informó que habrá una gran confluencia de pueblos y naciones en Jerusalén, para escuchar la ley y la Palabra de Dios; pero a ese día lo precederá otro, en el que las naciones intentarán dar su embestida final contra la amada ciudad y pueblo de Dios. Su intención será profanar a Sion. La imagen que se toma es la de una virgen y significa aquí que Sion será profanada mediante la cruel matanza del pueblo de su tierra y la profanación de sus lugares sagrados. Los sitiadores contemplarán con deleite las calamidades de los judíos. La llenarán de oprobio cuando ella esté sumida en la vergüenza y el dolor. Sus enemigos experimentarán un enorme placer al ver su aflicción. No podrán comprender el amor, la sabiduría y la gracia de Dios que supeditarán las calamidades de Israel tornándolas en bendiciones. En su odio ponzoñoso contra Sion, las naciones creerán haber dado con un plan que les permitirá asestarle a Israel un golpe de muerte definitivo.

Su ceguera es evidente, cuando comprendemos que el hecho de reunirse así, en una confederación mundial contra Israel, no es más que la acción del Señor al juntarlas como gavillas para la trilla. La figura de las gavillas y la era es imagen de la destrucción completa de un pueblo. (Véase Isaías 41:15, 16; Jeremías 51:33).

¿Quién realizará la trilla? Dios ha dispuesto que la acosada hija de Sion sea quien trille a las naciones impías. Como si fuese un buey que pisotea el grano, su cuerno será hecho fuerte como el hierro, y sus pezuñas de bronce infligirán un castigo terrible a las hordas rebeldes que hayan venido contra la congregación del Señor.

Toda esta triste operación no será una toma de venganza contra enemigos inveterados. Todo cuanto se haga será para la gloria de Dios (Isaías 60:1-9). Los conquistadores paganos acostumbraban separar una porción de su botín para los dioses en sus templos. El Israel victorioso dedicará las riquezas ganadas con sus triunfos para adornar el templo del Señor. En aquel día Él será conocido como Señor de toda la tierra. Es maravilloso nuestro Dios que puede sacar de la matanza, los despojos y la rebelión del hombre pecador, gloria suma para su nombre digno de alabanza.

LA PERSONA Y LA OBRA DEL MESÍAS

Humillación de Israel

El primer versículo del capítulo 5 de nuestro texto en español es el último del capítulo 4 del texto hebreo. Es probable que la división de capítulos del texto en hebreo sea mejor, puesto que aquí hay un retorno al pensamiento expresado en el versículo 9 del capítulo 4.

Se exhorta a Sion a que se congregue en tropas para resistir al enemigo. Se la designa como hija de guerreros, no solamente a causa de los que están estacionados dentro de ella y en los distritos adyacentes, sino porque está asediada.

El enemigo ha puesto sitio a Jerusalén. Durante el asedio, el enemigo hiere en la mejilla con una vara al juez de Israel. El juez que se menciona aquí es probablemente el rey. (Véase Amós 2:3; Miqueas 3:1, 9, 11.) Herir en la mejilla era uno de los mayores insultos para un oriental (1 Reyes 22:24; Job 16:10). El asedio concluye en conquista, porque sólo de ese modo podía verse expuesto su líder a esa indignidad.

¿A qué invasión de Jerusalén se hace referencia aquí y quién es el rey que sufre tal humillación? Algunos de los que han estudiado este pasaje, opinan, basados en parte en el versículo 2 del capítulo 5, que la persona a la que se hace referencia aquí es el Señor Jesucristo. Aun cuando aquí puede haber un anuncio de la humillación de Cristo, hay tres razones por las que el objeto primario de la referencia no puede ser el Señor. En primer lugar, Cristo no fue herido en ningún asedio. Segundo, no fue herido con una vara (compárese esto con Isaías 50:6; Mateo 26:67, 68; 27:30). Finalmente, fue herido por su propio pueblo, en tanto que, en este caso, el sitiador es un enemigo extranjero.

Lo que Miqueas predice es el tratamiento vergonzoso que recibió el rey Ezequías al producirse la invasión babilónica de Judá, el reino del sur. Ningún otro asedio que sufrió Jesuralén después de esa época llenaría todos los requisitos de este pasaje. Al ser herido su rey, Israel estaba sufriendo de ese modo el oprobio por sus pecados, que provocaron su cautividad en Babilonia.

Nacimiento y ministerio del Mesías

Se contrasta la degradación del juez de Israel con la grandeza del futuro Gobernante de Israel. Miqueas indica primeramente el lugar del nacimiento del Mesías de Israel. Belén Efrata estaba a una seis millas romanas de distancia al suroeste de Jerusalén y era el lugar en que nació David (véase Rut 1:1, 2; 4:11).

Había dos ciudades con el nombre de Belén, de modo que esta población de Judá se distingue gracias al nombre añadido, de la Belén perteneciente a la tribu de Zabulón (Josué 19:15). Belén (Bet-lehem) significa "casa de pan" y Efrata viene de una raíz que significa "fructífero". Por lo tanto, ambos nombres se refieren a la fertilidad de la región.

Se indica que el lugar del nacimiento del Rey es demasiado pequeño para ser considerado entre los millares de Judá. Las tribus se dividían en familias, clanes o millares, con un jefe o príncipe sobre cada uno de esos grupos (véanse Exodo 18:25; 1 Samuel 10:19). El profeta indica el carácter insignificante del pueblo, pues sabemos que no se lo menciona entre las ciudades de Judá en Josué 15, ni se halla en la lista de ciudades de Nehemías 11. En Juan 7:42 se menciona a Belén como una aldea o pueblo pequeño. También se indica aquí la humilde condición de la dinastía Davídica. De esa pequeña aldea saldría el Señor que gobernaría a Israel.

Las palabras *me saldrá* resultan significativas puesto que muestran que la venida del Señor habrá de cumplir los propósitos de Dios. El vendrá en la voluntad del Padre para cumplir los planes del Padre. (Véanse 2 Samuel 23:3; Jeremías 30:21 como comentarios sobre este pasaje.)

Este Señor viene de Belén en el tiempo; pero El no está sujeto al tiempo. Sus salidas han sido desde el principio, desde la eternidad. Esas salidas ocurrieron en la creación, en sus apariciones a los patriarcas y durante toda la historia de la redención en el Antiguo Testamento. Las frases de este texto son posiblemente la afirmación más contundente en el idioma hebreo para indicar una duración infinita (Salmo 90:2; Proverbios 8:22, 23). Aquí se enseña la preexistencia del Mesías, así como también su participación activa en tiempos antiguos en los propósitos de Dios.

Isaías, contemporáneo de Miqueas, ya había proclamado (9:6, 7) la naturaleza divina del Mesías. ¿A quién le atribuían los eruditos judíos la personalidad de este Señor? Los intérpretes rabínicos entendían que se trataba del Mesías, aun cuando diferían respecto a quién debía ser. En los días de Herodes, los principales sacerdotes y los escribas no tenían duda alguna respecto al sitio en el que nacería el Mesías (Mateo 2:4-6).

Así como es unánime la interpretación del versículo 2, tan dividida es en lo que se refiere al versículo 3. Unos conectarían el versículo 3 con el 1 y mostrarían el resultado de herir al juez de Israel en la mejilla, conectando todo esto con el juicio que vendría sobre Israel por el rechazo de su Mesías. Otra sugerencia es que Dios entrega a Israel al sufrimiento bajo los caldeos por causa de su pecado. La nación no será restaurada hasta aproximadamente el tiempo del nacimiento del Mesías. Nosotros sostenemos, juntamente con muchos otros, que a causa de lo que se anunció en el versículo 2, resulta claro que el nacimiento del Mesías en Belén, en lugar de Jerusalén, que era la capital del reino, sólo podía significar que la familia de

194 Los profetas menores

David había venido a menos y que Israel había sido entregado al poder de sus enemigos.

Así fue. Cuando el Mesías nació en Belén, Israel se retorcía bajo el yugo firme y mortificante de la dominación y opresión romanas. La mujer en sus dolores de parto es la nación en general y la Virgen María en particular. Isaías ya había anunciado el nacimiento virginal (Isaías 7:14; véase también Apocalipsis 12:1-6).

En la última parte del versículo no se afirma que habría judíos procedentes del extranjero que se reunirían con los que estaban en la tierra, para recibir al Mesías cuando apareciera. El pensamiento del profeta, de conformidad con muchos otros pasajes de los escritos proféticos del Antiguo Testamento, es que los de Judea de la tribu del Mesías se unirían con los miembros de las otras tribus en su propio territorio, antes del ministerio anunciado en el versículo siguiente. Predice la reunión de los judíos dispersos por todo el mundo a causa del juicio de Dios.

En los versículos 4-6 se considera la segunda venida del Mesías. El que fue rechazado se convierte en el Pastor de Israel. El estará y perdurará todo mientras apacienta a su rebaño, y tendrá en su corazón las necesidades de su pueblo.

No hay designación más hermosa ni expresiva de Cristo en el Antiguo Testamento ni en el Nuevo, que la de Pastor de su rebaño. El oficio de pastor expresa bien su cuidado y protección reales (véase 2 Samuel 5:2; 7:7). El concepto de apacentar conlleva también la idea de gobernar (Isaías 40:11). Cumplirá todo su ministerio en la fortaleza del Señor y en la majestad del nombre de Jehová su Dios. Aunque El se subordina al Padre (Juan 20:17), la grandeza de la cual se habla será más que dotación divina de un gobernante terrenal humano.

Durante el señorío y gobierno del Mesías, Israel permanecerá; habitará en paz y seguridad. Es el mismo pensamiento que estuvo ante nosotros en 4:4. En la época en que el profeta ve el cumplimiento de la predicción, el Mesías será grande, pues su señorío y su poder se extenderán al mundo entero. (De los muchos pasajes acerca de este tema, véanse Salmo 2:8; 72:8; Malaquías 1:11, 14.)

Lo que significará la venida del Mesías para su pueblo y para el mundo está resumido bajo el pensamiento de paz. El Señor será paz. La tendrá en sí mismo y la impartirá a su pueblo. (Véase cuidadosamente Efesios 2:14; Isaías 9:6, 7). Será todo esto para Israel en sentido triple: 1) defenderá a la nación contra sus enemigos (versículos 5 y 6); 2) le dará poder para que triunfe sobre sus enemigos (versículos 7-9; y 3) destruirá todas las armas de guerra y también la idolatría (versículos 10-15), de modo que la guerra ya no será una posibilidad. (Véanse los mismos elementos en Isaías 9:4-6; Zacarías 12:1 — 13:1.)

Siloh será el autor de la paz y podrá mantenerla también. A continuación se revela cómo se llevará a cabo esto. Algunos explican el asirio del versículo 5 como una indicación de un enemigo asirio en los tiempos del fin, antes del reinado terrenal del Mesías. La mayoría de los expositores considera esa referencia como representativa o típica; o sea, que la consideran como un tipo de las naciones, porque la asiria era la que amenazaba a Israel en la época de Miqueas. El enemigo de aquel entonces representa a todos los adversarios de Israel. Por lo que vemos en Joel 3, Zacarías 12 y 14 y otros pasajes, resulta evidente que, al final de la gran tribulación, habrá una campaña confederada de las naciones de la tierra, para eliminar a Israel, el pueblo escogido de Dios. Todo el antisemitismo desde los días del faraón de Egipto hasta la época actual y más allá, conduce a este ataque colosal.

Pero el Mesías será el campeón de la causa de Israel en esa hora. Levantará un bastión poderoso que se menciona aquí en la forma de siete pastores y ocho hombres principales, en contra de las violentas embestidas del enemigo. (En cuanto a las cifras, véanse Proverbios 6:16 y Eclesiastés 11:2.) Contendrán eficazmente el ataque de los enemigos. Luego la batalla será llevada a territorio enemigo. Así como el enemigo invadió el territorio de Israel, de igual manera sus propias fronteras se verán violadas.

Se menciona a Nimrod porque en él se puede decir que se unen Babilonia y Asiria (Génesis 10:10). La liberación vendrá por medio del Mesías, quien usará a los suyos para devastar (literalmente: devorar) la tierra del enemigo.

La revelación del Mesías en esta porción es verdaderamente total. Primeramente se lo ve como el bebé que nace en Belén; se lo señala como el Eterno, cuyas actividades han sido desde la eternidad; a continuación se manifiesta su gobierno de Pastor; en seguida se presenta ante nosotros su carácter de portador de la paz y, finalmente, se revela como el gran Libertador de su pueblo. Nadie fue nunca tan humilde como El y nadie fue nunca tan majestuoso. ¡Qué porción tan maravillosa es El siempre para los suyos!

Israel bendecido bajo el Mesías

En dos imágenes vívidas se presenta al remanente del pueblo del Señor que disfrutará la abundancia del reinado del Mesías. Se lo compara primero con el rocío del Señor y con las lluvias. Puesto que en Palestina no llueve desde comienzos de mayo hasta fines de octubre, el rocío, la neblina nocturna de los meses estivales es esencial para las cosechas de verano.

El rocío nos da idea del abundante, refrescante y fertilizante ministerio de Israel entre las naciones. Tanto el rocío como la lluvia dan la idea de abundancia. Será el Señor quien la conceda, absolutamente por gracia y de modo totalmente independiente del deseo o la voluntad del hombre.

Los justos de entre las naciones disfrutarán de esta fase del servicio de Israel; pero también habrá rebeldes. Para éstos, Israel será como un león devorador e irresistible. En las manos de Dios, la nación israelita servirá de dos modos distintos: como fuente de refrigerio (rocío y lluvias) y como fuente de poder y juicio (león). Prevalecerán sobre todos sus enemigos; pues cuando su mano se alce con poder y victoria sobre sus adversarios, todos sus enemigos serán derrotados.

Cuán diferente es este cuadro de la ilustración con que comienza el capítulo cinco. La diferencia está en la actitud de Israel hacia la voluntad de Dios; cuando su actitud es contraria a esa voluntad, Israel se encuentra en dificultades, opresión y humillaciones; cuando está en el centro de esa voluntad, él es fuente de refrigerio, poder y bendición en manos del Señor.

Depuración de Israel

Para que el Señor pueda utilizar a Israel, le quitará todos los apoyos carnales en que confiaba. Los males de todo tipo deberán ser desarraigados y desechados. Los caballos y los carros, en los que Israel solía confiar, serán destruidos. Habían sido prohibidos ya en los tiempos de Moisés (Deuteronomio 17:16). Sus ciudades fortificadas serán destruidas. Las hechicerías manejadas manualmente serán abolidas y los agoreros desaparecerán. Los pilares (imágenes), que eran símbolos paganos de la idolatría cananea, serán derribados. Las imágenes de Asera serán totalmente extirpadas de en medio de ellos junto con las ciudades en que se llevaban a cabo esos cultos. Las imágenes de Asera eran árboles o postes instalados como ídolos y dedicados a la diosa cananea de la naturaleza. Estaban prohibidas (Deuteronomio 16:21) y debían ser destruidas (Exodo 34:13); no obstante, los impíos de Israel las seguían teniendo (2 Reyes 13:6; 23:6).

LA CONTROVERSIA DE DIOS CON ISRAEL

La ingratitud de Israel

Los capítulos 6 y 7 constituyen la tercera división de esta importante profecía, y el llamamiento a oír encabeza la sección, al igual que en 1:2 y 3:1.

El capítulo 6 toma la forma de una controversia entre el Señor y su pueblo descarriado. Se utiliza el mismo método en Isaías 1 y en el primer capítulo de esta profecía. El capítulo que tenemos ahora ante nosotros nos proporciona un contraste entre la idoneidad y justicia de los requisitos de Dios, y la ingratitud y superstición de Israel que fueron la causa de su ruina y castigo.

El profeta no está mirando al futuro lleno de bendiciones, sino al presente de Israel, lleno de pecado. Miqueas suplica al pueblo de Dios respecto de su condición moral. Apela tanto a su corazón como a su conciencia referente a por qué están en contra del Señor.

El profeta hace un llamamiento a los montes y collados para que sean testigos de la queja del Señor en contra de su pueblo. El Señor tiene una controversia con Israel. El invocar a la naturaleza inanimada — los montes y los cimientos permanentes de la tierra — en calidad de testigo, era un método empleado por los profetas mediante el cual demostraban la magnitud del pecado humano. (Véase Deuteronomio 32:1; Isaías 1:2 y Jeremías 2:12, 13).

Lo que nos debe impresionar más en esto es la admirable condescendencia de Dios en razonar de este modo con sus criaturas. Nótese cómo el profeta habla de Israel como de "su pueblo" (el de Jehová). En los versículos 3 y 5 se dirige a él directamente con las palabras de "Pueblo mío". Se los señala y denomina con énfasis como pueblo de Dios, para indicar su relación con el Señor a pesar de su pecado, así como para despertar su conciencia en el asunto de referencia.

Dios le pide al pueblo de Israel que lo acuse si es que tiene alguna queja contra El. ¿Qué les había hecho y en qué forma los había molestado para que se apartaran de El en forma tan lamentable? ¿Los había molestado mediante exigencias insólitas y demandas excesivas (Isaías 43:23) o por promesas no cumplidas (Jeremías 2:31)? (Compare Isaías 43:24, donde se dice que fatigaron al Señor. Véase una queja similar en Isaías 5:4.) Hay un tono de ternura y de vivo anhelo en el pleito que el Señor tiene con ellos. Por el momento, Dios adopta la posición de acusado.

Al contrario, en vez de molestarlos, el Señor los colmó de bendiciones y de muestras de su favor para con ellos. Repetidamente hizo maravillosos actos de liberación a favor de su pueblo. La inolvidable acción de la bondad de Dios para con ellos fue haberlos redimido de la insoportable esclavitud de Egipto. Con señales poderosas, mano fuerte y el brazo extendido, manifestó su poder en Egipto y los libró de sus opresores.

Incluso entonces no habían concluido las misericordias del Señor: envió a Moisés, Aarón y María delante de ellos. Dios les proporcionó el gran dador de la ley, puso sobre ellos un sumo sacerdote y envió a María, la profetisa (Éxodo 15:20), para que encabezara la danza triunfal junto al mar Rojo. Todo esto nos hace recordar la generosidad con que trató Dios a su pueblo Israel. (Véase Jeremías 2:6, 7; Oseas 11:1; 12:13 y Amós 2:10.)

Pero había algo más todavía. Balac, rey de Moab, ideó un plan perverso para maldecir a Israel y contrató al profeta pagano Balaam, hijo de Beor, para que pronunciara imprecaciones sobre ellos. El relato de Números 22 a 24 revela cómo Dios, soberanamente, tornó la maldición en rica bendición. La maldición de Balaam por sí misma no habría podido dañarlos, pero hubiera podido estimular a los enemigos del pueblo de Dios y provocar terror en el corazón de los israelitas. Dios no permitirá que nadie maldiga a su pueblo (Salmo 105:14, 15). Es preciso que antes de las palabras "desde Sitim hasta Gilgal" pongamos palabras como: "acuérdate de lo que sucedió". Balaam no cruzó el Jordán hasta Gilgal, sino que fue muerto en la tierra de Madián (Números 31:8).

Se ha sugerido que se eliminen los nombres de lugares del texto; pero no tenemos autoridad para hacer tal cosa. Esas palabras tienen por objeto incluir la subsiguiente marcha a Canaán. Sitim fue el primer lugar en que acamparon después que Israel se encontró con Balaam (Números 25:1). Gilgal, situado entre Jericó y el Jordán, fue la primera parada en Canaán. El establecimiento en la tierra fue la culminación de los favores concedidos por Dios desde la época del Exodo. Tales recordatorios servían para mostrarle a Israel en los días de Miqueas las milagrosas manifestaciones del poder de Dios a favor de Israel. Por medio de preguntas y ruegos, el Señor le mostraba a Israel la infundada ingratitud de su corazón por las múltiples manifestaciones de su misericordia.

Las demandas de Dios

Ahora se ve a Israel bajo convicción y ansioso de obtener el favor de Dios a toda costa, pero ignora el modo de conseguirlo. La respuesta del pueblo penitente muestra cuán poco comprenden realmente la clase de adoración y servicio que agradan al Señor. La respuesta de Israel en forma de preguntas específicas se dirige al profeta y no a Dios.

Con la primera pregunta se inquiere cómo debe encontrarse el penitente con el Señor, como lo haría con un amigo llevándole regalos, y cómo poder presentarse debidamente con verdadera sumisión ante el Dios augusto. El recurso natural que proveía la ley en caso de pecado, era el de los holocaustos. ¿Deberá ahora el israelita contrito presentarse ante Dios con esas ofrendas y los mejores animales para el sacrificio? (Levítico 9:3)?

¿Era tal vez una cuestión de cantidad lo que agradaría al Señor?

¿Resultarían más aceptables varios millares de carneros o diez mil arroyos de aceite? Se añadía aceite en calidad de libación a algunas ofrendas. (Véase Levítico 2:1, 15; 7:12; Ezequiel 45:24.)

La última pregunta es la más desesperada de todas; revela hasta qué extremos están dispuestos a llegar los hombres para obtener el favor de Dios. ¿Habrá de ofrecer el penitente a su primogénito por su transgresión, entregando de ese modo el fruto de su cuerpo por el pecado de su alma? Esta última pregunta es tan importante que requiere una aclaración. Primeramente, debemos recordar que la ley declaraba que los primogénitos tanto de hombres como de animales pertenecían al Señor (Exodo 13:2, 12). En segundo lugar, el sacrificio de niños estaba prohibido bajo pena de muerte (Levítico 18:21; 20:2-5; Deuteronomio 12:31 y 18:10). Además, aquí hay una indicación del modo en que los pueblos paganos iniciaron sus prácticas de sacrificios humanos.

Es erróneo inferir de este pasaje que los sacrificios humanos eran comunes en Israel. No hay pruebas de esto (Ezequiel 20:25, 26). Los que se apartaban de la adoración del Señor cometían esa atrocidad, como en los casos del impío Acaz (2 Reyes 16:3) y el ateo Manasés (2 Reyes 21:6). De modo especial, los moabitas y los fenicios utilizaban esos métodos como esfuerzos para apaciguar a sus dioses, según se afirma con toda claridad en sus escritos. (Véase también 2 Reyes 3:27.)

Aunque esta práctica no era común en Israel, con todo la observaban los que se dedicaban a la idolatría (Jeremías 19:5 y 32:35). El principio fundamental de todas aquellas ofrendas es erróneo, por cuanto Dios desea que se le ofrezca un espíritu sumiso y no la carne. El Señor no podría buscar esas ofrendas, pues lo que quiere, por encima de todo, es la conformidad interior con su divina voluntad.

En este punto es preciso expresar una advertencia. Hay quienes usan este pasaje como prueba de que Dios nunca deseó sacrificios de animales ; pero los libros de Moisés muestran claramente que Dios instituyó el sistema levítico. Sin embargo, los sacrificios no tenían valor alguno cuando no iban acompañados por una adecuada actitud del corazón y del espíritu (Isaías 1:10-18; Salmo 50:7-23).

¿Responderá clara y concisamente el profeta Miqueas al israelita individual estas vitales y quemantes preguntas de su alma? ¿Quiere Dios que todos los hombres de todas las edades sepan qué agrada a su divino corazón? Sí, y lo tenemos ante nosotros en el versículo 8. Este versículo tiene una belleza sobresaliente y hasta se lo ha llamado, de modo extravagante, "el mayor de los dichos del Antiguo Testamento". Pero tiene sus raíces en la voluntad de Dios ya revelada aun en tiempos de Moisés.

Primeramente el profeta llama la atención sobre la ignorancia de su pueblo. Su ignorancia es culpable, por cuanto podrían haber sabido, por las revelaciones previas de la voluntad de Dios, que los sacrificios no tienen virtud ni poder moral en sí mismos.

Se dirige a ellos como "hombre", para mostrar la validez y la aplicación universal de esta verdad. La respuesta de Miqueas establece las demandas morales del Señor. La piedad aprobada por Dios consiste en tres elementos: una estricta adherencia a lo que es justo en todos los tratos con nuestros semejantes; un corazón determinado a hacerles bien; y cuidados diligentes para vivir en comunión estrecha e íntima con Dios. Cuando se compara esa piedad con las meras ofrendas de sacrificios, cuán lastimosamente inadecuado aparece éste último procedimiento. (Entre muchos otros pasajes sobre este tema importante, vea los siguientes pasajes clásicos: 1 Samuel 15:22; Isaías 1:11-20; Jeremías 7:21-23; Oseas 6:6 y Amós 4:5; 5:15, 22-24.)

Aquí hay un compendio de toda la ley (Deuteronomio 10:12, 18). Las tres características de nuestro texto abarcan ambas tablas de la ley. Lo que Dios requiere no son algunas cosas externas, sino ciertas cualidades del corazón: justicia, amor y humildad (piedad humilde). Los liberales a quienes les agrada hacer una religión de este versículo, no logran comprender que el hombre no regenerado no puede satisfacer estas demandas de la ley. Sólo el Espíritu de Dios puede capacitar a un hombre para que cumpla la recta ordenanza establecida en la ley (Romanos 8:3, 4; Filipenses 2:13).

Pecados flagrantes

En lugar de la presencia de la piedad que se acaba de manifestar, Israel muestra por todas partes pecados notorios. Le faltan las mismísimas virtudes que se acaban de delinear y, por consiguiente, Dios tiene que castigar. La ciudad mencionada es probablemente Jerusalén, que es el centro de las prácticas pecaminosas (1:5).

La segunda oración del versículo 9 se ha traducido de diversos modos: "el hombre sabio verá tu nombre" (considerará a Dios en las revelaciones de sí mismo); "el hombre sabio temerá tu nombre" (reverenciará al Señor); "la sabiduría tiene tu nombre en los ojos" (tiene ante sí la gloria de Dios) y "hay liberación para los que temen tu nombre". En el original hebreo se necesitan sólo cambios leves para obtener estas diferentes versiones. El pensamiento es que, cuando se eleva la voz del Señor para declarar juicio, el hombre sabio ve los tratos de Dios que revelan su carácter justo. Por consiguiente, que todo Israel note de modo similar el castigo de Dios y quién es el que lo ha efectuado.

La vara es el emblema del castigo (Isaías 10:5, 24). Cuando el castigo del Señor está tan próximo, es sabio escuchar lo que se dice en su nombre. El comienzo de la bendición ha llegado cuando el alma admite la justicia y la rectitud de los tratos disciplinarios de Dios. Desde el versículo 13 en adelante, el profeta revelará qué es y qué significa esa vara.

Los versículos 10-12 indican algunos pecados que son ejemplos de otros. A pesar de las repetidas advertencias, los malvados todavía acumulan ganancias injustas en sus casas para continuar provocando la ira de Dios. Hacen esto al dar medida escasa y al utilizar pesas falsas. Cómo Dios aborrece estos procedimientos se indica en Levítico 19:35, 36; Deuteronomio 25:13-16 y Amós 8:5.

¿Cómo esperaban que se los considerara puros y sin culpa cuando se entregaban a esas abominaciones? Los ricos de aquella época practicaban el fraude y la violencia; la mentira era compañera constante de sus timos. Llenaban sus hogares con el producto de sus negocios malvados. Qué lista de contrastes con el versículo 8: pecados de avaricia, balanzas falsas, violencia, mentiras, fraudes y otros tratos injustos en los negocios. No debe extrañarnos que la ira de Dios estuviera a punto de caer sobre ellos.

Castigo ineludible

A causa de los pecados ya catalogados, la mano del Señor ha caído pesadamente sobre ellos; pero habrá todavía más castigo en el futuro. No encontrarán satisfacción en el trabajo de sus manos. Entre ellos habrá pobreza y hambre. De nada valdrán sus intentos para salvar sus bienes quitándolos del paso del enemigo. El hambre rondará la tierra. No tendrán aceite con qué ungirse. El clima cálido de Palestina hace necesaria la aplicación de aceite a la piel para conveniencia y satisfacción (2 Samuel 12:20). Todas estas amenazas estaban en perfecto acuerdo con las advertencias de Levítico 26:26 y Deuteronomio 28:38-40; véase también Hageo 1:6.

Hasta aquí resulta evidente que no habían seguido los explícitos mandamientos y estatutos del Señor. Entonces, ¿de quién eran los estatutos que habían guardado? Habían seguido perversamente los caminos malvados de Omri y de Acab. Se individualiza a Omri porque él fue el fundador de Samaria y la casa idólatra de Acab, siendo igualmente auspiciador de los hechos malvados de Jeroboam (1 Reyes 16:16-28, sobre todo el versículo 25).

El gobierno impío de Omri tuvo su culminación en Acab, quien fue en el reino del norte el perfecto ejemplo de un gobierno aborrecible para Dios. Las obras y los consejos de Acab fueron: la introducción de los cultos de Baal y de Asera (1 Reyes 16:31); la persecución de los profetas de Dios (1 Reyes 18:4); y los robos y homicidios (1 Reyes 21). La idolatría se introdujo de Israel al reino del sur (2 Reyes 16:3), de modo que tanto Jerusalén como Samaria son ahora culpables y serán motivo de espanto, de burla y de oprobio entre sus enemigos. No existe un lado brillante en el cuadro del pecado. Dios lo ve tal y como es, y ha preparado su castigo de antemano.

PROMESA DE LA GRACIA DE DIOS

Confesión de corrupción universal

El capítulo seis concluye con una acusación en contra de la nación y con una predicción del juicio inevitable. En el capítulo 7 Miqueas, expresando el sentir de los piadosos, describe muy vívidamente la corrupción universal existente en Israel. Su soliloquio penitente resulta muy explícito y conmovedor.

Lamentándose por sí mismo, señala que la nación es comparable a un huerto después de la recolección de la fruta de verano y como una viña después de la vendimia. No queda un racimo para comer ni un higo de los primeros en madurar. Sobre todo estos últimos eran muy apreciados y se consideraban como un manjar. (Véase Isaías 28:4; Oseas 9:10.)

¿Qué es lo que quiere decir el profeta? Su declaración indica que Israel está tan carente de hombres buenos como un huerto o viñedo después que se han recogido los frutos y sólo quedan rebuscos. Uno busca un hombre justo; pero no puede hallarlo.

¿A qué tiempo o período eran aplicables estas condiciones? Se ha sugerido que estos hechos fueron especialmente ciertos durante el reinado del malvado Acaz. Otra opinión es que el espíritu y el lenguaje de este pasaje se asemejan a las oraciones del exilio. Todavía otra interpretación sitúa esa descripción en los terribles días del anticristo. En más de una época deben de haber estado presentes en Israel condiciones tales como las que indica Miqueas, y eran ciertamente evidentes en los días mismos del profeta, tal como aparece bosquejado de modo tan gráfico en toda su profecía.

Las imágenes del versículo 1 se explican en el versículo siguiente. El hombre piadoso parece ser un individuo del pasado: no se lo puede encontrar en la nación ahora. Por el contrario, todos tienen las manos manchadas de sangre y procuran la destrucción de su hermano. La contienda civil está a la orden del día. Es como si cada uno estuviera cazando a su hermano con una red. En el Oriente se utilizaban las redes tanto para cazar como para pescar (respecto al concepto de este versículo, véase Salmo 12:1; 14:2 e Isaías 57:1).

A partir de esta condenación general de la nación, el Señor se vuelve ahora a especificar la maldad particular de los gobernantes y los jueces. Las manos de unos y otros están empeñadas en hacer el mal insistente y diligentemente. Se entregan a llevar a cabo sus nefastas obras con todas sus fuerzas. Están empeñados en hacer su impiedad y tienen éxito en su perversidad.

Su método de operación es el que sigue: El príncipe solicita la condenación de un hombre inocente; por su parte, el juez accede a esa petición a cambio de un soborno, estando dispuesto a impedir la justicia a voluntad de las personas influyentes. El grande, que es el hombre rico e influyente, desea provocar la ruina y la destrucción de otros. De este modo el príncipe, el juez y el grande tejen sus tramas y conspiran juntos. Un ejemplo de tales esquemas puede verse en el caso de Nabot (1 Reyes 21:11).

El mejor de ellos es tan agudo, duro y perjudicial como un espino; el más recto es más áspero y retorcido que un zarzal. Dañan y vejan a todos los que entran en contacto con ellos (véase 2 Samuel 23:6, 7). La corrupción está tan difundida y desenfrenada que sólo cabe esperar el castigo.

El día del castigo, anunciado por los vigías de Israel, los verdaderos profetas, está muy próximo (Isaías 21:6; Ezequiel 33:2). Cuando llegue la tribulación, no sabrán qué hacer, pues como nación no han escuchado las advertencias de los profetas de Dios.

El pecado produce estragos tales que todas las relaciones normales quedan trastornadas. El pecado rompe todo vínculo de la naturaleza, la amistad, el parentesco y la gratitud. No se puede confiar ni en el prójimo, ni en el amigo confidente y ni siquiera en la esposa. Todos son pérfidos y no se ha de confiar en ellos. Jeremías tuvo una queja de carácter similar (Jeremías 9:2-6) y el Señor Jesucristo hizo una advertencia sobre la enemistad que provocaría la verdad del evangelio (Mateo 10:35, 36; Lucas 12:53). El afecto normal que debe existir en el hogar será reemplazado por sentimientos no naturales. Los hijos condenarán a sus padres y las hijas mantendrán contienda con sus madres; faltarán la honra y el amor por los padres. Aun los siervos en el hogar (no parientes) traicionarán a sus amos. Las relaciones más santas y los lazos más íntimos no significan nada para los perversos.

El cuadro que Miqueas contemplaba era triste, tanto en lo social como en lo espiritual. La confusión, la deslealtad y la suspicacia reinaban por todas partes. Cuando no se le da a Dios la honra que merece, no hay lazo humano que pueda sobrevivir.

Esperanza confiada

En los días de la decadencia moral y espiritual general, cuando todos los demás son desleales, Dios es el único en quien se puede confiar que permanece fiel. La confianza de los piadosos debe estar en el Señor. En cuanto al profeta, hablando en forma representativa por el remanente fiel, volvería los ojos a Dios y aguardaría la hora de su liberación y su gracia salvadora. El Señor nunca defraudará una confianza así, sino que escuchará el clamor y la esperanza de los piadosos. Se le asegura al pueblo del Señor que volverá a tener el favor de El.

A continuación Miqueas ve a la nación en el exilio y afligida, y a su enemiga triunfante sobre ella. Esta enemiga, bajo la imagen de una mujer, recibe palabras de advertencia para que no se regocije por la desamparada condición de Israel. La nación tiene la esperanza cierta de que, así como el Señor causó su castigo y su aflicción, El la levantará y le dará liberación y gozo.

¿A qué enemigo se refiere el profeta aquí? Las respuestas son diversas y se ha sugerido que no es posible decirlo con certeza. Se ha insinuado a Asiria, Babilonia, Edom o una potencia mundial pagana (cualquier nación hostil al pueblo de Dios). Puesto que la cautividad babilónica estaba directamente delante de la nación en la época de Miqueas, debemos referirlo a esa hora en primer lugar.

Sin embargo, en vista de los versículos 11 y 12, debemos reconocer que hay un cumplimiento posterior y final de esa profecía. Los judíos entienden que ese enemigo era Roma; pero habrá de ser una época posterior al desplome de la antigua Roma imperial.

El versículo 9 progresa de modo hermoso entrando en la esfera de la confesión y la sumisión. Aquí nos encontramos con una aceptación sumisa del castigo del Señor, por la convicción de haber cometido pecado. Son evidentes la humildad y la sumisión a la voluntad de Dios. El Señor abogará todavía por la causa de su pueblo oprimido.

Aun cuando fueron escogidos por Dios como instrumentos para castigar a Israel, las naciones han sobrepasado todos los límites y se han empeñado en aniquilar al pueblo del Señor. Israel es culpable ante Dios; pero no merece las injurias de que lo hacen objeto sus enemigos (véase Zacarías 1:2, 15). La esperanza de los piadosos es que el Señor llevará a cabo su liberación física y espiritual. De conformidad con sus muchas promesas, Dios restaurará a Israel a su gracia. Se pondrá de manifiesto su justicia en el cumplimiento de sus pactos.

Pero la liberación de Israel es sólo una fase de los tratos del Señor; la otra es la vindicación que Dios hace de su propia justicia en la destrucción de sus enemigos. El enemigo ya no seguirá burlándose de Israel en cuanto a la impotencia de Dios; el enemigo recibirá abundante testimonio del poder de Dios cuando a su vez sea hollado. (En Isaías 10:6 vemos esta figura.) Será retribución hecha con la misma moneda (4:11). Es cosa terrible caer en las manos castigadoras de Dios. Israel será vindicado. Esta era la esperanza confiada de Miqueas y es también la nuestra.

Ahora pasamos de la escena de destrucción en que los enemigos de Israel son aniquilados, al día de la reconstrucción y expansión de Israel. Se ha dicho que los versículos siguientes son ambiguos y muy difíciles; pero en las Escrituras proféticas hay muchos textos paralelos de lo que aquí se anuncia.

Se hace referencia a Sion como una ciudad y se lo compara con un viñedo (Isaías 5:1-7; Salmo 80:8, 9). Los muros de que se habla son los que circundan un viñedo. Ha llegado ya el momento en la providencia de Dios en que se han de edificar los muros de Sion. ¿Podría referirse esto a la época del retorno de la cautividad de Babilonia? Hay quienes piensan que así es; pero el versículo siguiente tiene en perspectiva un tiempo distinto. En aquel día el decreto será quitado y alejado.

Los que estudian este pasaje han tenido dificultad para identificar este decreto. Uno de ellos sugiere que, puesto que los muros fueron construidos bajo el gobierno de Ciro, el decreto se refiere al dominio de Babilonia que sería quitado. Otro relaciona ese decreto con el decreto de Dios que tenía que ver con los cambios políticos que iban a producirse en Babilonia y en todos los países de alrededor de Judea, por lo que grandes multitudes se unirían en fe a Israel. Otro punto de vista relacionaría el decreto con Jeremías 31:31-34, con respecto al nuevo pacto y la remoción del orden de la antigua ley. Se interpreta el decreto como el límite que Dios estableció para separar a Israel de las naciones, límite que sería quitado con el fin de que las gentes de todas las naciones puedan acudir a Sion (4:1, 2).

El verdadero significado de este pasaje parece estar más en armonía con este último punto de vista. En el glorioso período en que se levanten los muros de Sion, sus límites (así se puede traducir la palabra del original) serán grandemente ampliados. (A propósito de esto, vea el pasaje de Zacarías 2.) Los asirios y los egipcios, que como en Zacarías 10:11 representan a los inveterados enemigos de Israel, serán finalmente unidos en bendición al pueblo del Señor (Isaías 19:23-25). Desde Egipto hasta el Eufrates acudirán las multitudes a la Sion restaurada.

Ciertamente, las hordas vendrán de mar a mar y de monte a monte. Hay algunos que aplican estas designaciones al mar Mediterráneo y el Golfo Pérsico, y el Sinaí en el sur y el Líbano al norte. Si se hace una comparación con el Salmo 72:8 y Zacarías 9:10, se verá que el profeta está hablando de todas las tierras y todos los países. Las indicaciones geográficas son de la clase más general. En armonía con todos los profetas, Miqueas predice que Sion será reedificada y que todas las naciones se unirán a ella en bendición espiritual. Esto ya lo ha anunciado nuestro profeta en 4:1-4.

Pero antes de que se cumpla este glorioso futuro, deberá haber primeramente un tiempo de castigo en que la tierra será desolada a causa de los pecados de su pueblo. Las promesas de Dios nunca invalidan sus advertencias de castigo por causa del pecado. Esto explica por qué los profetas pasan tan rápido del castigo a la bendición, y luego otra vez al castigo. Esas promesas no le dan al impío base alguna para esperanzas infundadas, ni base al piadoso para desesperarse innecesariamente.

Oración por el cuidado de Dios

En su oración final, el piadoso Miqueas encomienda a su pueblo al cuidado de su gran Pastor. Basado en la promesa de 5:4, el profeta ora representando una vez más a los piadosos de Israel. Esta oración es de perspectiva profética. Se le ruega al Señor que apaciente a su pueblo con su cayado; no con la vara de castigo, como en 6:9, sino ahora con la de tierno cuidado y protección (Salmo 23:4). Dios apacentará el rebaño de su heredad mientras ellos moran solos, seguros y sin peligro, en el bosque en medio del Carmelo (véase Números 23:9; Deuteronomio 33:28). El Carmelo, Basán y Galaad son representativos de todo el territorio (hay una designación similar del territorio en Zacarías 11:1-3), y se caracterizaban por sus ricas tierras de pastoreo. Por esta razón fueron escogidos por las tribus de Rubén, Gad y la media tribu de Manasés (Deuteronomio 3:12-17; compárese también Jeremías 50:19).

Se compara la seguridad de esa condición restaurada a la de tiempos antiguos. Los días pasados no son los de Moisés y Josué, cuando Israel tomó posesión de la tierra, poque aquellos fueron tiempos conflictivos. La referencia es a los días de David y más señaladamente a los de Salomón (1 Reyes 4:25; Miqueas 4:4).

La respuesta de Dios

La respuesta a la oración que el profeta hace en el versículo 14 se consigna en los versículos 15-17. Dios promete su ayuda e intervención a favor de su pueblo; así como manifestó su poder milagroso (Exodo 15:11) en el éxodo de Egipto, de la misma manera volverá a obrar maravillas. No hubo milagros en el regreso de la cautividad babilónica. Hubo cosas grandiosas; pero no milagros (Salmo 126:2, 3).

Las predicciones se refieren definidamente al tiempo del retorno del Mesías para establecer su reino. En ese tiempo las naciones serán derrotadas mediante el poder de Dios. Se avergonzarán de su poderío, porque el mismo será ineficaz frente al poder de Dios. Se quedarán asombrados ante la liberación de Israel, hasta el punto de quedar silenciados. Sus oídos se ensordecerán para no oír nada sobre los triunfos de Israel (Isaías 52:15). Lamer el polvo como una serpiente quiere decir una derrota y sujeción totales. Aquí hay una alusión a Génesis 3:14. Compárese Salmo 72:9 (respecto al Mesías) e Isaías 49:23 (respecto a Israel). En forma desdeñosa, el profeta habla de las naciones impías que saldrán de sus escondrijos como si fuesen reptiles, para rendirse por temor al Señor y a Israel.

Alabanza por la gracia de Dios

La redención venidera más gloriosa provoca alabanza del carácter y la gracia de Dios, tal y como sucedió cuando el Señor liberó a Israel de Egipto. Aquí tenemos una descripción de la gracia de Dios que no tiene igual en las Escrituras.

En adoración ante la bondad de Dios, Miqueas exclama: "¿Qué Dios como tú?" Es evidente la alusión al propio nombre de Miqueas. Esta pregunta fue hecha por primera vez junto al mar Rojo (Exodo 15:11). Dios es el que perdona la maldad y olvida la transgresión del remanente de Israel. No se deleita en castigar, sino que ama conceder su misericordia y su gracia (Salmo 103:9, 10; Isaías 57:16). Sepulta las iniquidades de los piadosos y echa todos sus pecados en lo profundo del mar, lo que constituye una alusión a Exodo 15:4, 10. Sus pecados serán echados en un eterno olvido. Véase Jeremías 50:20 respecto del mismo concepto.

De este modo, el Señor cumplirá su promesa hecha a Abraham, Isaac y Jacob (a Abraham en Génesis 12:2, 3; a Isaac en Génesis 26:24 y a Jacob en Génesis 28:13, 14). El retorno de la cautividad podía ser sólo un anticipo del despliegue mayor de la gracia de Dios en el reino venidero del Mesías. El propósito de los tratos de Dios con Israel es el cumplimiento de su promesa a Abraham y su simiente.

Los últimos tres versículos de este libro se combinan con el libro de Jonás para su lectura en la sinagoga, en la tarde del día de la expiación. Una vez al año, en la tarde de Año Nuevo, los judíos ortodoxos van a un arroyo o río y vacían simbólicamente sus bolsillos de sus pecados en las aguas, al mismo tiempo que recitan los versículos 18-20. Ese servicio se denomina *Tashlich*, palabra hebrea que significa: "tú echarás".

Por la gracia de Dios que nos ha sido concedida, usted y yo sabemos que éste no es el modo en que Dios echa nuestros pecados en lo profundo del mar. Dios hace esto por nosotros únicamente por causa de la obra del Señor Jesucristo en el Calvario, donde El llevó sobre sí nuestros pecados. Por cuanto El recibió ya el castigo por ellos, Dios puede perdonar las transgresiones de todo pecador.

10

NAHUM: JUICIO SOBRE NINIVE

LA SANTA VENGANZA DE DIOS

El profeta y su libro

El nombre del profeta Nahúm significa "consolación". Aparte de que se lo designa como originario de Elcos, nada se sabe de su historia personal. Ni siquiera se conoce con seguridad Elcos, el lugar de su nacimiento. La Biblia no incluye este nombre en ninguna otra parte.

Se han presentado tres sugerencias: 1) que era una ciudad a unos treinta y seis kilómetros al norte de Nínive. En un lugar denominado Elcos, en Asiria, se muestra la tumba de Nahúm. Pero no podemos darle crédito a este punto de vista, porque la tradición data del siglo dieciséis. 2) Según Jerónimo, traductor de la Vulgata, era una pequeña aldea de Galilea. Esta opinión tiene mucho a su favor, aun cuando no podemos afirmar que Capernaúm (literalmente "el pueblo de Nahúm") haya recibido su nombre por causa del profeta. El nombre no era raro en Israel. 3) Una tercera sugerencia da como posible ubicación de Elcos el sur de Judea.

Parece que tenemos razón al suponer que el profeta nació en Galilea y se mudó a Judea, donde predicó la palabra del Señor. El carácter vívido de la descripción de la invasión de Senaquerib (1:9-13) parecería sugerir a Jerusalén como el lugar del ministerio profético de Nahúm. Es opinión generalizada que el personaje del cual se habla en 1:11 es Senaquerib, rey de Asiria, que invadió Judá el año catorce del reinado de Ezequías (2 Reyes 18:13 — 19:37; Isaías 36 y 37).

De este modo, Nahúm es contemporáneo de Isaías y Miqueas. Nótense sus paralelos con la profecía de Isaías: compárese 1:8, 9 con Isaías 8:8 y 10:23; 2:10 con Isaías 24:1 y 21:3; 1:15 con Isaías 52:7.

El estilo del libro de Nahúm es poesía lírica de orden superior. Se ha dicho que su estilo es el más apasionado de todos los profetas. Todos habrán de reconocer que Nahúm tiene un estilo vívido y enérgico que le es muy propio.

El mensaje de Nahúm trata exclusivamente de Nínive y su destrucción. Jonás profetizó unos ciento cincuenta años antes de Nahúm. La profecía que tenemos ante nosotros es la secuela del libro de Jonás. Nínive fue durante varios siglos el terror del Asia occidental. Era una ciudad inmensa a orillas del río Tigris. La ciudad estaba sólidamente fortificada y era un gran centro comercial enriquecido por numerosas campañas militares. Habiendo recibido la advertencia de Dios en los días de Jonás, y habiéndose arrepentido sólo temporalmente (en esa generación), Nínive ha de sufrir ahora una destrucción final y completa. En ciertas crónicas ajenas a la Biblia se relata que este castigo tuvo lugar el año 612 a.C., a manos de los medos y babilonios.

En el primer capítulo de Nahúm se presenta a Dios como la gran fuente de fortaleza y poder sustentador de su pueblo. El segundo y tercer capítulos se dedican a una descripción sumamente vívida de la desolación de Nínive. Debido a que el libro es sobre todo una profecía de amenaza de juicio, se lo denomina una "carga".

Nuestro majestuoso Dios

Lo que probablemente dio origen a esta profecía fue la invasión de Senaquerib. En contraste con el despiadado invasor, el profeta pone ante los ojos del pueblo a su propio majestuoso y omnipotente Dios.

La descripción que Nahúm hace del carácter de Dios es insuperado en grandeza y majestad. Cada vez que en las Escrituras se dice que Dios es celoso, no debemos concebir esta cualidad a la luz de sus limitaciones terrenales, humanas y mezquinas. Da la idea de celo ardiente. El concepto es de un sentimiento de justicia ofendida y un fuerte deseo de ver que se haga lo correcto. Nahúm tiene presente la desolación causada por los asirios cuando se llevaron en cautividad a las diez tribus (722 a.C.) y el hecho más reciente, cuando invadieron la tierra y se apoderaron de las ciudades fortificadas de Judá. La fuente del celo de Dios es su gran amor a su pueblo, y El vindicará el daño que se les haya hecho. (Véase Exodo 20:5; Números 25:11, 13; Deuteronomio 4:24; 5:9; 1 Reyes 19:10).

El profeta proclama tres veces la venganza de Dios sobre sus enemigos. Poco consideran las naciones irreflexivas cómo provocan la ira de Dios cuando maltratan a su pueblo. La repetición del concepto de venganza y del nombre del Señor le da solemnidad a la declaración.

No debe inferirse de estas declaraciones que Dios es pronto para la ira, porque El es paciente, pero no porque le falte poder. De ningún modo tratará el Señor al culpable como si fuera inocente. El poder de Dios, que puede manifestarse en los asuntos de los hombres, ya se lo aprecia en las obras de la naturaleza, en el torbellino y en la tormenta. (Nótense las manifestaciones en el Sinaí, en Exodo 19:16-18.) En lo que se refiere a las nubes, por grandes que sean, Dios anda sobre ellas como uno andaría sobre el polvo.

Pero el profeta no ha agotado la omnipotencia de Dios. Por la represión del Señor, los ríos y los mares se secan. Dios manifestó este poder al secar el mar Rojo y el río Jordán. Cristo tuvo una actuación semejante en el mar de Galilea (Isaías 50:2 y Mateo 8:26).

Mediante la sequía, el Señor hace que Basán languidezca. De ordinario era una región sumamente rica en pastos. El monte Carmelo era famoso por sus viñedos y el Líbano por sus bosques. Sin embargo, el Señor puede quitar la belleza de ambos (véase Isaías 33:9; Oseas 14:7).

Toda la naturaleza y los seres humanos deben reconocer las manifestaciones de Dios en el reino de lo natural.

Si Dios puede afectar de ese modo los collados, los montes, la tierra, y el mundo y sus habitantes, es evidente que nadie puede enfrentarse a la indignación de Dios y salir triunfante. El hacer esa pregunta equivale a tener su evidente respuesta (Joel 2:11; Malaquías 3:2; Apocalipsis 6:17). En su poder, el Señor controla los volcanes y parte las rocas. El poder y la potencia de Dios son inescrutables y están dedicados al cumplimiento de su santa y perfecta voluntad. El hombre que cree poder soportar siquiera un instante la indignación y el ardor de la ira del Señor, es muy necio. Es privilegio de la sabiduría hacer la paz con Dios por medio de la obra de su Hijo bien amado, nuestro Señor Jesucristo.

La bondad y la ira de Dios

El profeta ha estado insistiendo con amplitud en la ira y la venganza de Dios; pero esto no puede implicar que el Señor sea en ningún aspecto menos bueno. Con la descripción previa se tuvo la intención de asegurarle a Israel que estaría a salvo en el Señor cuando los ejércitos de Senaquerib invadieran la tierra (701 a.C.). El Señor es bueno siempre (¡y de qué manera!) e infinidamente santo. Es refugio y fortaleza para el atribulado en la hora de crisis.

En esa hora de calamidad Ezequías halló que El es así, y huestes innumerables pueden dar un testimonio similar. El conoce a los suyos en bondad y amor. (Véase Salmo 1:6; 144:3; Amós 3:2.) Siempre cuida de los suyos.

Pero el trato del Señor es muy diferente para con los que se oponen a El y a su verdad. Los invasores asirios serán aniquilados por Jehová. Serán destruidos y su lugar no será hallado. Nahúm está anticipando aquí lo que describe extensamente en los últimos capítulos tocante a Nínive. Un río que se desborda y lleva devastación a su paso es una imagen de un ejército invasor. (Véase Isaías 8:8; 10:5-19.) El relato de Ctesias (historiador griego del siglo V a.C.) refiere que durante una orgía las compuertas de la ciudad fueron arrolladas por un repentino desbordamiento del río Tigris y la corriente se llevó los cimientos del palacio. El ejército babilonio que, a la sazón estaba sitiando a la ciudad, entró por la brecha y la quemó. El Señor sabe cómo reservar ira para el tiempo de juicio de los impíos. (Con respecto a la bondad y severidad del Señor, véase Romanos 11:22.)

El juicio decretado

Desde el versículo 9 hasta el 14, el profeta anuncia la derrota de los asirios. De repente Nahúm se dirige a los invasores asirios para mostrarles su osadía al oponerse a Dios y la futilidad de sus débiles esfuerzos. En breve, les pregunta: "¿Pueden enfrentarse a un Dios como el que tiene Israel?" Isaías 37:23-29 contiene el relato histórico. La potencia asiria será destruida por completo, para que nunca vuelva a amenazarlos. Como cuando se aplasta la cabeza de una serpiente, de tal modo que no puede volver a levantarse, en la misma forma no se repetirá la angustia causada a Judá por la invasión de la potencia mundial asiria (obsérvese el versículo 12).

Se describe al orgulloso ejército asirio como espinos entretejidos. No es fácil desenredar esos espinos (2 Samuel 23:6, 7) de modo que se echan así juntos al fuego. Sus ejércitos presentaban un frente supuestamente impenetrable; pero como hojarasca completamente seca, son impotentes para resistir el fuego que viene. Lo que los hace una presa más fácil que de ordinario es el hecho de que están saturados de sus embriagueces. En ese estado, es fácil manejarlos y derribarlos. El que salió de Nínive imaginándose males en contra de Jehová es Senaquerib mismo. Es aquél cuyos consejos son perversidad (literalmente, Belial), inutilidad y, en la esfera de lo moral, malignidad.

Ahora se presentan ante nosotros las mismas verdades que antes hemos considerado, sólo que desde un punto de vista diferente. El rey asirio había llegado con un ejército grande y formidable (2 Crónicas 32:7); sin embargo, no podrían prevalecer contra el pueblo de Dios. Tal vez sean fuertes, sanos, perfectos en todo lo que se necesita para la batalla; pero serían derribados. Así como Asiria fue una navaja para otros (Isaías 7:20), así sería talada (literalmente: rapada). El ejército de Senaquerib sería destruido y él volvería a casa.

Seguramente esta profecía se cumplió de modo literal. Leemos que, en una noche, el ángel de Jehová pasó entre los asirios que asediaban la ciudad y mató a 185.000 de ellos en su campamento. Esto fue la mano del Señor y no una plaga de peste bubónica como creen algunos. Desanimado y aterrado, Senaquerib levantó el sitio de Jerusalén y se volvió a Nínive, su ciudad capital. (Véanse los hechos históricos en 2 Reyes 19:35, 36 e Isaías 37:36, 37.)

Algunos consideran que la porción final del versículo 12 se refiere todavía a Nínive; pero es más lógico considerar que ahora se refiere a Judá. Dios se vuelve a continuación a consolar a los que son víctimas del asedio de los asirios. Es evidente que el castigo de los asirios es decisivo; el de Judá tenía propósitos correctivos. El significado es que Judá no volvería a sufrir aflicciones causadas por los asirios, y no que los juicios de Dios nunca volverían a aplicarse a ellos por medio de otros.

Igual que en los versículos 7 y 8, tenemos en este pasaje una combinación de la severidad de Dios contra sus adversarios y sus bendiciones para su pueblo. El yugo impuesto por el rey de Asiria será quebrado y quitado por completo de sobre Israel, y las ataduras extranjeras serán rotas (véase Isaías 10:27). El yugo incluía ciertamente el tributo impuesto a Ezequías por el rey de Asiria (2 Reyes 18:14).

El profeta todavía no ha concluido sus amenazas contra Senaquerib, que se atrevió a desafiar a Dios. No se trata de un anuncio de juicio general sobre Asiria y Nínive, sino dirigido directamente al rey de Asiria. El Señor pronuncia por medio de Nahúm la extinción de la dinastía de Senaquerib. En el futuro no habría gobernantes que fueran de su linaje. No sólo desaparecería la dinastía, sino que sería quitada también la adoración en el templo a sus muchos ídolos. Los medos encabezados por Ciáxares (fundador del imperio medo), que, junto con los babilonios destruyeron Nínive, despreciaban la idolatría y se alegraron de poder destruir los ídolos de las asirias.

Aquí se indica hasta el lugar de la muerte de Senaquerib: el templo de sus dioses. Mientras adoraba a sus dioses, sus hijos lo asesinaron (2 Reyes 19:37; Isaías 37:38). En las balanzas de Dios fue vil (literalmente, liviano; véase como comparación Daniel 5:27) y rechazado. Senaquerib probó en su vida, como muchos otros lo experimentaron antes y después de él, la verdad y realidad del castigo de Dios en su ira. El es de veras un Dios celoso que se venga de sus enemigos.

Anuncio de liberación

En el texto hebreo, el versículo 15 del capítulo 1 da comienzo al capítulo 2. Este es el anuncio de una liberación proclamada alegremente por mensajeros bien recibidos. El texto es casi igual que Isaías 52:7. Nahúm habla de la liberación de Asiria; Isaías, de Babilonia. Algunos entienden que éste es el gozoso anuncio de la destrucción de Nínive ya descrito en el versículo 14 y que tuvo lugar el año 612 a.C. Nos parece mejor tomarlo como una referencia a la liberación milagrosa de Jerusalén durante el reinado de Ezequías, el año 701 a.C. Por cierto que ninguno de estos puntos de vista excluye al otro.

Se exhorta a Judá a que celebre sus fiestas. Durante la invasión asiria le impidió al pueblo que concurriera a la ciudad capital para celebrar las fiestas. También han de cumplir sus votos, los que hicieron mientras los asirios llevaban a cabo su invasión. El malvado al que se hace referencia aquí es indudablemente Senaquerib, que ya no habrá de causarle más dificultades al pueblo de Dios. En Romanos 10:15, el apóstol Pablo aplica nuestro pasaje a la gloriosa liberación efectuada por el Mesías.

DESCRIPCIÓN DEL ASEDIO

Anuncio para Nínive

Al finalizar el primer capítulo de esta profecía, el Señor le ha anunciado a Judá la destrucción del opresor y el restablecimiento de sus fiestas. Ahora, en el capítulo 2, se dirige a Nínive misma.

Se ha sugerido que las palabras iniciales van dirigidas a Ezequías y a Jerusalén, para animarlos a resistir el ataque de los asirios. De ser así, el destruidor sería el rey de Asiria. Sin embargo, puesto que los capítulos 2 y 3 describen detalladamente la desolación de Asiria, es preferible entender que este versículo se refiere a Asiria, a la que se le aconseja en forma irónica que se fortalezca y que refuerce sus fortificaciones contra el ejército medo-babilonio que se acerca al mando de Ciáxares y Nabopolasar.

Las palabras de Nahúm son irónicas, porque Dios ha decretado la destrucción de Nínive a causa de sus pecados. Toda defensa será inútil. Por mucho que se esfuerce, todo su empeño será infructuoso. El tiempo de Nínive ha llegado, por cuanto Jehová ha castigado ya suficientemente a su propio pueblo y se ha propuesto poner por obra su restauración.

Las designaciones "Jacob" e "Israel" indican a ambos reinos. La palabra "gloria" (al igual que la palabra "hermosura" del Salmo 47:4 y la palabra "grandeza" de Amós 6:8, que en el original son una misma palabra) significa que la tierra de Canaán es distinta de otros países. La restauración se iba a llevar a cabo en parte con la destrucción de los asirios y, en forma más completa, con el retorno de Babilonia. Los saqueadores son quienes han despojado a Israel, sobre todo los asirios. Los mugrones o sarmientos constituyen una referencia a Israel, como en el Salmo 80:8-16. El juicio de Dios sobre sus enemigos siempre significa liberación de su pueblo Israel.

El ataque contra los asirios

A continuación se nos describe en forma vívida el asedio y la captura de Nínive. El profeta nos describe el desorden frenético que prevaleció en Nínive cuando el enemigo destruyó y penetró las defensas de la ciudad. Los valientes a que se hace referencia aquí son los que constituyen los ejércitos de los medos y los babilonios. Estos amaban en especial el color rojo (véase Ezequiel 23:14). Los escudos estaban enrojecidos, ya sea por haberlos pintado de rojo o recubierto de cobre. Calvino sugirió que los guerreros antiguos tenían de rojo sus escudos de cuero bovino para amedrentar a sus enemigos y, sobre todo, para que sus adversarios no pudieran ver la sangre de sus propias heridas, y con ello aumentara su confianza. En todo caso, los rayos del sol reflejados en los escudos de cobre tendrían el mismo efecto que la pintura roja. También las túnicas militares eran de color escarlata.

Con el fin de que los carros de guerra fulguraran con acero, se instalaban guadañas en ángulo recto con el eje de los carros y se inclinaban hacia abajo. A veces también se proyectaban desde los extremos del eje. Constituían una de las armas más aterradoras de la antigüedad, que cercenaban a todo el que venía contra éllas. Se sabe que los carros de combate falcados se utilizaban ya en la guerra en tiempos de Nahúm. El general medo-babilonio tendría todo eso a su disposición al prepararse para la batalla. La agitación de las lanzas de madera de haya se refería a la costumbre que tenían los lanceros de blandir sus armas ante el pueblo para mostrar su prontitud y anhelo de trabarse en combate.

A continuación, Nahúm describe los vanos intentos que hacen los ninivitas para defender su ciudad. Con velocidad inusitada, los carros de combate recorren las calles estruendosamente y se desplazan con presteza por las zonas abiertas de los suburbios de la ciudad asediada. El sol resplandeciente ilumina los carros veloces y les da el aspecto de antorchas encendidas. Su veloz carrera sólo puede compararse con los relámpagos.

Ultimamente ha habido algunos estudiantes de la profecía que han querido ver en el versículo 4 del capítulo 2 una referencia al automóvil moderno. Semejante interpretación bíblica es ridícula y causa más daño que bien. El expositor de nuestros días debe hacer aplicables las Escrituras a su propia época; pero no en lo que se refiere a los inventos modernos. Se pueden hacer abundantes aplicaciones de los principios éticos y espirituales.

Para defender la ciudad, el rey de Asiria confiaba grandemente en sus nobles que eran los líderes militares de la nación. Sin embargo, fueron causa de profunda frustración, ya que en los momentos de mayor necesidad se tropezaban unos con otros debido al terror y al apresuramiento. La protección de los muros de la ciudad era de importancia crucial en todos los asedios, por lo que los líderes corrieron a ocupar sus lugares allí. Hay quienes opinan que el mantelete era una cubierta que los sitiadores usaban para acercarse a los muros, pero era más bien una protección utilizada por los defensores. La "defensa" aquí es una referencia a alguna especie de parapeto hecho de ramas de árboles entretejidas y puestas entre las torres que había sobre las murallas. Diodoro Sículo, un historiador griego del siglo primero a.C. nos dice que Nínive tenía mil quinientas torres, cada una de las cuales tenía una altura de sesenta metros.

Pero la carrera no es de los ligeros ni la guerra de los fuertes (Eclesiastés 9:11), de modo que nos encontramos a la pecaminosa Nínive destruida. El versículo 6 se destaca por su brevedad y precisión al describir el modo en que cayó Nínive. Ciáxares, por parte de los medos, y Nabopolasar, de los babilonios, habían establecido una alianza contra los asirios, consolidando su confederación mediante el matrimonio de la hija del primero con el hijo del segundo.

Ciáxares rodeó la ciudad por el norte. Durante los primeros asaltos de los ejércitos invasores, los ninivitas infligieron grandes pérdidas a las fuerzas sitiadoras. Para celebrar esos éxitos iniciales, los asirios se entregaron a borracheras y orgías. Por su parte, los sitiadores se aprovecharon de esa situación e hicieron retroceder a los asirios hasta detrás de sus murallas. A una parte de las tropas asirias se las hizo huir y fueron obligadas a meterse en el río Tigris. La ciudad misma permaneció a salvo.

Sin embargo, en el tercer año del asedio, fuertes lluvias produjeron una inundación que derribó parte de los muros de la ciudad. Este es exactamente el cuadro que presenta el profeta. Los canales del gran río Tigris fueron abiertos y el palacio fue destruido. Dios mismo había decretado semejante fin para ella.

La palabra "decretado" (literalmente *huzzabh*) se ha traducido de diversos modos. Algunos dicen que Huzzabh era la reina de Nínive. No hay ninguna prueba de esto. Otros prefieren considerarlo como un nombre simbólico de la ciudad de Nínive. Este pasaje sólo requiere la simple traducción sencilla de la palabra, o sea, que ha sido establecido, decretado o determinado.

El resto del versículo indica qué era todo el propósito de Dios hacia la ciudad. Había de ser despojada de toda su riqueza y su refinamiento, y aniquilada. Los habitantes de la ciudad, vistos como sus criadas, gimen lamentándose por su destino y se golpean el pecho, angustiados. Siempre es así. El camino de los transgresores es muy duro.

El saqueo de Nínive

Aun cuando Nahúm nos ha presentado la desolación de la ciudad, no ha completado su minuciosa descripción del fin de Nínive. La antigua ciudad (Génesis 10:11) era como un estanque de aguas. El muro fluvial de Nínive junto al Tigris tenía 4.140 metros de largo. Alrededor de la ciudad había diques que formaban una barricada de agua. Estos debían haber proporcionado seguridad al pueblo en el asedio; pero ellos huyeron presa del pánico.

Los líderes militares del pueblo les ordenaron que permanecieran en sus puestos contra las fuerzas invasoras; pero todo fue confusión. La huida es la idea predominante en la mente de todos. Las órdenes caen en oídos sordos.

Ahora Dios se dirige a los conquistadores y los exhorta a despojar la ciudad de sus riquezas, su oro, su plata y sus muebles. A causa de la posición elevada de la ciudad (de 10 a 50 metros por encima del río Tigris), la inundación de la ciudad sólo sería temporal. Luego los saqueadores completarían su trabajo.

El profeta indica que lo acumulado no tendría fin. Los relatos de escritores antiguos, casi fabulosos en sus descripciones, hablan de los grandes tesoros de metales y vasos acumulados en Nínive. Sobrepasaban en mucho los enormes tesoros del imperio Persa. Los medos y babilonios que conquistaron y saquearon a Nínive llevaron oro y plata a Ecbatana y Babilonia en una cantidad no igualada en ninguno de los períodos de la historia.

La ciudad que había sido tan rica, influyente y populosa, se ve ahora vacía, desolada y desierta. Una atmósfera de tristeza y de desesperación lo invade todo.

Las tres palabras hebreas que inician el versículo 10, puesto que tienen sonidos similares (buqah, mebhuqah y mebhullaqah), son sinónimos bien escogidos que le dan mucha fuerza al concepto de destrucción completa. Las palabras imitan el sonido de una botella que se vacía. La ciudad sufre el saqueo y sus habitantes están impotentes. Todo valor ha desaparecido, la angustia ha tomado su lugar y todos los rostros reflejan un terror paralizante. En realidad, es triste este cuadro de la que en otro tiempo fue la espléndida principal entre las naciones. Todo poder es de corta duración cuando se opone al Dios omnipotente.

Ejecución del juicio de Dios

El profeta ve la desolación ya cumplida y le hace preguntas insultantes a la ciudad que en otro tiempo se jactaba de eso mismo.

Con soberbia, habían preguntado: "¿Dónde?" (2 Reyes 18:34), y ahora, le toca al Señor hacer la misma pregunta.

La imagen de los leones es una representación de la voraz lujuria de sus gobernantes y de su pueblo. Se le da plenitud y energía al símbolo con la mención del león, los leones jóvenes, la leona y los cachorros. La comparación es especialmente apropiada, porque en las esculturas asirias se encuentran con frecuencia leones de todas formas, con alas y a veces con cabeza de hombre. La predicción del profeta de Dios se ha cumplido de un modo tan literal que han pasado ejércitos sobre la ciudad de Nínive sin saber que estaban pasando sobre sus ruinas.

En su época, el león asirio despedazó, estranguló y llenó sus cuevas y madrigueras con sus presas. Las reliquias asirias dan un testimonio elocuente de esta descripción de los procedimientos rapaces de los monarcas asirios.

Tiglat-pileser I se jactaba de haber combatido y derrotado a sesenta reyes. Al comienzo de su reinado, combatiendo contra cinco reyes hizo que corriera la sangre de los guerreros en los valles y en las cumbres de las montañas. Cortó las cabezas de sus enemigos y las apiló fuera de sus ciudades como montones de trigo. Se señala que una ciudad tras otra fue derrotada, incendiada, devastada y destruida. Veinticinco ciudades de un país recibieron ese trato durante una campaña. Sus defensores fueron abatidos como corderos. Este rey alardeaba de que había teñido de rojo una montaña con la sangre de los muertos. Tiglat-pileser III se jactaba de haber colgado a los guerreros en estacas. En los anales de Senaquerib consta que él trató de ese modo todos los cadáveres de una ciudad que conquistó. Le complacía cortar vidas preciosas como se corta una cuerda, según su propia expresión. Y así continúa el monótono relato. Aceptando que haya cierta exageración usual en todos los que registran sus victorias, todavía tenemos descripciones de terribles y crueles carnicerías, y derramamientos de sangre. El cuadro que nos presenta Nahúm no tiene ninguna exageración en absoluto.

El Señor, que está contra Nínive, quemará y reducirá a humo sus carros. Las esculturas asirias revelan la gran confianza que tenían en sus carros de combate. Aquí esos carros representan todos los aparatos y accesorios bélicos. La que se distinguía por quemar las ciudades de otras naciones (prácticamente toda inscripción de una batalla incluye una declaración de esa naturaleza), recibirá una retribución igual. Su propio pueblo será ahora diezmado; la espada afligirá a sus seguidores, igual que ellos les habían hecho a otros pueblos. Nunca más volverá a saquear a las naciones de la tierra. Su envidiable posición entre las naciones del mundo sería cosa del pasado. Sus mensajeros y enviados, que llevaban las órdenes del conquistador asirio y demandaban tributo de las naciones avasalladas (2 Reyes 19:23), serían silenciados para que no volvieran a vejar a las naciones oprimidas. En verdad se trata de un juicio total contra Nínive; pero la causa fue que se llenó la copa de su iniquidad.

"Estoy contra ti"

Estas son palabras pavorosas cuando las pronuncia el Dios vivo contra quienes han incurrido en su justa indignación. El Señor le concedió a Nínive una amplia soberanía sobre la gente de su época. En vez de gobernar en el temor del Señor, utilizó su poderío e influencia para destruir y dominar a las naciones en provecho propio. Esto fue bastante grave de por sí; pero Asiria debía necesariamente levantar su mano armada contra el pequeño rebaño de los prados del Señor: Israel. Con esto, Jehová declara que su iniquidad había llegado al colmo y que había llegado la hora del castigo.

Pablo indica que si Dios es por nosotros, nadie puede estar con buen éxito contra nosotros (Romanos 8:31). También lo opuesto es cierto: si Dios está en contra de un individuo o una nación a causa del pecado, nadie podrá tener éxito en sus esfuerzos a favor de esa persona o nación.

Cuando Asiria tocó a Israel, Dios dijo: "Heme aquí contra ti." Esto es inevitable porque Dios es fiel a su promesa hecha a Abraham. Dios había prometido en forma solemne que en tales casos maldeciría a los que maldijeran a la simiente de Abraham. La veracidad del dictamen divino está confirmada por la suerte que le cupo a Nínive. Pero la primera porción de la promesa hecha a Abraham es igualmente cierta. Dios se comprometió también a bendecir a los que bendigan a Israel.

DESOLACIÓN TOTAL DE NÍNIVE

El ataque descrito

En el capítulo final, el más largo de su profecía, Nahúm hace una recapitulación de las causas del juicio contra Nínive; describe en forma vívida su destrucción y vergüenza, anuncia que su desolación será completa y revela que su herida será incurable. Se pronuncia un ¡ay! sobre la ciudad sanguinaria, por estar llena de homicidios y derramamiento de sangre. Sus reyes estaban continuamente en guerra. Estaba llena de mentiras y no era digna de confianza. Nunca cumplía las promesas hechas a otras naciones acerca de ayuda o protección. El romper treguas era práctica común para ella. La violencia y la extorsión eran una característica de la vida de la ciudad.

Se ha sugerido que la referencia del profeta al hecho de que no se apartaba del pillaje señala que los asirios no habían restaurado las diez tribus del reino del norte de Israel. El versículo parece estar más bien sentando una declaración general respecto a la codicia de la ciudad enjuiciada. No dejaba de vivir mediante la extorsión, ni se refrenaba del pillaje. La historia de Asiria en su fase final es de guerras continuas. Por tanto este versículo es una vívida descripción de la crueldad de los ninivitas. Las crónicas de Asiria confirman abundantemente estas acusaciones.

Una vez que se ha pronunciado la sentencia, el profeta describe con la claridad de un testigo ocular el asalto y toma de la ciudad de Nínive. Esta descripción del sitio de la ciudad ha merecido elogios y con justa razón, como un relato sin igual, así en la literatura sagrada como en la secular. Nos parece escuchar el sonido del látigo de los conductores al azuzar a sus caballos de guerra para que sigan corriendo; el ruido que hacen las ruedas de los carros de guerra es casi ensordecedor; los caballos dan saltos elevados; los carros saltan sobre todos los obstáculos que encuentran en su camino; los jinetes espolean a sus corceles para el enfrentamiento; las espadas resplandecen; las lanzas fulguran bajo los rayos del sol y el resultado es muerte por todas partes. Los muertos constituyen una gran multitud y el montón de cadáveres es tan alto que parece que no tenga fin. Los vivos tropiezan con los muertos; la muerte acecha por todas partes de la ciudad. Siempre es terrible caer en las manos del Dios vivo cuando El se levanta para ejecutar la sentencia de su justa ira. Puesto que nadie puede soportar su ira, es sabio echar mano de la provisión de su misericordia para con los pecadores.

La vergüenza de Nínive

En el versículo 4 Nahúm presenta un bosquejo de la causa del juicio. Se compara a Nínive con una ramera bien favorecida. Su esplendor y brillo deslumbraron a las naciones que la rodeaban. ¿En qué consistían sus fornicaciones? Algunos de los estudiantes de este pasaje piensan que no se puede referir a la idolatría, como sucede en el caso de Israel, porque los ninivitas no tenían una relación de pacto con Dios. Puesto que se mencionan dos veces los hechizos, resulta claro que en la ciudad se practicaba el ocultismo. Podemos estar seguros de que la ciudad se caracterizaba por la inmundicia de la carne y del espíritu. Subyugó a otras naciones, privándolas de su libertad. De este modo las embaucó con sus métodos engañosos. A causa de esa impiedad, Dios declara que está en contra de ella y que la recompensará con el castigo que se merece su pecado.

El tratamiento que se le ha de dar es la desgracia que atrae sobre sí una mujer de vida licenciosa. Sus faldas le serán levantadas de modo que lleguen a su rostro. Para una mujer del Oriente esto es una gran vergüenza (véase Isaías 47:3; Ezequiel 16:37-41). La vergüenza de Nínive será tan pública como sea posible y habiéndose echado sobre ella abominables inmundicias y afrentas, habrá de llevar la marca del mayor de los desprecios. En su vileza se constituirá en el espanto y asombro de todas las naciones. Los que pasen a su lado huirán de ella de terror, para no participar de su aflicción. En su condición de asolada, será objeto de disgusto y desprecio. La que no era amiga de nadie, tendrá que soportar sola su aflicción. Su crueldad la ha dejado sin amigos entre las naciones. Nadie lamentará su caída ni la consolará, porque la tiene bien merecida.

El ejemplo de Tebas

Por otra parte, Nínive no tenía excusa: debía haber aprendido que el camino de los transgresores es duro al considerar lo que le sucedió a Tebas (No-Amón). Dios no hace distinción de personas. No puede ser parcial y aún seguir siendo fiel a su propio carácter santo. Si el pecado fue castigado en Tebas, con toda seguridad lo será también en la poderosa Nínive.

No-Amón o Tebas era la gran capital del Alto Egipto. Muchos estudiantes de la historia egipcia la consideran como la primera gran ciudad del Cercano Oriente, y describen sus ruinas como las más espléndidas de toda civilización antigua en cualquier parte del mundo. Era la capital de los faraones de la decimoctava a la vigésima dinastías, y hacía ostentación de una arquitectura que los griegos y romanos admiraban. Los griegos la llamaban Dióspolis, porque allí se adoraba al equivalente egipcio de Júpiter.

Tebas se encontraba situada en ambas orillas del río Nilo. En la ribera oriental estaban los famosos templos de Karnak y Luxor. Homero, el primer poeta griego, la describió diciendo que tenía un centenar de puertas. Sus ruinas cubren una superficie de unos setenta kilómetros. Amón, el principal dios de los egipcios, se representaba en las reliquias egipcias como una figura con cuerpo humano y cabeza de carnero. El castigo de esta ciudad impía e idólatra lo anunciaron Jeremías (46:25) y Ezequiel (30:14-16).

No-Amón estaba situada favorablemente entre los canales del Nilo, con el río mismo como protección. El Nilo parece un mar cuando se desborda cada año.

Nínive podía leer su suerte en la de No-Amón, por cuanto no era mejor que la poderosa capital egipcia. En efecto, No-Amón era todavía mejor que Nínive, porque tenía aliados poderosos, en tanto que esta última había hecho que todas las naciones se alejaran de ella. No-Amón podía contar con la ayuda de los poderosos etíopes al sur de ella, así como con el enorme potencial humano de toda la tierra de Egipto. Este era considerable y se lo señala como infinito. Entre los confederados estaban también las tierras de Fut y Lubim. Lubim eran los libios de Africa del norte. Algunos han tratado de identificar a Fut con los libios; pero es evidente que en este versículo se los considera distintos. En la actualidad se opina que Fut tiene relación con Punt, la actual Somalia en Africa.

No-Amón podía confiar en que estos poderosos pueblos del norte y del sur acudirían a ayudarla en la hora de necesidad. A pesar de todo esto, sufrió la derrota y el cautiverio. La referencia histórica del versículo 10 es a la captura de No-Amón por Sargón de Asiria en su campaña contra Egipto y Etiopía (véase Isaías 20:3, 4 con relación a esta profecía).

Las crueldades del asedio que se mencionan aquí —los niños estrellados en las calles, el echar suertes sobre los más escogidos cautivos, y el encadenamiento de las personas eminentes— eran cosa acostumbrada en las conquistas (véase 2 Reyes 8:12). La destrucción de No-Amón que se describe aquí había ocurrido en el pasado reciente de Nahúm y le proporcionaba un valioso punto de aplicación para el juicio que caería sobre Nínive por su continua maldad.

El juicio de Asiria

Ahora que se ha descrito la caída de Tebas, Nínive puede discernir con mayor facilidad cuál será el juicio que le aguarda. Ella también estará embriagada. Se ha tomado esto como una referencia a la última orgía de borrachera de la ciudad de Nínive en la noche de su caída, pero es mejor interpretarlo cómo una figura común en las Escrituras con respecto a quienes han bebido de la copa de la ira de Dios. (véase Isaías 51:17, 21-23; Jeremías 25:15-28; Lamentaciones 4:21; Ezequiel 23:33, 34; Abdías 16 y Habacuc 2:16.)

La profecía de que la ciudad estaría escondida se ha cumplido de modo notable, como es bien sabido. Después de su destrucción, Nínive desapareció por completo de la historia. Desde 1842 en adelante, el francés Botta y los ingleses Layard y Rawlison excavaron en el lugar en que había estado Nínive y descubrieron las ruinas de lo que fuera en el pasado una espléndida ciudad.

En la hora de la prueba y la derrota, ella buscaría refugio y fortaleza; pero nadie le ofrecería la protección e inmunidad del enemigo que necesitaba. Nahúm emplea dos figuras para indicar la facilidad con que sus enemigos la derribarían. Sus fortalezas caerían como las higueras con los primeros higos maduros entregan su fruto al que las sacude. Sus guerreros no permanecerían en la batalla, sino que el terror los haría parecer mujeres. En consecuencia, los accesos a la ciudad quedarían abiertos y serían fácilmente alcanzables al enemigo que subía como marejada. El enemigo, una vez que hubiese entrado en la ciudad, la quemaría por completo.

Destino irremediable

Puesto que Dios ha decretado el castigo de la ciudad, no habrá defensa que valga contra el enemigo. En consecuencia, las siguientes exhortaciones del profeta a Nínive se toman irónicamente. En vista de lo prolongado del asedio a la ciudad, les aconseja que tomen todo tipo de precauciones para resistir al enemigo. La necesidad principal es de agua y ha de almacenar una buena provisión de este elemento inapreciable e indispensable.

Debe reforzar cada posición en la ciudad, para hacerla tan invulnerable como sea posible. Sin duda el enemigo abrirá brechas en los muros, de modo que debe haber suficientes ladrillos preparados para reparar esas aberturas. Pero a pesar de todos estos preparativos, la espada y el fuego pondrán fin a la grandeza de la ciudad.

Los historiadores antiguos indican que Nínive fue destruida por el fuego, y los descubrimientos modernos lo confirman. Los ninivitas serán cortados tan completamente, como si hubiera caído sobre ellos una destructora plaga de langostas, y eso también a pesar del hecho de que la población de la ciudad pudiera ser tan numerosa como las langostas.

En lo comercial, la ciudad había sido altamente favorecida. Mediante sus canales, era una de las grandes rutas comerciales del mundo antiguo. Mantenía un tráfico comercial lucrativo con las naciones de su tiempo, especialmente con los fenicios. Por medio del río Tigris tenía acceso al mar. Sus empresas eran numerosas y remunerativas. Pero todo lo que sus mercaderes acumularon mediante sus negocios lo tomará el enemigo como botín y se lo llevará. Nínive no lo disfrutará. En lugar de desaparecer a causa de su propia decadencia, Nínive verá llegar su fin bajo el azote del enemigo.

¿Serán de ayuda sus príncipes y líderes militares en la hora del desastre? Grandes como son, serán como enjambres de langostas (literalmente, langostas de langostas) cuyas alas se tornan rígidas en el frío, pero cobran nuevo vigor con los cálidos rayos del sol y se van volando. Las langostas son tan destructivas que el idioma hebreo tiene casi una docena de nombres para ellas. La característica de las langostas a que se hace referencia aquí es la de volar sin dejar huellas Así serán los nobles de Asiria para Nínive en la hora que más se lo necesite. Le fallarán de modo miserable e irrevocable.

Una vez que se haya despejado el humo de la batalla y del fuego la escena que se ve es de muerte. Los oficiales o virreyes del rey asirio, sus pastores, dormirán el sueño de la muerte. (Véase un concepto similar de dormir en Salmo 76:5).

Las montañas del norte de Asiria estarán llenas de su pueblo disperso. ¿Quién curará a Asiria del golpe que ha recibido? Nadie sanará su herida. Dirigiéndose al rey de Asiria, el profeta le pregunta quién sanará la dolorosa herida de ella. La respuesta es que todas las naciones que la rodean se regocijarán por su castigo, y batirán las manos con alegría vengativa. Respecto a un regocijo futuro del mundo a causa de la caída de la Babilonia mística, véase Apocalipsis 18.

Las naciones habían sufrido tanto y durante tanto tiempo debido a su astucia y sus crueldades, que ahora se alegran de que haya llegado a su bien merecido fin. Sin embargo, seríamos injustos con Dios si pensáramos que eso era lo que El prefería para Asiria. Dios se complace en bendecir y sólo castiga cuando tiene que hacerlo. A El le habría agradado mucho más haber podido colmar de bendiciones y prosperidad a Nínive, en lugar de vergüenza y ruina; pero Asiria escogió la parte contraria y su juicio está amplificado en los anales de la historia mundial. El cumplimiento de la profecía tuvo lugar aproximadamente medio siglo después del profeta Nahúm. Los medos integraron una alianza con los lidios (contra los que estaban combatiendo) para formar un frente común con Nabopolasar (en Babilonia), en contra de Nínive. La ciudad cayó en el año 612 a.C., un hecho confirmado definitivamente por la crónica babilónica.

Un pueblo disperso

La profecía de Nahúm, cuyo mensaje principal es la destrucción de la perversa Nínive, concluye con la triste declaración de que el pueblo de la ciudad está disperso en los montes y que no hay nadie que lo reúna. Este es el triste cuadro de Israel en el tiempo de nuestro Señor, quien los vio como ovejas dispersas, sin pastor (Mateo 9:36). El amoroso Salvador, nuestro Señor Jesucristo, anhela que los reunamos para El, por medio del mensaje de la cruz, para que haya un rebaño y un Pastor.

CUARTA PARTE

HABACUC, SOFONIAS Y HAGEO

11

HABACUC: PROBLEMAS DE FE

El profeta y su momento histórico

Nada se sabe de la historia personal del profeta Habacuc. Basándose en el versículo 19 del capítulo 3 de esta profecía, hay quienes conjeturan que Habacuc pertenecía a una familia sacerdotal y que, por consiguiente, estaba capacitado para oficiar en el servicio del templo. No hay seguridad respecto a este punto de vista.

Su nombre significa "abrazar". Lutero explicaba el nombre del profeta como sigue: "Habacuc representa a uno que abraza, o que abraza a otro, que lo toma en sus brazos. El abraza a su pueblo, los toma entre sus brazos; los consuela y sostiene, como el que abraza a un niño que llora y lo reconforta con la seguridad de que, si Dios quiere, las cosas mejorarán pronto."

Ha habido diferencias de opinión en lo que se refiere a la época del ministerio profético de Habacuc. Como en la introducción de la profecía no se menciona el reinado durante el cual ejerció su labor, su momento histórico se debe deducir del contenido del libro mismo. Algunos han ubicado esta profecía en los días de Manasés o incluso en los de Josías (con menos razón, según pienso); pero el mejor punto de vista es el que la sitúa durante el reinado de Joacim. Se ha llegado a esta conclusión por la naturaleza de los pecados que prevalecían en Israel, descritos en este libro, y por la forma en que Habacuc habla de los caldeos. Si esto es verdad, entonces fue contemporáneo del profeta Jeremías, antes de la invasión babilónica. En esa época el pecado era algo realmente común en Israel y no estaba lejos la hora de la invasión babilónica.

El libro de Habacuc difiere de la forma normal de alocución de los profetas que ministraban a Israel. El suyo es una relación de la experiencia de su propio espíritu con Dios. Los profetas les hablaban a los hombres de parte de Dios; Habacuc reconviene al Señor por sus tratos con los hombres. En este sentido nos recuerda a Jonás, de entre los profetas, y a Job, de entre los libros poéticos. Sobre todo,

228 Los profetas menores

y esencialmente, Habacuc es el profeta de la fe. El versículo clave de todo el libro es el 24. Su tema principal (igual que en el Salmo 73 y en otras porciones del Antiguo Testamento) era la aflicción del justo y la prosperidad del impío. Hace hincapié en los tratos perfectos de Dios y en el desarrollo de la fe en los suyos.

Todos le conceden a Habacuc un lugar muy elevado entre los profetas hebreos. La poesía del capítulo 3 se ha considerado por todas partes y con razón como la obra poética hebrea más magnífica de todas. El lenguaje del libro es muy hermoso. La mayor parte del mensaje está expresada en la forma de comunión con Dios. En el capítulo 1 se destaca la invasión de los caldeos; en el capítulo 2 se predice el juicio de Dios sobre los caldeos; y en el capítulo 3 se describe la venida del Señor y la destrucción de los poderes hostiles del mundo.

Aunque el libro es de corta extensión, se cita de él varias veces en el Nuevo Testamento. Compárese Habacuc 1:5 con Hechos 13:40, 41; Habacuc 2:4 con Romanos 1:17; Gálatas 3:11 y Hebreos 10:38. Vea también Habacuc 3:17, 18 y Filipenses 4:4, 10-19.

La queja del profeta

La profecía lleva por título "una carga" (traducido aquí: "La profecía") porque predice juicio sobre Israel y sus enemigos. Habacuc se lamenta por el pecado de su pueblo y, luego, por el de sus enemigos.

El primer versículo no da ningún indicio en cuanto a la época de la profecía, la cual debe inferirse, como ya lo hemos indicado, de otros detalles del libro.

El hombre de Dios ha estado clamando al Señor respecto a la maldad y la violencia en la nación; con todo, el Señor no ha hecho nada al respecto. El profeta siente celo por la gloria de Dios. No se trata de una queja personal, sino que interpreta los deseos y anhelos de los justos de la nación.

Aquí, en el comienzo mismo, tenemos al descubierto el preocupado corazón del profeta de Dios. Todo está torcido y aparentemente Dios no interviene en la situación. El lenguaje empleado en los versículos 9 y 13 es similar al de los versículos 2 y 3. El reinado de Joacim se caracterizaba por las injusticias y los derramamientos de sangre (véase Jeremías 22:3, 13-17; para más consulta, véase Jeremías 12:1; 20:8 y Job 19:7). Puesto que el profeta no tiene poder para cambiar las cosas y Jehová no lo ha hecho, pregunta por qué se le permite ver tanta iniquidad por todas partes, y tanta violencia y contienda desenfrenadas. Lo que le preocupaba al profeta era que el Señor parecía indiferente ante esas condiciones tan lamentables.

Tanto entonces como hoy siempre ha sido difícil comprender el silencio de Dios con relación a los asuntos humanos; pero esto no quiere decir que no haya una respuesta y que la sabiduría divina sea incapaz de hacer frente a la situación. Todo está bajo su ojo vigilante y todo se encuentra bajo el control de su mano poderosa.

Pero mientras tanto la ley se debilitó (literalmente: se enfrió), perdió su vigencia y quedó paralizada. Llegó a ser considerada como que no tenía autoridad ni fuerza. Debido a los jueces injustos, la ley fue menospreciada. Ya que las formas de juicio eran corruptas, tanto la vida como la propiedad carecían de seguridad. No podía prevalecer la justicia porque el malvado sabía cómo acorralar al justo, de modo que no pudiera recibir sus legítimos derechos. La injusticia estaba a la orden del día. El impío pervertía todo derecho y honradez entrampando con engaño al justo. Como Dios no castigaba el pecado inmediatamente, los hombres creían que podían seguir pecando con impunidad. (Véase Eclesiastés 8:11.)

La respuesta de Dios

Dios está lejos de ser un espectador desinteresado en los asuntos terrenales. Podemos estar seguros siempre de que si nuestro corazón se conmueve porque prevalecen el pecado y la impiedad, a Dios le concierne mucho más hondamente eso.

Dios se dirige a Habacuc y al pueblo de Judá, indicándoles que miren el escenario de la historia mundial entre las naciones. El Señor les señala los sucesos que tenían lugar en las naciones circunvecinas: el imperio asirio destruido por Nabopolasar; la fundación del régimen caldeo y la victoria de Nabopolasar (con su hijo Nabucodonosor) sobre los egipcios en Carquemis. Al mirar quedarán asombrados. Sin duda, una expresión enfática.

Dios iba a utilizar este poder de Babilonia para castigar a Israel. El puede usar a otros, pero considera que la obra es suya. Por lo tanto, en vez de estar Dios inactivo e indiferente, El está trabajando con ahínco, de un modo que los hombres difícilmente podrán creer. Así será de desusado. (En Hechos 13:41, Pablo anuncia juicio a los que desprecian el evangelio, citando este versículo.) Se sugiere que probablemente en ese tiempo Babilonia aún mantenía relaciones amistosas con ellos (2 Reyes 20:12-19). Pronto invadirían el territorio en tres asedios, durante las épocas de Joacim, Joaquín y Sedequías. El profeta toma en consideración estas invasiones.

La declaración de que Dios levantaría a los caldeos guardaba relación con su invasión de Judá, porque ya habían estado presentes en el escenario de la historia política por algunas veintenas de años (Isaías 23:13). Los caldeos eran los habitantes de Babilonia; eran de origen semítico, descendientes de Quesed, hijo de Nacor, hermano de Abraham (Génesis 22:22). (Se los menciona en Isaías 43:14; 47:1; 48:14, 20; Jeremías 21:9; 32:4, 24; Ezequiel 23:23. Su invasión se describe en Jeremías 5:15-18). Está indicado claramente que Habacuc ministró en la época en que los caldeos comenzaban a destacarse en la política mundial. El profeta presenta una triple imagen del enemigo de Israel: son crueles, apresurados e impetuosos en sus actos e inclinados a hacer campañas de gran alcance, tales como las que emprendió Nabucodonosor.

La vara de la ira de Dios

A continuación el texto describe de modo más detallado lo que se mencionó de modo incidental en el mensaje del versículo 6, que es el pasaje bíblico clásico de las características de los caldeos, como Isaías 5:26-30 lo es respecto de los asirios. Los caldeos llenan de terror el corazón y constituyen un temible adversario. Su propio deseo es su única ley y el único patrón de juicio. De hecho, hacen sus propias normas de conducta. Esta es Babilonia en su antiguo carácter (Génesis 11:4). Su dignidad procedía de ellos mismos, por cuanto asumieron el lugar superior en el imperio babilónico por iniciativa propia. Y nada falta en sus preparativos para las campañas militares. Sus caballos son más veloces que leopardos y en ferocidad aventajan a los lobos nocturnos. Estos últimos, hambrientos por falta de alimentos durante el día, hacen presa de la majada cuando llega la noche (Jeremías 5:6; Sofonías 3:3). Los jinetes caldeos son irresistibles cuando atacan y se precipitan como águilas sobre sus presas.

Aquí tenemos el cumplimiento de la advertencia de Moisés que se encuentra en Deuteronomio 28:49. El propósito de los invasores es cometer violencia en la tierra. Este era el pecado de Israel (versículos 2 y 3) y éste será su castigo.

La segunda parte del versículo 9 "el terror va delante de ella" se ha interpretado y traducido de diferentes formas. Una de ellas expresaría que sus rostros miraban hacia adelante; otra es que sus rostros sorbían como el viento del este. En ambos casos, parece claro que el avance del enemigo será formidable e irresistible.

Al pasar, arrasarán todo lo que se les ponga por delante. Las innumerables huestes de sus cautivos sólo se pueden comparar con la arena. El caldeo es intrépido y confía en su poder; se burla de los reyes y de la impotencia de éstos para afrontar sus ataques. Pasa dominando todo obstáculo y toda fortaleza que se le oponga. Ha sido llamada nación impulsiva, y esto es claramente evidente en el modo que asedian una ciudad. Sólo necesitan levantar baluartes ante las ciudades fortificadas con el fin de asediarlas, y ya capitulan delante de ellos y los toman cautivos.

El versículo ha recibido distintos tratamientos por parte de los traductores e intérpretes. Algunos han sugerido que cuando los caldeos se regocijen en sus victorias, sus mentes cambiarán (perderán la razón) y pisotearán toda moderación para encaminarse a su propia destrucción. En consecuencia, este pasaje sería una profecía de la enfermedad que le sobrevino a Nabucodonosor cuando perdió la razón.

Se ha comparado el lenguaje de Habacuc con el de Daniel 4:16, 30-34, afirmándose que existe entre los dos libros una armonía espontánea. Aunque esto se encuentra totalmente dentro de lo posible, no es muy probable que sea cierto.

Todo lo que el profeta está diciendo aquí es que los éxitos de los caldeos se multiplicarán; arrasarán con todo lo que tengan por delante, como el huracán que barre vastas extensiones de tierra. De este modo, el conquistador caldeo acumula culpa delante de Dios por sus ambiciones impías y por el sojuzgamiento de muchos pueblos indefensos. Dios no es el que recibe la gloria en esas victorias, ya que el triunfador babilonio alaba su propia fuerza. Su propio poder y fuerza son su dios. Los asirios hicieron lo mismo antes que ellos (Isaías 10:13, 14) y muchísimos otros han seguido esos métodos desde entonces. El que hace de su propia fuerza su dios, comete suicidio del alma (Daniel 4:30).

En esta sección de la profecía se nos ha dado una admirable descripción del invasor caldeo; de su naturaleza, su modo de actuar, su propósito, sus armas, sus actitudes hacia los demás y la causa básica de su caída final.

La profunda perplejidad de Habacuc

¿Ha respondido Jehová al problema del profeta? ¿O se ha agravado la dificultad en la mente de Habacuc? La perplejidad del mensajero de Dios es ahora más grande, puesto que reconviene a Dios por castigar a Judá por medio de una nación menos justa que ellos.

El profeta apela a Dios, a quien el enemigo ha tratado desdeñosamente. Habla en representación de su pueblo y usa los bien conocidos nombres de Dios: Jehová, Santo y Roca. Al dirigirse al Dios eterno, declara por fe que el pueblo de Dios no perecerá. Conoce la naturaleza del Dios que guarda el pacto, el cual no permitirá que su pueblo sea suprimido.

La base de su esperanza y confianza es doble: 1) Jehová ha sido el Dios de Israel desde tiempos muy remotos y 2) su santidad es tal que tiene que castigar la iniquidad, ya sea en su propio pueblo o en el enemigo.

Puesto que Dios no desea la destrucción de su pueblo, queda de manifiesto que eligió a los caldeos sólo para castigar y corregir a su pueblo escogido. Pero el corazón herido de Habacuc todavía le duele. ¿Cómo podría el Dios justo, que es tan puro y no puede soportar ninguna forma de iniquidad, usar a un pueblo tan malvado y traicionero como los caldeos? Además, la vida humana tenía poco valor para los babilonios. Trataban a los hombres como si fueran peces del mar, que no tienen derechos ni nadie que los defienda, o como a las lombrices de la tierra, que no tienen un gobernante que las proteja.

De un modo figurativo, el profeta muestra cómo los caldeos toman insensiblemente cautivos, igual que un pescador ejerce su oficio. El anzuelo, la red y la rastra de malla representan los ejércitos y las armas con las cuales los caldeos alcanzaban sus ambiciones militares. Sus grandes éxitos llenaban de felicidad y gozo sus corazones. Pero ¿a quién le daban la gloria? Adoraban sus propias proezas militares.

No hay indicios de que los babilonios adorasen la espada, como hacían algunos pueblos antiguos. Sin embargo, se jactaban de su habilidad guerrera. Cuán perverso puede ser el hombre cuando se deleita en adorar a la criatura antes que al Creador, al don antes que al Dador.

En medio de su angustia y perplejidad, el profeta le pregunta a Jehová si esa crueldad o idolatría de los caldeos continuará sin interrupción. ¿No usará Dios su poder para ponerle fin a aquella rapacidad? El capítulo 1 concluye con esta nota llena de tensión; pero la respuesta de Dios se presenta en el capítulo siguiente. Allí veremos que el Señor ha puesto un límite a todo aquello que le desagrada. Se toma en cuenta todo y se proporciona el castigo. Hacemos bien en presentarle nuestras dudas y perplejidades al Señor, como lo hizo Habacuc, y entregárselas para que El tome las disposiciones pertinentes y les dé solución. El nunca falla.

"No moriremos"

Este es el testimonio gozoso y glorioso de todo hijo de Dios que haya sido liberado de la muerte en delitos y pecados por medio del sacrificio de nuestro Señor Jesucristo en la cruz del Calvario. Pero esto nos recuerda que los que están sin Cristo están muertos espiritualmente y, si continúan en esa situación, sufrirán la segunda muerte que es la eterna separación de Dios. Una y otra vez, los profetas del Antiguo Testamento exhortaron a Israel a que no muriesen en sus pecados.

LA RESPUESTA DE DIOS

Al concluir el primer capítulo encontramos al profeta angustiado por los inescrutables tratos de Dios con su pueblo Israel. En primer lugar, el profeta se queja de la iniquidad generalizada en Judá, a lo que Jehová responde diciendo que estaba consciente de todo y que lo juzgaría por mano de los caldeos.

Cuando el profeta se entera de la vara de la ira de Dios, queda agobiado por una más grande agonía mental, porque Dios use una nación menos justa para afligir y castigar a su pueblo. Y con el problema aún sin resolver, llegamos a la solución en el capítulo 2.

Puesto que Dios ha respondido a las primeras preguntas del profeta, Habacuc confía en que El hará lo mismo respecto de su problema más grande. Igual que un centinela debe vigilar lo que sucede fuera de la ciudad fortificada, así también el profeta se aposta en espíritu a esperar la respuesta de Dios a sus preguntas. Esto no quiere decir que en realidad Habacuc fue a una torre de vigía, sino que él adoptó esa actitud de expectación y vigilancia en su corazón. La mayoría de los intérpretes entienden el versículo en el sentido espiritual de una preparación interior. A los profetas se los compara con los vigías (véase Isaías 21:8, 11; Jeremías 6:17 y Ezequiel 3:17; 33:2, 3).

En este espíritu de alerta, el profeta se encontraba preparado para recibir la respuesta de Dios mediante revelación. La respuesta estaba dirigida en primer lugar a su propia mente y corazón; luego, a su pueblo.

Habacuc esperaba una respuesta a su queja, y Dios no defraudó a su siervo en su necesidad. Le mandó que escribiera en tablillas la revelación que le daba. Eran tablillas sobre las que se acostumbraba escribir (Isaías 8:1). Tal vez fueran como las que se usaban en la plaza del mercado, en que se escribían (se grababan en arcilla) los anuncios públicos con letra clara.

Las letras debían ser grandes y suficientemente claras como para poder leerse con facilidad. El profeta debía poner por escrito la visión con el fin de que el pueblo pudiera conservarla para el futuro. (Véanse palabras similares en Daniel 12:4.) El que lo leyera, debía correr a proclamarlo, por ser un mensaje de gozo para Israel, en el que se le hablaba de la ruina de sus enemigos y de su propia liberación.

La liberación no vendría inmediatamente; pero con toda seguridad vendría. Los justos debían esperarla. La demora se halla sólo en el corazón humano. Dios obra los detalles de conformidad con su propio plan. Se necesitaba paciencia. El propósito de Dios no se puede adelantar ni retrasar. Se cumple en el tiempo señalado.

La visión se apresura hacia su cumplimiento. Busca la realización de las cosas que predice. El fin del que se habla aquí no es el fin de los tiempos de los gentiles, como se ha sugerido, sino la realización de la profecía en la historia. La visión no engañará ni defraudará, sino que con toda seguridad acontecerá. (La última porción del versículo 3 se cita en Hebreos 10:37.) Es evidente que el pasaje de Hebreos se refiere a la segunda venida de nuestro Señor Jesucristo. La actitud de corazón requerida del profeta en nuestro texto es la normal en un hijo de Dios en la actualidad. Somos como hombres que esperan el regreso de su Señor.

Principios divinos básicos

En el versículo 4 tenemos el contenido de la visión dada al profeta y que es la respuesta a su perplejidad manifestada en 1:12-17. Este texto, que más tarde pasó a ser el lema del cristianismo, es la clave de todo el libro de Habacuc y el tema central de todas las Escrituras.

No se trata de dos clases en Israel: los que rechazarían con soberbia el mensaje profético y los que lo creerían con toda humildad. Sin lugar a dudas, aquí se hace referencia a los orgullosos caldeos; pero como aquí tenemos principios divinos básicos, en un sentido secundario estas verdades pueden ser aplicadas a cualquier individuo incrédulo.

El corazón del orgulloso babilonio está engreído, y no es recto, sino que está lleno de engaño y deshonestidad. Esta es la senda de la destrucción. Por otra parte, los justos o rectos (refiriéndose aquí principalmente a los piadosos de Israel) vivirían por fe. Se han hecho muchos intentos de interpretar la palabra *fe* como fidelidad o proceder correcto; pero en este contexto el sentido debe ser el de creer en Dios (véase Génesis 15:6; 2 Crónicas 20:20 e Isaías 7:9). Aquí encontramos la razón de la vida y la muerte. La soberbia lleva a la muerte, porque no permite que se reciba por fe la gracia de Dios.

Ahora Habacuc tiene la respuesta a su queja. No debe dudar que el orgullo de los caldeos los conducirá a su destrucción, en tanto que el justo debe seguir mirando al Señor para vivir. (La segunda cláusula del versículo 4 se cita en Romanos 1:17; Gálatas 3:11 y Hebreos 10:38.) El Talmud declara con percepción que aquí se encuentran resumidos los 613 preceptos dados por Dios a Moisés en el Monte Sinaí.

Todavía más, los orgullosos caldeos se han entregado al vino traicionero. Algunos escritores antiguos confirman esta afirmación de que los babilonios eran muy dados al vino. Nótese el desastre que provocó en Daniel 5. Un escritor pagano dijo de ellos: "Los babilonios se entregan totalmente al vino y a las cosas que son consecuencia de la embriaguez." ¡Qué azote es para cualquier pueblo la ebriedad! Haremos muy bien en escuchar la exhortación en nuestra propia tierra.

Llenos de soberbia y embriagados con vino, los caldeos estaban también sedientos de poder y dominio. Su naturaleza inquieta los impulsaba a continuas conquistas (1:16, 17), por lo que su gran deseo era salir para destruir. Como el Seol (Hades, en el Nuevo Testamento), su deseo lo engulle todo y no obstante permanece insatisfecho.

El Seol era el lugar al que iban los muertos. El cuerpo descendía a la tumba y el alma al Seol. En Lucas 16 (sobre todo en el versículo 26) se nos indica que, antes de la muerte y resurrección de nuestro Señor Jesucristo, el Seol tenía dos divisiones: una para los justos, llamada también seno de Abraham o paraíso, y otra para los injustos. Después de la resurrección de Cristo (Efesios 4:8), el Señor llevó las almas de los justos del Seol al cielo, donde se encuentra ahora el paraíso. (Léanse con cuidado los pasajes de Lucas 23:43; 2 Corintios 5:1-10 y Filipenses 1:23.) En estos días de gracia, los impíos siguen yendo al Hades (Seol), mientras que el creyente va al tercer cielo para estar con el Señor.

De este modo tenemos ante nosotros los dos caminos: el de la vida y el de la muerte. Notamos dos tipos de caracteres y el modo en que Dios trata a cada uno de ellos, de conformidad con los principios divinos fundamentales. El caldeo soberbio, engreído, deshonesto, bebedor e insatisfecho recibiría la muerte; el israelita recto, justo y temeroso de Dios tendría la vida por medio de su fe en el Dios vivo. Dios no pudo ser más claro respecto a las responsabilidades y las consecuencias, y estas normas se mantienen inalterables a través de los tiempos.

El primer ay

A continuación vienen cinco ayes sobre el malvado agresor caldeo. Se presenta a los cinco ayes de modo simétrico en cinco estrofas de tres versos cada una. Los ayes son tomados y proferidos por todas las naciones y pueblos mencionados en el versículo 5, que han sufrido a manos del cruel opresor. En un cántico de sarcasmos, amontonarán ayes sobre los babilonios por su proceder rapaz y saqueador. Procuraban amontonar para sí mismos bienes que no les pertenecían. ¿Durante cuánto tiempo más creían poder seguir de ese modo, con aparente impunidad? Además, acumularon prendas para sí, esto es, las riquezas de las naciones que habían saqueado, igual que un usurero exigente acumula prendas, violando la ley mosaica (Deuteronomio 24:10), y que debían devolverse a sus dueños. De repente tendría que abandonar sus ganancias mal obtenidas.

Sabemos que los medos y los persas atacaron inesperadamente a los babilonios. El término empleado aquí, de *despojo*, da a entender la exigencia de usura. La idea que encierra es que los caldeos estaban, en un sentido, en deuda con las naciones, porque habían despojado de tantos bienes a otros. Así los pueblos que los rodeaban eran sus acreedores. Los conquistadores no sólo serían despojados por los pueblos subyugados, sino que también serían sacudidos violentamente, refiriéndose al modo brusco en que un acreedor sacude al deudor (Mateo 28:18). El despojador será despojado. El saqueador será saqueado. Todo esto le vendrá debido al derramamiento de sangre causado por él y a la violencia descargada contra los territorios y las ciudades de las naciones.

El segundo ay

Se pronuncia el segundo ay contra los caldeos por su codicia y su vanagloria. El significado básico de "ganancia injusta" se está perdiendo, como hacen los orientales con las piezas de plata y de otros metales en las transacciones monetarias. Luego pasó a referirse a los que iban tras las ganancias deshonestas.

Al igual que Edom, los caldeos establecieron su gobierno en un lugar seguro contra los ataques. El lenguaje no es literal, sino que está tomado de la imagen de un águila (Job 39:27; Jeremías 49:16 y Abdías 4).

El opresor impío puede pensar que su posición es inexpugnable; pero a causa de sus muchos pillajes, ha pecado contra su alma misma y ha causado su propia ruina. Ha acarreado sobre sí la retribución de Dios. Aun los objetos inanimados, los edificios que ha levantado para su propia gloria y para la satisfacción de su orgullo, clamarán por las injusticias perpetradas en ellos. No se hace referencia a la disolución del imperio, como si se estuviera desmoronando. Sino que la piedra y el madero clamarían a una voz, acusando de pecado y derramamiento de sangre. (Véase Génesis 4:10, y por contraste, Lucas 19:40 y Salmo 29:9).

El tercer ay

Se invoca un tercer ay que recae sobre el conquistador caldeo por la opresión tiránica de los pueblos cautivos. Sus ciudades fueron construidas con sangre, porque las riquezas con que el rey de Babilonia construyó sus magníficos edificios fueron obtenidas en guerras sangrientas. Se utilizó trabajo de esclavos para construir las grandes estructuras del imperio.

Sin embargo, contrariamente a los propósitos de los orgullosos gobernantes de Babilonia, el Señor había determinado que la labor de esos pueblos subyugados no permaneciera. Todo sería consumido por el fuego, que llevaría al imperio caldeo a su fin. El trabajo era en vano.

Desde la antigüedad se había establecido un reino en Babilonia con el fin de usurpar el poder y la gloria (Génesis 10:10; 11:4); pero debía fenecer y sería reemplazado por el reino de Dios (Apocalipsis 11:15). El reino babilónico debía ceder el paso al reinado del Señor y de su Cristo. Para que la tierra llegue a estar llena del conocimiento de la gloria del Señor, como las agua cubren el mar, los reinos y gobernantes de este mundo deben ser juzgados y destruidos. El propósito de Dios al crear la tierra fue que ésta reflejara su gloria (Números 14:21; Isaías 11:9).

El cuarto ay

El siguiente ay sobre los caldeos toma en cuenta su trato vergonzoso de las naciones vecinas o más débiles. Es probable que los versículos 15 y 16 se deban tomar en sentido figurado. De otro modo, hablan de una corrupción vergonzosa e inmoral. En las Escrituras la condición de un hombre ebrio significa el desplome de una nación conquistada (compárese con Nahúm 3:11). La idea es que los caldeos, con su afán de poder y de conquista, incitaron a otras naciones a participar en campañas para conseguir despojos, y finalmente las abandonaron para que sufrieran pérdidas y vergüenza. Por esta razón la deshonra reposaría sobre aquellos que seducían a los pueblos, y vendrían a ser como los incircuncisos, lo cual era para los hebreos el colmo del desprecio. En el tiempo debido los babilonios recibirían en retribución la copa de la ira de Dios (Jeremías 25:15).

A raíz de la desolación provocada en la tierra de Palestina está determinado el juicio contra Babilonia. Para realizar sus campañas militares y sus empresas de construcción, los babilonios habían talado los bosques y habían dado muerte a los animales que vivían en ellos. Desde tiempos antiguos, los conquistadores talaron los bosques del Líbano y mataron sus animales, como lo anotaron diferentes reyes de Babilonia y de Asiria en sus crónicas. Este versículo expresa también un clímax en la maldad, desde la destrucción de los bosques y las bestias hasta la desolación de las ciudades. La tierra y la ciudad del versículo 8 se refieren a todas las naciones; en el versículo 17 se hace referencia a Judá y a Jerusalén.

El quinto ay

El último ay se pronuncia contra el más grande de todos los pecados: la idolatría. Para poner de manifiesto vigorosamente la inutilidad total de los ídolos, el profeta pregunta cuál es su provecho. Para nada sirven. (Véase Isaías 44:9, 10; Jeremías 2:11.) El maestro de la mentira es el ídolo, a causa de los falsos oráculos asociados con su adoración. ¡Qué insensata es la actitud de los idólatras al gritar pidiendo ayuda a una imagen sorda, a fin de despertarla para que le preste ayuda! Con desprecio e ironía, el profeta pregunta si tales imágenes pueden enseñar. Los ídolos pueden estar recubiertos de oro y plata para mostrar un esplendor terrenal, pero no hay vida en ellos mismos.

Los profetas del Antiguo Testamento dan de sí lo máximo cuando exponen el engaño y la insensatez de la adoración de ídolos. Las imágenes nada son; pero en el cielo hay un Dios viviente, soberano, que todo lo ve. No está oculto bajo oro y plata, sino que se encuentra vivo en el cielo, listo y dispuesto a ayudar a su pueblo. Es el Dios invisible y todopoderoso que habita en su templo celestial; por consiguiente, es menester que todas las naciones estén solemne y humildemente reverentes ante El. (Salmo 76:8, 9; Sofonías 1:7; Zacarías 2:13.) Las naciones hacen bien, igual que los individuos, al someterse silenciosamente al Señor, en espera de su juicio.

"El justo por su fe vivirá"

¡Cómo necesita Israel oír y escuchar la palabra de Dios de consejo inapreciable! El justo no vivirá por las obras o por los méritos de los padres. Es sólo por fe en el sacrificio del Mesías, el Señor Jesucristo. Los judíos son amados por causa de los padres (Romanos 11:28); pero no son salvos por causa de ellos, sino por Jesucristo que murió por ellos.

LA FE TRIUNFANTE DEL PROFETA

Poema de oración y alabanza

Después de percatarse de las promesas y advertencias de los capítulos 1 y 2, el profeta concluye su libro con oración y alabanza. Evoca pasadas manifestaciones del poder y de la gracia de Dios; ora por la pronta liberación del pueblo de Dios y expresa una firme confianza en el Dios inmutable. Hay paralelos para este poema en Deuteronomio 33:2-5; Jueces 5:4, 5; Salmos 68:7, 8; 77:13-20; 114; Isaías 63:11-14.

Esta oda fue escrita para la adoración pública, como se ve por la inscripción y por la notación musical "Selah" en los versículos 3, 9 y 13. Es, reconocidamente, una de las porciones más sublimes y majestuosas de la Palabra de Dios. Este capítulo lleva por título "Una oración", designación empleada para "salmo" en el Salmo 102:1. Se usaba para referirse a porciones devocionales en general. El poema fue preparado para *Sigionot*, que se encuentra también (en singular) en el Salmo 7. Estamos seguros de que se trata de la clase de música que acompañaba al cántico, si bien las traducciones de esta palabra han sido variadas, tales como "en la forma de elegías", "una canción", "una ronda" o "una canción triunfal". Puesto que la palabra procede de un verbo que significa ir de un lado a otro, da la idea de una canción entonada con gran animación, una canción de triunfo.

Es interesante notar cómo Habacuc pone al descubierto su corazón al comienzo de cada capítulo de su profecía. No era un espectador pasivo de la triste decadencia espiritual de Judá, ni tampoco era un receptor pasivo de las soluciones que Dios le daba, mientras esperaba en su vigilia. Estas revelaciones lo conmovieron profundamente; como debieran hacerlo con todos nosotros.

Lo que había perturbado al profeta y había llenado su corazón de terror y espanto, era lo que Dios le había revelado sobre el ataque de los caldeos contra Judá y la retribución de Jehová para ellos, es decir, la respuesta de Dios, sobre todo en el capítulo 2. Habacuc se desahoga en la oración y le pide a Dios que avive su obra en medio de los tiempos. El profeta de Dios quería que el Señor manifestara su gracia a Israel y su juicio sobre sus enemigos, renovando las manifestaciones de su grandioso poder como en la antigüedad, cuando intervenía a favor de su pueblo.

En tanto que transcurren los años e Israel sigue experimentando sufrimientos, Habacuc suplica a Dios que dé a conocer mediante pruebas positivas la restitución de sus obras poderosas. En medio de la ira de Dios contra Judá y los caldeos, le suplica que se acuerde de la misericordia. El juicio ha de ser atemperado con la misericordia. En este versículo tenemos ante nosotros el tema del Salmo y el núcleo de la oración. En resumen, Habacuc ora a Dios para pedirle que haga con su pueblo lo mismo que había hecho en el pasado y que, mientras los castigue, se acuerde también de liberarlos.

Dios en su majestad

De modo sublime, el profeta describe ahora una redención futura, usando figuras tomadas de acontecimientos pasados. El trasfondo, en este caso, es el recuerdo de los sucesos del Exodo y del Sinaí. Así como el Señor se manifestó cuando redimió a Israel de Egipto, aparecerá nuevamente para librar a los justos de entre su pueblo, de sus opresores entre las naciones, y juzgará a sus enemigos como juzgó la tierra de Egipto.

Algunos críticos de este pasaje han mostrado carencia de percepción espiritual, al ver en esta sección tan sólo la descripción de una tormenta proveniente del desierto, en vez de una gloriosa aparición de Dios, una teofanía.

Desde el primer verbo utilizado en el capítulo 3, versículo 3, todos los verbos hasta el versículo 15, no deben traducirse como acciones realizadas en el pasado, como si Habacuc se estuviera situando retrospectivamente en el tiempo en que ocurrieron los hechos de la liberación de Israel de Egipto. Una traducción más correcta es "vendrá", con sentido de futuro, porque así como el Señor acudió a su pueblo una vez, en el Sinaí, para hacer maravillas entre ellos y por ellos, y para establecer un pacto, del mismo modo vendrá nuevamente para liberarlos de sus enemigos.

Temán era una de las grandes ciudades de Edom; probablemente era la capital y era la ciudad grande más meridional del país. Aquí se la usa en forma representativa para toda Idumea. Parán estaba en el lado opuesto a Temán, y separada de ella sólo por el valle de Ghor (1 Reyes 11:18 indica que se encontraba entre Madián y Egipto).

Selah indica un aumento en el volumen del acompañamiento musical; en lenguaje musical corresponde a *forte*. Daba lugar a una pausa y meditación. Esta notación ocurre setenta veces en los Salmos y tres veces en este capítulo.

La manifiesta excelencia del Señor cubre los cielos y sus alabanzas llenan la tierra. El versículo 3 se ocupa en la magnitud de la venida de Dios; el versículo 4, en sus efectos. Toda la creación refleja el esplendor de Dios. La luz es su ropaje (Salmo 104:2). Su resplandor es como la luz del sol, y rayos de luz lo rodean. La palabra *rayos* significa "cuernos", por comparación de los rayos del sol naciente sobre el horizonte con los cuernos de la gacela. Esta comparación se encuentra también en la poesía árabe. Allí, en el resplandor, está el escondite de su poder. El resplandor en verdad oculta al glorioso e invisible Dios. Nuestro Dios es un Dios que se oculta (Isaías 45:15; pero, ¡cuán gloriosamente se ha revelado en Cristo!; Juan 1:18 y 2 Corintios 4:6); pero lo hace con un exceso de luz. ¡Nuestro Dios es glorioso!

Dios con su poder

Así como las plagas cayeron sobre los enemigos de Israel y la pestilencia consumidora iba delante del Señor en el desierto, también el Señor llevará a cabo sus futuras manifestaciones. Según Apocalipsis 6, plagas definidas y castigos del cielo precederán a la venida visible del Señor a la tierra.

Ahora Habacuc nos presenta al Señor como que se detiene en su marcha y causa una gran conmoción en la tierra. El Señor se paró y midió la tierra con su mirada que todo lo alcanza. Con poder irresistible, su mano hizo temblar las naciones y las venció. Aun las montañas, esos encumbrados objetos producidos por el poder creativo de Dios, fueron esparcidas como polvo, y los antiguos cerros se inclinaron, haciendo una reverencia en señal de sumisión. Todo quedó nivelado ante su augusta presencia. Sus caminos son eternos: El obra en el tiempo y en toda la creación; pero trasciende a todo lo que existe. Sus actuaciones están siempre acompañados de poder, como en la antigüedad.

El temor de las naciones

Cuando Dios acompañó a Israel en su entrada a Canaán, las naciones se llenaron de temor. Este mismo patrón de conducta existirá en los tiempos proféticos. Los habitantes de Cusán fueron sobrecogidos de terror. Calvino relaciona este nombre con Cusan-risataim, rey de Mesopotamia (Jueces 3:8, 10); pero sin duda este nombre se refiere al pueblo de Cus, o sea, los etíopes.

El terror sobrecogió a la tierra de Madián, los de la costa arábiga del mar Rojo, en el lado opuesto a los etíopes. Las tiendas indican su vida nómada y representan los pueblos de estas tierras.

Aquí el profeta le habla directamente a Dios con intensidad y énfasis. Cuando Dios avanza, los ríos y el mar retroceden. El mar Rojo y el río Jordán se secaron para que Israel pudiera atravesarlos caminando en seco. Lo que hizo Dios con un mar y un río, lo puede hacer con todos.

Las preguntas poéticas revelan lo poderosas que fueron las obras del Señor tanto en el mar como en la tierra. Los caballos y carros de salvación en que se representa al Señor como cabalgando, no son ángeles, sino elementos de la naturaleza, tales como las nubes y los vientos (véase Salmo 104:4).

El arco del Señor fue sacado de su cubierta, y las saetas volaron veloces sobre las cabezas y penetraron hasta muy adentro del corazón de los adversarios del Señor. Mediante una expresión enfática, Habacuc muestra cuán enteramente descubierto estaba el arco del Señor para cumplir su propósito.

Como sucedió entonces, así también sucederá nuevamente. Así de clara que es la primera cláusula del versículo 9, es de obscura la segunda. En el hebreo son sólo tres palabras; pero todavía no se han explicado de modo satisfactorio. Un eminente erudito del Antiguo Testamento contó más de cien traducciones de estas palabras. Con una diversidad tan grande de opiniones, es arriesgado ser dogmático sobre este punto. Lo único que podemos hacer es sugerir una preferencia y dejarlo de ese modo. Una de tales traducciones da la idea de que las intervenciones sobrenaturales de Dios en favor de su pueblo no son para un solo período, sino que sus juramentos las aseguran para Israel en el futuro. Esta afirmación es verdad, aun cuando causa un cambio brusco en la descripción de los castigos de Dios sobre los enemigos de Israel. La interpretación marginal de esta misma versión es quizá algo mejor: "Los castigos de tu palabra estaban jurados" y daría el significado de que, según el solemne juramento de Dios, El había anunciado venganza sobre sus enemigos (véase Deuteronomio 32:40-42).

A causa de la ira de Dios, la misma tierra tiembla y fluyen aguas a borbotones del interior de la tierra; o bien, al temblar la tierra, el mar vacía sus aguas sobre la tierra, en los ríos. El versículo 10 sigue la idea de un terremoto causado por el poderoso avance de Jehová de los ejércitos. El profeta repite de modo diferente lo ya enunciado en el versículo 6, por el hecho de que las montañas son tan prominentes sobre la tierra. Se compara el fuerte rugir de las aguas de las profundidades con el sonido de una voz. Se habla de las olas del mar como el alzar de sus manos. En esta era de obsesión de poder, hacemos bien en recordar que el poder le pertenece sólo al Señor.

La intervención de Dios a favor de su pueblo
En el versículo 11 se hace referencia al milagro ocurrido en Gabaón, cuando el sol y la luna se detuvieron en sus respectivos lugares, en el cielo (Josué 10:12). Dios obró maravillas en la tierra, entre las naciones, en los mares y también en los cielos.

Las saetas de que se habla pueden muy bien referirse a relámpagos, instrumentos de la ira de Dios, como el arco del versículo 9. El Señor marchó a través de la tierra en su indignación y con furor trilló las naciones. (Encontramos una situación similar en Isaías 63:1-6.)

Por si acaso hubiera todavía alguien que tuviera dudas respecto al propósito de estas manifestaciones del poder y de la ira de Dios, Habacuc declara expresamente que Dios tenía por objeto la salvación de su pueblo. Hay dos interpretaciones de la expresión "tu ungido" (versículo 13). Una afirma que la referencia es a Israel, siendo así paralela a la idea de "tu pueblo". La otra sostiene que el ungido es el Rey de Dios, el Mesías, por cuya mediación y obra Dios lleva a cabo la salvación de su pueblo.

Hay muchos pasajes en la Biblia que confirman esta última posición, mientras que el primer punto de vista se apoya en el Salmo 105:15. Si la referencia fuera un acontecimiento del pasado (como una norma) en "la cabeza de la casa del impío", podría ser una alusión a uno de los reyes de Canaán. Sin embargo, si el profeta está hablando del futuro, lo que es más probable, entonces se refiere al rey de los caldeos. La expresión "descubriendo el cimiento hasta la roca" es alegórica, siendo la casa un símbolo de la dinastía caldea.

En el versículo 14 Habacuc se identifica con Israel y describe el trato que Dios da a los invasores de su tierra. A través de la mutua destrucción (como en los casos de 1 Samuel 14:20 y 2 Crónicas 20:23,

24), el enemigo caerá por medio de sus propias armas; aquellos que, al igual que los salteadores, se deleitan en despojar a los indefensos. Aquí el pobre es Israel.

A punto de finalizar su recuento de las maravillosas obras de Dios, el profeta recuerda el cruce del mar Rojo (Éxodo 14), cuando Jehová abrió un camino a través del mar y de sus poderosas aguas. ¿Existe un Dios como nuestro Dios?

Terror y confianza de Habacuc

En el versículo 16 se completa un ciclo de pensamientos que vuelve al tema del versículo 2. El profeta está todavía lleno de temor y espanto por la angustia venidera de su pueblo. Sabe que su patria será hollada por los invasores caldeos y esto le causa un profundo dolor. Verdaderamente es difícil permanecer y ver caer el inevitable castigo sobre el pueblo de Dios. Pero su comunión con Dios y el meditar en sus obras, así como en sus promesas, han producido en él una gran confianza, como también temor.

El acudir a Dios en busca de su respuesta para los difíciles problemas de la vida no ha sido un ejercicio espiritual infructuoso. Todo esto ha producido una confianza inquebrantable, a pesar de los problemas que se avecinan. Aunque el enemigo venga y destruya la higuera, las viñas y los olivares, dañe los campos y arrebate el rebaño del redil y el ganado del corral, Habacuc se regocijará en el Señor y se gozará en el Dios de su salvación. El Señor mismo será su fortaleza y su potencia sustentadora, que lo capacitará para vencer todos los obstáculos, con abundante vitalidad al andar libremente en su propia tierra.

A pesar de la desolación que causarían los caldeos, ¡qué gran consolación otorga Dios a su siervo para sacarlo adelante! No sólo tendría paz en la hora de la prueba, sino también gozo, a pesar de todas las desolaciones de la tierra. Esta es una de las manifestaciones más vigorosas del poder de la fe que se registran en la Biblia. Con fuerzas renovadas y gozosas, el profeta será como la gacela que es tan veloz que al ser perseguida por galgos, éstos corren el riesgo de caer por esfuerzo excesivo en la cacería.

Los símbolos musicales sugieren que el salmo se utilizaba en la liturgia del templo. A pesar del uso del posesivo "mis" en la subscripción, no es muy seguro que Habacuc mismo desempeñara esa función levítica.

Nótese qué contraste hay entre la conclusión de esta profecía y la perplejidad que abrumaba al profeta al comienzo del libro. Encontró en Dios mismo la respuesta más que suficiente para todos sus problemas. Confiará en Dios aunque falten todas las bendiciones. ¡Qué palabras más apropiadas para los momentos en que vivimos!

"Para socorrer a tu pueblo"

¡Cuánto significado tienen estas palabras y qué bien resumen el propósito de Dios en sus tratos con Israel, su pueblo escogido! En épocas pasadas, Dios ha obrado tanto con este propósito: al sacarlos de Egipto, en el desierto, en la tierra prometida, librándolos de las cautividades y en medio de las persecuciones; pero por encima de todo en el Calvario, cuando el Mesías de Israel, nuestro Señor Jesucristo, se dio a sí mismo por sus pecados.

12

SOFONIAS: EL DIA DE JEHOVA

JUICIO UNIVERSAL

El hombre y el mensaje

El nombre "Sofonías" significa "El Señor esconde", o bien, "aquel a quien el Señor esconde". Más allá de lo que dice 1:1, no se sabe definidamente nada sobre la vida del profeta. La genealogía que aparece al principio de la profecía presenta cuatro generaciones. Ningún otro profeta lleva tan atrás su genealogía. No es cosa acostumbrada en el Antiguo Testamento presentar la ascendencia de un hombre más allá de su abuelo, a menos que sea con un propósito especial. Sofonías era de sangre real, tataranieto del piadoso rey Ezequías. Los argumentos que se han presentado en contra de este punto de vista no son convincentes.

Este profeta ministró aproximadamente durante medio siglo después de Nahúm, en el reinado de Josías. Manasés y Amón habían sido reyes impíos; pero Josías fue un soberano temeroso de Dios (2 Reyes 22 y 23). La mayoría de los estudiosos del libro creen que ya había comenzado la reforma de Josías (véase 2 Crónicas 34:3-7).

La reforma efectuada en Judá en el año 621 a.C. (las diez tribus llevaban ya en la cautividad un siglo) afectó sólo al pequeño remanente; la gran mayoría de Israel estaba en la condición descrita aquí en el capítulo 1 y en la profecía de Jeremías. En ese grupo mayor todo era exterior y aparente, y la reforma provocó una fuerte reacción. El pueblo estaba maduro para el juicio. Es extraño que Sofonías no mencione las reformas de Josías.

Se ha considerado a Sofonías como uno de los profetas más difíciles de interpretar en todo el canon profético; pero su mensaje tiene un punto focal definido que es el día de Jehová. Sofonías usa esta expresión con mayor frecuencia que cualquier otro profeta del Antiguo Testamento. En el primer capítulo anuncia su profecía de juicio que se centra en especial sobre Judá. En el segundo capítulo predice juicios sobre varios pueblos, después de una exhortación al arrepentimiento. En el último capítulo, después de unas breves palabras respecto al juicio que vendría sobre Jerusalén, promete gloria futura para el restaurado remanente de Israel en los últimos días. Sus profecías de juicio mundial y de salvación final del pueblo de Dios son completas.

Un escritor del siglo dieciséis indicaba: "Si alguien desea que se den todos los oráculos secretos de los profetas en un breve compendio, que lea enteramente el breve libro de Sofonías." Su profecía tiene afinidades con los mensajes de profetas anteriores. Hay expresiones similares en Isaías y Sofonías, y aun más, en Jeremías y Sofonías. En la época de Sofonías, los enemigos de Israel eran los caldeos, más bien que los asirios, como en la de Nahúm y otros.

Juicio universal

El profeta comienza su libro con un anuncio de destrucción universal. Dios consumirá y destruirá todo lo que haya sobre la faz de la tierra, bien sea hombre o bestia. Las aves de los cielos y los peces del mar estarán incluidos en el mismo castigo. Las bestias, los pájaros y los peces tienen intereses comunes con el hombre y sufren con él. La intención de la enumeración detallada es expresar tanto el terror como la universalidad del castigo. Dios destruirá absolutamente todo. Ya en la historia del mundo ha habido destrucción universal antes por causa del pecado del hombre (véase Génesis 6:7). El Señor castigará de manera especial a los malos con sus tropiezos, los objetos y ritos de su adoración idólatra. (Véase Ezequiel 14:3,4, 7.)

Hasta este punto, el pronunciamiento de juicio ha sido de naturaleza universal, ahora se restringe a las favorecidas Judá y Jerusalén, que tenían la revelación de la voluntad de Dios. El juicio sobre toda la tierra caerá finalmente sobre Judá y Jerusalén.

Los versículos 4 al 6 muestran un avance de la idolatría externa y tosca a la interna y desarrollada. Cuando el Señor anuncia que extenderá su mano sobre Judá y Jerusalén, está indicando que habrá una obra especial de castigo (véase Isaías 5:25; 9:12, 17, 21). La adoración de Baal será desarraigada y destruida. Baal era el dios de los cananeos, que había sido adorado anteriormente por Israel en su apostasía, en la época de los jueces (Jueces 2:13).

El reinado de Manasés se caracterizó por esta adoración (2 Reyes 21:3, 5, 7 y 2 Crónicas 33:3, 7). El piadoso Josías destruyó a los baales (2 Crónicas 34:4). La deidad femenina que se asociaba generalmente con Baal era Astoret. Era una adoración de la naturaleza y estaba llena de prácticas inmorales. Los restos de Baal se refieren a todo lo que quedó de Baal y de idolatría en general. Se ha inferido de este versículo que la reforma de Josías ya había comenzado, y se había impuesto una restricción a las flagrantes idolatrías de la nación. La impía adoración de Baal había de ser exterminada hasta su último vestigio. Esto se cumplió en Judá después de la cautividad babilónica. El nombre mismo de los *quemarim* iba a desaparecer también. Estos eran los sacerdotes de los ídolos (Oseas 10:15) a los que Josías quitó (2 Reyes 23:5). La raíz hebrea significa "negro" (debido a las vestiduras negras que usaban) o "celoso" (a causa de su fanatismo en la idolatría). Los otros sacerdotes mencionados en el versículo 4 eran aparentemente sacerdotes de Dios, pero indiferentes respecto del relajamiento espiritual del pueblo.

Otra categoría de personas destinadas para el juicio en Judá eran los que adoraban las huestes celestiales en las azoteas. Se hacía esto en los tejados planos de las casas para tener una vista más clara del cielo y sobre todo como altares para quemar incienso (véase Jeremías 8:2; 19:13; 32:29). Esta adoración se llamaba sabaísmo y prevaleció desde una época muy temprana en el Oriente. Moisés hizo una advertencia en contra de esto en Deuteronomio 4:19. No obstante, se practicó ampliamente en Israel, convirtiendo así virtualmente a cada hogar en un santuario idólatra. (Véase 2 Reyes 21:3, 5; 23:5, 6; Jeremías 7:17, 18; 44:17-19, 25).

Había otros más en Judá que tenían un sistema de adoración acomodaticio que incluía la adoración de Dios y de Malcam, el mismo que Moloc (Amós 5:26) y Milcom, dios de Amón (1 Reyes 11:33).

Por último, se señala a los que al principio escucharon la exhortación de Josías al arrepentimiento y luego se volvieron atrás, y a los que fueron indiferentes a todo desde el principio. Esta es la exposición de hechos del Dios viviente en su justa ira contra la maldad de Judá. Se anota y se pone de manifiesto todo tipo de iniquidad. Todas las cosas están desnudas ante Aquel a quien tenemos que rendirle cuentas.

Castigo sobre Judá

Antes de hablar en detalle sobre el juicio ya indicado, el profeta hace un llamamiento a todos para que guarden silencio delante del Señor. (Véase Habacuc 2:20.) Anuncia que está muy próximo el día de Jehová, o sea, el día del juicio. Ese día final de Jehová vendrá precedido de juicios preliminares, como etapas del proceso.

Sofonías habla del mismo día final de Jehová sobre el cual profetizó Joel (Joel 1:15 y Abdías 15). El sacrificio particular que se tiene presente aquí es el juicio sobre Judá, el pueblo de Dios. Los convidados consagrados son los caldeos (véase Isaías 13:3; 34:6; Jeremías 46:10; Ezequiel 39:17). El cuadro final se da en Apocalipsis 19:17, 18. Cuán irritante debe de ser el juicio cuando Dios santifica a los paganos babilonios como sus sacerdotes para que maten los sacrificios.

Se pronuncia el primer castigo contra los príncipes que siguen las costumbres de los paganos. Debieran haber sido líderes en la justicia en lugar de serlo del mal. El juicio caerá sobre la familia real porque siguieron las costumbres extranjeras y oprimieron al pueblo.

La expresión "los hijos del rey" no quiere decir los hijos de Josías. No era posible que tuviera hijos de edad suficiente para haber cometido pecados semejantes. Aquellos a quienes se alude, o son príncipes de la casa real o hijos del rey que estaría gobernando cuando se cumpliera la profecía. (Compárese esto con 2 Reyes 25:7 y Jeremías 39:6, donde los hijos de Sedequías fueron muertos y él mismo fue cegado.) No se incluye aquí al rey Josías porque sería eximido del juicio, debido a su vida piadosa.

Algunos piensan que la referencia a vestido extranjero indica las vestimentas extrañas traídas de naciones paganas, en las que los impíos de Israel adoraban a los ídolos. Con las vestimentas foráneas venían las costumbres y la adoración extrañas, sobre todo la idolatría.

El versículo 9 señala juicio sobre los que despojan y roban a sus conciudadanos. Según 1 Samuel 5:5, en la adoración a Dagón, en Asdod, se acostumbraba saltar sobre el umbral, por lo que algunos han pensado que el profeta está denunciando aquí un rito idolátrico. El final del versículo hace ver que esa opinión es insostenible. A lo que se hace referencia es al celo con que los sirvientes de los ricos salen presurosos de sus hogares para apoderarse de la propiedad de los demás con el fin de enriquecer a sus amos. Los hogares de los pobres eran invadidos a la fuerza para arrebatarles sus bienes. De este modo, los hogares de los ricos se llenaban con lo que había sido obtenido con violencia y engaño.

En los versículos 10 y 11 hay una advertencia para los comerciantes deshonestos que se han enriquecido mediante prácticas perversas.

Se nos describe la agonía de Jerusalén en la invasión de Nabucodonosor. Todos los sectores de la ciudad se verán afectados. La Puerta del Pescado se hallaba en el lado norte de la ciudad, el cual era susceptible de ataques. Nabucodonosor entró por aquella puerta. Recibió su nombre de su proximidad al mercado de pescado, al cual traían pescado del lago de Tiberias y del río Jordán. Corresponde a lo que, en la actualidad, es la Puerta de Damasco. El segundo sector era el segundo distrito de la ciudad en el collado de Acra, donde vivía la profetisa Hulda (2 Reyes 22:14).

Al clamor procedente de la Puerta del Pescado y a los lamentos del segundo sector se unirá el quebrantamiento desde los collados de Sion, Moríah y Ofel, dentro de los muros. El versículo indica el progreso del enemigo hasta que ocupan los lugares prominentes de la ciudad.

La palabra que se traduce *Mactes* es mortero y no un nombre propio. Los atlas actuales indican que el lugar es desconocido. Se cree que era un sector de Jerusalén ubicado en la parte baja de la ciudad. Algunos creen que se trataba del valle Tiropeón en la ciudad, donde los comerciantes efectuaban sus transacciones.

El Señor juzgará a su pueblo como se tritura el maíz en un mortero. El pueblo mercader que se menciona aquí son los comerciantes de Judá que efectuaban sus negocios del mismo modo que los cananeos o los fenicios. Oseas 12:7 utiliza la misma designación. Sus riquezas perecerán con ellos.

Los que son perversamente indiferentes entre ellos son denunciados a continuación. El profeta predice que el Señor escudriñará muy minuciosamente la más oculta iniquidad, como hace un hombre con una linterna. Después de semejante examen el castigo caerá sobre los que reposen como el vino asentado, figura proverbial usada para la indiferencia y la holgazanería (Jeremías 48:11). Sobre la superficie de los licores fermentados se forma una costra dura cuando no se los mueve durante largo tiempo. Asentados de este modo en su indolencia, niegan la providencia regidora de Dios en el universo, su actividad y su obra en el mundo, como si no hubiese de traer ni bien ni calamidad. A causa de esa maldad y desvergüenza, Dios traerá sobre ellos las maldiciones de la ley; no disfrutarían ni de su riqueza ni de sus casas y viñedos. (Véase Levítico 26:32, 33; Deuteronomio 28:30, 39; Amós 5:11 y Miqueas 6:15.)

El día de Jehová

Cada calamidad ocurrida en los reinados impíos de los sucesores de Josías fue un paso o prefiguración más de la calamidad final en el día de Jehová. Para más detalles acerca de este día en los profetas menores, se remite al lector al libro de Joel. A este día se lo llama grande, a causa de sus tremendos efectos (Joel 2:11). Tan mortífero será el ataque de los caldeos que aun los valientes se desesperarán y se entregarán a un pesar sin esperanzas (Isaías 66:6). En los versículos 15 y 16 tenemos una descripción muy enfática de la lobreguez y el terror de ese día.

En el año 1250 Tomás de Celano escribió su famoso himno de juicio basado en el versículo 15: *"Dies irae, dies illa"*, que significa: "Ese día es día de ira". Ese día es de ira, de angustia, de aprieto, de alboroto, de asolamiento (las palabras hebreas traducidas alboroto y asolamiento — sho'ah y umesho'ah — tienen un sonido similar para dar a entender la monotonía de la destrucción), de tinieblas, de obscuridad, de nublado, de entenebrecimiento, de trompeta y de alarma contra las ciudades fortificadas y las altas torres.

Al no poder encontrar una vía de escape de su aflictiva calamidad, el pueblo de Judá andará como los ciegos (Deuteronomio 28:29). Como si no valieran nada, su sangre y su carne se derramarán como polvo y estiércol. En aquella hora de catástrofe, ni la plata ni el oro les valdrán para librarlos de la ira del Dios santo. El terrible juicio de Dios consumirá toda la tierra, y todos los que moran en la tierra tendrán un triste fin. Los juicios de Dios son terribles; pero cuán inefablemente dulce es su gracia que ha manifestado a los pecadores convictos.

Los que no buscan al Señor

En los días de Josías y del profeta Sofonías en Judá había quienes no buscaban al Señor a causa de una impía indiferencia. Pero también es posible no buscar al Señor a causa de que el mensaje de su gracia redentora no se ha dado en forma clara y amorosa. Pablo indica en Romanos 10 que no puede haber búsqueda del Señor en tanto no se haya escuchado el mensaje del evangelio.

EL JUICIO CAE SOBRE TODOS

Llamado al arrepentimiento

Después de la aterradora declaración de juicio del capítulo 1, el lector puede estar inclinado a pensar que ya nada más puede decirse, que se ha relatado toda la historia.

Dios no anuncia nunca un juicio venidero sin indicar al mismo tiempo los medios para escapar de él. Así vemos que el segundo capítulo comienza con una urgente exhortación al pueblo de Dios para que se una. El pensamiento se recalca mediante el uso doble del mismo verbo. El llamamiento para que se arrepienta. Después de este llamado al arrepentimiento, el profeta procede a anunciar juicio sobre las naciones de alrededor de Israel, y de modo especial sobre aquellas que lo han afligido.

Sofonías exhorta a la nación a que se congreguen todos. En el original se recalca el pensamiento mediante el doble uso del mismo verbo. El llamamiento a reunirse no tiene por objeto animarlos a volver en sí o a reflexionarar, como se ha sugerido, sino a congregarse en una asamblea religiosa para implorar el favor de Jehová con el fin de que, mediante la oración, aparte su juicio (véase Joel 2:16). La palabra que se traduce "congregaos" comúnmente significa juntar rastrojo o combustible para quemar. Aquí el significado es reunirse.

El profeta se dirige a la nación en términos despectivos a causa de su pecado y la llama una nación sin pudor. No se apartan de pecar continuamente. No es, como algunos suponen, que no fueran deseados o que no hubiera nadie en la nación que la encomendara a Dios, sino que estaban muertos a la vergüenza. El pecado siempre provoca insensibilidad.

Pero no hay tiempo que perder, porque el decreto se apresura acercándose como si estuviera progresando hacia su nacimiento. El decreto es lo que Dios ha determinado hacer, en este caso, con los pecadores de la nación. El día del arrepentimiento es una oportunidad gloriosa; pero pasa con tanta rapidez como el tamo es arrebatado de repente por una fuerte ráfaga de viento. Deben aprovechar esa oportunidad inmediatamente. Después de ella viene el día de la ardiente ira de Jehová. Tres veces seguidas se hace el llamado para que busquen al Señor, la justicia y la mansedumbre.

Aparentemente, ahora se hace referencia al remanente de la nación, pues se los llama los humildes de la tierra que han guardado las ordenanzas de Jehová. Deberá recordarse que Nabuzaradán dejó a los pobres de la tierra para que fueran viñadores y labradores en el tiempo de la cautividad (véase 2 Reyes 25:12). Aunque son mansos, deberán procurar crecer en esta bendita actitud. Tras haber seguido diligentemente los requisitos de la ley del Señor, se los exhorta a que sigan yendo en pos de la justicia. Si al Señor le place, quizás sean escondidos, preservados, en el día de la ira de Jehová (véase Isaías 26:20). Se ha sugerido que aquí hay un juego de palabras con el nombre del profeta Sofonías en la palabra *guardados* (escondidos, en el original). La puerta del arrepentimiento estaba todavía completamente abierta para que cualquiera entrara.

Juicio sobre Filistea

Si el enojo de Jehová arrasa como una tormenta la tierra de su pueblo, podemos estar seguros de que no tolerará el pecado en ninguna otra parte. Dios no puede pasar por alto el pecado de su pueblo; pero no permitirá que las naciones lo aflijan impunemente. Se incluyen naciones de los cuatro puntos del globo para indicar una vez más la universalidad del juicio. El Dios de Israel es y siempre ha sido el Dios del universo, el Dios de las naciones.

El versículo 4 comienza con la razón de por qué los impíos deben arrepentirse y los mansos animarse. La tierra de los filisteos, al oeste, aparece en primer lugar para el juicio. Se mencionan cuatro de las cinco ciudades filisteas: Gaza, Ascalón, Asdod y Ecrón, en tanto que se omite a Gat. También Amós 1:6-8 omite a esa quinta ciudad. Uzías y Ezequías habían mantenido a Gat en sujeción (2 Reyes 18:8 y 2 Crónicas 26:6).

No es posible lograr en nuestro idioma el juego de palabras del hebreo en cuanto al desamparo de Gaza y el desarraigo de Ecrón. Asdod será saqueada a una hora muy inusitada, al mediodía. Es la hora más calurosa del día y en el Oriente se dedica generalmente para dormir, de modo que no es un momento probable para intentar una invasión. Cuando menos lo esperen, el golpe caerá sobre ellos (Véase 2 Samuel 4:5; Jeremías 6:4.)

Se pronuncia un ay contra los filisteos que vivían en la zona de la costa del mar. Se los llama cereteos o pueblo de la isla de Creta, porque algunos de ellos procedían de Creta (Caftor, de Amós 9:7). La guardia personal de David se componía de cereteos y peleteos (2 Samuel 8:18; 1 Reyes 1:38, 44), que se consideraba como el doble origen del pueblo filisteo.

El nombre filisteo mismo significa emigrante. El nombre Canaán originalmente significaba la planicie costera. Esa porción del territorio se iba a quedar sin habitantes. En lugar de estar densamente poblada, la región sería sólo apta como tierra de pastoreo para nómadas. Todo esto se ha cumplido literalmente sobre Filistea. Pero no había de permanecer en esas condiciones de deshabitada de modo permanente: el remanente de la casa de Judá (hacía mucho que Israel había ido al exilio, como se vio en el capítulo 1) había de heredar la tierra de Filistea, cuando su pueblo fuese desposeído en el juicio. Dios iba a visitar su pueblo con misericordia y a regresarlos de su cautividad para que disfrutaran de las casas y la tierra de los filisteos. Esta porción estaba incluida en el legado original de la tierra que Dios le hizo a Abraham. El Señor mantendrá su pacto con toda fidelidad.

Juicio sobre Moab y Amón

El origen de los hijos de Moab y de los hijos de Amón es importante y puede hallarse en el relato de Génesis 19:30-38. Aun cuando procedían de una ascendencia incestuosa y vergonzosa, estos pueblos se distinguían por su gran arrogancia. A consecuencia de la caída del reino del norte y la decadencia de la monarquía del sur, la soberbia de estas naciones situadas al oriente de Israel aumentó considerablemente. Censuraron e injuriaron al pueblo de Dios. Después de cada calamidad de Israel, dichas naciones procuraron sacar provecho de la situación, apoderándose de alguna porción del territorio de Israel. Estos pueblos mostraron su enemistad hacia el pueblo de Dios en cada oportunidad. (Lea con cuidado Números 22; 24:17; Jueces 3; 10; 1 Samuel 11:1-5 y 2 Samuel 12:26-31.) Por lo tanto, sus denuestos no estuvieron restringidos al tiempo de la cautividad, sino que debieron cubrir muchas ocasiones en que Israel estuvo en dificultades. Isaías y Jeremías condenaron su soberbia. (Compare Isaías 16:6; 25:11 y Jeremías 48:29, 30.)

Por la conexión de los versículos 8 al 10 con el 11 se puede ver que el cumplimiento final de estas predicciones está todavía en el futuro con relación a nuestros días. Moab y Amón llegarán a ser como Sodoma y Gomorra. Su propio territorio sufrirá como las ciudades que fueron destruidas en los días de su antepasado Lot. La tierra de estas naciones se convertirá en campo de ortigas y minas de sal, que indican esterilidad y desolación. Han estado desoladas desde entonces (Jeremías 17:6), al igual que las regiones del mar Muerto.

En el Antiguo Testamento se usa la sal como figura de esterilidad y ruina (Job 39:6). Recibirán ese castigo de afrenta y vergüenza debido a su soberbia que los llevó a vituperar a Israel y a ensoberbecerse contra los elegidos de Jehová. Las naciones son sumamente torpes para aprender lo mucho que le desagrada al Señor cuando se manifiestan con soberbia en contra de la nación que El escogió como su instrumento para bendecir al mundo.

Adoración universal al Señor

Nunca está de más recalcar que el propósito fundamental de Dios no es castigar y destruir, sino vencer el mal con el bien y lograr la paz de lo que es un caos sin esperanza. En su ira Dios será terrible para con las naciones pecadoras, y tratará sumariamente a los dioses que adoraban.

Algunas versiones dicen (2:11) que Jehová "matará de hambre" a todos los dioses de la tierra; esto es, que los hará menguar o los destruirá. El Señor destruye esos dioses cuando trae juicio sobre las naciones que los adoran. Los ídolos no tienen existencia real aparte de la gente que los sirve (1 Corintios 8:4-6). Juntamente con la total destrucción de las naciones idólatras ocurrirá la eliminación de la adoración de ídolos en toda la tierra. Entonces los hombres adorarán al único Dios verdadero, cada uno desde su lugar, es decir, cada uno en el sitio en que viva, por lo que la adoración al Señor será universal.

Esta Escritura no está cumplida en nuestros días en que algunos de cada nación adoran al Señor. (Véase Juan 4:21-24; 1 Corintios 1:2.) El profeta está hablando del tiempo en que las naciones del mundo se convertirán a la adoración del Dios vivo y verdadero. En Malaquías 1:11 se expresa un pensamiento similar con mucho énfasis. El cuadro se refiere a los últimos días de la historia do Israel, y nos introduce directamente a los tiempos mesiánicos y a las condiciones milenarias.

En realidad, es el otro lado del cuadro el que nos presentan algunos pasajes proféticos, tales como Isaías 2:2; Miqueas 4:1, 2; Zacarías 8:22, 23; 14:16. Estas porciones de las Escrituras deben estudiarse en su contexto para tener el verdadero marco cronológico. Estas condiciones existirán después de la Segunda Venida del Señor a la tierra. En aquel tiempo todas las naciones estarán unidas, no para hacer su propia voluntad ni para adorar las obras de sus manos perversas, sino para adorar y servir al único Dios verdadero. Es la hora esperada con devoción por el creyente expectante y por la que se esfuerza en su propia época.

Juicio sobre Etiopía y Asiria

Hasta aquí Sofonías ha anunciado el juicio de Dios sobre las naciones situadas al este y el oeste de Judá; ahora dirige nuestra atención a Etiopía y Asiria, naciones situadas al sur y al norte de la Tierra Santa. Se les advierte a los etíopes que morirán bajo la espada del Señor. En los libros proféticos del Antiguo Testamento se habla mucho acerca de la espada del Señor y es un tema que vale la pena estudiar. Etiopía (Cus) se halla al sur de la primera catarata del Nilo y gobernó a Egipto desde aproximadamente el año 720 hasta el 654 a.C. (Véase Isaías 11:11; 18:1.) Se ha visto un cumplimiento de esta profecía en la invasión y conquista de Egipto por Nabucodonosor. La fortuna de Etiopía estaba ligada a la de Egipto, que se hallaba sujeto a dinastías etíopes. (Véase Jeremías 46:9; Ezequiel 30:5, 9.) Hay razón para creer que bajo el término de *etíopes* se esté mencionando a los egipcios.

Desde Etiopía, la palabra de juicio va hasta Asiria. En la época de esta profecía, la nación no había caído. La relación de calamidades y juicio llega a su culminación con Asiria, que era el factor político más poderoso de aquella época.

Para una reseña más completa del juicio de Asiria, el lector debe remitirse a la profecía de Nahúm. Aquí se declara de manera breve y directa que el Señor destruirá a Asiria y convertirá a Nínive en asolamiento, dejándola seca como un desierto. Esto es tanto más notorio cuando advertimos que, en la época misma de la predicción del profeta, el mayor orgullo y motivo de gozo de la poderosa ciudad era su abundante sistema de riego.

A continuación Sofonías detalla las condiciones de desolación de la ciudad en ruinas. La que una vez fue ciudad populosa y de renombre sólo servirá para morada de bestias y rebaños. El pelícano y el erizo harán su habitación en las ruinas de la ciudad. Hallamos a estas mismas criaturas en otro cuadro de desolación que Isaías 34:11 nos describe. Habitarán en capiteles que son ornamentos de magníficos edificios, ahora derribados y que les proporcionan lugares de morada y escondrijo. El canto triste de algún pájaro solitario se oirá desde las ventanas de los palacios y las casas. No habrá ningún hombre en los hogares y nadie atravesará ya los umbrales. Las bellas guarniciones de madera y la fina obra de talla de las paredes y los cielos rasos de las casas estarán arrancadas y al descubierto.

Al concluir el profeta este mensaje de juicio, hace uso de una sátira que se cantaba sobre un enemigo derrotado. Se presenta a Nínive como la ciudad alegre que había vivido despreocupadamente.

La grandeza y gloria de Asiria eran conocidas en todo el mundo. Unos 225 años antes de esto, Israel sintió la férrea mano de Asiria en la batalla de Karkar (854-853 a.C.). Algo más de cien años antes de esto, sus ejércitos invadieron Palestina y dominaron a Judá durante más de medio siglo. Ahora ella misma estaba madura para el castigo más apropiado.

En su impía y autosuficiente jactancia, declaró que no había otra como ella. Eso mismo alegó también Babilonia, según se registra en Isaías 47:8. (Véase Laodicea en Apocalipsis 3:17.) Una autosuficiencia semejante es el atributo de Dios mismo (Isaías 45:21, 22). A causa de esa arrogancia se la abate a la desolación más vil, un lugar sólo apropiado para las bestias. La magnitud y lo repentino de su destrucción harán que sea objeto de la burla y del desprecio de todos los que pasen por allí. Sacudirán la mano, dando a entender que ella misma se ha atraído el juicio sobre sí.

Cuando en el año 401 a.C. el griego Jenofonte pasó por el sitio en que había estado Nínive, lo único que pudo saber fue que allí había existido una vez una gran ciudad y que había sido destruida porque Zeus había privado a la gente de su buen juicio. ¡Es necedad y locura que el hombre endeble se arrogue prerrogativas y atributos divinos!

El Señor los castigará

La promesa del profeta anunciaba que el Señor tendría misericordia de su pueblo y los haría regresar del cautiverio. Todo esto se cumplirá para Israel en tiempos proféticos. Dios ya ha visitado a su pueblo por gracia mediante la venida de su Mesías, en Jesucristo de Nazaret, anunciado por los profetas. Por simple fe en la suficiente obra del Redentor, el Espíritu de Dios visita al corazón dispuesto, para regenerarlo e impartirle vida nueva para siempre. Esta es la necesidad más grande de Israel, ante la cual todas las demás pierden significado.

IRA Y BENDICIONES

Ay sobre la Jerusalén impía

Después de la serie de lamentos sobre las naciones, anunciados en el capítulo 2, el profeta vuelve en el capítulo 3 a su mensaje dirigido a Jerusalén. Puesto que la ciudad había sido tan favorecida y privilegiada, debía esperarse mucho más de ella en lo que se refiere a la fe y obediencia al Señor.

Aunque no se nombra la ciudad mencionada en el versículo 1, resulta muy evidente por el versículo 2 que se refiere a Jerusalén. Se la acusa de rebelión, contaminación y opresión. Era rebelde porque no se sometía a la voluntad conocida de Jehová; estaba contaminada debido a su larga permanencia en el pecado, a pesar de lo estricto de sus ritos ceremoniales, y era opresiva porque no tomaba en cuenta los derechos de los pobres, de los huérfanos y de las viudas.

En conjunto, se le imputan cuatro acusaciones diferentes a la nación. No obedeció a la voz de Dios dada en la ley y por medio de los profetas, y no se recibió la corrección; cuando Dios le aplicaba castigos, no aprendió las lecciones debidas. No confió en el Señor, sino en sí misma, en sus ídolos y aliados, y no se acercó a su Dios por medio de la fe, la adoración y el arrepentimiento, apartándose de El, aun cuando el Señor procuraba estar cerca de ella (Deuteronomio 4:7).

Los líderes eran igual que el pueblo. Se señalan tres clases de personas en la nación: los príncipes, los profetas y los sacerdotes, para una condenación especial. No se acusa de nada al piadoso rey Josías. No obstante, los príncipes eran como leones rugientes en medio de ella. Estaban siempre a la búsqueda de más presas.

Quienes deberían haber pastoreado el rebaño, lo estaban devorando. (Véase 1:8, 9; Miqueas 2:2; Zacarías 11:4.) Los jueces del pueblo estaban llenos de una codicia insaciable, devorándolo todo de golpe con un hambre voraz. No dejaban nada para la mañana.

En el versículo 4 tenemos la única acusación contra los profetas en este libro. Eran culpables de veleidad, que tomaban a la ligera aun los asuntos más importantes. Su vida y sus enseñanzas carecían de seriedad y de firmeza. Eran traicioneros porque no eran fieles al Señor al que decían representar. En lugar de ello, animaban a la gente en su apostasía del Señor. Con sus obras impías profanaban el santuario y hacían que lo sagrado fuera profano. Hicieron violencia a la Ley, pervirtiendo su sencilla intención y significado cuando enseñaban al pueblo. (Respecto a una acusación similar véase Ezequiel 22:26.) Los príncipes, los profetas y los sacerdotes eran igualmente culpables de corromper a la nación mediante su mal ejemplo y modo de obrar.

Castigos y advertencias de Dios

A pesar de las iniquidades y la corrupción de Jerusalén, el Señor, en su justicia, está en medio de ella. Su presencia en medio de ella hace que sea todavía más seguro su juicio por su pecado. Dios nunca pasa por alto la iniquidad.

En el Oriente, la mañana es el tiempo para la administración de justicia, de modo que cada mañana Jehová saca su justicia a la luz. Su conducta recta se da a conocer por medio de sus profetas verdaderos, que exhortan a la piedad, y mediante sus juicios sobre los impíos de la nación.

Mediante castigos y advertencias, Dios sigue manifestando su justicia. No falla ni fracasa; pero los impíos no tienen ninguna vergüenza que pueda conducirlos al arrepentimiento. Dios había esperado que, al ver los castigos impuestos a otras naciones, su pueblo se daría por aludido y se volvería a El.

Durante el reinado de Josías, Judea disfrutó de paz, aun cuando las guerras trastornaban a otros pueblos. Se libró durante la arrasadora invasión de Asia occidental por los escitas. Ni siquiera el destino de las diez tribus disuadió al reino del sur de pecar.

El versículo 6 describe las desolaciones que el Señor causó entre las naciones que rodeaban a Judea y que debían servir como advertencias para esta última. Sin embargo, ella no prestó atención a los juicios que sufrieron otros países. Dios esperaba que por esos castigos Judá aprendería a temerlo y a recibir corrección, para que su morada no fuera destruida.

Aunque el Señor los había designado para que fueran castigados por sus pecados, si se hubieran arrepentido, los habría perdonado y no habría destruido la ciudad. Pero ellos, a despecho del Señor y de su desagrado, se levantaron temprano y se apresuraron, indicando que su pecar era deliberado, y corrompieron todos sus caminos. En el Oriente la madrugada es la mejor hora para hacer negocios. Siguieron su curso pecaminoso con gran interés y diligencia. Grande es el atractivo del pecado y grande el castigo que merece; pero, con todo, el hombre se lanza de cabeza en él.

Ira sobre las naciones

Para completar el ciclo completo de profecías sobre la ira de Dios, en el versículo 8 Sofonías vuelve al tema del capítulo 1, el castigo de Dios sobre todas las naciones. Se exhorta a los piadosos del pueblo del Señor a que lo esperen y confíen en El. Como la fiera lista a arrebatar, el Señor se levantará aún para la presa.

Se ha considerado que la presa son las naciones que le corresponderán como suyas en la salvación. (Compárese Isaías 53:12 con 52:15 y 49:7.) Pero antes de que esto pueda realizarse, deberá haber destrucción y exterminio.

Los piadosos deberán esperar el juicio de Dios sobre las naciones,

258 *Los profetas menores*

porque finalmente eso dará como resultado su redención. Jehová está determinado a reunir a las naciones (Zacarías 14:2) y los reinos, con el fin de derramar sobre ellos, en un gran acto de juicio, su indignación, el ardor de su ira y el fuego de su celo. Estas palabras son muy vívidas y representan una escena de gran importancia profética. Véase también Joel 3:1-3 y 12-16. (Según los eruditos masoréticos, que trabajaron con ahínco en el texto del Antiguo Testamento, el versículo 8 es el único de todo el Antiguo Testamento en que aparecen todas las letras del alfabeto hebreo, incluso las últimas.)

Conversión de las naciones
El resto del capítulo 3 versa sobre los tiempos mesiánicos. En estos versículos tenemos brillantes promesas de bendiciones y de restauración para el pueblo de Dios y las naciones. A continuación Sofonías describe los resultados del juicio de Dios sobre las naciones. Después de descargar su ira sobre los impíos de entre las naciones, les dará a los gentiles, dentro de su misericordia, un lenguaje puro para que puedan invocar el nombre del Señor y servirlo unidos.

El profeta no está prediciendo un idioma universal (algunos dicen que se trata del hebreo, como si tuviéramos aquí una inversión de Babel), sino que se depurará el modo inmundo de hablar que tienen las naciones. Será un hablar depurado y sin contaminación, más bien que un lenguaje claro y fácil de entender. (Véase el pensamiento opuesto en Isaías 6:5.) La impureza de que eran culpables antes se originó en su hábito de jurar por dioses falsos y orar a los mismos.

Se indica que el remanente de las naciones está convertido al Señor. Las naciones aprenden la rectitud por medio del juicio. Todos invocarán el nombre de Jehová, en una restauración de las condiciones que prevalecían en Génesis 4:26. No sólo adorarán a Jehová con los labios, sino también lo servirán de común consentimiento.

La imagen se toma del yugo o carga que llevan dos, ayudándose el uno al otro. Compárese esta expresión con la que se encuentra en 1 Reyes 22:13: "a una voz". En su condición de convertidas, las naciones mostrarán su buena disposición para que el Señor las utilice en interés de Israel. Desde más allá de los ríos de Etiopía traerán a los dispersos de Israel a su propia tierra, como ofrenda al Señor (Isaías 49:22, 23; 60:4-9 y 66:20).

Los ríos de Etiopía son los brazos del Nilo: el Atbara, el Astasobas, el Nilo azul y el Nilo blanco. La tierra es Etiopía misma (Isaías 18:1).

Hay quienes sugieren que los suplicantes representan a judíos dispersos en Etiopía. Señalan el occidente de Abisinia donde viven los famosos falasas (la palabra es de la misma raíz semítica que filisteo y significa emigrante). Se dice que los mismos remontan su origen a Palestina y a la religión judía. Se cree que los cristianos abisinios eran al principio, en parte, creyentes hebreos. Por nuestra parte, preferimos ver en las palabras "me suplicarán" y "la hija de mis esparcidos", como el objeto del verbo y no el sujeto. En otras palabras, los gentiles llevarán a su tierra al pueblo de Dios disperso en Etiopía, como ofrenda al Señor. Los pasajes de Isaías antes indicados confirman ampliamente esta verdad. Este es el significado, más bien que los esparcidos le llevarán una ofrenda al Señor. El efecto de la conversión de los gentiles será el de alinearlos con los propósitos de Dios para con Israel en su restauración en Palestina.

El remanente en Israel

A continuación el profeta nos describe la condición del pueblo de Israel, diciendo que están purificados, restaurados y regocijándose en su tierra. Cuando se reúnan de entre las naciones, no tendrán nada de que avergonzarse, porque el Señor habrá quitado de entre ellos a los impíos y rebeldes. Todas las obras vergonzosas habrán sido depuradas. Las transgresiones del pasado serán quitadas y, sobre todo, se resolverá la soberbia. El orgullo farisaico será cosa del pasado. El monte del templo no estará sujeto ya a la altivez que antes había allí. En lugar de soberbios, el Señor dejará en medio de la tierra a los que son humildes y pobres, a los mansos y modestos, a los que realmente encuentran su refugio en el nombre de Jehová solamente. La iniquidad, la falsedad y el engaño serán depurados del remanente de Israel. En esa condición espiritual, Israel hallará prosperidad física y paz también. No habrá opresores, ni internos ni externos, que los acosen entonces. Gozarán de las ricas bendiciones de Dios sin molestias ni trastornos. Véanse pasajes paralelos en Miqueas 4:4; 7:14. Cumplirán su vocación divina (Exodo 19:6).

El gozo y la gloria del milenio

Pero todavía no se ha dado el relato completo de las bendiciones y la restauración. A continuación, el profeta lo describe de un modo más detallado. En vista del día de regocijo que se acerca, se los exhorta a cantar, gritar de júbilo, estar alegres y gozosos. Dios nunca multiplica palabras como estas sin querer hacer una declaración enfática.

La razón del regocijo se da en el versículo 15. El día del juicio y el castigo de Israel ha pasado ya, han sido echados fuera todos sus adversarios, y el Señor, el Rey de Israel, está en medio de ellos. No es extraño, pues, que ya no tienen causa alguna para sentir temor.

La debilidad de las manos por la ansiedad y el temor serán cosas del pasado.

Las promesas llegan a su punto culminante en el versículo 17. Se reitera la presencia del Señor en medio de ellos (v. 15); ésta es la fuente de todas las bienaventuranzas. El es el poderoso Salvador. Igual que el esposo se regocija con su esposa, el Señor se goza con su pueblo. El contrato matrimonial entre Jehová e Israel será restaurado (Isaías 62:5; 65:19; Oseas 2:19, 20). Entonces, El reposará (literalmente: callará) en su amor.

Esta es una de las afirmaciones más osadas de la Biblia. Se declara que Dios reposará en un éxtasis silencioso con su pueblo Israel. ¡Qué certidumbre para Israel! El amor es demasiado grande para expresarlo con palabras. Jehová reposará en él lleno de complacencia. La idea de que Dios ya no tendrá ocasión de reprender ni censurar, sólo se presenta aquí en forma secundaria. Tiene un gozo calmado en su amor. Luego el silencio se rompe con cánticos. Lea lo que dice la Palabra de Dios sobre la voz del Señor en el Salmo 29:3-9 e imagínese, si puede, cómo será ese cántico gozoso.

Como no podían celebrar las fiestas de Jehová en el exilio, los piadosos añoraban las reuniones festivas solemnes. El Señor los reunirá otra vez en la tierra de su heredad. Pertenecían a la tierra como ciudadanos legítimos. Habían sentido vivamente como una carga el oprobio que había caído sobre el pueblo de Dios. Reunida y restaurada, la nación será una fuente de bendición para todo el mundo.

En esa época, en los días del milenio, al que precederá primero el juicio sobre los enemigos de Israel, Jehová contenderá con los que afligieron a Israel. Les dará la retribución que se merecen. La que cojea y la descarriada representan a todos los de la dispersión. Todos ellos serán redimidos y restaurados. Dios les dará un nombre eminente en toda la tierra, mientras que antes eran objeto de oprobio y escarnio entre todas las naciones. Israel cumplirá entonces lo que era su destino desde el principio (véase Deuteronomio 26:19). Jehová ejercerá su cuidado pastoral sobre ellos, recogiéndolos y reuniéndolos a sí mismo de la cautividad. Será tan maravilloso que les resultará muy difícil creerlo; pero se materializará ante sus ojos ¡Día bendito y gozoso para Israel, tan sacudido por las tempestades!

El Rey de Israel en medio de ellos

El mensaje de Sofonías se centra en el juicio y, sobre todo, en el del temible día de Jehová. Ninguna nación está exenta. Sin embargo, cometeríamos una injusticia si viéramos a este profeta sólo a la luz del castigo. Lo cierto es que concluye su profecía con palabras de bendición y de promesas para las naciones y para Israel. Pero esas promesas para las naciones sólo podrán cumplirse cuando las bendiciones de Dios estén sobre Israel. El Rey de Israel, en medio de ellos, es Jehová Dios mismo. ¡Ojalá que esto se hubiera cumplido ya! Cada día que nos acercamos más a la salvación de Israel, se acerca también la del mundo (Salmo 67).

13

HAGEO:
RECONSTRUCCION DEL TEMPLO

El profeta y su época

Este profeta es la única persona del Antiguo Testamento que lleva el nombre de Hageo, que significa "festivo". Se ha sugerido que le pusieron este nombre porque nació en algún día de fiesta.

Hageo es uno de los profetas cuya historia personal no se conoce. Se menciona en Esdras 5:1 y 6:14. Es el primero de los profetas posteriores a la cautividad, que ministraron después del regreso de Israel de su exilio en Babilonia. (Véase el fondo histórico en Esdras 4 y 5.)

Es conveniente leer Esdras, Nehemías y Ester al estudiar Hageo, Zacarías y Malaquías. Todos ellos se refieren al mismo período de la historia de Israel. El rey es Darío Histaspes y la época era el año 520 a.C.

La profecía cubre un breve espacio de cuatro meses. Hageo 2:3 no implica necesariamente que Hageo viviera en la época del primer templo. Es probable que naciera en el exilio.

Los antecedentes históricos se pueden resumir de modo conveniente como sigue: el remanente había regresado de Babilonia; se reinstituyeron las fiestas; se habían echado los cimientos del nuevo templo y, luego, se paralizaron los trabajos de restauración del templo debido a la oposición de vecinos hostiles y a la indiferencia nacional. Darío Histaspes favoreció esos trabajos cuando ocupó el trono de Persia. En sus mensajes proféticos a la nación, Hageo y Zacarías exhortaron al pueblo a que se dedicara a la reconstrucción. La misión que el Señor le encomendó a Hageo fue la de animar al pueblo para que reconstruyera el templo destruido por Nabucodonosor en el año 586 a.C. El profeta comienza con el tema de la reconstrucción del templo; pero prosigue hablando del sacudimiento de todas las naciones, de la venida del Señor y de la gloria de su reino milenario. Algunos consideran que la profecía tiene cuatro discursos, mientras que otros distinguen cinco. Probablemente la primera de esas opiniones sea la correcta y las divisiones son: 1:1-15; 2:1-9; 2:10-19; 2:20-23. Las principales secciones del libro se indican por medio de fechas. El ministerio de Hageo precedió al de Zacarías en aproximadamente dos meses.

Inicia su mensaje con reproches y advertencias y, a continuación, pasa a la promesa de la presencia de Dios con Israel en la obra renovada. Lo que sigue reseña la gloria del templo en el futuro. Después de dejar sentado con claridad los principios del pecado y de la santidad, predice la constante protección y las bendiciones de Dios sobre su pueblo. El estilo de Hageo es simple prosa al que le da fuerza por medio de preguntas frecuentes.

El reproche

El profeta les pone fecha a todos sus mensajes. El primero de ellos fue en el primer día del sexto mes del segundo año del reinado de Darío. El primer día de cada mes era el de la luna nueva, cuando el pueblo se reunía para adorar. Ese era un momento apropiado para que Hageo dijera su mensaje.

El sexto mes es Elul, aproximadamente nuestro septiembre. Darío comenzó a gobernar en el año 521 a.C., y esta profecía se dio durante el segundo año de su reinado. El datar la profecía (como Zacarías también) según el reinado de un rey gentil, revela claramente que los tiempos de los gentiles estaban en progreso (véase Lucas 21:24). La fecha del versículo 1 armoniza con Esdras 4:24. Debido a los enemigos de los judíos, la reconstrucción de la casa de Dios se interrumpió hasta el segundo año del reinado de Darío de Persia.

La profecía está dirigida a Zorobabel y a Josué, el líder civil y el líder religioso de entonces; pero está destinada a toda la nación, como lo muestra su contenido. Zorobabel significa "engendrado en Babilonia". Se lo llama Sesbasar en Esdras 1:8; 5:14, 16. Era nieto de Joaquín (1 Crónicas 3:17-19) y Ciro lo había designado como gobernador de Judá (Esdras 5:14). Josué era hijo de Josadac que era sumo sacerdote en la época de la invasión babilónica (1 Crónicas 6:15).

Hageo comienza con un reproche por la indiferencia del pueblo. Manifiesta su excusa para no reconstruir el templo. Estaban diciendo que ése no era el momento oportuno para venir y reconstruir la casa de Dios. Se quejaban de que los tiempos no eran adecuados ni propicios. La causa de la dificultad era su frialdad hacia las cosas de Dios. Qué fácil nos resulta disimular ese terrible estado de apatía con una abundancia de excusas, evasivas y subterfugios. Si hubieran tenido fe, el decreto de Artajerjes no los habría disuadido de realizar la obra. Puesto que los decretos persas no se podían alterar, se ha sugerido que el decreto de Ciro no habría podido ser derogado por ningún otro.

Dios menciona a Israel como "este pueblo", en lugar de "mi pueblo", más por despecho que con ánimo desdeñoso. Obsérvese que no estaban diciendo que no debía realizarse la construcción, sino sólo que todavía no era el momento oportuno para ello. Y todo esto a pesar del hecho de que hacía ya quince años que se habían interrumpido los trabajos.

El Señor responde a las excusas dilatorias del pueblo por medio del profeta, preguntándoles si la hora era adecuada para que ellos vivieran en sus casas artesonadas, mientras el templo de Jehová permanecía en ruinas. Esa pregunta ponía de manifiesto a la vez su egoísmo, su indiferencia y su ingratitud. Eran movidos sólo por intereses egoístas en todo lo que hacían. Las casas artesonadas indican las que estaban lujosamente guarnecidas con paneles, que no se limitaban a los cielos rasos, sino que incluían también las paredes, revestidas con tableros o paneles. El entablado con cedro era común en las residencias de los reyes (1 Reyes 7:7; Jeremías 22:14).

Habían quitado lo más importante de todo, excluyéndolo del cuadro. Lo primero debe ponerse en primer lugar. Lo que estaba en juego no era meramente un edificio o estructura física, sino que todo giraba en torno a la cuestión de la adoración al Señor.

Es una gran bendición tener la clara visión que Dios da para colocar en primer lugar las cosas preeminentes. Obsérvese el "primeramente" de Pablo con relación al evangelio (1 Corintios 15:3). La reprobable actitud de Israel a este respecto se podría comparar bien con la preocupación de David que se menciona en 2 Samuel 7:2. Las bendiciones de Dios reposan sobre una actitud como la suya. Mediante el rumbo tomado por Israel sólo se puede esperar el desagrado del Señor.

La calamidad

El Señor exhortó a Israel para que, en medio de su pecado, considerara sus caminos (literalmente: pusiera su corazón en ello). Este es un llamamiento favorito de Hageo, que vuelve a emplearlo en el versículo 7 del capítulo 1 y dos veces más en 2:18.

Es un mandamiento de autoexamen. Debían juzgar la naturaleza de sus obras (o excusas) por los resultados que seguían. Sembraban con abundancia, pero cosechaban muy poco. Comían, sin sentirse nunca satisfechos (Levítico 26:26; Oseas 4:10; Miqueas 6:14); bebían, sin calmar su sed; se vestían, sin lograr abrigarse; y ganaban sueldos, pero se gastaban muy pronto. Dios los decepcionó en todas sus esperanzas. Los castigos continuaron mientras duró la negligencia. Durante todo ese tiempo estuvieron ciegos a los asuntos de que se trataba y a la mano disciplinadora de Dios. Su egoísmo no los había conducido a ninguna parte. Habían obtenido pérdidas en lugar de ganancias y sus necesidades eran tan costosas que no quedaban excedentes de sus sueldos. Era necesario mostrarle a ese pueblo egoísta y egocéntrico qué pérdida enorme era descuidar la obra de Jehová por sus propias ganancias materiales.

No hay contradicción entre el versículo 6 (también los versículos 9-11), que describe condiciones de pobreza, y el versículo 4, que menciona sus casas artesonadas, porque había seguramente individuos ricos en la nación, así como las clases más pobres. El principio revelado en Mateo 6:33 sigue siendo apropiado para todas las eras. El que trabaja sin el Señor lo hace sin beneficios ni provecho alguno (Zacarías 8:10).

La acusación

En vista de lo que ha revelado el profeta acerca del desagrado de Jehová, se exhorta otra vez a Israel para que considere sus caminos. La repetición indica una mayor urgencia de hacerlo así. En el versículo 8 se informa al pueblo respecto del remedio para sus males. Debían ir a los montes, a cualquier lugar boscoso, a traer madera para construir la casa de Jehová. De ese modo estaría complacido el Señor y sería glorificado.

Le había desagradado la desolada condición de su casa, y ciertamente no había recibido gloria alguna de la falta de obediencia e interés del pueblo por las cosas de Dios.

Se observan aquí los benditos resultados de la obediencia. En resumen, Hageo dice: "Den a Dios el lugar supremo en su vida." Entonces el Señor será honrado en la adoración de su pueblo. Una sincera actitud de obediencia habría dado muestras de adoración de parte de ellos, dándole así gloria a Dios. Dios les indicó con toda claridad cómo podía ser glorificado. El Talmud babilonio indicaba que en el templo de Zorobabel faltaban cinco cosas que estaban en el templo de Salomón: 1) el arca del pacto; 2) el fuego santo; 3) la gloria Shekina; 4) el espíritu de profecía (el; Espíritu Santo) y 5) el Urim y Tumim. A pesar de todo lo que pudiera faltar, Dios prometió que su bendición estaría presente.

Los castigos de Dios

El profeta vuelve a la consideración de los juicios de Dios sobre el pueblo de Israel por su desobediencia (véase el versículo 6).

Cuando trabajaban arduamente y pensaban obtener grandes cosechas, quedaba poco, en comparación con sus esfuerzos. Luego, cuando llevaban a casa sus pocos frutos, Dios soplaba sobre ellos. No habían de atribuir la falta de productividad del suelo al prolongado descuido en que había estado la tierra durante los años del exilio. Era claramente la mano de Dios que los estaba castigando, y El les explicó la razón de todo ello.

Era muy posible que cada año, en la época de la siega, una vez que las mieses estaban en el granero, el Señor enviara fuertes vientos que derribaran los graneros y dispersaran los granos. Dios dispersaba las cosechas y las cubría de añublo. ¿Cómo se podrían explicar esas intervenciones divinas? ¿Por qué lo hacía? La respuesta es simplemente que dejaron que la casa de Jehová se quedara en ruinas mientras cada uno corría a su propia casa.

La palabra *corría* revela el afán con que se dedicaban a resolver sus propios asuntos e intereses, mientras descuidaban la obra en el templo. Hay un contraste entre "mi casa" y "su propia casa".

Debido a su pecado, los cielos retuvieron la lluvia y el rocío que substituye a la lluvia durante los meses secos del verano. No había frutos de la tierra. Jehová trajo sequía sobre la tierra y los montes, la cual afectó al trigo, el vino nuevo, el aceite, todos los productos de la tierra y todo el trabajo de los hombres y del ganado. En las Escrituras se indica que la hambruna es un instrumento de la ira de Dios. (Véase 2 Reyes 8:1 y Salmo 105:16.) Los cereales, el vino y el aceite eran los principales productos de la tierra. (Véase también Deuteronomio 11:14 y 18:4.) Se incluye aquí al ganado, porque los animales debían sufrir el destino de los hombres. En la Ley se habían advertido esos castigos, debidos a la desobediencia. (Léase Levítico 26:19, 20 y Deuteronomio 28:23, 24.)

La obediencia del pueblo

El mensaje y los razonamientos de Hageo con el pueblo cayeron en tierra fértil. En el versículo 12 tenemos los efectos del primer sermón de Hageo. Zorobabel, Josué y todo el remanente que había regresado del exilio tomaron el mensaje muy en serio. No hubo disensiones ni divisiones. El pueblo reconoció que las palabras de Hageo eran realmente el mensaje de Dios a través de su siervo. Su propósito de obedecer se indica en el versículo 12, así como el cumplimiento se registra en el versículo 14. Cuando dan muestras de obediencia, Jehová les concede palabras omnisuficientes de aliento para la tarea que aún les queda por realizar.

Se designa a Hageo como mensajero de Dios en el mensaje de Dios. Dicho en forma sencilla, esas palabras significan que el profeta estaba investido de autoridad divina. Este profeta es el único de toda la Biblia al que se llama el "enviado de Jehová", aun cuando todos los verdaderos profetas eran también mensajeros de Dios. De hecho, ese nombre no se aplica exclusivamente a los profetas. En Malaquías 2:7 se usa para los sacerdotes. Aquí no tiene el significado de ángel, como lo sostenían muchos de los padres de la iglesia primitiva; aunque la palabra hebrea tiene en realidad los dos significados, como los tiene también la palabra griega equivalente en el Nuevo Testamento.

Las palabras de aliento consistían en que el Señor estaría con ellos. Era un mensaje breve, pero constituía todo lo que se necesitaba en ese momento, como en cualquier otro. ¿Qué más podía necesitar o esperar un hombre? La promesa indica que su arrepentimiento era verdadero. Les garantizaba la presencia del Señor para darles ayuda, protección y bendiciones. Era la mayor de todas las bendiciones, porque incluye a todas las demás. Esa era la seguridad más que suficiente de su éxito futuro (véase Romanos 8:31). El favor de Dios habría de reposar ahora sobre ellos abundantemente, en lugar de su desagrado anterior.

Reanudación de la construcción

Fue Jehová quien vigorizó a los líderes y al pueblo por igual, e inclinó el corazón de ellos al trabajo (Filipenses 2:13). Dios los animó para sacarlos de su desaliento anterior.

Hubo un lapso de veintitrés días entre el versículo 1 y el 15. Sin duda, pasaron ese tiempo haciendo planes y preparativos para el trabajo, retirando escombros y reuniendo los materiales. Bendito es el pueblo que se somete a la dirección del Señor para realizar la obra de El en el tiempo señalado por El. Como consecuencia habrán de venir bendiciones.

LA GLORIA VENIDERA

El aliento del Señor

La fecha que le da Hageo a su segundo mensaje es el vigesimoprimer día del séptimo mes. Una referencia a Levítico 23:39-44 mostrará que ése era el séptimo día de la fiesta de los tabernáculos, la festividad final de la recolección.

Ya habían estado trabajando durante cerca de un mes en la reconstrucción del templo. Muchos estaban haciendo comparaciones entre ese templo y el de Salomón. En ese momento el pueblo necesitaba ánimo y esperanzas para combatir el desaliento, después de haber reanudado el trabajo en respuesta a la exhortación de Dios dada por medio de su profeta.

En el primer capítulo de esta profecía la nación necesitaba palabras dirigidas a su conciencia, debido a su frialdad e indiferencia; ahora necesitaban palabras de aliento y de consuelo para fortalecer sus manos y sus propósitos al realizar la obra en obediencia al Señor. Una vez más se dirige el mensaje a los líderes civiles y religiosos de la nación y al remanente que había regresado de la cautividad. El Señor mismo establece un contraste entre el templo de Salomón y el que estaban edificando. Les pregunta quién de entre ellos recordaba la gloria del primer templo y si no consideraban el presente como nada en comparación con el anterior.

Esdras 3:8-13 nos da las bases históricas para la pregunta que hace aquí el Señor. Allí se indica que, cuando se echaron los cimientos del segundo templo, los sacerdotes acompañaron la colocación de los cimientos con salmos de alabanza apropiados, y con cánticos y toques de trompetas. Mientras los de la generación más joven gritaban de gozo y de exaltación por la realización, los ancianos que habían visto el primer templo en su gloria lloraban, por el evidente contraste que había entre los dos edificios. Las siguientes palabras del profeta se dirigen en especial a este último grupo de personas.

Dios habla de la gloria anterior de su casa. Desde el punto de vista de Dios, había sólo una casa suya en el monte Sion, ya fuera el templo construido por Salomón, Zorobabel o Herodes, más tarde. Debido a los limitados medios del pueblo (véase 1:6, 9-11) y la falta de tesoros tales como el arca, el templo de Zorobabel debió de parecer verdaderamente como "nada" para muchas personas.

¿Debía ser esa disparidad causa de desaliento y otra interrupción de la obra? No, hay una triple exhortación para Zorobabel, Josué y para todo el pueblo a que sean esforzados. El Dios que establece el contraste en forma tan vívida es el que ofrece el estímulo espiritual necesario para que siga adelante la construcción. Por consiguiente, la comparación hecha en el versículo 3 no tenía como finalidad descorazonarlos sino apremiarlos a que confiaran plenamente en su Dios. Además, las estimaciones del Señor son muy diferentes de las nuestras. En consecuencia, se los exhorta a que sigan la obra, con la repetida promesa (1:13) de que Jehová estará con ellos. Y tienen amplias razones para saber que el Señor cumplirá su promesa. El cumplió lo que pactó (literalmente, lo que partió cortando, refiriéndose a las víctimas de sacrificio que se partían o dividían para ratificar un pacto) con su pueblo cuando los sacó de Egipto.

Aquí se menciona el pacto del Sinaí (véase Exodo 6:7; 19:5 y, sobre todo, 33:12-14). Si el Señor cumplió su promesa a este respecto durante todos los siglos que habían transcurrido, se podía confiar ahora en que El cumpliría su promesa. Así era, y su Espíritu estaba morando todavía con ellos en ese mismo instante. Ciertamente no tenían nada que temer. Si Dios estaba por ellos, ¿quién podría oponérseles y salir triunfante?

La gloria mayor

Los cuatro versículos que siguen en el capítulo 2 son, al igual que muchos otros pasajes, tales como Zacarías 9:9, 10; Isaías 61:1-3 y Daniel 9:24-27, claramente mesiánicos, con una combinación de la primera y la segunda venidas del Señor Jesucristo, el Rey y Mesías de Israel.

El Señor predice que, dentro de poco tiempo, sacudirá los cielos, la tierra, el mar y todas las naciones del mundo. Hay quienes ven en este punto sólo una sobrecogedora manifestación del poder de Dios en el mundo de la naturaleza. Esto equivale a ver demasiado poco donde la intención es muy amplia.

¿Qué conexión hay entre estas declaraciones y la promesa de Jehová expresada en los versículos 4 y 5? Es como sigue: se anima a los judíos a que prosigan el trabajo en el templo, dándoles la seguridad de que Jehová, que es el Dios de las naciones, manifestará dentro de poco su poder infinito para producir un trastorno en los reinos del mundo, como preparación del establecimiento del reinado del Mesías.

Se ha referido ese pasaje a las revoluciones en el imperio persa y en el griego. Hubo trastornos semejantes en esos gobiernos; pero sólo se los puede considerar como etapas iniciales y preparatorias en el largo proceso en que los reinos serán sacudidos de su posición de mando para que, finalmente, se establezca el reinado del Señor Jesucristo sobre la tierra. (Léase Apocalipsis 11:15 y Hebreos 12:26, 27).

Ha habido muchas diferencias de opinión respecto a la interpretación del versículo 7, sobre todo las palabras que se traducen como "el Deseado de todas la naciones" o "lo más precioso de todas las naciones". Algunas de las demás traducciones sugeridas son: "las preciosas posesiones de los paganos", o bien, "los gentiles vendrán con sus cosas deliciosas", o "lo más escogido de todas las naciones vendrá". La interpretación en estas versiones es aproximadamente ésta: Lo que falta en este templo en cuanto a ornamentos externos, se verá más que compensado por los preciosos regalos que han de traer aún todas las naciones para hacer glorioso el templo de Jehová. Esto lo harán como homenaje al verdadero Dios.

Se supone que esta interpretación concuerde con el hecho de que el sujeto femenino singular tiene un verbo en plural. Se sugiere que se hace referencia a "las buenas cosas venideras" del nuevo pacto. Será conveniente que recordemos que desde los tiempos más antiguos, la mayoría de los intérpretes cristianos han relacionado este pasaje con la venida de Cristo. Por su parte, la tradición judía también lo relacionaba con el Mesías. Sin ser dogmáticos, nos agradaría señalar que el deseo de todas las naciones sólo puede referirse a la ansiosa espera de todas las naciones por el Libertador, tanto si se dan cuenta de ello o no.

En hebreo es frecuente poner un substantivo abstracto en lugar de otro concreto, por lo que esto podría referirse al Mesías. El verbo en plural no constituye ningún argumento en contra de la interpretación mesiánica, porque a veces el verbo concuerda con el segundo de dos nombres. El primer templo se llenó de una nube de gloria (1 Reyes 8:10, 11; 2 Crónicas 5:13, 14); el que estaban construyendo debía llenarse todavía de la gloria divina de Cristo (Juan 1:14); pero la profecía se refiere a la gloria de su segunda venida (Malaquías 3:1). El Señor promete que las naciones serán sacudidas (no convertidas); ese sacudimiento empezó como preparación para la primera venida del Mesías y concluirá en su segunda venida. Véase Daniel 2:35, 44; Mateo 21:44.

De este modo, Jehová llenará su casa con una gloria indescriptible. En el versículo 8 el profeta dice: "No os turbéis por la falta de metales preciosos (se ha estimado que en el templo de Salomón se utilizó oro por un valor de 20.000.000 de dólares para recubrir el lugar santísimo) en el templo en construcción, porque el Señor podría suplir todo ello con facilidad (Salmo 50:12); pero El piensa embellecerlo con la gloria de su Hijo en su primera y segunda venidas, primeramente en forma velada y, luego, revelada."

El remanente pobre de aquellos días no tenía gran cosa con que decorar el templo reedificado; pero el oro y la plata son de Jehová. Además, la gloria postrera de esa casa sobrepasaría a la anterior y el Señor concedería paz en ella. Respecto a la "gloria postrera" véase el contraste del versículo 3 con su frase "en su gloria primera".

El templo de Jehová en Jerusalén está conceptuado como uno existente bajo diferentes formas. Por la presencia de Cristo en el segundo templo, su gloria superaría incluso a la del templo de Salomón. Se ha expresado la opinión de que la gloria postrera se refiere a la gloria milenaria del templo que se describe en Ezequiel 40 a 48. Acabamos de observar cómo las Escrituras ven una continuidad entre el templo en sus distintas etapas, de modo que no se puede excluir esta posición. Aun cuando Herodes derribó el templo de Zorobabel hasta sus cimientos, cuando lo renovó, su templo se consideraba todavía como el segundo.

La paz que se indica aquí es no sólo la paz espiritual que El logró en Jerusalén (Colosenses 1:20) y que ahora les da a los creyentes

(Romanos 5:1; Filipenses 4:7), sino que es también esa paz externa final que El hará efectiva como Príncipe de Paz (Isaías 9:6, 7). Así tenemos la respuesta suficiente a las apariencias desalentadoras del versículo 3. Dios tenía reservado lo mejor para el futuro. Sólo la fe podía discernirlo.

Causa y efecto

La segunda sección del capítulo 2 comprende un mensaje dado cerca de dos meses después del anterior. En él se trata de mostrar que, puesto que Dios retenía las bendiciones debido a la desobediencia, ahora que son obedientes, sin duda les serán otorgadas. La causa y el efecto pueden ser enunciados como sigue: su desobediencia anterior era a las pruebas y castigos que tuvieron que sufrir, como su obediencia actual es a las bendiciones futuras.

Hageo instruye al pueblo a que pida consejo legal de los sacerdotes de esos días. Los sacerdotes eran los maestros del pueblo en los asuntos relacionados con la ley mosaica (véase Deuteronomio 17:8, 9). Los sacerdotes realizan sus funciones cuando interpretan la ley (versículos 11-13); el profeta cumple con su deber al aplicarla (versículo 14). Los versículos 11 al 13 describen a la nación tal y como había sido, una condición que no había de repetirse.

Había dos preguntas distintas: 1) Si un hombre llevara consigo carne de sacrificios (santa) y tocara algún otro objeto, ¿quedaría así santificado o apartado para Jehová ese objeto? 2) Si un hombre que fuera inmundo por haber tenido contacto con un cadáver tocara un tal objeto, ¿se volvería inmundo ese objeto debido a la inmundicia del hombre? La respuesta a la primera pregunta es negativa; a la segunda, afirmativa. Los pasajes que se refieren a este asunto se deben leer con mucho cuidado. (Véanse Levítico 22:4-6; Números 19:11; Levítico 6:18). La ley mosaica decía que la limpieza moral no se puede transmitir; pero la inmundicia moral sí. La impureza legal se transmite con mayor facilidad que la pureza legal. Un hombre sano no comunica su salud a su hijo enfermo; pero el hijo enfermo puede transmitir su enfermedad al padre.

A pesar de su pobreza, el pueblo seguía aportando sus ofrendas ("y todo lo que aquí ofrecen", final del versículo 14, estaba en el altar, en Jerusalén, probablemente a la vista del pueblo; véase Esdras 3:3), aunque habían estado descuidando anteriormente la obra del templo. Esas ofrendas no habían sido aceptables, lo que era evidente por la retención de las bendiciones de Dios, y ahora el profeta explica la razón de ello. En la misma forma que el que era ceremonialmente inmundo contaminaba todo lo que tocaba, ellos también, bajo el desagrado de Jehová por su desobediencia prolongada, transmitían los resultados de su falta de obediencia a la obra de sus manos, lo que la hacía infructuosa. Y así como la carne santa de los sacrificios no podía comunicar su consagración a ninguna cosa que no fueran los objetos del culto de sacrificios, de la misma manera sus buenas obras externas, incluso sus ofrendas en el altar de Dios, no podían tener otro valor que el de la celebración de ceremonias externas, por lo que no podían obtener las bendiciones de Dios ni el gozo de la santidad. Todo su trabajo anterior quedó contaminado por su inmundicia espiritual. No debían volver a su forma de vida desobediente anterior. Se les advertía que desistieran de sus experiencias pasadas. Hageo explica aquí las causas y los efectos desde el punto de vista de la ley mosaica, así como lo explicó; en forma breve, desde el punto de vista de la siembra y la cosecha en 1:6, 9-11. Es evidente que se toma en cuenta el mismo tiempo pasado, por el empleo de "Este pueblo" en 1:2 y "este pueblo. . . esta gente", en 2:14.

En los versículos 15-19 se reseña la situación en que estaba el pueblo cuando vivían indiferentes a la casa de Dios. Se les pide otra vez que consideren la situación en que estuvieron mientras dejaron interrumpida la construcción del templo. En esos días de prueba, cuando alguien venía a un montón de haces del que esperaba obtener veinte medidas de grano, veía que después de la trilla apenas le daba diez. La barrica de vino, que se suponía que tuviera cincuenta medidas de vino, tenía sólo veinte.

Dios siguió tratando con ellos mediante castigos. Como en tiempos de Amós (4:9), Dios los afligió con marchitamiento, causado por excesiva sequía, y con añublo, causado por exceso de humedad. Luego lo que quedaba se lo llevaba el granizo.

A pesar de esas evidentes señales del desagrado del Señor, el pueblo no se volvía hacia El con arrepentimiento y fe. El llamado del profeta es para meditar. Qué poco piensan los hombres en las relaciones vitales e importantes de la vida, sobre todo en las que sostienen con Dios, el Señor de todo. La prueba de todo lo que el profeta ha estado diciendo se podía hallar con facilidad mediante un examen de los graneros. No quedaba semilla en los graneros y las vides ni los árboles habían dado frutos. Sin embargo, el Señor les prometió bendecirlos a partir del día de su obediencia. El que retenía sus bendiciones puede concederlas por su gracia soberana, en respuesta a la fe y la obediencia.

Zorobabel y el Mesías

El último mensaje de Hageo va dirigido personalmente a Zorobabel y se pronuncia el mismo día que el mensaje sobre la inmundicia del pueblo y la retención de las bendiciones. El mensaje del profeta al gobernador de esos días se combina con los futuros juicios de Dios sobre las naciones.

Se tiene en perspectiva los últimos días y se prefigura la persona del Mesías. El sacudimiento que se menciona aquí y el derrocamiento de los gobiernos de la tierra son los mismos que se indican en los versículos 6 y 7. Se ha asignado este pasaje a la época de los derrocamientos y revoluciones de naciones y provincias (persas, babilonios, medos, armenios y otros) que trataron de destruir el imperio persa cuando Darío comenzó a reinar en el año 521 a.C. Consideramos que este pasaje es definitivamente profético.

Obsérvese que se habla de "trono" en singular y no en plural. Hay un gobierno supremo sobre la tierra, permitido por Dios y efectuado por Satanás, y será reemplazado por el de nuestro Señor Jesucristo (véase Apocalipsis 11:15).

La potencia de las naciones será destruida cuando el Señor derribe los carros de combate y sus guerreros, los caballos y sus jinetes. Los carros y la caballería eran la fortaleza primordial (Zacarías 10:5) de los ejércitos orientales. La destrucción será completa cuando cada cual se vuelva contra su hermano (Ezequiel 38:21 y Zacarías 14:13). Esto se producirá en la guerra del Armagedón.

Pero no se designa a Zorobabel para ira sino para una misión especial. Dios lo exalta y lo honra. En realidad, la promesa se aplicaba al cargo que ocupaba como gobernador de Judá, ya que no podía tener referencia a la vida misma de Zorobabel. En sus días no hubo revoluciones como las que se indican aquí. Asimismo, nótese que se dice "en aquel día" y no "en este día". El linaje del Mesías debía pasar por Zorobabel, al igual que por David. El trono de David está aquí en vívido contraste con las dinastías condenadas del mundo. Zorobabel fue honrado con un sitio en ambas genealogías del Mesías (Mateo 1:12 y Lucas 3:27). Cristo es verdaderamente Hijo de Zorobabel, al igual que es Hijo de David.

Los comentaristas judíos también relacionan este pasaje con el Mesías. El título de siervo es muy conocido con respecto al Mesías (Isaías 42:1; 52:13 y otros pasajes).

Dios le promete a Zorobabel ponerlo como anillo de sellar, porque Él lo había escogido. El anillo de sellar era una marca de distinción y de autoridad. Era también un objeto de cuidado y de placer (véase Cantares 8:6 y Jeremías 22:24. Era muy valioso y siempre a la vista. El anillo de sellar lo utilizaba su propietario para firmar cartas o documentos, de modo que lo representaba a él. Su dueño raramente se separaba de él, sino que lo llevaba puesto todo el tiempo (Génesis 38:18 y Jeremías 22:24). Llegó a representar la posesión más valiosa de una persona. Todo esto prefiguraba al precioso Cristo.

ZACARIAS Y MALAQUIAS

QUINTA PARTE

ZACARIAS Y MALAQUIAS

14

ZACARIAS: PALABRAS DE CONSUELO

EL HOMBRE Y SU MENSAJE

El nombre de "Zacarías" significa "el Señor (Jehová) recuerda". Unas veintinueve personas del Antiguo Testamento respondían a este nombre. Es el gran profeta de los días de la restauración de la cautividad babilónica. Junto con Hageo y Malaquías, es un profeta posterior al exilio.

Nació en Babilonia en el seno de una familia sacerdotal que regresó a Jerusalén desde Babilonia, cuando cerca de 50.000 exiliados viajaron de regreso a su tierra durante el reinado de Ciro. Probablemente su padre murió joven, por lo que se lo designa como hijo de Iddo, que era su abuelo. (Véase Esdras 5:1; 6:14 y Nehemías 12:4, 16.)

Al igual que Jeremías y Ezequiel, Zacarías era profeta y sacerdote. En 2:4 se da a entender que era joven, aun cuando no es posible deducir de esta referencia ninguna edad específica. La tradición judía lo considera como uno de los de la Gran Sinagoga, una congregación que se cree que reunió y preservó las escrituras sagradas y las tradiciones de los judíos después del exilio.

Zacarías inició su ministerio dos meses después que Hageo comenzó su servicio como profeta. (Compárense Hageo 1:1 y Zacarías 1:1). Fue en el segundo año del reinado de Darío Histaspes (521-485 a.C.), que corresponde al año 520 a.C.

No se sabe cuánto tiempo duró su ministerio. Su libro contiene tres notaciones cronológicas (1:1; 1:7 y 7:1).

Su ministerio, como el de Hageo, consistía en animar al remanente que había regresado a reconstruir el templo, y fomentar las esperanzas en que muy pronto llegaría la hora del triunfo sobre todos sus enemigos. En su alcance, el ministerio de Zacarías se extiende mucho más allá que el de Hageo.

El horizonte profético de Zacarías es mucho más amplio que el de los otros profetas menores. Se ha dicho que su libro es apocalíptico, debido a la presencia de varias visiones. Se ocupa de la persona y obra de Jesucristo con más amplitud que todos los demás profetas menores juntos.

Tanto los intérpretes judíos como los cristianos se han quejado de la dificultad de interpretar las profecías de Zacarías. Todos admiten que sus visiones y oráculos son los más mesiánicos de todos y, sin embargo, también los de más difícil exposición. Esta dificultad se puede superar en gran parte si se tiene en cuenta que Zacarías es un profeta posterior al exilio (por lo que las promesas de gloria futura no pueden referirse al regreso de Babilonia), y que él hace mucho uso de los profetas anteriores, como lo revelan muchas similitudes de estilo. Aparte de las visiones, el lenguaje de Zacarías es sencillo y directo.

Se puede dividir el libro en dos grandes secciones: capítulos 1 al 8 y 9 al 14. En la primera sección tenemos una serie de ocho visiones proféticas que enfocan de modo particular a los contemporáneos de Zacarías; la segunda sección trata de los sucesos del final de la era de Israel y del milenio. El profeta previó la terminación del templo en el año 516 a.C. (Esdras 6:15); pero fue mucho más lejos que eso en los últimos capítulos de su profecía.

Un bosquejo simple de esta profecía en tres partes es: 1) visiones, capítulos 1-6; 2) preguntas, capítulos 7, 8; y 3) cargas (profecías), capítulos 9-14. El profeta da una historia espiritual completa de Israel y de las relaciones de los gentiles con el pueblo del Señor, desde el regreso de la cautividad hasta el tiempo final. El Mesías y Jerusalén son los centros alrededor de los que giran todos los mensajes proféticos. Zacarías enfoca tres imperios: Persia (con Darío, en los capítulos 1 y 7); Grecia (con Alejandro, en el capítulo 9) y Roma (por implicación, en los capítulos 12 y 14).

La exhortación al arrepentimiento

El primer mensaje profético de Zacarías tuvo lugar en el segundo año del reinado de Darío. La designación de una profecía por el reinado de un monarca gentil muestra con claridad que los tiempos de los gentiles (que comenzaron durante el reinado de Nabucodonosor) habían comenzado ya y estaban en pleno progreso. (Véase Lucas 21:24 con referencia a este tema.) La exhortación al arrepentimiento en los versículos 1-6 se hizo probablemente delante de todo el pueblo.

Con palabras enérgicas, Zacarías pone de manifiesto el desagrado del Señor para con los padres de sus contemporáneos. No fue sólo su descuido de la construcción del templo (Hageo 1:4, 5, 7) lo que provocó este reproche, sino también su estado espiritual en general.

Habían regresado del exilio; pero necesitaban volverse al Señor en forma plena y confiada.

La magnitud del desagrado del Señor se puede apreciar fácilmente en la destrucción de su ciudad y en su cautividad durante setenta años. Zacarías indica el camino a las bendiciones: si se vuelven de todo corazón al Señor, El se volverá a ellos favorablemente y los bendecirá.

Obsérvese el título de "Jehová de los ejércitos" en todo este pasaje así como en el resto de la profecía. Es el nombre característico de Dios en Hageo, Zacarías y Malaquías, y aparece más de ochenta veces. La traducción griega del Antiguo Testamento utiliza en su lugar "el Todopoderoso". Dios es Señor de las estrellas, de las potencias de los cielos y de todas las fuerzas del universo, un nombre sumamente completo y comprensivo de Dios.

Puesto que es tan fácil seguir un mal ejemplo, el profeta advierte a su pueblo que no siga los pasos de sus antepasados, que no escucharon los mensajes ni las exhortaciones de los profetas antes de la cautividad. Recurre a los profetas anteriores como fuentes autorizadas, igual que ellos recurrían a la ley de Moisés.

Zacarías señala que tanto los que predicaban (los profetas) como los que recibían su ministerio (los padres), habían perecido; pero que la verdad del mensaje que les había dado Dios por medio de sus siervos estaba ampliamente demostrada por la desolada condición de Jerusalén y de su pueblo.

Las palabras y los decretos del Señor se habían cumplido al pie de la letra, como podían testimoniarlo quienes habían presenciado su cumplimiento. Tanto los profetas como los padres eran mortales, en contraste con la inmortal e imperecedera palabra de Dios. El exilio había confirmado la verdad de los mensajes de los profetas anteriores al exilio. Les correspondía entonces a los contemporáneos de Zacarías aprender la lección de la historia y seguir sin reservas al Señor.

La visión de los caballos

Las ocho visiones nocturnas datan de la misma noche y las fechas se expresan en forma detallada, debido a la importancia que tienen esas revelaciones. Habían transcurrido tres meses desde el primer mensaje. Las ocho visiones constituyen una unidad y la primera es la clave de todas. Zacarías vio en su visión a un hombre que montaba un caballo alazán en un lugar bajo, seguido por caballos overos, alazanes y blancos. En los versículos 11 y 12 se identifica al jinete que montaba el caballo alazán como el ángel de Jehová. A este ángel en forma humana se lo designa una y otra vez como Dios en el Antiguo Testamento. (Estudie con cuidado sus apariciones en Génesis 16:7-13; 22:11, 12; Exodo 3:2-6; Jueces 6:14, 22 y 13:9-18, 22.) En el Talmud babilónico se declara: "Este hombre no es otro que el Santo. ¡Bendito sea! Porque se dice: El Señor es un hombre de guerra."

El lugar bajo era probablemente un sitio que el profeta conocía muy bien, porque había hondonadas cubiertas de mirtos en las cercanías de Jerusalén (Nehemías 8:15). Los mirtos en un lugar bajo pueden representar muy bien a Israel en su bajeza y su posición degradada entre las naciones de la tierra, pero todavía fragante para el Señor.

¿Qué simbolizan los caballos? Se sugiere que representan a las huestes celestes, los ángeles; pero son más bien los símbolos de la actividad divina en el gobierno de la tierra.

¿Significan algo los colores? Por analogía con otras Escrituras proféticas, debemos llegar a la conclusión de que las diferencias de color sugieren distintas misiones que han de llevar a cabo los caballos y los jinetes. El alazán o rojo significa guerra y derramamiento de sangre y, en este caso, venganza contra los enemigos de Israel. (Véase Isaías 63:1-6 y Apocalipsis 6:4.) El ángel de Jehová mismo cabalga sobre ese corcel alazán, revelando cuál es el propósito de Dios para aquella hora. El overo es una mezcla de los otros colores. Por su parte, es evidente que el blanco indica victoria (Apocalipsis 6:2). El ver en esos colores una referencia a la guerra medo-persa en la que Babilonia fue derrotada, al estado de confusión que resultó de ello y al establecimiento final de la nueva dinastía en el imperio persa, equivale a extender en forma excesiva los detalles.

El ángel que habló con el profeta es el ángel intérprete que explica las visiones (no las presenta). Observe el ángel que aparece en Apocalipsis 1:1 y 22:16. Cuando el profeta le pregunta al ángel cuál es el significado de los caballos y los jinetes, el ángel del Señor le responde que Dios les dio una misión de reconocimiento. Dios está interesado activamente en las condiciones que prevalecen en la tierra, sobre todo con relación a su pueblo Israel. (Véase Job 1:7; 2:2 con respecto a esta actividad que Satanás despliega con fines siniestros.) Los jinetes informan que toda la tierra disfruta de paz. Los primeros años del reinado de Darío se caracterizaron por repetidas rebeliones en todo el imperio persa; pero en esos momentos, todo estaba otra vez en calma. Sin embargo, Hageo había predicho que las naciones serían sacudidas (Hageo 2:21, 22). Podemos estar seguros de que Dios no dejará de cumplir sus amenazas ni sus promesas.

La oración del ángel de Jehová

Puesto que el pueblo de Dios se encontraba todavía bajo el dominio y el poder de los gentiles, en un estado de opresión, la tranquilidad del resto de las naciones ofrecía un contraste todavía mayor. El ángel de Jehová es movido por su amor a Israel para interceder con el Padre a su favor. Ora con fe expectante en que al Padre le complacerá tener misericordia de Jerusalén y de las ciudades de Judá que habían soportado ya la ira de Dios durante setenta años. El exilio profetizado había seguido su curso (véase Jeremías 25:11 y 29:10) desde el año 606 a.C. (2 Reyes 24:1) hasta el 536 a.C. (el año del decreto de Ciro para que se reconstruyera el templo de Jerusalén).

La respuesta de Dios satisfizo la necesidad en forma abundante. Respondió con palabras de consuelo que predecían el bien de Israel. En los versículos 14 al 17 se dan esas palabras de consuelo y se indican los detalles de la respuesta, las bendiciones reservadas para Israel. Los siete aspectos consoladores son: 1) el ininterrumpido celo de Dios por Israel, 2) el vehemente desagrado del Señor para con las naciones, 3) su volverse a Jerusalén con misericordia, 4) la reconstrucción del santuario, 5) la restauración de la ciudad destruida, 6) la prosperidad multiplicada de las ciudades del país y 7) el consuelo de Sion y la elección de Jerusalén.

Era glorioso para Israel saber que Jehová estaba celoso todavía por su bienestar. Al mismo tiempo estaba sentamente disgustado con las naciones, porque El había determinado su ira contra Israel por breve tiempo, mientras que las naciones quisieron aniquilarlo. (Véase Isaías 47:6; Ezequiel 25:3, 8, 12, 15; 26:2 y Abdías 10-14.)

Se revela aquí que la paz que disfrutaban las naciones no quería decir que la bendición de Dios estaba sobre ellas. Dios tenía evidencia de su egoísmo y de sus malas intenciones: el encargo de castigar a Israel había procedido de Dios; pero lo llevaron a cabo para sí mismos y no para El. Estaban a gusto en un mal sentido, en una seguridad indiferente e insensible. (Véase este mismo concepto en Amós 6:1; Isaías 32:9, 11 y Jeremías 48:11.) El gran pecado de las naciones del mundo ha sido y sigue siendo el odio hacia Israel, el antiguo pueblo del Señor. Se puede ver aquí y llegará a su punto culminante en los capítulos 12 y 14. ¡Que se cuiden las naciones de la tierra de cómo incurren en la ira de Dios todopoderoso por el modo en que tratan a Israel!

Sion, que es el punto focal aquí, es específicamente la colina sudoriental de la ciudad, donde edificó David (1 Reyes y 2 Samuel 5:9). El nombre llegó a utilizarse para designar la colina situada al norte, donde se encontraba el templo (Salmo 48:2) y, finalmente, para toda la capital, llegando a ser así sinónimo de Jerusalén.

La evidencia de que Dios se volvió a Jerusalén con misericordia se puso de manifiesto en la reconstrucción del templo. Como se observó antes, el templo se estaba ya edificando, pero en su mayor parte permanecía sin terminar. Las obras concluyeron durante el sexto año del reinado de Darío (Esdras 6:15).

Así como antes se extendió un cordel sobre la ciudad para su destrucción (2 Reyes 21:13 e Isaías 34:11), se lo iba a extender ahora sobre Jerusalén para construir (Job 38:5). Además, todas las ciudades de Judá iban a experimentar una prosperidad desbordante, como un vaso que rebosa. Según el historiador Josefo, la población de la tierra había crecido mucho para cuando llegó la época de los Macabeos.

Con la consolación que le traía a Sion (Isaías 40:1, 2), el Señor iba a revelar el carácter inmutable de su elección. El profeta concluye así las promesas de bendiciones futuras. Nadie pondrá en duda que esas predicciones se cumplieron de modo preliminar incluso en ese tiempo; pero el testimonio de las Escrituras asegura que esas palabras tendrán su supremo cumplimiento y su máxima expresión en los días del glorioso reinado del Mesías de Israel, el Señor Jesucristo.

¿Hasta cuándo, Señor?

Este ha sido el clamor de fe de muchos corazones creyentes por la gloria venidera de Israel. Su condición de destituida y desdichada entre las naciones ha sido proverbial; pero Dios ha prometido hacer algo al respecto; sí, hacer algo poderoso para corregir esa situación.

La visión de los cuernos y los carpinteros

En el Antiguo Testamento en hebreo, la segunda visión inicia el capítulo dos de la profecía. Nuestras versiones modernas siguen la traducción griega (y la versión latina) del Antiguo Testamento. De cualquier modo, el sentido del pasaje no sufre daño alguno.

Zacarías alza los ojos y ve cuatro cuernos. Los cuernos son un símbolo de poder muy común en las Escrituras y la imagen se toma de los toros y otros animales astados cuya fuerza está en sus cuernos. (Véase Miqueas 4:13 y Daniel 8:3, 4).

Se le han dado interpretaciones diversas a la presencia de cuatro cuernos. Muchos consideran que la cifra representa los cuatro confines de la tierra. Los enemigos de Israel lo han amenazado por todos los lados. Una sugerencia especificaría los enemigos de esa época: los samaritanos al norte, los amonitas al este, los edomitas al sur, y los filisteos y tirios al oeste. Otros consideran que la referencia se debe ampliar todo lo posible, incluyendo todos los imperios que han tenido que ver con Judá y Jerusalén, oprimiendo al pueblo hasta su liberación final por su Mesías. A juzgar por las cifras que encontramos en Daniel y el Apocalipsis, inferimos con muchas otras personas que este pasaje se refiere directamente a las cuatro grandes potencias del mundo que se mencionan en Daniel 2, 7 y 8. Las potencias que dispersaron a Judá, Israel y Jerusalén (toda la nación con su capital), fueron Babilonia, Persia, Grecia y Roma. Es verdad que en la época de Zacarías, la tercera y la cuarta de esas potencias todavía no existían; pero las profecías tienen la prerrogativa de ver, de un amplio vistazo, todo el esquema de sucesos. A menudo se presentan juntos acontecimientos que quedan separados en su cumplimiento. (Como ejemplos, lea con cuidado Isaías 61:1-3; Daniel 9:24-27 y Zacarías 9:9, 10.)

A continuación el Señor le mostró al profeta cuatro carpinteros. La palabra hebrea traducida como carpintero se usa para designar cualquier artesano calificado de la madera, del metal o de la piedra. La finalidad de los carpinteros es hacer que se llenen de terror los corazones en las naciones que pisotearon y desperdigaron al pueblo del Señor y, en definitiva, lograr la derrota de los enemigos de Israel. Los carpinteros son los instrumentos de Dios para hacer pedazos los cuernos. Todos conocemos los medios que utilizó Dios en el pasado para destruir a los adversarios de Israel. El tiene siempre disponibles toda clase de medios adecuados, tanto humanos como sobrenaturales, para aplicar el castigo merecido a las naciones culpables. Resulta muy revelador el hecho de que para cada cuerno Dios tenía un agente para destruirlo.

Ningún hombre levantó la cabeza

La dispersión de Israel se llevó a cabo con tal furia satánica que la Palabra indica que ningún hombre podía levantar la cabeza. Esto indica con toda claridad el estado de postración de Israel y las injurias sufridas a manos de sus enemigos. El mundo haría bien en aprender la lección de que Dios no pasa por alto esos actos. El sigue velando por los intereses de Israel.

LA NIÑA DE LOS OJOS DE DIOS

La medición de la ciudad

El segundo capítulo de esta profecía nos presenta la tercera visión de la serie, la cual se relaciona con lo anterior. Si se considera a la segunda visión como una ampliación de la verdad de 1:15, entonces la tercera es una elaboración de la promesa de 1:16.

El hombre que tenía el cordel de medir y a quien vio Zacarías no es simplemente una figura adicional, sino que, al igual que en las otras visiones, es un ángel en forma humana. No puede ser el Angel de Jehová, porque lo especificaría así por medio de alguna afirmación adicional. (Se puede ver la misma figura que comunica la misma verdad profética en Ezequiel 40:3; 41; 42. En otro sentido, se puede ver en Apocalipsis 11:1, 2).

Como respuesta a la pregunta del profeta, el hombre le informa que se propone medir la ciudad de Jerusalén para determinar sus dimensiones exactas. No es la ciudad futura, sino la de los mismos días del profeta. No se considera aquí a Jerusalén como ya reconstruida. Se le va a medir como preparación para su restauración completa. La visión es profética respecto de la Jerusalén futura y de la realización de las promesas de Dios para con la ciudad.

La promesa de gloria

Con el fin de hacerle entender a Zacarías el significado de la visión para que se lo transmitiera a su pueblo, el ángel intérprete salió a encontrarse con otro ángel — también de una posición inferior baja para ser el Angel de Jehová —, para escuchar la luminosa promesa del futuro de Jerusalén. El mensaje dado al joven profeta asegura que Jerusalén se extenderá de tal modo que se desbordará de sus límites y será habitada como las aldeas sin murallas. Los hombres y el ganado se multiplicarían en ella.

El habitar sin murallas habla de paz y seguridad. (Véase 1 Samuel 6:18 y Ester 9:19; y Ezequiel 38 y 39, donde el enemigo del norte trata de aprovecharse de esta situación). Semejante aumento de la población como la que se predice aquí no podría resultar del regreso de Babilonia de una gran cantidad de judíos, sino que se refiere a un día futuro lejano, indicado en el versículo 5.

Aun cuando estará sin murallas materiales que la protejan de sus enemigos inveterados, Jerusalén no dejará de tener un muro protector. Jehová promete que El mismo será su protección en derredor y gloria en medio de ella.

Este pasaje no tenía como finalidad desalentar la construcción de los muros de Jerusalén, lo que se hizo bajo la dirección de Nehemías, en el año 445 a.C.

El muro de fuego, que indica seguridad y protección, hace recordar la columna de fuego de Exodo. (Véase Exodo 14:24; Isaías 4:5; Zacarías 9:8.) Dios será su muro de salvación y protección (Isaías 26:1). Se promete aquí la gloria Shekina. Seguramente no se negará que el cumplimiento de esta profecía tendrá lugar en el milenio (Habacuc 2:14). El tema de la visión es la reconstrucción y el restablecimiento de Jerusalén, confirmando las palabras de 1:16, 17, y la realización plena de esas palabras será el establecimiento de Jerusalén en la tierra como la ciudad en que mora Dios. Ese será un día bendito para Israel y todo el mundo.

Advertencia de huir

Después de la tercera visión, Zacarías se vuelve al mensaje profético directo para decir una advertencia oportuna. Los judíos exiliados deben escapar de la tierra del norte que es Babilonia (Jeremías

6:22; 16:16). Aunque han sido esparcidos allí, fuera de su tierra, como con la furia y la violencia de los cuatro vientos del cielo, se los exhorta ahora a huir de la tierra condenada.

Las razones por las que debían huir de Babilonia eran: 1) porque Dios había puesto delante de ellos las promesas de su segura bendición en su propia tierra y 2) por la calamidad que estaba a punto de caer sobre Babilonia (versículos 7-9). Darío, cuyos ejércitos conquistadores no harían ninguna diferencia entre judíos y babilonios, iba a derrotar muy pronto a Babilonia y a arrasarla. (Véase Isaías 48:20; Jeremías 50:8, 9; 51:6, 45; la advertencia de huir de la Babilonia condenada, en Apocalipsis 18 y 19.)

Aun cuando fueron dispersos por el poder de Dios, tendrían que regresar por su propia voluntad. Algunos de ellos habían vuelto ya, pero la mayoría no lo había hecho, debido a su incredulidad, la situación desolada de su patria, la pérdida del apego a la tierra por su prolongada ausencia de ella, y la seguridad y prosperidad que tenían en Babilonia, en comparación con Judea, donde la ciudad y el templo estaban en condiciones desoladas. Ese asunto era tan apremiante que se los exhorta por segunda vez a que huyan.

A continuación el profeta señala la razón precisa de esa huida. Las palabras *Tras la gloria* son importantes y se han interpretado de distintas maneras. Algunos que estudian este pasaje consideran que se refiere a la época de la gloria mencionada en el versículo 5; o sea, después del regreso del Señor en gloria para morar en medio de Israel. El tratará en forma sumaria a todos los enemigos de Israel que lo han saqueado en el curso de los siglos. Dos objeciones a esta opinión la hacen insostenible. En primer lugar, la gloriosa aparición y morada del Señor en medio de su pueblo, la culminación de todas sus esperanzas, no se presentaría de un modo tan indefinido, porque en el texto hebreo no hay ningún artículo definido que acompañe a la palabra *gloria*. Y en segundo lugar, al comparar este pasaje con otros de las escrituras proféticas, se verá fácilmente que en esa interpretación se confunde el factor tiempo. Jehová no enviará juicio sobre los saqueadores de Israel después de establecer su morada en Sion, sino antes de eso. (Observe la secuencia de los sucesos en Zacarías 12 y 14; Apocalipsis 16:20.)

Se ha sugerido como otra posibilidad que estas palabras eran una consigna o grito de guerra dado por Jehová a su pueblo, para animarlos a realizar la tarea que tenían delante, que era su salida de Babilonia. Este grito aquí se compara al que se da en Jueces 5:14: "En pos de ti, Benjamín." Esta opinión no sólo es forzada sino que no le da sentido al pasaje. Nosotros sostenemos, junto con otros, que Jehová está declarando que para la vindicación y manifestación de su gloria (que está enlazada de modo inseparable con el destino de su pueblo), El enviará al Mesías y no al profeta para castigar a las naciones que han saqueado a Israel. Por supuesto, se incluye aquí a Babilonia; pero la mención de las naciones muestra que Dios está hablando del día en que finalmente les ajustará las cuentas a las naciones por el modo en que trataron a su pueblo. (Véase Mateo 25:31-46.) El enviado, que se menciona en los versículos 8 y 9, debe ser el Mesías, debido a la naturaleza de la misión señalada y por el poder manifestado en las obras realizadas.

¿Por qué Dios está tan ansioso de vindicar su honor en Israel? La respuesta es que cualquiera que toque a Israel (en este caso la idea es el tocar con malas intenciones), estará tocando la niña de los ojos de Dios. Como se sabe, el ojo es uno de los órganos más complejos y delicados del cuerpo humano. La pupila es la parte más tierna, más fácilmente lesionable y más importante del ojo. Su pérdida es irreemplazable. A través de ella llega la luz a la retina del ojo para la visión. (Véase Deuteronomio 32:10; Salmo 17:8 y Proverbios 7:2.) ¡Qué símbolo tan apropiado de Israel es éste!

Para llevar a cabo su propósito de juzgar a las naciones que oprimieron a Israel, Jehová sacudirá la mano sobre ellas, de modo que se conviertan en siervas del pueblo de Dios. La agitación de la mano es un gesto amenazador (Isaías 11:15). Convertirá en siervos a los amos anteriores y en amos a los antiguos siervos (véase Isaías 14:2). Cuando esto se haya cumplido plenamente, la nación sabrá por experiencia que Dios envió al Mesías, el Angel de Jehová.

¿Por qué el profeta se desplaza continuamente de su propia época al futuro lejano, cuando el Mesías consumará los propósitos de Dios? La respuesta debe encontrarse en el modo que en las Escrituras se contemplan los sucesos de la vida nacional de Israel. Nunca se los considera como tantos acontecimientos diferentes, distintos y separados, sino como eslabones de una cadena o etapas de un plan que progresa hacia un final grandioso y magnífico. Es así como los profetas se mueven con facilidad y sin ninguna sensación de incompatibilidad, de las liberaciones y bendiciones de sus días, a las finales y definitivas del reinado del Mesías en la tierra. En el sentido más real de la palabra, todos los sucesos anteriores conducen a esa época bendita.

Es apropiado preguntar aquí si se cumplió algún juicio contra Babilonia en esa época. Sobre la roca de Behistún, en la frontera de Persia, se encuentra grabada la crónica de las dos grandes rebeliones de Babilonia y de su conquista en las dos ocasiones, una por Darío mismo y otra por su general, Intafres.

La venida del Señor

En todas las promesas de bendiciones que se presentan en los primeros dos capítulos de Zacarías, prevalece la idea dominante de que el Señor volverá a su pueblo en la persona del Mesías. El profeta vuelve aquí a esta idea. Exhorta a Sion a que cante y se regocije sobre este gozo perpetuo. En realidad es el Mesías el que habla.

Nadie interpretará erróneamente la referencia al tabernáculo o morada del Hijo de Dios entre su pueblo en la primera venida (Juan 1:14); pero conforme prosigue el pasaje, se pone énfasis de modo definido en la segunda venida. Lo que se inició en la manifestación de la gracia, queda consumado en la manifestación de la gloria (Tito 2:11-15; véase también Zacarías 9:9; Malaquías 3:1 e Isaías 40:10). En el reinado del Rey de Israel, muchas naciones serán atraídas al Señor y se unirán a El, como prueba evidente de la misión divina y ministerio del Mesías de Israel.

En el versículo 11 tenemos, por tercera vez en este capítulo, unas palabras relacionadas con la morada del Señor en medio de su pueblo; las otras referencias se encuentran en los versículos 5 y 10. (Léase también 8:20-23 e Isaías 14:1.) La palabra morar es la raíz de la cual deriva la palabra Shekina que significa la permanente presencia del Señor en la tierra.

Esta unión de las naciones al Señor se ha tomado por la conversión de muchas personas al judaísmo, como resultado del exilio de los judíos en Babilonia o por la reunión de los gentiles en la iglesia. El profeta se refiere a la futura conversión de los gentiles al Señor, el cumplimiento del pacto abrahámico durante el reinado del Mesías.

Sin embargo, la bendición de las otras naciones no mermará la de Israel; ellos seguirán siendo la porción del Señor y sus escogidos. Su gracia para con ellos fue impedida por un tiempo; pero su pacto permanece para siempre. (Compárese con Romanos 11:28, 29.)

Este pasaje (versículo 12) es el único en la Biblia en que se encuentra la frase "tierra santa". Como conclusión, el profeta exhorta a todos los hombres que guarden silencio (Salmo 46:10 y Habacuc 2:20) delante del Señor. Que todos esperen la hora de la intervención de Dios a favor de Israel. Se presenta al Señor como que se levanta en su santa morada, o sea, en el cielo (Deuteronomio 26:15), para poner por obra todo el designio de su voluntad. En tanto las cosas permanecen calmadas (1:11), parece como si el Señor estuviera durmiendo; pero su despertar se describe como el de un león que se levanta en su madriguera. ¡Que tengan mucho cuidado los enemigos del Señor y de Israel!

ISRAEL, EL SACERDOTE PURIFICADO

Josué y el acusador

En las primeras tres visiones de la profecía, Zacarías ha tratado los temas de la gran solicitud del Señor por Israel, su pueblo oprimido; la oración del Mesías por la bendición de los suyos; la predicción de juicios sobre las naciones que los maltrataron y la promesa de engrandecimiento ilimitado, teniendo la presencia de Dios en medio de ellos, acompañado de su restauración espiritual y la conversión de los gentiles.

Pero antes de que Israel pueda recibir esas bendiciones, tendrá que experimentar una transformación espiritual. Además, la finalidad de esta visión fue la de restablecer la confianza del pueblo en el sacerdocio y sus servicios. Puesto que estaban reedificando el templo, era necesario que se les volviera a asegurar que Dios, una vez más, reconocería y confirmaría la adoración reinstituida allí. El sacerdocio se había contaminado y había llegado a ser objeto de censuras en la época anterior al exilio, y durante el mismo, como se indica en Ezequiel 22:26.

El que le presenta la visión al profeta no es el ángel intérprete, que sólo explica las visiones en esta profecía, sino Jehová mismo. Se le muestra a Zacarías a Josué, hijo de Josadac, el sumo sacerdote, en pie ante el ángel de Jehová y Satanás a su derecha, acusándolo. No se indica en qué lugar se producen estos sucesos. Es algo que se debe determinar por el sentido del pasaje.

Es preciso señalar desde el principio que Josué está presente en su carácter oficial y representativo, y no como persona particular. El resultado de la visión reconfortará también a Josué al final; pero él aparece aquí en sus funciones oficiales. Se puede demostrar esto por tres hechos: 1) se hace destacar que es sumo sacerdote (versículos 1, 5 y 8); 2) se le da la represión a Satanás (versículo 2) sobre la base de la inmutable elección de Israel por parte de Dios; y 3) la purificación de Josué se hace para prefigurar la eliminación de la iniquidad de la tierra (versículo 9). Así pues, el asunto tiene un interés más que casual: si es justificado Josué, también la nación lo es; si él es desechado del servicio sacerdotal, el pueblo también es rechazado.

¿En qué sentido debe interpretarse el hecho de que Josué estaba delante del ángel de Jehová? Surge una dificultad del hecho de que la expresión "estar delante de" tiene un empleo técnico doble en hebreo. Se la utiliza respecto del servicio sacerdotal, como se puede ver en Deuteronomio 10:8; 2 Crónicas 29:11 y Ezequiel 44:15, entre otros pasajes. Esta frase se usa también en una escena de tribunales (como en Números 35:12; Deuteronomio 19:17; Josué 20:6; 1 Reyes 3:16). Así, hay quienes creen que Josué estaba de pie en el santuario para realizar su ministerio sacerdotal. El sumo sacerdote, en Israel, podía desempeñar todos los deberes de los sacerdotes ordinarios, además de los que le eran peculiares (como en el día de la expiación, Levítico 16). Otros sugieren que Josué fue acusado o temía que lo acusaran ante la corte de Persia. Otros más opinan que el sumo sacerdote estaba compareciendo ante el tribunal del ángel de Jehová. En la visión no se indica ningún proceso judicial formal. La mejor explicación parece ser una combinación de los dos significados de "estar delante de". Josué estaba desempeñando sus funciones sacerdotales en el templo, cuando fue objeto de las acusaciones de Satanás, el archienemigo de Dios y del hombre, ante el ángel de Jehová.

El lado derecho es la posición habitual del fiscal en un juicio (Salmo 109:6); pero es también el lugar del defensor (Salmo 109:31). Conociendo lo engañoso que es Satanás, no podemos negar que pudiera tomar el lugar del defensor para acusar; pero no podemos ser dogmáticos sobre este punto. En cierto modo, expositores tanto judíos como cristianos han ideado teorías sin base respecto a este pasaje. El Targum y los escritores rabínicos indican que se acusó a Josué por permitirles a sus descendientes casarse con mujeres paganas, como se indica en Esdras (10:18) y Nehemías (13:28). Esta interpretación es escasamente válida si se considera el carácter oficial en que aparece Josué en esta visión. Algunos intérpretes cristianos sostienen que este pasaje es la base para la referencia de Judas 9. El versículo de Judas no se puede relacionar con el capítulo 3, porque en el uso de las Escrituras no existe paralelo que refiera el "cuerpo de Moisés" del que se habla allí, a la congregación judía. El "cuerpo de Cristo" respecto a la Iglesia descansa sobre un concepto y una relación totalmente distintos. Sin duda alguna, Judas está hablando literalmente del cuerpo de Moisés.

Que el ángel de Jehová es Deidad resulta evidente de la respuesta que le da a Satanás en el versículo 2. Se designa al ángel como Jehová. En una exclamación doble, el Mesías hace recaer la represión del Padre sobre Satanás y sus acusaciones. La repetición tiene como fin mostrar la certeza de que las acusaciones de Satanás serán anuladas. La idea de "reprender" es regañar, de modo que se haga callar a los reprendidos.

Lo más notable de toda la transacción es la base sobre la que Dios anula las acusaciones de Satanás. No es por la rectitud del pueblo de Dios, ni por lo infundadas de las acusaciones de Satanás, ni tampoco porque la nación haya sufrido ya mucho por sus pecados, ni por la promesa de que les iría mejor en el futuro. El único alegato del pueblo de Dios está en la soberana elección de Dios en su gracia. (Véase Romanos 9:16 y 11:5.) Se trata básica y fundamentalmente de la infinita elección de Dios. El afirma su derecho de hacer como le agrade con los objetos de su misericordia ilimitada. Que marquen este pasaje quienes protestan por la elección del Señor, y alégrense, porque ésta es también su certidumbre y su seguridad de vida eterna.

Se compara a Israel a un tizón arrebatado del fuego. La imagen es familiar (Amós 4:11) porque es algo que se echa al fuego o ha caído en él, y luego su dueño lo rescata porque tiene propósitos futuros con el tizón, por lo que lo libera de la destrucción total. Dios castigó a Israel en la cautividad babilónica; pero por medio de su gracia los ha librado de ser completamente aniquilados.

Es interesante observar de qué modo muchos sucesos importantes de la historia de Israel están relacionados con el fuego: el pacto con Abraham (Génesis 15:17), la revelación a Moisés (Exodo 3:2), la liberación en el éxodo (Exodo 14:24), la entrega de la ley en el Sinaí (Exodo 19:18), la erección del tabernáculo (Números 9:15), las jornadas por el desierto (Deuteronomio 1:33) y muchos otros casos.

A continuación el profeta nos presenta la situación real en que se encontraba Josué, como acusado, delante del ángel de Jehová. Vestía ropas sucias. Las vestiduras sucias no simbolizaban al criminal en Israel sino al que estaba sumido en la corrupción del pecado (véase Isaías 4:4 y 64:6). Aunque habían sido liberados en lo externo de la cautividad babilónica, seguía siendo posible que se corrompieran en lo que se refería a un ministerio sacerdotal aceptable. No se trataba sólo de una contaminación ritual del sacerdocio, debido a su prolongado exilio en la tierra inmunda de Babilonia, sino de corrupción moral. La suciedad de que se habla aquí es de la peor clase física y representaba la contaminación moral. Israel había sido liberado, pero no purificado. ¡Cuánto dice esta descripción de la presente condición de Israel también!

La purificación del sumo sacerdote

Puesto que Josué no podía lograr su propia limpieza y purificación, el ángel de Jehová ordenó soberanamente a los ángeles que lo servían que le quitaran las ropas inmundas al sumo sacerdote. Es evidentemente un acto de Dios, sin la ayuda del hombre.

Aquí tenemos otra prueba evidente de que el ángel del Señor es Dios. El quitarle las ropas contaminadas significa (junto con las ropas que se mencionan inmediatamente después) perdón, aceptación y restauración a una posición de privilegio. El vestirlo con ropas solemnes indica la reinstauración en el cargo sacerdotal. La imagen puede tomarse de Isaías 61:10.

El profeta, al ver las ceremonias, ya no puede contenerse más, de modo que expresa su intenso deseo y su oración por la completa purificación y revestimiento del sacerdocio. La mitra o turbante del sumo sacerdote llevaba sujeta a ella la placa de oro que tenía cinceladas las palabras "Santidad a Jehová" (véase Exodo 28:36-38). El ángel de Jehová permaneció cerca, presenciando los procedimientos y honrándolos con su presencia benigna.

Ordenanza a Josué

Un sumo sacerdote purificado necesita una renovada comisión y la encontramos en los versículos que siguen. Con palabras solemnes, el ángel de Jehová le declaró (la idea adicional de advertencia se encuentra también implícita en la palabra amonestó) su ordenanza a Josué. Primeramente se le dan instrucciones en cuanto a su propia vida piadosa, para que ande en los caminos del Señor. Luego se le exhorta con relación al desempeño de sus deberes sacerdotales: el servicio debe surgir de una vida piadosa. Si Josué se muestra circunspecto en estos asuntos, se le promete que tendrá autoridad para juzgar a la casa de Jehová. Esto no quiere decir que podrá participar en el gobierno, como lo han sugerido otros, como si la casa representara al pueblo de Dios, sino que se refiere al templo que se estaba reconstruyendo. Los deberes de los sacerdotes incluían decidir y juzgar entre lo limpio y lo inmundo. (Léase con cuidado Levítico 10:10; Deuteronomio 17:9; Ezequiel 44:23 y Malaquías 2:7.)

También los atrios debían ser protegidos de la profanación. Había que tener cuidado para determinar a qué personas se les permitiría entrar. Y el más alto privilegio de todos era que al sumo sacerdote se le concedía acceso (literalmente: caminos o senderos), o sea, entrada y salida entre los ángeles de los atrios del cielo. La promesa se refiere a una comunión directa e inmediata con el Señor y un libre acceso a El. Esto sólo les resultaba posible a los sacerdotes que estaban ritual y moralmente puros. (Véase Exodo 40:30-32.) Josué, como representante de la nación, es puesto bajo responsabilidad. Si es hallado fiel, se le promete un lugar seguro en presencia del Señor.

La venida del Mesías

Ahora bien, el profeta tiene palabras para el futuro respecto al perfecto sumo sacerdote de Israel. El llamamiento a escuchar indica la importancia de lo que está a punto de ser revelado.

A Josué y a sus compañeros sacerdotes se los designa como hombres que son una señal. Esto no quiere decir hombres a quienes se les encomiendan señales, ni hombres para quienes se preparan señales, ni tampoco individuos capaces de interpretar las enigmáticas palabras de los profetas, sino hombres puestos como señales o, dicho de otro modo, típicos.

El ángel está diciendo que, aparte de todo lo que se ha hecho por el sacerdocio mismo en Israel, el ministerio de sacerdote es de por sí profético, y lo es del Siervo de Dios, el Renuevo. Este no puede ser Zorobabel, como lo pretenden algunos, porque él ya estaba en el escenario la historia, mientras que el Renuevo había de aparecer todavía. El Renuevo era el Mesías.

El nombre de Josué era el del futuro Salvador de Israel. Josué es representativo del Mesías, el Sumo Sacerdote, mientras que sus compañeros sacerdotes representan a los creyentes. El sacerdocio se mantendría hasta la venida del gran antitipo. "Mi Siervo" es un nombre característico del Mesías. (Véase Isaías 42:1; 49:3; 50:10; 52:13; 53:11; Ezequiel 34:23, 24 y también Filipenses 2:6-8, que son los principales pasajes de las Escrituras sobre este importante tema.) El Renuevo es también un nombre apropiado para el Mesías venidero, la rama tierna del linaje de David. (Véase 6:12; Isaías 4:2; 11:1; 53:2; Jeremías 23:5; 33:15 y Lucas 1:78, donde se puede reemplazar "la aurora" con "el Renuevo").

Se perciben la ternura, la humildad y la humanidad del Mesías venidero, y mucho más. En el versículo 9 encontramos el tercer nombre del Mesías, "la Piedra", de modo que se constituye una trilogía. A la piedra que se menciona aquí se le han dado muchas interpretaciones. Se dice que es la piedra angular del templo, el coronamiento del templo, la joya de la corona del Mesías, todas las piedras del templo que se estaba reconstruyendo entonces, Zorobabel, un altar, una joya en el pectoral del sumo sacerdote o en una corona real, y el templo acabado propiamente dicho.

Por la forma en que se presenta aquí la piedra, y debido a lo que se dice con relación a ella, la misma difícilmente puede considerarse una referencia a una piedra material ordinaria. Por nuestra parte, ya hemos declarado que creemos que se trata del Mesías. Hay pruebas bíblicas de esto en Génesis 49:24; Salmo 118:22; Isaías 28:16; Mateo 21:42; Hechos 4:11 y 1 Pedro 2:6.

Los siete ojos sobre la Piedra no son tanto el cuidado providencial de Dios sobre el Mesías (tomando en cuenta 4:10), como la plenitud del conocimiento o de la omnisciencia de la Piedra. (Compárese esto con los ojos del pequeño cuerno en Daniel 7:8.)

La grabación de la Piedra alude a la hermosura del Mesías, sus dones, sus gracias y su preciosidad, como gemas pulidas. Por mediación de la Piedra, del Renuevo, del Siervo de Dios, Dios quitará en un solo día la iniquidad de la tierra de Israel.

Esto no tiene ninguna relación con el día de la conclusión y dedicación del templo, ni con el día de expiación nacional prescrito en Levítico 23:27. Tiene que ver con el día en que el Mesías terminó su obra expiatoria en la cruz, haciendo posible la salvación para Israel, y todavía más con el día de expiación nacional de Israel de 12:10, cuando dicha salvación se haga realidad.

La mención de "un día" quiere decir que no habría renovación. Su obra sería de una vez por todas. (Véase Hebreos 10:10, 12, 14.)

Ahora resulta evidente por qué Josué y sus compañeros sacerdotes son personas típicas: el acto de gracia perdonadora y de purificación señala la obra del Mesías por medio de la cual la nación será redimida, no sólo en forma potencial sino real, y sus iniquidades serán eliminadas para siempre. Cuando Israel se encuentre en ese estado espiritual — como lo indica el testimonio del Antiguo Testamento — siempre se le promete prosperidad material. Leemos respecto de la paz y la prosperidad de esa época en el versículo 10. (Compárese con 1 Reyes 4:25 y Miqueas 4:4.) ¡Que la gracia de Dios apresure la llegada de ese hermoso día!

ISRAEL, LA LUZ DEL MUNDO

El candelabro de oro

Ya hemos visto que la cuarta visión del libro, en el capítulo tres, tenía como finalidad animar y tranquilizar a Josué, el sumo sacerdote, dándole la seguridad de que el sacerdocio estaba purificado y reinstaurado en el privilegio y ministerio sacerdotales. Si el líder religioso de Israel necesitaba ser confortado para desempeñar sus funciones, el gobernador civil también lo requería.

Durante casi veinte años los esfuerzos de Zorobabel hijo de Salatiel, gobernador de Judá, para reconstruir el templo, se habían frustrado. ¿Cómo podía interpretarse esto sino que Dios no veía favorablemente sus esfuerzos? A continuación se le da seguridad por medio de una visión y un mensaje profético directo. Dios, en su fuerza y su poder, es suficiente para cualquier tarea. Esta es la confianza que necesitaba Zorobabel y que le fue proporcionada por medio de la obra del soberano Espíritu Santo mismo.

Transcurrió cierto tiempo entre la cuarta visión y la quinta, después de lo cual el ángel intérprete regresó al profeta. Es posible que estuviera recibiendo más instrucciones del Señor. El profeta fue despertado, como un hombre al que se despierta de su sueño, porque el período en que no se presentan visiones a los mensajeros proféticos se equipara al sueño. (Véase Daniel 10:9-11.)

Esta vez el ángel no espera a que el profeta le haga preguntas, sino que él mismo inicia la conversación. El profeta vio en su visión un candelero o candelabro de oro.

El que estaba en el tabernáculo de Moisés, descrito en Exodo 25:31-40 y 37:17-24, es el elemento principal de esta visión. Los romanos se llevaron el candelabro del templo en el año 70 d.C., como se puede ver en el Arco de Tito, en Roma. Resulta interesante que el candelabro es también el símbolo del nuevo estado de Israel.

El de la visión de Zacarías difería en cuatro detalles del candelero del tabernáculo y del templo de Salomón: tenía un depósito, tubos, olivos y dos boquillas o conductos de oro. Sin duda las lámparas mismas eran muy sencillas — vasos pequeños y poco profundos en forma de concha que todavía se encuentran en Palestina — con un labio en el extremo externo y más angosto, del que sobresalía la mecha.

Obsérvese el número siete en el capítulo 4: se trata del número de la plenitud o perfección. En el versículo 2 encontramos siete lámparas y siete tubos, y en el versículo 10, siete ojos.

El candelabro era todo de oro, lo que sugiere pureza y valor precioso. Había siete lámparas en el candelabro y siete tubos en cada lámpara. Algunos siguen las traducciones griega y latina del Antiguo Testamento, sosteniendo que sólo había siete lámparas, con un tubo cada una. En el original hebreo se repite el número. En otras palabras, había siete tubos por cada lámpara, o sea, cuarenta y nueve en total.

El cuadro completo tiene por objeto comunicar la idea de un suministro ilimitado que no necesitaba medios humanos para su reabastecimiento, como era el caso de los candelabros del tabernáculo y del templo. Cuanto mayor sea la cantidad de tubos de aceite, tanto más brillante será la luz de las lámparas. El propósito de la visión se pone claramente de manifiesto en el versículo 6.

¿Qué representa el candelabro? Se ha sugerido que quizá era un símbolo del templo que estaban construyendo. Muchos que no hacen distinción entre Israel y la iglesia (una de las demarcaciones más claras de la Biblia), piensan que esa imagen representa a la iglesia. Es cierto que se usan candelabros como figuras de la iglesia en Apocalipsis 1:12, 20 y que se compara la iglesia con luces en Filipenses 2:15; pero la iglesia no es tema de profecía en el Antiguo Testamento. Se predice por primera vez la iglesia en el Nuevo Testamento, en Mateo 16:18.

El símbolo en la profecía de Zacarías se refiere a Israel cuando esté restablecido al Señor y sea instrumento de luz al mundo, como Dios se propuso originalmente que fuera. Jehová planeó tener en su pueblo un reino de sacerdotes (compárese con Zacarías 3) y una nación santa (tómese en cuenta el capítulo presente). Véase también

Exodo 19:6. Este es, por consiguiente, un cuadro ideal que representa lo que Dios tiene en su mente y en su voluntad para su pueblo. En el versículo 3 se mencionan de modo especial los dos olivos que proporcionaban el aceite necesario para el depósito, desde donde el aceite fluía por los tubos a las siete lámparas del candelabro. La abundancia de imágenes tiene como finalidad comunicar la idea de la gran importancia de todo ese proceso y del inagotable suministro de aceite a las lámparas, para que alumbren.

El Espíritu omnipotente de Dios

Cuando el profeta hizo la pregunta del versículo 4, no quiso decir que no comprendía lo que era el candelabro. Estaba familiarizado ya con él por el mobiliario del tabernáculo y del templo de Salomón. Lo que estaba inquiriendo era qué significaba para ese momento especial la visión completa de los versículos 2 y 3. ¿Qué era su aplicación definida y necesaria a la hora en que vivían él y sus contemporáneos?

La pregunta del ángel intérprete sirve para aumentar la incertidumbre del profeta. Hay también una inferencia de que el profeta pudiera conocer ya el significado de la visión. Aparentemente, el ángel esperaba que Zacarías conociera ese significado. A continuación el ángel intérprete explica que la visión es palabra de Jehová, o sea, que se trataba de una profecía en forma simbólica.

Lo que sigue en el versículo 6 nos da la clave de la visión. Algunos creen que Zorobabel se había desanimado en su trabajo, debido a la oposición que había, la magnitud de la obra y los escasos medios con que contaba para realizarla. Había suficientes elementos en esa situación como para generar una tremenda desesperación. Se le dice a Zacarías que el mensaje de Dios para Zorobabel, en ese momento, era que la realización de la obra no dependía de la fuerza ni del poder del hombre, sino del Espíritu Santo mismo. La palabra *fuerza* puede significar también "ejército"; pero no tiene sentido aquí. De hecho, no hay mucha diferencia de significado entre la *fuerza* y el *poder*. Aquí se trata de todo tipo de poder disponible al hombre: físico, mental o moral. Estos tipos de poder, cuando más, eran insuficientes para la tarea a realizar o para cualquier trabajo efectuado para Dios. La debilidad del hombre no constituye un obstáculo en la obra de Dios, porque El proporciona el poder de su Santo Espíritu. (Compárese esto con 1 Samuel 14:6; Oseas 1:7; 2 Corintios 12:9, 10; Hebreos 11:34. Véase también 2 Corintios 4:7.) Lo que se le suministraba a la nación era la gracia y el poder del Espíritu de Dios, representados por el aceite.

Cuán oportuno es este mensaje para nuestros días, con sus múltiples y complejos comités, juntas, campañas, planes, organizaciones, concursos, presupuestos, patrocinadores, asambleas, grupos y otras muchas cosas. Todas estas cosas en sí mismas no podrán servirnos nunca para realizar la obra que Dios nos ha confiado; puesto que se trata de principio a fin de una empresa espiritual, ha de ser llevada a cabo por el Espíritu Santo omnipotente, infalible y perfecto. El brazo de carne falla; pero El no falla nunca.

Se alienta a Zorobabel

En el versículo 6 se le da a Zorobabel todo el ánimo que pudiera necesitar nunca, cuando se lo encauza al infalible suministro del Espíritu de Dios. A continuación el profeta elabora esa promesa total.

La forma de pregunta que emplea hace que la afirmación sea todavía más enfática. El monte representa todas las dificultades para llevar a cabo la reconstrucción del templo. Respecto a esos obstáculos montañosos, véase Esdras 4 y 5.

En este punto Zorobabel representa al pueblo, tal y como lo hacía Josué en el capítulo anterior. Delante del gobernador y del pueblo, el poder de Dios eliminaría todas las dificultades. A Zorobabel se le promete el honor y el gozo de terminar el edificio, como se indica en el versículo 9. Se le dice que pondrá la piedra del coronamiento, porque era costumbre de los funcionarios públicos, tanto entonces como ahora, poner así la primera piedra de un edificio como la del coronamiento (véase Esdras 3:10).

Algunos insertan aquí la idea de que Dios pone de manifiesto el Mesías, la Piedra; pero éste es un concepto forzado que destruye la armonía y la unidad del pasaje. En primer lugar, es Zorobabel el que pone la piedra (en este caso la del coronamiento) y no Dios. En segundo lugar, las aclamaciones de gracia al Mesías no tendrían sentido. Por último, el versículo 9 es suficientemente claro respecto a que el asunto de que se trata tiene que ver con la terminación de la reconstrucción del templo. Así como gritos de alegría acompañaron los trabajos de echar los cimientos del templo, igualmente la conclusión de la obra provocaría clamores de gozo similares. (Véase Esdras 3:11-13.) El grito de triunfo al concluir la obra sería, sin duda alguna: "¡Que la gracia de Dios more en esta su casa!"

Para impedir que Zorobabel pueda desalentarse en medio de la obra, se repite la promesa en el versículo 9: así como él había comenzado la reconstrucción del templo, él la terminaría. Esta promesa se cumplió literalmente durante el sexto año del reinado de Darío (Esdras 6:15).

Las palabras *me envió* no pueden referirse a Zacarías, porque se le dice que "conocerás" (en segunda persona). Nótese también el versículo 8, donde se ve que Dios le estaba hablando directamente al profeta. El personaje de quien se trata aquí es el Mesías, al igual que en 2:9, 11.

En el capítulo 3, el Espíritu de Dios miró más allá de Josué y de su purificación a la obra de remisión de pecados del Renuevo bendito. En el capítulo 4, el Espíritu Santo dirige la mirada del profeta más allá de Zorobabel y de su edificación, hacia el mismo Renuevo que construirá el templo durante su reinado en la tierra. Véase 6:13. No debe sorprendernos nunca que el Espíritu Santo incluya en el cuadro al Mesías, porque nada le complace más, ni hay tema más sublime en su obra reveladora. ¿Qué podría ser más enternecedor?

Ahora bien, sabemos por lo que nos dicen Esdras 3:12, 13 y Hageo 2:3, que no sólo entre sus enemigos sino también entre ellos mismos había algunos que, por su incredulidad, menospreciaron los humildes comienzos de la restauración del templo. El día de las pequeñeces era el tiempo transcurrido desde que habían comenzado a reconstruir el santuario de Jehová. Así pues, se les informa que Dios, en la plenitud de su conocimiento y su omnisciencia (siete ojos), se regocija por el avance de la obra bajo la dirección de Zorobabel y por su conclusión. Esto no quiere decir que quienes al principio desdeñaron los humildes comienzos de la obra se alegrarán necesariamente por el progreso de los trabajos. El recorrido de toda la tierra por los ojos de Dios indica los cuidados providenciales del Señor por la obra del templo hasta su conclusión. (Véase la misma imagen en 2 Crónicas 16:9.) ¿Qué otras seguridades podían necesitar Zorobabel y el pueblo del Señor, además de estas específicas y benditas que ya se les habían dado?

Los dos cauces de la gracia

Pero no se le ha explicado toda la visión a Zacarías, por lo que ahora pregunta el significado de los dos olivos. En este capítulo el profeta hace tres preguntas en los versículos 4, 11 y 12. Se ha mencionado cuatro veces a Zorobabel en el presente capítulo; pero no se podían referir también a él esos dos árboles situados a la derecha y a la izquierda del depósito que proporcionaba el aceite para el candelabro.

En el Antiguo Testamento es habitual que se compare un hombre con un árbol (véase Salmo 1:3; 52:8; Jeremías 17:8 y Daniel 4:10, entre otros pasajes). Sabemos por el versículo 6 que el aceite áureo del versículo 12 se refiere al Espíritu Santo. La imagen del aceite para representar al Espíritu Santo resulta evidente en todo el Antiguo Testamento, en la unción de profetas, sacerdotes y reyes para el desempeño de sus cargos respectivos. Entonces, ¿a quién representan los dos olivos? El ángel intérprete lleva el asunto a su culminación y conclusión, indicando que los dos olivos representan a los dos ungidos (literalmente, los hijos de aceite), que están delante del Señor de toda la tierra.

Ya hemos indicado a qué personas se ungía en Israel para la realización de sus ministerios. Su posición delante del Señor es la de siervos que esperan recibir órdenes de sus amos. "Señor de toda la tierra" es el título de Dios como Creador. Se ha considerado a los dos ungidos como que se refieren al sistema mosaico y al de Cristo, o bien, a las dos naturalezas de Cristo, la humana y la divina. Pero la referencia debe ser a dos individuos ungidos y consagrados. Son Josué y Zorobabel en sus puestos oficiales como cauces de Dios, mediante quienes el Espíritu de Dios le manifiesta su poder y su gracia a toda la nación. Se presenta a esos líderes en su posición de favor, privilegio y protección delante del Señor.

Así pues, los capítulos 3 y 4 son complementarios y concluyen con palabras de aliento para Josué y Zorobabel, el sumo sacerdote y el gobernador de Israel, respectivamente.

En Apocalipsis 11:3, 4 se encuentra una interesante adaptación de los dos olivos. Si los dos personajes de Apocalipsis son Moisés y Elías, están representados también los dos poderes, el civil y el religioso, como en el caso de Zorobabel y Josué. Compárese con la bestia romana (el poder civil) y el falso profeta (el poder religioso) de Apocalipsis 13. No es necesario recalcar que el cumplimiento final del versículo 14 es el Mesías, que es a la vez Rey y Sacerdote (6:11-13). Ojalá que sigamos la sabiduría del Espíritu Santo y lo mantengamos siempre ante nuestros ojos.

15

EL PECADO QUITADO

LA VISIÓN DEL ROLLO VOLANTE

Las visiones restantes de esta profecía, o sea, las dos de este capítulo y la del capítulo 6, tratan del tema del juicio. En el cuarto capítulo se presentó a Israel en una posición ideal, mientras que en éste se lo ve tal como era. El juicio caerá sobre Israel por el pecado, primeramente en forma individual (versículos 1-4), y luego, a nivel nacional (versículos 5-11), y finalmente caerá también sobre las naciones (6:1-8). El profeta incluye en este campo de visión la hora en que él vivía y pasa de ese tiempo al juicio de los impíos en los últimos días, inmediatamente antes del establecimiento del reino del Mesías en la tierra.

Cuando Zacarías levantó la vista después de la quinta visión, vio un rollo o pergamino volante. Los antiguos escribían en la corteza interior de los árboles, en rollos de papiro y en pieles de animales preparadas. Aquí se trata probablemente de este último tipo. Se vio el rollo volando porque sus pronunciamientos iban a caer prontamente sobre los culpables. Estaba desenrollado, ya que, de otro modo, no habría sido posible ver su contenido ni sus dimensiones. (Hay símbolos similares para comunicar ideas de juicios y castigos en Ezequiel 2:9, 10; Apocalipsis 5; 10:2).

El ángel intérprete le preguntó a Zacarías qué veía y, entonces, el profeta le describió el rollo volante. Era un rollo muy grande, de nueve metros de longitud y cuatro metros y medio de anchura, para indicar la gran cantidad de maldiciones que contenía. Hay quienes consideran que las dimensiones son incidentales y no tienen como finalidad comunicar ninguna verdad. Sin embargo, se recordará que el Lugar Santísimo en el tabernáculo de Moisés y el pórtico del templo de Salomón (donde se leía habitualmente la ley) tenían las mismas dimensiones (1 Reyes 6:3). La visión parece enseñarnos que la santidad del santuario del Señor es la medida del pecado y que el juicio debe comenzar por la casa de Dios. (Véase 1 Pedro 4:17, 18).

La maldición y sus consecuencias

A continuación, el ángel intérprete le explica a Zacarías que el rollo pronuncia una maldición al volar sobre la tierra. Los mandamientos que Dios le había dado a Israel por mediación de Moisés constituían un pacto con una maldición para quien los violara.

La palabra *maldición* se utiliza colectivamente para todas las maldiciones que contiene la ley (Deuteronomio 27:15-26 y 28:15-68). La tierra a que se hace referencia es la de Judá y no toda la tierra, porque la ley fue dada sólo a Israel (Exodo 20:1, 2).

Según la analogía de las tablas de la ley, el rollo estaba escrito en ambos lados. (Véase Exodo 32:15.) El jurar en falso en nombre de Dios violaba el mandamiento central de la primera tabla, que contenía deberes hacia Dios. Por su parte, el robar constituía una violación del mandamiento central de la segunda tabla, que contenía deberes hacia los hombres.

Hay quienes consideran que el robo y el perjurio eran cometidos con relación a su incumplimiento de las ordenanzas relativas a los diezmos y ofrendas. (Compárese con Nehemías 13:10; Malaquías 3:8.) No hay necesidad de limitar el pasaje de este modo. Como transgresores del mandamiento de la primera tabla, eran desleales a Dios, y como violadores de la ley de la segunda tabla, pecaban contra los hombres. Había un castigo para cualquier violación de los mandamientos; pero se cree que se recalcan de modo especial estas dos transgresiones porque eran quizá las que más prevalecían en esa época. De hecho, se considera que esos dos mandamientos representan toda la ley mosaica. Según las disposiciones del rollo, se debían destruir o excluir (literalmente: cortar del pueblo), esto es, eliminar, separar y quitar a los transgresores, como en Isaías 3:26 y Jeremías 30:11, donde aparecen las mismas palabras.

El Señor señala en su advertencia el modo en que se llevará a cabo esa separación. Dios mismo pondrá de manifiesto la maldición, la cual realizará una tarea devastadora. Los pecadores no podrán encerrarse en sus casas para protegerse de la maldición; entrará a pesar de sus esfuerzos. La destrucción será completa, sin dejar rastros de la casa, como en el caso de la casa del leproso en Israel. (Véase Levítico 14:45.) La maldición libera el poder que efectúa su cumplimiento. No hay duda alguna sobre la eficacia de la maldición, y la destrucción de la morada incluye a quienes viven en ella (Amós 3:15).

El pecado es algo intensamente personal y el castigo de Dios sobre él es igualmente personal. La palabra permanecer significa literalmente "pasar la noche"; pero también tiene el sentido de "quedarse permanentemente". Este es el sentido aquí. (Véase también Salmo 49:12.) Que nadie se engañe: no hay nada más mortal e ineludible para nosotros que el pecado, en lo que a nuestras propias fuerzas se refiere.

El pecado, en definitiva, no podrá triunfar nunca, porque se opone tan diametralmente a todo lo que Dios es y todo lo que El ama. Sin duda, el pecado causó estragos en la época del profeta Zacarías y los juicios correspondientes causaron aflicción. Pero este pasaje enfoca el lejano futuro y ve el exterminio final de la iniquidad antes del reinado justo del Mesías. Es así como esta visión se combina en forma natural y suave con la siguiente del capítulo 5.

Visión de la mujer en el efa

La salida del ángel intérprete indica que el Señor le está presentando otra visión al profeta y que se requiere su interpretación. Zacarías vio un efa que salía.

Nótese cuántas veces se indica un movimiento en este capítulo. Las fuerzas morales del mundo no permanecen estacionarias ni estancadas. Hay progreso o retroceso.

Cuando el profeta preguntó: "¿Qué es esto?", lo que estaba inquiriendo era el significado del efa. El reconoció el objeto; pero quería saber qué simbolizaba, qué verdad debía comunicarle a él y luego, por medio de él, al pueblo de Dios.

El efa mismo era muy conocido, puesto que era la medida para áridos más grande que se utilizaba entre los judíos y contenía un poco más de 35 litros. El ángel explicó que ese efa tenía como finalidad representar el aspecto de los inicuos en la tierra. Así como en un efa se juntan todos los granos separados, se reunirá también a los pecadores de la tierra. La medida significa que el juicio por el pecado ha sido medido y señalado por Dios en su infinita justicia.

Algunos han sostenido que, puesto que el efa es el símbolo de la industria y del comercio, indica corrupción en el comercio. Señalan lo prominente que es el comercialismo impío en Santiago 5 y Apocalipsis 18. Pero no hay necesidad de restringir así la referencia; igual que los pecados de la visión anterior tenían un carácter representativo, tenemos en este caso una imagen de la corrupción en general. Además, la mención de la tierra se debe considerar como la de Judá. El profeta recibe el mensaje primordialmente para su propio pueblo y, en forma específica, para sus contemporáneos. Tienen que saber la gravedad del pecado y lo trágico que resulta.

Un talento de plomo que se encontraba en la boca del efa fue levantado para permitirle al profeta ver lo que había en el efa. El talento era el mayor peso que usaban los hebreos. Cuando se destapó el efa, Zacarías vio a una mujer, que representaba la maldad, sentada en el efa. La comparación de la maldad a una mujer se encuentra también en Proverbios 2:16; 5:3, 4. La razón es evidente: en hebreo se emplea el género femenino para representar ideas abstractas.

El contexto no requiere que se defina a esta mujer como la gran ramera de Apocalipsis 17 y 18. Algunos que estudian el pasaje la relacionan (la maldad personificada) con la idolatría (Jeremías 44; Ezequiel 23). Es cierto que la idolatría es el tipo más aborrecible de maldad a los ojos de Dios; pero la referencia que tenemos en este pasaje cubre todos los tipos de maldad, incluso la idolatría.

Se sostiene, al citar Esdras 9; Isaías 57; 65:1-7; 66:17, que se practicaba la idolatría incluso después del exilio. La referencia en Esdras era cierta antes de sus reformas que hicieron que el pueblo volviera a Jehová. Las de Isaías no tienen relación con la época posterior al exilio, porque representan condiciones que había entre los contemporáneos de Isaías durante el siglo ocho a.C.

La personificación de la maldad bajo la figura de una mujer se debe comparar con la presentación de la maldad concentrada en el personaje denominado el hombre de pecado (2 Tesalonicenses 2:3). Mientras el profeta seguía observando, el ángel echó a la mujer en medio del efa y puso el talento sobre la boca del efa, para hacer imposible que la mujer escapara del castigo inminente de Dios.

El vuelo a Sinar

Ahora vamos a conocer la eliminación final de la maldad, en lo que se refiere a Israel, el pueblo de Jehová. Salen dos mujeres para llevarse el efa con su carga. El considerar que esas dos mujeres representaban a Asiria y Babilonia, que fueron las dos naciones que Dios utilizó para quitar la idolatría de Israel de la tierra de Palestina, equivale a tratar de desarrollar demasiado los detalles y a no apreciar toda la importancia de la referencia futura a los tiempos proféticos.

Las mujeres son rasgos necesarios para hacer que la visión sea vívida y para completar la revelación del plan de Dios. Son congruentes con la imagen que ya tenemos ante nosotros. Son dos debido al peso que deberán llevar entre ellas. El viento desempeña su papel al ayudarlas a llevar su carga por el aire con mayor velocidad. Las mujeres tienen alas como las de la cigüeña, un ave muy común en Palestina.

La cigüeña es un ave migratoria de alas largas y anchas (Jeremías 8:7). Quienes conocen los hábitos de esta ave nos informan que, durante su migración anual, realmente recorre una distancia mayor que la que hay entre Judá y Sinar. Así pues, cada rasgo de la visión sirve para promover la deportación del efa de en medio de Israel.

No se ha dado el destino del vuelo, de modo que ahora el profeta lo pregunta. La respuesta es realmente completa y suficiente: 1) transportarían la maldad, por decirlo así, a la tierra de Sinar; 2) se construiría allí una casa para ella; y 3) se la establecería en su propio lugar.

La tierra de Sinar se refiere a Babilonia. (Véase Génesis 10:10; 11:2; Isaías 11:11, entre otros.) Fue allí donde los hombres se unieron por primera vez para rebelarse contra Dios. En toda la Escritura Babilonia representa confusión en asuntos espirituales, idolatría e inmundicia espiritual (Apocalipsis 17:3-5).

El mismo espíritu de Babilonia que se puso de manifiesto en Génesis 11, se revelará también en la Babilonia de Apocalipsis 18. Aquella era la tierra donde Israel había estado en el exilio, pero no porque Babilonia estuviera obrando de buena gana para hacer la voluntad del Señor. El profeta Habacuc muestra claramente que lo contrario era cierto: Babilonia estaba empeñada en lograr sus propios fines egoístas. En Babilonia culmina todo lo que se opone a Dios y a su gobierno justo en la tierra. La visión señala la caída y condenación de la Babilonia final.

No se puede referir la tierra de Sinar a la dispersión de Israel por todo el mundo en los términos de la ya pasada cautividad babilónica, porque esto no tiene paralelo en el uso de la Escritura. Tampoco es posible que el pasaje hable de algo ya realizado literalmente en el exilio que acababa de concluir. Toda la profecía tiende hacia el futuro.

La visión tenía como finalidad mostrarles más que la gravedad de la maldad de la idolatría. Setenta años en el exilio habían logrado eso ya bien bajo la tutela del Señor. Dios está diciendo que toda maldad se desarrolla a lo largo de líneas bien definidas y que, a su tiempo, será dirigida a ese lugar que ha representado siempre la obstinada oposición contra Dios.

De modo bastante extraño, la mención de una casa en la tierra de Sinar se ha interpretado como que significa un templo imponente, bastante común en esa tierra. La morada permanente se interpreta como un templo de ídolos (llamado ziggurat en Babilonia) que se construiría para la idolatría, porque la adoración de otros dioses era permisible en el extranjero, como puede verse en Deuteronomio 4:19 y 29:25, 26.

Dejaremos que el lector decida, aun con la lectura más superficial de estos pasajes, así como la de otros muchos similares del Antiguo Testamento y del Nuevo, si se revela alguna vez que Dios aprueba (siendo El mismo el Señor de toda la tierra y Dios de todas las naciones) la adoración a otros dioses. No; el profeta indica claramente que la maldad tendrá su culminación en un lugar específico y definitivo, donde tendrá su morada permanente.

La construcción de la casa significa una estancia permanente, tal y como significaba un prolongado exilio para los judíos en Jeremías 29:5, 28 (véase también Isaías 34:13). Además, a la maldad no le será difícil adaptarse allí, porque Babilonia es su propio lugar. Permanecerá donde se originó y adonde siempre perteneció. El ciclo de la maldad, por así decirlo, está completo. La impiedad en todas sus formas ha vuelto finalmente a su casa.

Hacemos hincapié en que el cumplimiento de esta profecía es todavía el futuro y se producirá cuando el pecado sea erradicado de Israel, o sea, cuando el pueblo se haya vuelto al Señor Jesucristo como su Mesías, Salvador y Rey.

El poder consumidor del pecado

En ninguna parte de la Biblia tenemos una descripción más fiel de los terribles estragos que causa el pecado en la vida humana que la que se nos da en este capítulo. El pecado destruye no sólo todo lo que tenemos, sino también todo lo que somos o podríamos esperar ser. Se trata de un virus incurable. Por supuesto, decimos que es incurable con medios humanos; pero, alabado sea Dios, El ha provisto de una vez por todas y de modo tan adecuado la liberación y el remedio que necesita desesperadamente todo pecador. Es un remedio válido para todos, judíos y gentiles.

EL MESÍAS, REY Y SACERDOTE

Visión de los carros

La visión de los carros del capítulo 6 pone fin a la serie de visiones que Zacarías tuvo en una noche. La octava y última visión completa la idea de lo que se presentó en la primera.

Allí los jinetes volvían para presentarle sus informes al ángel de Jehová; aquí los carros salen para ejecutar el mandato del Señor. Los carros ponen en operación los decretos de juicio de Dios. De este modo se completa el ciclo de la verdad.

Hay quienes consideran que esta visión es tal vez la más obscura de todas, aun cuando se afirma lo mismo de otras también. Pero siguiendo los principios de interpretación aplicados en los capítulos anteriores, es posible obtener una explicación armoniosa de ésta también.

Zacarías vio cuatro carros que salían de entre dos montes de bronce. Los carros son de guerra y dan un indicio de su propósito final. Muchos intérpretes de este pasaje creen que hay cuatro carros para representar los cuatro reinos del mundo profetizados por Daniel. Aun cuando sostenemos que los cuatro imperios están representados en 1:18, no creemos que se los presente aquí. Sostenemos esta posición junto con otros por dos razones: 1) se define con toda claridad a los carros como los cuatro vientos del cielo y 2) las cuatro notaciones geográficas no se conforman a las cuatro monarquías de Daniel 2 y 7.

Entendemos que los cuatro carros representan a los diferentes agentes de la providencia de Dios en su juicio de las naciones que maltrataron a Israel. Los dos montes mencionados en la visión son definidos (en el original hebreo se emplea el artículo definido); pero se les han dado varias interpretaciones. Se los ha considerado como que representan los inmutables decretos de Dios, las montañas ideales delante de la morada de Dios, las puertas de los cielos o el imperio de los medos y los persas (porque de ese imperio salieron los instrumentos de la providencia de Dios para castigar a las naciones).

Los montes sí significan gobiernos en las Escrituras; pero el simbolismo de la Biblia no es estereotipado. Tanto Cristo (Apocalipsis 5:5) como Satanás (1 Pedro 5:8) están comprendidos bajo la figura de un león, pero con implicaciones enormemente distintas. Esos montes son simplemente el monte Moríah y el monte de los Olivos; los carros corrían por el valle de Josafat. Son de bronce, no para hacerlos inmovibles ni para indicar la firmeza del lugar en que habita el Señor, ni la estabilidad del pueblo de Dios o del gobierno de El, sino para indicar la justicia de Dios en el juicio (véase Salmo 36:6). Observe el uso de bronce en el tabernáculo y en el templo, y el propósito que tenía allí.

Así como los colores de los caballos de la primera visión tenían significado, también tienen importancia aquí. Había caballos rojos (alazanes), negros, blancos y overos rucios, que denotaban guerra y derramamiento de sangre; calamidad y desgracia; victoria y gozo; y plagas y pestilencia. Además, los caballos del cuarto carro están caracterizados como "fuertes", como para atraer la atención en forma especial sobre ellos y sobre su trabajo. Cuando esos agentes hayan terminado sus tareas, aun cuando se trate de juicios para los enemigos de Jehová, el resultado será el bien del pueblo del Señor y la gloria de Dios.

Descripción de su misión

Cuando el profeta le pidió al ángel intérprete una explicación del simbolismo de los carros, se le informó que representaban los cuatro vientos del cielo que salen delante del Señor de toda la tierra. La palabra *vientos* se traduce también con frecuencia "espíritu" y ésta es la razón por la que algunos prefieren ver aquí cuatro espíritus celestiales o ángeles. No adoptamos esta interpretación porque no tiene ningún paralelo en la Biblia. Sería muy difícil entender la fuerza de sólo cuatro ángeles sin ninguna otra palabra restrictiva. Los ángeles de Apocalipsis 7:1 tenían un propósito designado. Según el Salmo 104:4, los vientos son los mensajeros de Dios; y en este caso son los agentes del juicio de Dios, los instrumentos de la ira divina.

Tanto los caballos negros como los blancos salieron hacia la tierra del norte, que es seguramente Babilonia; los overos rucios avanzaron raudos hacia la tierra del sur, o sea, Egipto. Bajo estos dos nombres se incluyen los implacables enemigos del pueblo de Israel; pero hay una razón por la que se pone énfasis en Babilonia. Era cierto que el remanente acababa de ser liberado del dominio de Babilonia gracias al juicio de Dios infligido sobre esa tierra por medio de Ciro. Sin embargo, aunque había sido conquistada por Ciro, la nación se rebeló durante el quinto año del reinado de Darío, quien devastó y despobló el país. En cuanto a Egipto, se rebeló contra Darío y fue reconquistado por Jerjes en el año 485 a.C. Luego, después de continuas rebeliones, la derrotó y sometió Ochus en el año 340 a.C. Alejandro Magno se lo arrebató a los persas en el año 332 a.C.

Se pasa por alto a los caballos rojos o alazanes. (El autor se basa en el original hebreo, donde en el cuarto carro, versículo 3, había caballos grisáceos manchados *todos ellos muy fuertes*, refiriéndose a todos los caballos de los versículos 3 y 4. Luego, en el versículo 7 dice que los caballos fuertes, no los alazanes o rojos, salieron. N. del E.) Se ha sugerido que no los utilizó; no se derramó mucha sangre en esa campaña de Darío. Hay una dificultad en este pasaje, puesto que en el versículo 3 los caballos overos rucios se mencionan junto con los fuertes, mientras que se los separa en los versículos 7 y 8, y también en el versículo 6. Asimismo, no se envía a los caballos rojos a ninguna misión en absoluto. Debe de ser que los que recorren la tierra por todas partes, con el permiso de Jehová, no sean otros sino los caballos rojos (alazanes) del primer carro.

No se puede decir que la misión de esos caballos no sea importante, puesto que se los menciona dos veces. Las guerras y los derramamientos de sangre iban a estar a la orden del día por todas partes. Las escrituras proféticas revelan muy bien que estas condiciones prevalecerán al final de los tiempos. Es imposible limitar aquí la referencia a "la tierra" al territorio de Palestina. El contexto exige un alcance mucho más amplio. Los caballos rojos van a terminar el trabajo iniciado por los otros tres troncos de caballos.

Las palabras finales de esta visión las da Dios mismo o el ángel de Jehová, para indicar que los que fueron hacia el norte calmaron allá su ira. El uso de "Espíritu" en el sentido de "ira" puede encontrarse también en Eclesiastés 10:4. No es, como se ha sugerido, que Dios fuera a hacer que su Espíritu reposara entre los exiliados para despertar su celo por la reconstrucción del templo y para avivar sus esperanzas en el futuro. Tenemos una declaración clara y precisa de que el castigo de Dios se ha aplicado ya a Babilonia; ya hemos visto en las visiones del capítulo 5 de esta profecía, que su ira reposará allá en los últimos días de la historia nacional de Israel. Babilonia deberá sufrir y sufrirá el juicio antes de que el Mesías reine con justicia y verdad.

El regalo traído de Babilonia

La serie de ocho visiones nocturnas concluye de modo hermoso y apropiado mediante un acto simbólico al que se introduce con las palabras proféticas habituales. Esa ceremonia no se llevó a cabo en una visión, sino que la ejecutó Zacarías como un acto simbólico. Jehová le ordenó al profeta que se encontrara con tres hombres que habían llegado como enviados de Babilonia a la casa de Josías, hijo de Sofonías, con un donativo de los que estaban todavía en el exilio, para la edificación del templo que se encontraba en construcción entonces. El día mencionado en el versículo 10 es el mismo que el de 1:7, en que el profeta tuvo sus visiones.

Los hombres habían traído consigo oro y plata para la obra. El profeta debía tomar esos donativos y hacer una corona para ponérsela sobre la cabeza a Josué, el sumo sacerdote. Una vez más, como en el capítulo 3, Josué es una figura del Mesías tanto por su nombre como por el cargo que ocupa. La corona tenía que ser compuesta (en el original el verbo está en singular en el versículo 14), de modo que se colocara una sobre otra. (Véase Job 31:36 y Apocalipsis 19:12.)

El sacerdocio levítico no tenía esa disposición. A ese cargo no le correspondía en forma apropiada una corona; pero sí una mitra. En este caso, el sumo sacerdote simboliza el doble ministerio del Mesías que iba a venir (Salmo 110:1, 2, 4). Algunos intérpretes sugieren que originalmente el texto decía "sobre la cabeza de Zorobabel, hijo de Salatiel", o bien, "sobre la cabeza de Josué hijo de Josadac, el sumo sacerdote, y sobre la cabeza de Zorobabel hijo de Salatiel". No existe la más mínima evidencia para todas esas conjeturas. De hecho, el haberle puesto la corona a Zorobabel, cuando menos habría sido engañoso y habría podido ser mal interpretado como un intento de restaurar la dinastía davídica, lo que no era el propósito de Dios entonces. (Lea con cuidado Jeremías 22:30 y Ezequiel 21:27.) Todos los propósitos y planes de Dios, tanto para los individuos como para las naciones y para el mundo, siguen su curso de conformidad con su horario. Dios no tiene por qué apresurarse ni confundirse.

El Mesías, sacerdote y rey

La descripción del Mesías en los versículos 12 y 13 ha sido aclamada como el más inclusivo y completo retrato del futuro Rey de Israel que se puede encontrar en las páginas del Antiguo Testamento. Es una profecía de una belleza e importancia sobresalientes. Josué, el sumo sacerdote, coronado y honrado, es una imagen representativa del Mesías, el Renuevo, el Sacerdote Rey, y esta descripción del Redentor nos lleva a la culminación de la historia de Israel. Lo que sigue a los juicios de la tierra (presentados en los versículos 1-8) será el reinado milenario de Cristo en la tierra.

Las palabras que dirige Zacarías al Josué coronado: "He aquí el varón", son las mismas que pronunció Poncio Pilato, refiriéndose a Cristo siglos después, durante aquellas trágicas horas de la historia de la redención. Josué, el sumo sacerdote de Israel, prefiguró en su persona y ministerio al Hombre, al Renuevo, que nos es conocido por la revelación dada en el capítulo tres de este libro profético. El Tárgum, la traducción y paráfrasis en lengua aramea, presenta este pasaje como sigue: "He aquí el Varón cuyo nombre es Mesías, el que ha de ser revelado."

El crecimiento del Renuevo desde sus raíces señala su origen humilde en su tierra nativa, más bien que su concepción milagrosa. La imagen del crecimiento va de acuerdo con el símbolo del "renuevo".

Después que se describen la Persona y la naturaleza del Mesías, se indica su obra. Construirá el templo de Jehová. Este no es el templo que Zorobabel estaba edificando, sino otro futuro, el templo milenario que se describe en Ezequiel 40-48. La construcción de ese templo por el Mesías tiene tal importancia que se repite para darle mayor énfasis.

El "él" del comienzo del versículo 13 es muy enfático. El Sacerdote Rey será el que llevará la gloria. Después de su bendita obra de redención en el Calvario, Él ha recibido una medida de gloria (véase Salmo 110:1, Filipenses 2:5-11 y Hebreos 2:9). No obstante, deberá tener la gloria milenaria del Hijo de David en su trono y esto continuará durante toda la eternidad. Como el verdadero Melquisedec (Hebreos 5:10), se sentará en su trono y gobernará. En estas palabras pletóricas concernientes al Mesías están la permanencia, la seguridad y una redención consumada. (Véase Génesis 4:18; Salmo 110:4; Hebreos 5:10; 6:20 y el capítulo 7.) El Mesías será un Sacerdote en su propio trono.

Ahora está sentado en el trono del Padre. Esto se puede ver con toda claridad en el Salmo 110:1; Hebreos 1:3; 8:1; 10:12; 12: 2 y Apocalipsis 3:21. Vendrá con toda su majestad y se sentará en su propio trono a reinar.

Será un día gozoso que el mundo ha estado esperando durante tantos largos años, sin saber que un reino de paz y de justicia sólo es posible por medio del Señor Jesucristo. Israel debe aprender todavía esta verdad de Dios. Cuando el Mesías se siente como Sacerdote y Rey en su trono, habrá un consejo de paz entre ambos.

Se han presentado varias explicaciones para las palabras "consejo de paz" y "entre ambos". El consejo de paz es sin duda el consejo que produce paz, o sea, la más elevada de las bendiciones temporales y espirituales. No hay ningún indicio en las Escrituras de que existiera rivalidad alguna entre Josué y Zorobabel, por lo que la última frase del versículo 13 no puede referirse a ellos. Otros sugieren que habrá consejo de paz entre Jehová y el Mesías, o entre los atributos reales y los sacerdotales de Cristo, o entre las dos personalidades de gobernante y sacerdote reunidas en la persona del Mesías. Por nuestra parte, creemos que el profeta se refiere probablemente a los cargos y dignidades sacerdotales y reales del Mesías, que serán reunidos en El para dar lugar al glorioso plan de redención designado por Dios desde la eternidad.

Conviene que nos detengamos aquí a adorar al Señor, mientras contemplamos este esplendoroso retrato del adorable Cristo, el Mesías de Israel. ¡Cuán glorioso es El tanto en sus múltiples atributos como en sus obras abundantes!

Debemos volver a recalcar que toda la transacción del día de Zacarías fue simbólica. La prueba de esto se ve en los detalles que siguen: 1) la corona real no pertenecía a ningún sumo sacerdote ni descendiente de Leví, sólo a la tribu de Judá y la dinastía de David; 2) en el versículo 12 se habla de "el varón cuyo nombre es el Renuevo", indicando al Mesías como se vio en el capítulo 3; 3) el versículo 13 indica que El construirá el templo del Señor, una obra que sólo corresponde a Cristo en el futuro; 4) el versículo 13 indica que llevará la gloria, lo que sólo tiene cumplimiento en Jesucristo; y 5) el versículo 13 revela que será sacerdote en su trono, lo que constituye una referencia exclusiva al Mesías, como lo demuestran el Salmo 110 y Hebreos 7.

Memoria en el templo

Después de la coronación de Josué, la corona debía preservarse en el templo como memoria o recuerdo por el interés piadoso de Helem (otro nombre de Heldai), Tobías, Jedaías y Hen (otro nombre de Josías) por las cosas de Jehová.

Hay quienes creen que la corona permaneció en el templo hasta la venida del Mesías y que más tarde los romanos destruyeron todo.

Pero Zacarías, al ver la delegación que había venido de Babilonia, vio por el Espíritu que un día futuro los alejados de la comunidad de Israel, o sea, los gentiles, acudirán y ayudarán a construir el templo de Jehová, lo que será una prueba concluyente de la misión divina del Mesías.

En primer lugar, se producirá el regreso de los dispersos de Israel (Isaías 60:9) y, luego, la conversión de los gentiles (Isaías 60:10, 11). La raíz y la causa de todos los sufrimientos y calamidades de Israel ha sido el no haber reconocido acertadamente la misión y el ministerio del Mesías. Por tanto, entonces el reconocimiento de Cristo por el pueblo de Israel producirá bendiciones espirituales y prosperidad material para ellos. La venida de Cristo y su obra están aseguradas y son incondicionales; pero las bendiciones para Israel y su participación en la redención están condicionadas a su obediencia. Se le advierte acerca del rechazo si no cree.

Si me obedeciereis

¿No ha colocado Dios a todos los hombres en una situación en que deben responder por fe y obediencia a su bendito mensaje de gracia y amor? En ninguna parte de la Biblia podemos encontrar que Dios haya puesto la vida eterna a disposición de los hombres sin que sea necesario que respondan a ella por fe. Y así es con Israel. Cuánta bendición personal hay ahora para el judío individual como habrá bendición nacional para toda la nación en el momento que su corazón obedece el mandato de Dios de creer y confiar en el Redentor, el Rey Sacerdote.

¿AYUNO O PIEDAD?

Las preguntas sobre el ayuno

Con el capítulo siete del libro de Zacarías llegamos a otra división distinta de la profecía. En la primera sección observamos el llamamiento que el profeta hizo a la nación a fin de que se arrepintieran y se volvieran a Jehová para recibir sus bendiciones. A continuación se le concedió una serie de ocho visiones nocturnas, que lo llevaron del momento en que ejercía su ministerio a la coronación del Mesías para reinar sobre su pueblo y el mundo.

Desde esa noche memorable han transcurrido cerca de dos años y nos encontramos en el cuarto año del reinado de Darío, en el año 518 a.C. Gracias a los ministerios de Hageo y de Zacarías, dirigidos por el Espíritu Santo, y al aliento que Dios ofreció por medio de ellos, el pueblo se había entregado de todo corazón a la reconstrucción del templo del Señor. Jerusalén misma estaba comenzando a tomar nueva vida, con la edificación de casas nuevas en la ciudad. Poco a poco se estaban borrando y eliminando las viejas marcas y cicatrices de la invasión y la destrucción que había llevado a cabo Nabucodonosor.

En el mes de Quisleu (el nombre babilonio del noveno mes que correspondía a parte de noviembre y una porción de diciembre), la ciudad de Bet-el envió una delegación a Jerusalén con un doble propósito: 1) para implorar el favor y las bendiciones de Dios y 2) para preguntar sobre ciertos ayunos nacionales. Se ha presentado la opinión de que esos delegados llegaron al templo, leyendo "Bet-el" como "la casa de Dios", que es su significado básico. Sin embargo, nunca se llama "Betel" al templo, aun cuando se lo denomina "la casa de Jehová" o "la casa de Elohim".

La bien conocida ciudad, en otro tiempo llena de idolatría, había enviado a sus representantes en aquella importante misión. Muchos de los antiguos habitantes de la población habían regresado del exilio (Esdras 2:28 y Nehemías 11:31). Los nombres de los varones son babilonios, lo que demuestra que habían regresado del exilio. No se indica de qué modo se proponían implorar (literalmente: "acariciar el rostro") el favor de Dios; pero es muy posible que fuera por medio de un sacrificio. Sabemos que ya habían levantado el altar, aun cuando el templo no estaba terminado todavía (Esdras 3:3).

La delegación vino a hacerles preguntas a los sacerdotes, porque era su deber tomar decisiones sobre puntos concernientes a la ley. (Véase Deuteronomio 17:9. Hasta Herodes siguió esta práctica, como se ve en Mateo 2:4.) Los profetas consultados fueron Hageo y Zacarías. El pueblo de Bet-el deseaba saber si debían seguir ayunando y afligiéndose en el quinto mes, como lo habían hecho durante los años del exilio, un período que denominaban "tantos años". Ahora que la reconstrucción del templo estaba en pleno progreso, querían saber si debían continuar los ayunos que conmemoraban las calamidades del pasado. El ayuno que realizaban era tedioso y pesado. Su llanto y su alejamiento de los alimentos y de las actividades normales les resultaban fatigosos.

El ayuno durante el décimo día del quinto mes conmemoraba la quema de Jerusalén en el año 586 a.C. (Véase Jeremías 52:12, 13). Este sigue siendo el día de ayuno más importante de los judíos aparte del día de la expiación. Las características de ese ayuno se mencionan en Joel 2:12, 13 y 16. Los ayunos habían sido instituidos por la nación, y no los había ordenado Jehová; pero ahora querían saber de parte del Señor si debían proseguir con ellos o abolirlos. Los hombres siempre buscan establecer reglas; pero Dios les da principios con los cuales pueden organizar su vida bajo la dirección del Espíritu Santo.

La lección del pasado

Aunque las preguntas se hicieron en primera persona, o sea, "yo" (en el original), la respuesta de Dios por medio de Zacarías se dirigió a todo el pueblo, porque todos estaban interesados y afectados por la misma condición. La respuesta del Señor eliminó de una vez, claramente, toda la ficción e hipocresía de su actitud. Se les informa al pueblo y a los sacerdotes (porque estos últimos también estaban cansados de los ayunos) que todo su ayuno y su lloro lo hacían sólo para satisfacerse ellos mismos. Dios no había instituido nunca esos ayunos y no lo habían tomado en cuenta.

Tristemente faltaba la esencia de la verdadera piedad, que consiste en tomar en cuenta a Dios en todos los detalles de la vida. La intención de un ayuno tiene siempre más importancia que el elemento tiempo. Lo importante es "¿Por qué?" y no "¿Cuándo?" Sus ayunos no agradaban al Señor en absoluto, porque lo que El exige es realidad.

La pregunta de ellos se había centrado en el ayuno del quinto mes; por su parte, Zacarías añade unas palabras concernientes al séptimo mes a las preguntas del Señor y en 8:19 menciona cuatro ayunos. Todos ellos estaban relacionados con la caída de Jerusalén en el año 586 a.C. Durante el décimo mes, Nabucodonosor sitió a Jerusalén (2 Reyes 25:1); en el cuarto mes, los caldeos penetraron en la ciudad (2 Reyes 25:3, 4; Jeremías 39:2); en el quinto mes, Nabuzaradán quemó el templo (2 Reyes 25:8, 9); y en el séptimo mes, mataron a Gedalías, el gobernador judío de Judea, y el remanente del pueblo huyó (2 Reyes 25:23-25; Jeremías 41:1-3). Entre los judíos ortodoxos se observa todavía el tercer día del séptimo mes como el ayuno de Gedalías.

La esperada respuesta a la pregunta del versículo 5 es una rotunda negación, porque todos sus actos eran egocéntricos. Además, en sus festividades prevalecía el mismo espíritu que había en sus ayunos. El reproche de Zacarías respecto al ayuno hipócrita y formal nos hace recordar las palabras clásicas de Isaías 58:3-8. El fariseísmo y el engreimiento no pueden ser nunca agradables para el Dios santo.

¿Parecen duras e insensibles las palabras de Zacarías? El no fue el primero que habló de este modo. Los profetas anteriores al exilio hicieron exactamente lo mismo. (Véase Isaías 66:1-3; Jeremías 7:21-24; 25:3-7; Amós 5:21-27.) Las calamidades que motivaron los ayunos fueron consecuencia de la desobediencia de ellos a las palabras de Dios dadas por medio de sus profetas. ¿Por qué tenían que preocuparse de lo que Dios no les había ordenado, cuando debían estar haciendo lo que El les había mandado clara y repetidamente que hicieran? Habría sido mejor obedecer las palabras que los profetas hablaron antes del exilio, cuando la tierra estaba reposada y habitada. Esas palabras eran mucho más importantes que todos sus ayunos autoimpuestos. Dios quiere obediencia, más que cualquier otra cosa.

El sur (Neguev) a que se hace referencia es el de las montañas de Judea (Josué 15:21), y las tierras bajas (Sefela) están al oeste (Josué 15:33).

Es mucho mejor obedecer los mandatos del Señor que tratar de aliviar la conciencia mediante ritos formales, motivados por juicios sufridos como consecuencia del pecado. Ayunaban debido a sus calamidades; pero las mismas habían venido sobre ellos por sus pecados. Por ende, las causas de sus ayunos eran sus pecados. Si se erradicaban éstos, el ayuno sería innecesario.

Exhortación a la piedad

Por si se habían olvidado de las cargas y mensajes que les dieron los profetas anteriores, Zacarías les bosqueja el camino de piedad puesto delante de sus padres. La administración de la justicia debía hacerse de conformidad con la verdad. Dios aborrece los juicios injustos, porque El es el Juez justo de toda la tierra (Génesis 18:25). La bondad y la misericordia han de estar a la orden del día entre el hombre y su prójimo. Tanto las relaciones públicas como las privadas han de conformarse al patrón establecido por el Señor compasivo. La ley mosaica y los profetas defienden claramente la causa de los desamparados y desventurados, o sea, las viudas, los huérfanos, los extranjeros y los pobres. Se les advirtió que no debían guardar sentimientos de enojo y amargura contra sus prójimos.

Su relación con Dios no podía ser recta en tanto sus acciones no eran rectas hacia los demás (Mateo 5:23, 24). La fe sin piedad es una burla tanto de Dios como del hombre. La religión sin moralidad es inútil; por otra parte, la moralidad sin religión verdadera no tiene base y carece de fundamento apropiado. Dios busca la verdad en nuestro interior y espera que se la manifestemos a los que nos rodean. El profeta Zacarías no tenía un nuevo mensaje que darles, porque los principios del gobierno justo de Dios son eternos. El hombre no precisa tener nunca dudas en cuanto al modo de vida y conducta que agradan a Dios y aseguran su favor y sus bendiciones.

Castigo por la desobediencia

Pero a pesar de que Jehová había dado muchas advertencias a sus antepasados y los había instado amorosamente en la época anterior al exilio, ellos se negaron a escuchar las sabias exhortaciones de su Dios. Se presenta enérgicamente en cuatro expresiones diferentes la dureza de su corazón y su renuencia a obedecer.

En primer lugar, no escucharon y, luego, volvieron la espalda. El volver la espalda obstinadamente es una imagen tomada del reino animal, de lo que hacen los bueyes cuando se niegan a dejarse enyugar. (Véase Nehemías 9:29.) Cuanto más rechazaban la palabra de verdad, tanto más diligentemente les imploraban los mensajeros de Jehová.

Luego se taparon los oídos para no oír las predicaciones en absoluto. (Véase Isaías 6:10; Jeremías 7:26.) Semejante oposición a la voluntad de Dios habría sido suficiente para provocar su justa ira; pero ellos siguieron amontonando pecado sobre pecado para el día de la ira y del juicio.

Finalmente, endurecieron su corazón como diamante. Aquí se llega al colmo. Después de rechazar repetidamente la luz, su corazón se tornó cada vez más duro, frío e insensible.

El endurecimiento espiritual (esclerosis) es tan real como el físico, pero infinitamente más desastroso. Cuando se infecta la ciudadela de la vida, o sea, el corazón, el caso es realmente triste y desesperado. (Obsérvese Ezequiel 3:9 y 11:19.) Y su oposición era contra la ley y la palabra de Dios hablada por los profetas por medio de su Espíritu Santo.

Aquí hay una importante verdad que no debemos pasar por alto. Primeramente, observe bien que Zacarías sitúa las revelaciones y los mensajes de los profetas exactamente en la categoría misma y nivel que la venerada ley de Moisés. La Biblia no hace distinción de grados de autoridad en la revelación de Dios; las palabras de los profetas son tan autoritativas como las de Moisés. Todas ellas proceden de Dios mismo (2 Timoteo 3:16, 17). Observe también los dos medios para comunicar los pensamientos y la voluntad de Dios: el Espíritu Santo y los profetas, o sea, el elemento divino y el humano. Los profetas primeros fueron los de antes de la cautividad babilónica (como en 1:4).

Esa desobediencia continua sólo podía tener un resultado y era la gran ira de Jehová. Se puede apreciar la magnitud de la ira por la severidad del castigo impuesto (véase 2 Crónicas 36:16). La retribución divina en la infinita justicia alcanzó a su pueblo descarriado. Así como Jehová había clamado a ellos con tanta frecuencia y de modo tan paciente por medio de sus profetas, pero ellos no escucharon, igual clamarían a El pidiendo liberación en su angustia, pero El no escucharía. Todos sabemos cuán triste es la situación de una criatura que llora pidiendo ayuda a su madre y recibe como respuesta un oído sordo a sus súplicas. Cuánto más triste era la situación de la nación rebelde que clamaría pidiendo ayuda en medio de su desesperación, pero sólo descubriría que el Señor había apartado de ellos su oído (Isaías 1:15 y Miqueas 3:4; véase también Jeremías 11:11 y 14:12).

En lugar de escuchar sus ruegos, el Señor los dispersó con la violencia de un torbellino entre todas las naciones que ni conocían. En los días del ministerio de Zacarías ya había ocurrido la dispersión a Asiria y Babilonia, y ésta es la principal referencia en el pasaje.

Pero este texto se aplica también a una dispersión mucho mayor, como consecuencia de su gran desobediencia al rechazar al Mesías prometido. Desde los exilios de Asiria y Babilonia, muchos individuos de la nación siguieron en la cautividad y pasaron también a otras tierras. La ira había caído plenamente sobre ellos. No era probable que las naciones que no tenían tratos con ellos les mostraran benevolencia o les manifestaran compasión.

Como resultado de la cautividad babilónica, la tierra quedó desolada. En la maravillosa providencia de Dios, ninguna potencia extranjera tomó posesión de ella. Mientras los legítimos habitantes estuvieron ausentes, la tierra fue preservada hasta el día de su regreso, setenta años más tarde. Aun cuando el juicio era de Dios y El utilizó a los enemigos como sus instrumentos de castigo contra su pueblo descarriado, con todo se acusa al pueblo mismo de Israel de haber hecho que la tierra quedara desolada. Todo fue a causa de sus pecados. Ellos eran los responsables de la desolación. La "tierra deseable" es la que Dios se agradó en dar a su pueblo. (Véase Jeremías 3:19.)

Ni siquiera los instrumentos de destrucción producidos por el hombre, tales como bombas y otros artefactos bélicos, pueden ser tan letales y devastadores como el pecado. Fue el pecado lo que arruinó y convirtió en desierto la tierra deseable de Canaán. La verdad más importante que aprender de esto son las consecuencias ruinosas del pecado en la vida del hombre.

¿No debían escuchar las palabras?

El tema del ayuno del que se ocupa el capítulo 7 es muy común entre los judíos. Su calendario religioso tiene una gran abundancia de días de ayuno. Sin embargo, la lección básica que dejan todos ellos es que conmemoran desastres y calamidades que les vinieron en su historia nacional como consecuencia del pecado. Cuánto más sabio hubiera sido (y sería también ahora) que prestaran atención a los mensajes de Dios y los obedecieran. ¿No habría sido mejor escuchar diligentemente las palabras que hablaron los profetas? Pero es todavía más triste el hecho de que no escuchen las palabras del Profeta, su Mesías, el Señor Jesucristo.

FIESTAS ALEGRES EN LUGAR DE LOS AYUNOS

Jerusalén, la ciudad de la verdad

En el capítulo 8 prosigue el pensamiento del anterior. El profeta recalcaba en el capítulo 7 la necesidad de obedecer, sacando enseñanzas del destino de sus antepasados. En el capítulo 8 los exhorta a que adopten la misma actitud en su corazón, presentándoles promesas de bendiciones futuras de Dios. Esta sección ofrece un paralelo con la de 1:14-17, igual que el capítulo 7 correspondió al pasaje de 1:1-6.

En el versículo 2 Dios afirma dos veces su gran celo por Sion. El significado básico del verbo celar es "ponerse incandescente o arder". El corazón amoroso de Dios desea bendecir a su pueblo; pero, al mismo tiempo, debe castigar con gran ira a quienes son enemigos de ellos.

Estas promesas nos hacen recordar las que se encuentran en los primeros dos capítulos del libro. Dios está tan determinado a volver a Sion con bendiciones, que habla de ello como si fuera algo ya realizado. Cuando el Señor mora de ese modo entre su pueblo, sólo puede haber un resultado: santidad y verdad. El ideal de Dios para Sion ha sido siempre que sea la ciudad de la verdad y la santidad. (Véase Isaías 1:26. Compárese con Isaías 1:10 y Apocalipsis 11:8.) Bendita es la condición que se conforma a la voluntad de Dios.

Paz y seguridad

Cuando los asuntos espirituales andan bien en Israel, Dios los acompaña siempre con bendiciones materiales. La paz espiritual será la precursora de la paz física. Los ancianos y ancianas, con sus báculos en la mano, podrán permanecer sentados pacíficamente y sin temor en las calles de Jerusalén. Las calles de la ciudad estarán llenas de niños y niñas dedicados a sus juegos. Las edades intermedias no se excluyen, sino que se incluyen automáticamente. Las guerras no cortarán la vida de los jóvenes. Su población alcanzará una edad provecta. La presencia de niños y niñas que juegan en las calles indica seguridad y muchos descendientes. En todo el Antiguo Testamento se promete recompensar la obediencia con una vida larga y muchos descendientes. (Véase Exodo 20:12; Deuteronomio 4:40; 5:16, 33; 6:2; 33:6, 24.)

Hay quienes consideran que estas promesas se cumplieron al pie de la letra en la época de los Macabeos. Las Escrituras revelan que esas características se encontrarán durante el milenio. (Véase Isaías 65:20, 22.)

Las palabras de Zacarías describen condiciones tan distintas de las que Israel ha tenido y ha conocido a lo largo de los siglos, que el remanente en el día del cumplimiento (y sin duda también los contemporáneos del profeta) pueden sentirse escépticos respecto a su realización. Pero, aun cuando estas promesas puedan parecer imposibles para el hombre, para Dios no hay nada imposible (Génesis 18:14 y Mateo 19:26). No osarán limitar el poder del Santo de Israel. (Véase el Salmo 78:19, 20, 41.) Nuestro Dios y el de ellos es el Dios de lo imposible.

Restauración de la tierra

Todas las bendiciones futuras y milenarias para Israel deben estar afirmadas y fundadas sobre su restauración y regreso a la tierra. Por consiguiente, el profeta predice su reunión desde la dispersión. El país del oriente y el del occidente no se refieren exclusivamente a Babilonia y Egipto, como lo entienden algunos, sino que representan todos los confines de la tierra. La dispersión y el exilio que tuvieron lugar bajo los asirios y babilonios fueron hacia el este; pero la que se menciona aquí es una dispersión futura y mundial, como se confirma por medio de un abundante testimonio bíblico. (Lea con cuidado Isaías 11:11, 12; 43:5, 6; Ezequiel 37:21 y Amós 9:14, 15).

Dios hará regresar a su pueblo a la tierra desde la dispersión por todo el mundo. En la actualidad vemos sólo un principio de ello. La designación de "donde se pone el sol" es especialmente apropiada, porque la mayoría de los judíos se encuentran en países situados al oeste de Palestina. Pero es preciso recalcar que el regreso incluye una restauración espiritual a Jehová. (Véase Jeremías 30:22 y 31:33.) Todo ese retorno se realizará con justicia y verdad, conforme a la verdad de la Palabra de Dios y de acuerdo con su justicia. Y marcará la relación mutua entre el Señor e Israel.

Animo en la obra

No sólo nos alegramos por estas perspectivas para Israel, sino que podemos ver también la sabiduría de Dios al presentarlas aquí. No se debe temer que Zacarías se haya ido demasiado lejos del tema original del ayuno, al ocuparse de las tragedias del pasado y mirar adelante a la gloria futura. A continuación hace que todo esto tenga una aplicación muy precisa en la situación que prevalecía en su época.

Cada parte de la verdad revelada tenía como finalidad prepararlos mejor para las tareas que tenían que realizar. Por consiguiente, Zacarías los exhorta a que sean fuertes para realizar el trabajo que les espera y para los días del futuro. En el cuarto año del reinado de Darío (7:1), el pueblo se encontraba en medio de su obra de reconstrucción y necesitaba ánimos. Los mensajes de los profetas Hageo y

Zacarías se enfocaron precisamente en este objetivo. Por tanto, convenía que el pueblo los escuchara.

La mención de que se echaran los cimientos de la casa de Jehová para que se edificara el templo, se refiere de modo especial a la reanudación de la reconstrucción (Hageo 1:15) para llevarla a su conclusión. Sabemos que éste no había sido el resultado de su primer intento de reconstrucción. Ahora todo sería distinto y la obra llegaría a su conclusión. Pero debían ser fortalecidos por el Señor para la tarea.

Se les recuerda, además, el estado en que se encontraba la nación antes de reanudar la obra de la casa de Dios. Antes de esos días, su trabajo no devengaba beneficios suficientes. Ni los hombres ni los animales sacaban provecho de su trabajo. (Véase Hageo 1:6, 9-11 y 2:16-19.) A esta situación angustiosa se sumaban las contiendas internas y civiles, así como los enemigos externos. No podía encontrarse paz ni seguridad en ninguna parte. Los samaritanos opresores (Esdras 4:1-5) se unían a otras naciones vecinas que acosaban continuamente al pequeño remanente. Asimismo, la expedición de Cambises a Egipto, a través de Palestina, debió causarles alguna congoja. En total, la vida era insegura e incierta. Cuando no se demuestra solicitud por las cosas de Dios, nuestros propios asuntos van de mal en peor.

Pero ahora Dios está dispuesto a bendecirlos por su obediencia al mandato de edificar. La tierra dará ahora sus frutos en abundancia; la vid, denominada aquí simiente de paz porque florece en tiempos de paz, dará su fruto. Los cielos ya no retendrán su rocío, tan necesario y útil en los países secos donde la lluvia es escasa. Jehová derramará sus bendiciones materiales sobre el remanente, así como las retuvo en épocas de desobediencia. Además, serán una bendición para las naciones, en vez de maldición entre ellas. No se dice que fueran maldición para las naciones, sino que las naciones utilizaban su nombre para lanzar maldiciones.

Qué inversión iba a ser esto de su situación. En lugar de que las naciones usaran su nombre para sus maldiciones, invocando sobre sus enemigos un destino tan terrible como el de Israel (Jeremías 24:9; 29:18, 22), su nombre sería un patrón de bendiciones, de modo que los hombres les desearían a sus amigos un destino tan venturoso como el de Judá e Israel. (Véase Génesis 48:20, Miqueas 5:7 y Sofonías 3:20.)

Todo esto mira el más pleno cumplimiento de las esperanzas y promesas nacionales de Israel para su pueblo, cuando la nación esté reunida en el tiempo de la consumación. En vista de estas bendiciones presentes y futuras, se los exhorta (como en el versículo 9) a que sean fuertes y valerosos. Cuando el corazón se debilita por el temor, las manos no pueden tener fuerza. ¡Qué alentadoras son todas las promesas seguras de Dios!

Preceptos divinos

Zacarías les hace recordar que cuando sus padres provocaron el enojo de Jehová y persistieron en sus pecados, el Señor determinó castigarlos y cumplió su propósito. ¿No les hará bien seguramente cuando lo obedezcan, siendo así que El se complace en bendecir más bien que en castigar? (Jeremías 31:28).

Dios reseña otra vez las condiciones morales adecuadas que deben existir entre ellos (7:9, 10). La verdad debe caracterizar los tratos de un hombre con su prójimo; deben emitir juicios equitativos que ayuden a lograr la paz al administrar la ley en sus ciudades. En las poblaciones orientales, la puerta o un espacio cercano a ella era el lugar habitual de reunión y donde se administraba la justicia. (Véase Génesis 19:1 y Amós 5:10, 12.) Por encima de todo, debe evitarse que en el corazón se piense mal contra otro. No se debe permitir que se desarrollen raíces de odio.

Puesto que el jurar en falso era uno de los pecados de esos días (5:3, 4), los piadosos deben aborrecer los juramentos falsos. Siendo así que Dios odia la injusticia, el mal y los falsos juramentos, también ellos deben aborrecerlos y evitarlos. Una vez más, el profeta une en forma inseparable la piedad con la moralidad. Se espera que los creyentes de todas las edades y dispensaciones realicen buenas obras para encomendarles a otros los caminos de la obediencia, la vida y el gozo.

Los ayunos se convierten en fiestas

Si los contemporáneos del profeta habían llegado a la conclusión de que después de todo Jehová no iba a responderles a su pregunta sobre el ayuno, estaban equivocados, porque a continuación se ocupa de ese tema de un modo directo y cabal. El ayuno del cuarto mes, por la conquista de Jerusalén, el ayuno del quinto mes, por la destrucción de la ciudad y el templo, el ayuno del séptimo mes por el asesinato de Gedalías, y el ayuno del décimo mes por el comienzo del sitio de Jerusalén, habían de convertirse en fiestas gozosas, que se distinguirían por la alegría y el regocijo. También se enuncia la condición que permitirá que se efectúe ese cambio: amar la verdad y la paz con todo lo que esto implica.

Es extraño que algunos intérpretes consideren que el profeta no dijo claramente que se abolieran los ayunos. ¿Cómo habría podido aclarar más cosas? Tampoco podemos emitir juicios basados en las prácticas judías a ese respecto, porque sus costumbres no siempre se conformaban a los claros mandatos de la Palabra de Dios. Según las tradiciones judías, cuando la nación tenía paz y prosperidad, los ayunos se suspendían; cuando tenían dificultades, reinstituían los ayunos. Desde el año 70 d.C. los judíos guardan los principales ayunos: el del día diecisiete del cuarto mes, el día nueve del quinto mes, el de los días tres y diez del mes séptimo y el del día diez del décimo.

Israel será bendición para todas las naciones

La mirada del profeta se extiende hasta el momento de la bendición y alegría suprema de Israel en el milenio, la era en que Israel cumplirá el propósito de Dios para su pueblo, que siempre ha estado en su corazón. Una vez restaurado Israel, seguirá la conversión del mundo. (Léase con cuidado el Salmo 67.)

Dando muestras de un celo piadoso y de solicitud por los demás, los pueblos y habitantes de muchas ciudades se invitarán unos a otros a ir juntos, con premura, a implorar el favor del Señor en Jerusalén. Dejarán de buen grado sus propias ciudades para venir a la de Dios. En ese día habrá muchos pueblos y naciones poderosas, no sólo la pequeña nación de Israel, que desearán adorar e implorar al Señor de toda la tierra. (Véase Isaías 2:3; 45:14, 15, 23, 24; 56:6, 7; 60:3; 66:23; Jeremías 16:19; Miqueas 4:2, 3; Zacarías ya mencionó en 2:11 las bendiciones para otras naciones.)

Entonces Israel será cabeza y líder de las naciones. Esto lo presenta el profeta gráficamente mediante la imagen de diez hombres (que es un uso indefinido para expresar una gran cantidad) de todas las naciones que toman del manto a un judío y expresan su deseo de ir con él, porque han oído decir que Dios está con Israel. El asir el manto no es tanto un gesto de súplica o un deseo de ayuda, ni una indicación de un sentimiento de inferioridad, sino una expresión de su deseo intenso de gozar de las bendiciones y los privilegios de los judíos.

El manto (el reborde del manto) del judío (véase Números 15:38; Deuteronomio 22:12) era distintivo. En un día futuro, esa bendición de que gozan en el Señor será todavía más distintiva. No es necesario recalcar que esto era escasamente cierto con relación a la liberación de los judíos de la cautividad de Babilonia otorgado por Ciro. En el reinado terrenal del Mesías, a quien representaba Ciro, los judíos serán los misioneros a las naciones del mundo.

"Dios está contigo"

Hubo épocas en la historia de Israel en que la nación vivía de conformidad con la voluntad de Jehová y podía decirse, con verdad: "Dios está contigo." Cuando el Señor permanecía en esa manifiesta gloria y poder y bendiciones en el tabernáculo de Moisés y, luego, en el templo de Salomón, las naciones podían decir, con razón: "Dios está contigo." En los días de la estancia y ministerio terrenales del Mesías de Israel, su Emanuel (Dios con nosotros), podía decirse apropiadamente del antiguo pueblo del Señor: "Dios está contigo."

Pero ahora todos estos centenares de años de exilio han pasado desde que Israel rechazó al Mesías como Rey, Salvador y Señor, y Dios no ha estado con él con plenitud de bendiciones, como hubiera querido estar. Pero cuando el judío individual se vuelve con fe al Señor Jesucristo y lo acepta como su Salvador y Mesías, en ese instante llega a conocer el inenarrable gozo de la verdad del "Dios está contigo" y, en verdad, el Espíritu Santo de Dios entra a morar en él también. Por otra parte, tanto si nos agrada como si no, debemos recordar que la Palabra de Dios indica con claridad que la restauración del mundo apóstata a Dios tendrá lugar por mediación de Israel. Cuando Dios esté con Israel, las naciones se volverán a Jehová.

16

LA GUERRA Y EL
PRINCIPE DE PAZ

LA CAÍDA DE SIRIA

La crítica liberal y destructiva de la Biblia, experta en sus tácticas divisivas, por una prolongada práctica con el Pentateuco, Isaías y Daniel, quisieran hacernos creer que los capítulos 9 al 14 de esta profecía no eran de la mano de Zacarías, sino de algún autor desconocido. Sus argumentos, cuando se someten a un estudio cuidadoso, son a veces muy forzados, otras veces pueriles y siempre infundados.

El testimonio de la traducción más antigua del Antiguo Testamento (que es la griega) y los compiladores del canon judío están a favor de la autenticidad de estos capítulos. Los argumentos de los liberales son insostenibles y se pueden refutar. Podemos estar seguros de que el Espíritu Santo usó a un mismo autor para los catorce capítulos. Un sobrenaturalismo bíblico sano es el mejor antídoto para todo el naturalismo escéptico.

En general, aunque no en forma exclusiva, como ya lo hemos mostrado repetidamente, los capítulos 1 al 8 se refieren a la época misma de Zacarías. El objetivo inmediato era darle ánimo al pueblo para la reconstrucción del templo. Los capítulos 9 al 14, que constituyen la segunda parte del libro, se ocupan primordialmente del futuro y probablemente fueron escritos mucho después que los primeros ocho. Los capítulos 1 al 8 tratan de Israel cuando estaba bajo el dominio medo-persa; los capítulos 9 y 10 de cuando fue gobernado por Grecia; el capítulo 11 se refiere a cuando estuvo bajo el dominio de Roma y los capítulos 12 al 14 tratan de los últimos días de la historia natural del pueblo de Dios.

En los versículos 1 al 8 del capítulo 9 se bosqueja la campaña de Alejandro Magno. Sus éxitos se relatan en los versículos 1-7, y en el 8 se habla de la liberación de Jerusalén. Después de la batalla de

Issus, Alejandro conquistó con rapidez a Damasco, Sidón, Tiro (que fue quemada al cabo de siete meses), Gaza, Ascalón, Asdod y Ecrón. El curso de sus victorias en el año 332 a.c. fue del norte de Siria hacia el sur, por el valle del río Orontes hasta Damasco, y luego a lo largo de la costa fenicia y filistea.

El título de "la profecía de la palabra de Jehová" es inusitado y se encuentra sólo aquí en 9:1, en 12:1, y en Malaquías 1:1. Se ha traducido como "expresión", "carga" u "oráculo", pero es mejor "profecía" para comunicar la idea de la amenazadora predicción de un juicio venidero (véase Isaías 13:1).

En primer lugar, el profeta predijo el castigo contra la tierra de Hadrac. Algunos han considerado que Hadrac es un nombre del imperio persa; otros no están seguros de si significa un país, una ciudad o un rey. Se lo ha identificado como Hatarica, una ciudad mencionada varias veces en las inscripciones cuneiformes. Estaba entre Hamat y Alepo. Las ciudades que se mencionan junto con ese lugar muestran que debía encontrarse en algún punto cercano a Damasco. La ciudad debía tener cierta importancia, porque entre los años 772 y 755 a.C. los asirios emprendieron tres campañas contra ella para conquistarla.

Aunque el golpe caería sobre Hadrac, el objetivo final era en realidad Damasco, la capital. Nunca se restauró el gobierno autóctono a importante ciudad después de su conquista por Alejandro Magno. El efecto de las conquistas de Alejandro sobre Israel y las naciones circundantes iba a ser de asombro y consternación. Volverían sus ojos a Jehová. Sabemos que los judíos, bajo Jadúa, el sumo sacerdote, se negaron a jurarle obediencia al conquistador. Jeremías había profetizado contra Damasco y Hamat incluso después de que Nabucodonosor invadió a Judá (Jeremías 49:23-27), y Jeremías (25:20) y Ezequiel (25:15-17) habían pronunciado una sentencia contra Filistea.

Zacarías predice un juicio contra ellos a manos de los griegos bajo Alejandro Magno. También Hamat, que estaba cerca de Damasco, iba a sufrir el mismo destino. Antíoco IV le puso a esa ciudad el nuevo nombre de Epifanía, para honrarse él mismo. Sigue siendo un centro comercial importante, la moderna Hamá, sobre el río Orontes, a unos 192 kilómetros al norte de Damasco. (Véase Amós 6:14.)

La condena de Fenicia
Una vez dominada Siria, Alejandro siguió en su campaña hacia el sur, hacia las ciudades de Fenicia. Se menciona a Tiro como la más importante de las dos ciudades, porque había sobrepasado a Sidón,

que era más antigua. Tiro iba a ser tomada en el año 332 a.C., aunque era muy sabia en su propia opinión.

Los tirios eran famosos por su sabiduría mundana. (Léase Ezequiel 28:3, 4, 5, 12; 17.) La sabiduría de esos prósperos mercaderes había pasado también a la diplomacia. En el versículo 3 se indica cómo la ciudad ponía de manifiesto su sabiduría mundana. Se fortificó todo lo mejor que pudo y acumuló plata y oro.

Tiro era el centro del comercio y de la riqueza de los fenicios. En el original hebreo la palabra *fortaleza* establece un juego de palabras con el nombre de Tiro. Los asirios la sitiaron durante cinco años, sin éxito, y los babilonios, bajo Nabucodonosor, durante trece años. El historiador pagano Diódoro Sículo escribió: "Tiro tenía suma confianza, debido a su situación insular, sus fortificaciones y la abundancia de suministros que había almacenado." Aun cuando Alejandro Magno fue el instrumento que Dios utilizó para castigar a Tiro, dice el Señor que El mismo la empobrecerá, destruirá su poderío en el mar y la devorará con fuego. Sus habitantes iban a ser enviados al exilio. Alejandro Magno mandó construir un puente o calzada con los escombros de la antigua ciudad de la tierra firme a la isla y, luego, asedió esta última durante siete meses, la capturó, mató a miles de tirianos, esclavizó a otros, crucificó a otros más y, finalmente, le prendió fuego a la ciudad. Las riquezas, las fortificaciones y todo lo demás fueron arrojados al mar (Ezequiel 26:4-12; 27:27). Ninguna potencia puede prosperar separada del Dios vivo.

La conquista de Filistea

De las cinco ciudades filisteas, sólo se omite a Gat en la mención del juicio que cayó sobre ellas. Se ha sugerido que Gat se encontraba más al interior y no en el camino directo del ejército. Ascalón y Gaza comprendieron su impotencia para oponerse al invasor y se llenaron de terror.

Ascalón perdió su población y Gaza fue conquistada al cabo de un sitio que duró varios meses. Ecrón, la más septentrional de las ciudades filisteas y la más cercana a Tiro, había abrigado esperanzas de que Tiro lograría resistir a Alejandro en su ruta hacia Egipto, pero vio que esas esperanzas se desvanecían por completo con la inesperada caída de Tiro.

Un contemporáneo de Alejandro Magno menciona que el rey de Gaza fue conducido vivo ante el conquistador después de la toma de la ciudad. Ataron al sátrapa o "reyezuelo" de la ciudad a un carro de combate y lo arrastraron por las calles hasta que perdió la vida. De este modo perdió la ciudad su independencia. Respecto a estas ciudades, véase Jeremías 25:20; Amós 1:6-8; Sofonías 2:4-7.

Asdod perdería su población nativa durante la invasión, siendo reemplazada por mestizos o bastardos. Alejandro tenía como norma mezclar diferentes pueblos conquistados. La pérdida de su independencia política, del esplendor de sus ciudades y de la gloria de sus templos, significaría un golpe mortal para el orgullo de los filisteos. Aquello en que más confiaban y se gloriaban sería destruido.

A continuación Zacarías predice la conversión de los filisteos a Jehová durante el reinado milenario de Jesucristo. Abandonarán su idolatría y serán un remanente para Dios. Comían los sacrificios a los ídolos junto con la sangre (Ezequiel 33:25), lo que estaba prohibido por Dios. (Véase Génesis 9:4; Levítico 7:26; 17:10, 12; Hechos 15:29.) Las abominaciones que se mencionan eran las cosas sacrificadas a los ídolos. Una vez purificados de sus prácticas idólatras, serán incorporados a la comunidad judía, como capitanes en Judá o como los jebuseos. Estos últimos eran los antiguos habitantes de Jerusalén que fueron incluidos en Israel y vivían en la capital con el pueblo de Judá como iguales y no como una nación conquistada (Josué 15:63).

Jehová promete que acampará en torno a su casa durante todos esos trastornos y luchas en Siria, Fenicia y Filistea, para proteger contra el ejército del enemigo, y que mantendrá a su pueblo bajo sus ojos vigilantes y protectores. Se ha considerado que la referencia a "mi casa" es el templo, la Tierra Santa y el pueblo de Israel. Este último es preferible, aunque, a fin de cuentas, se incluyen todos esos significados. De hecho, Alejandro pasó cerca de Jerusalén más de una vez en el curso de sus campañas, sin dañar la ciudad, aun cuando atacó a los samaritanos.

Luego, mediante la ley profética de la sugerencia, Zacarías pasa inmediatamente del futuro cercano a la liberación final, en el futuro lejano, cuando Israel será liberado de todos sus opresores. Esta ciudad será protegida de los enemigos finales en su invasión (capítulos 12 y 14). Véase Isaías 60:18; Ezequiel 28:24. No hay seguridad comparable a la que se disfruta bajo la bondadosa mirada de nuestro amoroso Dios.

El Mesías y su reinado

A continuación, el profeta torna su mirada de contemplar los movimientos de Alejandro, el despiadado conquistador, para enfocar el Mesías y su obra en humillación y, después, en la exaltación de su venida como Rey de Israel. Mateo 21:5 y todos los escritores judíos antiguos dan abundante testimonio de que aquí se hace referencia al Mesías. Tanto los judíos como los cristianos han reconocido que ésta es una profecía mesiánica de gran importancia. (Véase un pasaje paralelo en Isaías 9:1-7.)

Se hace un llamamiento a Sion y a Jerusalén, como representantes de la nación, para que se regocijen y se alegren por la venida de este Rey glorioso. Las naciones temblaban ante la llegada de Alejandro; pero al pueblo de Israel se le manda que se regocije mucho ante la presencia del Rey Mesías, porque El viene no sólo a ellos, sino por ellos, para salvarlos y beneficiarlos.

El Espíritu de Dios destaca amorosamente sus tres requisitos cruciales para su cargo. Es justo o recto: éste es el atributo básico del Mesías (Isaías 45:21; 53:11; Jeremías 23:5, 6; véase también Malaquías 4:2). La palabra traducida como "salvador" significa literalmente "salvado". La mayoría de los comentaristas modernos consideran que El fue liberado o salvado de la cruz después de su muerte, por la resurrección de entre los muertos. Otros sugieren que se la traduzca en sentido activo como "que salva" o "Salvador". Por nuestra parte, preferimos el sentido pasivo de la palabra, o sea, "encargado de la salvación".

El Rey justo efectúa una salvación justa para los suyos. Su obra perfecta se deriva de su perfecta Persona y propósito. El griego Alejandro vino para aplastar y destruir; el Mesías justo viene para salvar y redimir. El rey terrenal llegó con pompa y arrogancia; el Señor de los cielos llegó montado sobre un humilde asno. El montar un asno revela una posición humilde en lo exterior y también una humilde disposición interior. Vino en paz, porque el asno era el animal de la paz (Génesis 49:11). La pompa y ostentación mundanas le eran extrañas.

En el versículo 9 se describe la primera venida del Mesías; en el versículo 10 se indican su propósito y realizaciones en su segunda venida. Entre estos versículos están los siglos de la era de la iglesia en que estamos viviendo. Esta era no la previó el profeta.

Cuando el Rey humilde regrese, inaugurará su reinado suprimiendo todas las guerras y contiendas. El carro, el caballo y el arco de combate representan todos los instrumentos y armas de guerra. El Mesías se los quitará tanto a los suyos como a todas las demás naciones. No se deberá confiar en esos instrumentos carnales. El camino de la paz es distinto.

Una vez suprimidas todas esas armas, el Mesías hablará con autoridad paz a las naciones. Dará la orden y se efectuará. Su palabra de autoridad logrará lo que el hombre nunca pudo alcanzar por sus propios medios. Su reino de paz se extenderá por todo el mundo.

Las referencias a "de mar a mar" y "desde el río hasta los fines de la tierra" no pueden limitarse a la Tierra Santa. Por lo que dicen el Salmo 72:8 y otros pasajes paralelos, por la falta de artículos definidos en estas frases del versículo y por la fuerza general de las escrituras proféticas, llegamos a la conclusión de que el reinado del Mesías se centrará en la Tierra Santa y se extenderá hasta los confines de la tierra. Su reino será universal.

Las victorias de los Macabeos

Zacarías pasa de la contemplación del reinado glorioso y pacífico del Mesías a otra escena de conflicto y guerra, como la que se nos presentó en la primera parte del capítulo 9. Se dirige a Sion y promete que, basado en la sangre del pacto, Dios liberará sus prisioneros de la cisterna sin agua.

¿Cuál es la sangre del pacto de Israel? Se ha sugerido que el pacto es el mosaico y que habla de una época en que Dios entró en una relación de pacto con su pueblo. Ese era un pacto legal y el incumplimiento del mismo por parte de Israel causó la pérdida legal de las bendiciones. Quizá aquí se contempla realmente más el pacto hecho con Abraham. (Véase Génesis 15:9-12, 18-20; y respecto a la sangre del pacto mosaico, véase Exodo 24:8; Hebreos 9:18-20.)

Los presos eran los israelitas que estaban todavía en Babilonia y que no habían regresado bajo la autorización de Ciro. Las cisternas secas se utilizaban como prisiones (Génesis 37:24, José; Jeremías 38:6, Jeremías). No hay base aquí para la herejía de la restitución, con su enseñanza de una segunda oportunidad después de la muerte para los impíos condenados al abismo.

El profeta exhorta a los exiliados, a quienes Dios les ha dado tales promesas y esperanzas, que regresen a la fortaleza o Sion, porque los bendecirá abundantemente en lugar de sus anteriores aflicciones. A pesar de las condiciones poco prometedoras, el Señor está dispuesto a hacer esto por ellos al presente también.

Los versículos 13 al 17 se refieren a los conflictos y las victorias de los Macabeos, que salieron triunfantes en sus luchas contra Antíoco Epífanes durante el siglo dos a.C. (Daniel 11:32; 8:9-14). Se les promete la protección generosa de Dios. Se equipara a Judá al arco del Señor y a Efraín a su flecha o saeta; con ellos destruirá al enemigo. Se compara también al pueblo de Dios a la espada de un hombre poderoso: serán irresistibles. Esto se cumplió en las guerras macabeas. Dios se presentaba a favor de ellos con gran poder. Sus rayos, truenos y torbellinos del sur (Isaías 21:1; éstos eran los más violentos de todos) los ayudaban.

Su triunfo sería decisivo, porque hollarían a sus enemigos como a piedras de honda débiles e insignificantes. En una figura se los presenta también como llenos de la sangre del enemigo, como lo estaban los cuernos del altar y los tazones para los sacrificios del templo (Exodo 29:12; Levítico 4:18).

El beneficio final para Israel será la liberación espiritual después de la victoria física. Será el rebaño del Señor y como una corona resplandeciente (a diferencia de las piedras de honda) en su tierra. El profeta exclama por la bondad, la belleza y la prosperidad que el Señor despliega, y ve al pueblo en una era de prosperidad pacífica, en el cumplimiento de sus promesas mesiánicas.

BENDICIONES DEL REINADO DEL MESÍAS

Exhortación a la oración

El capítulo 10 está estrechamente relacionado con el anterior: las bendiciones indicadas en 9:17, que harán que el pueblo florezca y se regocije en el Señor, serán el resultado de mirar tan sólo a El. Deberán orar para pedir la lluvia que dará lugar al cumplimiento del copioso aumento de las cosechas de granos y de vino nuevo.

El mandato no es tanto un recurso retórico para recalcar más la verdad a aquellos a quienes está dirigido, sino que tiene como fin asegurarles que Jehová les dará las lluvias en respuesta a la oración de fe (Jeremías 10:13; 14:22). No deberán procurar la lluvia por medios mágicos y prohibidos, sino directamente de Jehová.

La estación de la lluvia tardía es la primavera (alrededor de marzo o abril). Esta lluvia hace madurar los granos (Joel 2:23). Las bendiciones de Dios a Israel se comparan a las lluvias (Oseas 6:1-3). Aquí se incluyen todas las bendiciones materiales, como emblemas de las espirituales. Los relámpagos que preceden a las lluvias les asegurarán que caerá agua, y Dios les dará lluvias torrenciales para satisfacer las necesidades de cada corazón en Israel. Nuestro Dios es un dador generoso; pero es necesario pedirle sin reservas y confiar en El implícitamente.

Advertencias contra la idolatría

Israel había tenido experiencias muy tristes en el pasado al tratar de alcanzar la prosperidad material por medios no aprobados por Dios. En su pecado recurrió a los terafines, los adivinos y los falsos soñadores. En lugar de aportar bendiciones, todos éstos provocaron estragos espirituales y materiales en Israel.

Los terafines eran dioses domésticos que se utilizaban con fines de adivinación y que, probablemente, tenían la forma de seres humanos. Eran como los dioses lares de los romanos. (Véase Génesis 31:19, 30.) Se tenían esos ídolos en capillas (Jueces 17:5) y en casas particulares (1 Samuel 19:13, 16). Se ha insistido mucho en que después del exilio los judíos no eran culpables de idolatría como lo habían sido antes de esa época.

Se considera que sus casamientos con mujeres paganas presentaban una constante causa de peligro, de ahí que se hagan estas advertencias. Véase Nehemías 6:10-14 (falsos profetas); Malaquías 3:5 (agoreros) y Hechos 5:36, 37; 13:6 (falsos profetas).

Los pasajes citados no son análogos al de Zacarías que estamos estudiando. El profeta se refiere a los pecados que provocaron el exilio del pueblo. Todos esos medios ilegales habían hecho que se desviaran y los habían engañado con sus falsedades palpables. Su consuelo y sus seguridades eran palabras vacías. Debido a esas tolerancias, los dos reinos del pueblo de Dios fueron dispersos como ovejas; y fueron errantes al exilio después de perder a sus reyes propios del país. Se vuelve a dar una advertencia contra esas prácticas que provocaron su ruina y que debían abandonarse por completo. Las mismas no podían aportarles las bendiciones temporales y espirituales que buscaban, pero El Señor sí podía hacerlo.

Cuán triste fue a la verdad su situación durante los tediosos años de la dispersión, sin la ayuda de sus legítimos pastores y sin oír la voz de Dios por mediación de sus profetas. Ahora bien, aquellos pastores, gobernantes del pueblo de Jehová, que contribuyeron a su idolatría y fueron dirigentes en esas prácticas, iban a conocer tan sólo la ira y el desagrado de Dios por extraviar de ese modo a sus ovejas.

Los jefes, que encabezan el rebaño, son los líderes civiles que deben ser inculpados de todo ese alejamiento del Señor. Puesto que faltaban los reyes propios del país, eran los de las naciones que oprimían y perseguían al pobre rebaño. Dios descargará sobre esos tiranos toda su ira; pero será generoso en sus tratos con su rebaño.

Se reemplaza la figura de la oveja con la de un caballo ricamente enjaezado para la batalla. A ese caballo se le da un cuidado y una atención especiales; de modo que Israel será objeto especial del cuidado providencial de Dios. Cuando la nación es obediente, no hay ninguna cosa buena que el Señor no quiera darle. No debe verse el cumplimiento de estas cosas en las victorias de los Macabeos, como algunos han conjeturado, sino en los días del reinado del Mesías de Israel, y ahora el profeta vuelve nuestra mirada hacia este tema.

La promesa del Mesías

Se ha expresado la opinión de que el versículo 4 no es apropiado aquí; sino que es muy adecuado en el contexto en que el profeta acaba de indicar la falta de un rey. Más aún, el Targum arameo de los judíos lo relacionaba con el Rey Mesías. La frase "de él" aparece cuatro veces en el versículo para dar el máximo énfasis posible. El personaje al que se hace referencia no es el Señor, si bien es cierto que en definitiva todas las bendiciones provienen de El, sino Judá al que se nos presentó en el versículo anterior. El Mesías no procederá de los gobernantes extranjeros que se mencionan, sino de la casa de Judá.

La piedra angular, el arco de guerra y la clavija son figuras del Mesías para representar sus cualidades de estabilidad, confiabilidad y fuerza. La piedra angular se refiere al líder o dirigente en el que reposa de modo figurado la estructura del gobierno. (Véase Jueces 20:2; 1 Samuel 14:38; Isaías 19:13.) Es un bien conocido símbolo del Mesías. (Véase 1 Corintios 3:11; 1 Pedro 2:6, donde se cita Isaías 28:16.) La clavija se refiere a la gran estaquilla de las tiendas orientales de la que se colgaban muchos objetos valiosos. En el Mesías se depositarán las esperanzas y la confianza de su pueblo. Será el valioso soporte de la nación, aquel en quien se podrá confiar totalmente, el verdadero Eliaquim (véase Isaías 22:20, 23, 24). El arco de guerra representa todos los instrumentos de guerra y de poder. El Mesías es el gran comandante militar de su pueblo; es el Varón de guerra (Exodo 15:3). Esto se pondrá de manifiesto claramente y al descubierto cuando venga a reinar (Salmo 45:4, 5).

Muchos intérpretes ven una cuarta designación del Mesías en el papel de "gobernante". Esta opinión resulta de una palabra equivalente del idioma etíope, que se traduce como "negus". Pero esto no es aplicable al hebreo. Debemos traducirlo como "opresor" o "tirano" como en muchos otros casos en el Antiguo Testamento. No es otro título para el Mesías; más bien pone de manifiesto los resultados de su obra y su ministerio como la Persona designada por los títulos anteriores. Puesto que El es la piedra angular, el arco de guerra y la clavija, todo tirano y opresor saldrán o se irán de en medio del pueblo de Dios. La adición de la palabra *también* hace que todo esto sea todavía más enfático. Así pues, entendemos que la obra del Mesías provocará la eliminación de todos los opresores de en medio de Israel. Este pensamiento se relaciona con la predicción de 9:8.

Victoria en el Señor

Una vez más, el profeta vuelve su mirada a la época mesiánica y describe la gloriosa victoria del pueblo de Dios sobre sus enemigos. Puesto que el Mesías se encuentra tan definidamente en medio de todos esos acontecimientos, nos es difícil concordar con quienes insisten en que esas victorias son sólo las de la era de los Macabeos, infiriendo del hecho de que éste era el tema de las predicciones en 9:11-17.

Los descritos previamente como ovejas del rebaño, y luego como un caballo de batalla ricamente enjaezado, se dan ahora como guerreros invencibles. El Señor les dará poder para hollar a sus enemigos en el conflicto. La presencia de Jehová con ellos será una clara evidencia. Los ejércitos orientales utilizaban mucho la caballería (Ezequiel 38:4; Daniel 11:40), pero éstos no podrán hacer frente al asalto del pueblo de Dios.

La casa de Judá y la casa de José indican la nación reunida. De este modo, es evidente que el profeta se refiere a un futuro regreso del exilio, después del de Babilonia.

El nombre de "José" se utiliza con distintos sentidos. Es una designación de José, en forma individual, como en Génesis 49:22-26. En Jueces 1:22, 23, el nombre tiene una connotación tribal; sin embargo, hay veces, como en el pasaje que nos ocupa, en que el término se utiliza, al igual que Efraín, para referirse a las tribus del reino del norte. La promesa dada es de veras reconfortante, puesto que se les dice que no sólo serán restaurados a su tierra por misericordia, sino que serán como si Jehová no los hubiera desechado nunca. Dios sabe cómo restituir los años que ha comido la oruga. Sus oídos estarán sensibles y atentos al clamor de fe, cuando vuelvan a Jehová en obediencia.

A continuación se indican las bendiciones que recibirá Efraín, porque su exilio fue más prolongado que el de Judá. Experimentará, como Judá, la victoria concedida por su Dios y se regocijará como si fuera con vino. También sus hijos experimentarán y presenciarán la victoria dada por Dios y se gozarán con él. Jehová dará su gozo a todo su pueblo.

La nación reunificada

Como lo hemos indicado ya, estas manifestaciones del poder de Dios a favor de su pueblo presuponen la reunificación de Israel y la restauración a su tierra. A continuación el profeta desarrolla este tema. El Señor llamará a su pueblo con un silbido y los reunirá y redimirá. Esta reunificación no puede limitarse a las diez tribus, porque muchos de ellos se encontraban todavía en el exilio. Lo cierto es que esta reunificación enfoca el futuro lejano, después de la dispersión de Israel por todo el mundo. Así como los apicultores reúnen a sus abejas con un silbido, igual se representa al Señor como que llama a su antiguo pueblo. (Véase Isaías 5:26 y 7:18.)

Y no serán pocos, porque se multiplicarán en esa época del futuro, como se multiplicaron durante la esclavitud en Egipto. (Compárese con Exodo 1:7; Jeremías 30:19, 20 y Ezequiel 36:11.)

Se promete aquí la reunión, la redención y la repoblación. Lo que se declara en el versículo 9 confirma definitivamente nuestra interpretación de que el profeta estaba prediciendo mucho más que el regreso del exilio asirio y babilónico. Zacarías predijo que Jehová sembraría o esparciría a su pueblo entre las naciones y que en esas tierras lejanas se acordarían del Señor.

La palabra *sembrar* no se emplea nunca en un sentido malo o desfavorable. Lleva implícita la idea de esparcirse y multiplicarse. Aquí se revela que Jehová tenía un propósito especial al sembrarlos entre los pueblos de la tierra. En esos lugares recordarían las bondades y bendiciones de Jehová en el pasado y se volverían de todo corazón a Dios. (Véase Deuteronomio 30:1-3; Jeremías 31:27; Oseas 2:23 y Miqueas 5:7.)

Al regresar a la tierra, vivirían tanto política como espiritualmente. Sus hijos sobrevivirían con ellos y participarían de las buenas cosas preparadas para ellos por el Señor. Tanto los padres como los hijos serían testigos de la restauración a la tierra. Las regiones de las que regresarían se mencionan como Egipto y Asiria.

Algunos tratan de recalcar estas designaciones geográficas; pero tienen que admitir que no hay ninguna crónica respecto de ninguna de las diez tribus que hayan estado en exilio en Egipto. Por consiguiente, consideran que es probable que muchos huyeran allá durante la invasión de Tiglat-pileser en la época de la decadencia del reino del norte. También sostienen que cuando Ptolomeo trató de conquistar a Siria y se llevó a muchos cautivos, debió de haber algunos del reino del norte entre ellos. Otros creen que muchos de las diez tribus deben de haber huido a Egipto cuando se desplomó su reino. Por supuesto, también regresarían aquellos de entre ellos que permanecieron en Asiria.

Nuestra opinión es que esos dos países, que fueron enemigos inveterados del pueblo de Israel en la antigüedad, representan ahora, uno al sur y el otro al norte, la dispersión de la nación por todos los países del mundo. Dios los hará regresar y los volverá a establecer en Galaad y en el Líbano, que constituían su territorio original a ambos lados del Jordán (Jeremías 50:19 y Miqueas 7:14, 15). Aquí se incluye toda la tierra de Israel. Debido a su número cantidad (versículo 8), no se encontrará ningún lugar para ellos en el país. (Véase Isaías 49:20 y 54:3.)

Puesto que se ha señalado a Egipto, el típico opresor de Israel, a continuación Zacarías se refiere al éxodo como la liberación típica. (Obsérvese Isaías 11:11-16.) Así como el Señor fue delante de ellos y separó las aguas del mar Rojo, permitiéndoles cruzar en seco, eliminará también todo obstáculo en el camino de su restauración y su regreso a la tierra prometida. La soberbia de Asiria será abatida y Egipto perderá su propio gobierno.

La nación regenerada

Todos los profetas coinciden al declarar que a la restauración del pueblo de Israel a su propia tierra seguirá su conversión al Señor. Zacarías concluye el capítulo 10 con una representación de su redención y conducta. Serán fortalecidos en el Señor en todas las necesidades espirituales y caminarán en su nombre. Toda su vida y su conducta estarán saturadas de la intención de honrar y dar gloria a Jehová. Vivirán constantemente bajo la mano generosa y protectora del Señor (Miqueas 4:5).

Las promesas de bendiciones enumeradas en este capítulo y que existen en el reinado del Rey de Israel, llegan a su conclusión con el relato de la redención de Israel y su caminar de conformidad con la voluntad y el carácter de Jehová. Esta es la culminación y la meta de las profecías en Israel. Feliz es el pueblo cuyo Dios es Jehová.

Vivirán y volverán

Estamos viviendo verdaderamente días importantes al ver a Israel y el comienzo de las cosas que Dios ha predicho para su pueblo. La nación tiene vida propia otra vez en cuanto a gobierno, política y existencia nacional se refiere. Están regresando por todos los medios de transporte y en cantidades sorprendentes. Pero hay más en el futuro. Este no es todavía el cumplimiento de las predicciones de los profetas del Antiguo Testamento en su sentido más elevado. Ellos predijeron la vida espiritual y la conversión de la nación a Dios. El Señor no descansará hasta que se realice esto (Isaías 62:1). Debemos recordar siempre que el reconocimiento y el prestigio político de Israel no implican las bendiciones que Dios tiene preparadas para su pueblo. Para conocer el pleno propósito de Dios, Israel debe confiar por fe en el Mesías, Jesucristo el Señor.

EL BUEN PASTOR

Destrucción en la tierra

Las predicciones del capítulo 11 se dieron probablemente mucho después de la conclusión del templo de Zorobabel. Los sucesos mismos se refieren al futuro más distante desde el punto de vista del profeta. No hay duda de que este capítulo constituye el más negro de toda la historia de Israel. Ha habido muchas diferencias de opinión respecto a la desolación que menciona Zacarías en las palabras altamente poéticas de los primeros tres versículos.

Una de las opiniones sostiene que el pasaje nos habla del juicio aplicado a la tierra por los caldeos en el año 586 a.C. De ser así, el profeta estaría relatando un hecho histórico y no un suceso profético del futuro. Otros mantienen que el texto se refiere a la invasión de Palestina, en un futuro muy distante, por las diferentes confederaciones de naciones indicadas en los escritos proféticos y de modo específico en los capítulos 12 y 14 de Zacarías. Admitimos con toda sinceridad que, si se toman estos versículos por sí solos, son tan generales que podría tratarse de la conspiración universal venidera contra Jerusalén. Hay algunos que están dispuestos a afirmar que no es seguro a qué invasión se hace referencia aquí. No obstante, el contexto del resto del capítulo es determinante y señala de modo inequívoco al juicio resultante del rechazo del Pastor de Israel, o sea, la destrucción que alcanzó a la tierra y a su pueblo en el año 70 d.C.

Entre quienes interpretan el pasaje de los sucesos que tuvieron lugar después del rechazo del Mesías de Israel, hay quienes entienden que el juicio se describe en términos figurativos, y otros que ven una descripción de la destrucción en términos literales. Nos inclinamos hacia esta última interpretación. Los de la descripción figurada consideran que la mención del Líbano se refiere al templo, porque los cedros del Líbano proporcionaron la madera para su construcción (1 Reyes 5:6). Esta es la interpretación rabínica antigua.

Otros que consideran que el pasaje es figurativo creen que los cedros, los cipreses y las encinas son símbolos de poder y de majestad, y pueden referirse a los hombres más destacados de la nación o a algo muy encumbrado, como las naciones que acosaban a Israel.

Si tomamos las palabras literalmente, tenemos una descripción sumamente gráfica del modo en que el juicio de Dios cayó sobre la tierra, desde el norte hacia el sur, en el año 70 d.C. El mandato inicial hace más vívido lo que se expresa como un hecho positivo. El gran bosque del Líbano iba a ser destruido por el fuego de Dios.

Lo que sucedió allá se repetiría en otras partes del país. El Líbano, Basán y el Jordán constituyen todo el país en la visión del profeta. Habrá muchos lamentos ya que, si no se libran los poderosos, los más humildes no podrán escapar. También los pastores lamentarán porque sus pastizales quedarán destruidos, y sus rebaños sufrirán como consecuencia de ello. La gloria del Jordán significa los matorrales de las orillas del río que eran madrigueras de leones. (Véase Jeremías 49:19 y 50:44.) Nada hay en el mundo que sea más desastroso que el pecado.

Las ovejas de la matanza

En la lengua hebrea, es frecuente que se indique primero el efecto y que se dé la causa a continuación. Así es en este pasaje. A continuación se analiza la causa del juicio: el rechazo del Mesías por Israel. Se le da el encargo al profeta que realizó en la visión lo que estaba ordenado. Actuó en representación del Mesías en cuya vida personal tuvieron lugar esos sucesos.

Se trata realmente de la misión dada por el Padre al Hijo de Dios. Se le da al Mesías el encargo de apacentar a las ovejas de la matanza. Había de actuar como pastor para el rebaño que sería sacrificado. (Véase el Salmo 44:22.) Estaban destinadas a ser sacrificadas por los romanos debido a su pecado. Tenemos la opinión autorizada del historiador Josefo que nos dice que murieron cerca de millón y medio de personas en la guerra contra Roma.

La nación se encontraba en una situación bastante miserable cuando Jesucristo vino a ellos; pero su destino había de empeorar todavía más. Eran como ovejas que se compran y venden impasiblemente en el mercado. Aquí no se hace referencia a los procedimientos de recaudación de impuestos en la Palestina de esa época, sino a todas las medidas opresivas bajo las que gemían al estar bajo el dominio extranjero, principalmente de los romanos. Esos opresores extranjeros carecían de escrúpulos, porque creían que podían seguir impunemente. Le daban crédito a Dios en forma hipócrita por las ganancias que obtenían al abusar de las ovejas.

Esto era suficientemente malo, pero sus propios pastores tampoco tenían piedad de ellas. Sus propios líderes carentes de principios morales, como los fariseos y otros, abusaban del pueblo. No había ningún hombre que abogara por su causa o mitigara su triste situación. Sin embargo, el colmo de la desgracia llega cuando Jehová dice que ya no tendrá piedad del pueblo de la tierra prometida. La idea no es que Dios iba a castigar a las naciones por el modo en que maltrataban al pueblo de Dios, haciendo venir sobre ellas guerras y luchas intestinas. El pasaje se refiere a los habitantes de la tierra prometida. El Señor, al no compadecerse de ellos, los entregó a sus luchas internas.

Se sabe muy bien cuántas facciones existían en Israel durante el ministerio terrenal del Mesías e inmediatamente después del mismo. Además, iban a ser entregados en manos de su rey, en este caso el emperador romano, al que ellos mismos reconocían como rey. (Obsérvese la notable admisión de esto en Juan 19:15.)

La devastación de la tierra por quienes acosaban al pueblo de Dios es un modo sumario de decir que estaban sujetos a muchas cargas y medidas opresivas. Quienes están esclavizados por el pecado sirven de hecho a un amo terrible. Jehová llamó bien a su pueblo con el nombre de ovejas de la matanza.

El ministerio del pastor

El omnisciente Mesías de Israel sabía cuál sería el resultado de su ministerio en medio de su nación; pero con todo, se encargó fielmente del ministerio del pastor. En el versículo 7 se indica dos veces que apacentó al rebaño.

El profeta se vio a sí mismo en visión efectuando las misiones que el Mesías iba a experimentar durante su ministerio terrenal, en la plenitud de los tiempos. (Véase Mateo 9:36 y Juan 10.) Cuando apacentó al rebaño, realmente estaba alimentando a los pobres y humildes del rebaño (Sofonías 3:12). Apacentó a todas por amor al remanente fiel entre las ovejas.

En todo el pasaje, se distingue ese remanente del resto de la nación. Se toman dos cayados porque en el Oriente el pastor llevaba un cayado para protegerse de las fieras, y otro para ayudar a las ovejas en sitios difíciles y peligrosos. Los nombres que se les dan en este caso indican el propósito de Dios para Israel en el ministerio pastoral del Mesías. Al primero se le da el nombre de Gracia o belleza; al segundo se lo denomina Ataduras, o lazos. El primero indicaba la restricción de Dios sobre las naciones para que no destruyeran a la nación de Israel; el segundo se refería a los lazos fraternales que existían en el seno de la nación misma. En otras palabras, por medio de la obra del Mesías, Jehová se proponía preservar para Israel sus providencias predominantes entre las naciones de la tierra, para que no pudieran causarle daño alguno a su pueblo. Por medio de esa misma supervisión benévola, debían confirmarse y fortalecerse los lazos fraternales que existían en la nación.

No se nos deja mucho tiempo en duda respecto a los resultados del ministerio pastoral que tenemos ante nosotros. En un mes, en un período de tiempo relativamente breve, el pastor consideró necesario eliminar a los tres pastores que había sobre la nación. El alma del pastor estaba cansada de ellos y el alma de ellos lo aborrecía a él.

Se han contado cuarenta interpretaciones del versículo 8. Las conjeturas cubren una gama muy amplia. Parece evidente que los tres pastores son subpastores del rebaño subordinados al Mesías. Asimismo deben de haber servido y supervisado al pueblo durante la vida y ministerio del Mesías. Debido a esto quedan descartadas inmediatamente cualesquiera sugerencias relativas a personajes del Antiguo Testamento. La mejor interpretación es la que ve en los tres pastores tres clases de dirigentes de Israel: el profeta, el sacerdote y el rey (o bien, de modo más apropiado, los magistrados civiles). (Véase Jeremías 2:8.)

Había un desagrado mutuo, porque habían rechazado su gracia y misericordia. Ahora tenemos el lenguaje que utiliza alguien cuya paciencia se ha agotado finalmente. Cuando todos los medios de la gracia han fallado en atraer al pueblo, el Mesías entrega la nación a sus propios medios pecaminosos. Las ovejas que están agonizando por la pestilencia y el hambre se morirán. Los miembros del rebaño que han de ser eliminados por medio del derramamiento de sangre y la guerra, serán eliminados, y el resto será entregado a un continuo conflicto interno. La luz que se rechaza trae siempre una noche más oscura.

El primer cayado roto

Para simbolizar la ruptura de ciertas relaciones, el Mesías rompe su cayado llamado Gracia. Esto indica la ruptura del pacto que Dios había hecho con todos los pueblos. Los pueblos mencionados aquí no son las tribus de Israel, como lo suponen algunos, porque no es así como se los designa en las Escrituras. Además, este acto se repetiría con la rotura del segundo cayado que se refiere a las condiciones internas de la nación israelita misma.

Zacarías se está refiriendo a las naciones del mundo y revela una verdad importante: Dios ha establecido un pacto con los pueblos de la tierra con relación a su propio pueblo Israel. Los ha sometido a restricciones para que no le hagan daño o mal a Israel. (Véase el mismo principio en Job 5:23; Ezequiel 34:25 y Oseas 2:18.) Cuando se quitó esa restricción, los romanos destruyeron su ciudad y su economía. No se permitió que ni Alejandro Magno, ni Antíoco Epífanes ni Pompeyo dieran al traste con su existencia nacional; pero cuando el Mesías rompió su cayado, ni Tito ni sus generales pudieron preservar el templo, ni Julián el Apóstata pudo restaurarlo más tarde.

Anticipándose al cumplimiento de la predicción, el profeta dice que el cayado fue roto ese día. Una vez más fueron los pobres del rebaño, los piadosos de la nación, los que entendieron que las palabras de esta profecía eran el mensaje de Dios para la nación. Los corazones bien dispuestos, al igual entonces que ahora, percibieron la verdad y los propósitos de Dios a través de su siervo.

Treinta piezas de plata

Con el fin de hacer resaltar la situación espiritual del pueblo y de poner a prueba su gratitud por el ministerio y el servicio del Mesías, el Señor le pide a la nación que le dé su sueldo o salario por su obra realizada entre ellos. Sabemos que el pago que esperaba recibir era su amor, su obediencia y su devoción a Dios y a su Pastor. Pero no debía ser algo obligatorio; si así lo deseaban, podían no manifestar en absoluto su evaluación del ministerio del Mesías.

Sin embargo, estaban dispuestos a indicar su estimación del Mesías y de su obra. Le entregaron treinta piezas de plata (dinero) por su salario. Según Exodo 21:32, éste era el precio de un esclavo corneado. Se consideraba que un hombre libre valía dos veces esa cantidad. ¡Imagínense qué insulto fue ése! Clasificaron al Mesías al nivel de un esclavo inútil. ¿Cómo podía recibir Dios esa ingratitud tan abyecta? Se le ordena al profeta que eche la suma al tesoro de la casa de Dios. Esta es la estima en que tiene Dios la evaluación que hicieron de su Hijo.

Para que el acto sea más solemne y público se lleva a cabo en la casa del Señor. El precio era tan oprobioso que debía ser echado al tesoro del templo, entre las cosas de escaso valor.

El echar algo al tesoro del templo era quizá proverbial para indicar el desecho de algo carente de valor. En forma sarcástica, el profeta dice que el precio es hermoso. Luego se deshace de esa suma, como le había ordenado Jehová. Se cita este pasaje en Mateo 27:7-10 donde el evangelista narra la traición de Judas, al vender a Cristo, y el resultado de esa transacción.

Hay una dificultad en ese punto y consiste en que se le atribuye la profecía a Jeremías y no a Zacarías. Se han ofrecido muchas soluciones para explicar las palabras del pasaje del Nuevo Testamento; pero no sería apropiado decir que el pasaje no apareció originalmente en el libro de Zacarías. No hay duda alguna de que esas palabras se encontraban en la profecía de Zacarías en los días de Mateo, puesto que están en su lugar correspondiente en la traducción al griego del Antiguo Testamento que se hizo antes de la época neotestamentaria. Se ha sugerido que se utiliza el nombre del profeta más conocido, como sucede en Marcos 1:2 (el caso entre Malaquías e Isaías) pero no se trata de una situación análoga. La solución se debe encontrar probablemente en el hecho de que el nombre de Jeremías se encontraba a la cabeza de todo el conjunto de los profetas, porque su profecía estaba situada en primer lugar. En los escritos judíos hay evidencias que respaldan esa posición.

A continuación el profeta representa la ruptura final de las relaciones del pastor con Israel. Quebró el cayado Ataduras para indicar la disolución de la hermandad entre Judá e Israel. Esto se cumplió con seguridad en las tristes escenas que tuvieron lugar durante el sitio de Jerusalén por los romanos dirigidos por Tito. Hubo una disolución de la estructura social de la nación judía. Las luchas intestinas y las divisiones prevalecían y contribuyeron en gran parte a la ruina de Judea.

El pastor insensato

El triste rechazo del Mesías se ha cumplido. Pero ¿cuáles son las perspectivas para el futuro? Sabemos cómo Dios dispersó a su pueblo por todo el mundo en ese tiempo. Cuando comience a tratar con ellos otra vez, lo hará según el modo que se indica en los versículos 15 al 17. Puesto que no quisieron tener al Buen Pastor, tendrán al pastor insensato. Se ha considerado que éste representa a todos los gobernantes impíos de Israel entre los tiempos de Zacarías y la caída de la nación judía: Herodes el Grande o Ptolomeo IV. El personaje que se señala como pastor necio e inútil es sin duda el anticristo en persona de Daniel 11:36-39; Juan 5:43; 2 Tesalonicenses 2:1-12 y Apocalipsis 13:11-18.

Con relación al versículo 7, se le dice al profeta que tome los instrumentos de ese pastor. Son los mismos que los del verdadero; la diferencia está en la disposición de su corazón. Este pastor es malvado. En las Escrituras la maldad se representa bajo la figura de la insensatez. En el Antiguo Testamento, la necedad significa fracaso y fallas morales. El Señor le deja rienda suelta, y lo que hace es descuidar al rebaño y maltratar con crueldad a las ovejas. No tiene corazón para con las ovejas. Su pasión dominante es la codicia. El juicio de Dios caerá sobre ese malvado: su brazo (el órgano del poder) será consumido porque no cuidó de las ovejas; y su ojo (el órgano de la inteligencia) perderá su luz porque no atendió a las ovejas. El juicio de Dios sobre él será seguro y rápido.

17

EL DIA DE EXPIACION
DE ISRAEL

EL SITIO DE JERUSALÉN

La primera "profecía" o "carga" de la última parte del libro de Zacarías comprende los capítulos 9 al 11; la segunda se encuentra en los capítulos 12 al 14. Por la luz que proyectan estos capítulos sobre la consumación de la historia de Israel, están entre los más importantes que se encuentran en los escritos proféticos.

La gran confederación y el conflicto de los que se habla en el capítulo 12, deben ser comparados con las predicciones del capítulo 14. De modo bastante extraño, se ha interpretado este pasaje en el sentido de que registra la invasión de Palestina por Nabucodonosor en los días anteriores a la cautividad babilónica. Esto es imposible por varias razones, sobre todo porque los resultados de los conflictos no fueron en absoluto los mismos. Otro estudioso del texto sostiene que los versículos 1-9 se refieren a las conquistas de los Macabeos, como en el capítulo 9. Lo cierto es que nunca en el pasado ha habido una coalición de naciones semejante en contra de Israel (ni siquiera cuando la guerra contra Roma en el siglo primero).

El capítulo 12 trata de sucesos anteriores al reinado del Mesías, cuando Israel será sitiado por las naciones para descargar su golpe mortal final contra el pueblo de Dios. Pero Dios será el que aplastará sus viles designios. Esta profecía dura y amenazadora concierne a Israel en que habla de su beneficio y bien final. Amenaza a sus enemigos; pero es para el bien permanente del pueblo del Señor. El profeta predice la destrucción de los enemigos de Israel.

Se presenta primeramente a Dios como quien extiende los cielos, echa los cimientos de la tierra y forma el espíritu del hombre dentro de él. Las expresiones son de índole tal que revelan que Dios sostiene constantemente su creación. Se presenta la majestuosa descripción del Señor como Creador y Preservador, para disipar cualquier duda e incredulidad relativa a lo que se predice aquí. Dios es muy poderoso para llevar a cabo lo que se propone hacer. (Véase Números 16:22; Isaías 42:5 y Hebreos 12:9).

Cuando las naciones vengan contra Jerusalén en batalla, Dios pondrá a la ciudad como copa que hará temblar a sus ejércitos. La copa es un bien conocido símbolo de la ira de Dios. También Israel ha bebido de esa copa (véase Isaías 51:17, 22; Jeremías 13:13; 25:15-28 y 51:7). El sitio no se limitará a la capital, sino que será tanto en contra de Judá como de Jerusalén. El enemigo recibirá un golpe tremendo.

El desconcierto del enemigo será tan grande que Zacarías lo indica a continuación por medio de otra figura. Dios pondrá a Jerusalén por piedra pesada que herirá dolorosamente a todos los que intenten levantarla. Algunos ven aquí una referencia a alguna competencia atlética. Jerónimo, que vivió en Palestina, indica que había allá la costumbre de probar la fuerza de los jóvenes mediante el levantamiento de piedras pesadas.

Los que quisieran destruir la ciudad de Dios y su pueblo, serán aplastados por Jerusalén. Un ejemplo claro de esto en el pasado fue el sitio que puso Senaquerib a Jerusalén en el año 701 a.C.

Cuán grande será la confederación de los enemigos se indica en la referencia a todas las naciones de la tierra. Puesto que la caballería siempre ha formado una parte importante de los ejércitos en las guerras del Oriente, el enemigo estará bien abastecido; pero Dios los inhabilitará, convirtiendo esa fuente de poder en un obstáculo y un arma de destrucción. Los caballos del enemigo serán primeramente presas del terror y, luego, se quedarán ciegos (para conducir a sus jinetes a su fin), y los jinetes mismos se volverán locos. De esa magnitud será la confusión y el tumulto creados por Dios en medio del enemigo, mientras sus ojos se volverán hacia Jerusalén y su pueblo con gran benevolencia y compasión. Las naciones de la tierra apenas se dan cuenta de cómo atraen la ira de Dios sobre ellas cuando tratan de dañar a Israel, por no hablar de cuando procuran borrar al pueblo de Dios de la faz de la tierra.

Victoria dada por Dios

Dios produce la victoria en forma doble. En primer lugar, domina a sus enemigos y los priva de su poder, y entonces le da poder y fuerza a su pueblo para resistir y derrotar a sus adversarios. El profeta indica con toda claridad que la victoria será sobrenatural. El Señor obrará en el corazón de cada líder de su pueblo, de modo que entiendan y reconozcan que el respaldo que les den los habitantes de la tierra sólo será eficaz debido a que Jehová está sosteniendo y dando apoyo a su pueblo. No presumirán que son responsables del éxito obtenido en su resistencia ante los malignos ataques de las naciones contra ellos. La milagrosa intervención de Dios a su favor convencerá a los líderes de que el poder del Señor está de parte de ellos.

Se compara a los capitanes de Judá a los braseros de fuego entre leña a antorchas ardiendo entre gavillas de grano. Consumirán al enemigo por todos lados. La figura comunica la idea de lo fácil y completa que será su victoria, así como de su irresistible poder bajo la mano de Jehová. El resultado para el pueblo de Dios será que los habitantes de Jerusalén podrán morar otra vez con seguridad en su propia ciudad de Jerusalén.

La liberación de Jerusalén

Para que todos entiendan que la liberación es obra de Jehová, El interviene primeramente a favor de las tiendas de Judá. Se contrastan las tiendas de Judá con la bien fortificada capital. Los distritos exteriores del país, que estaban más expuestos a los ataques y, por ende, más indefensos, serán liberados primero.

Dios da prioridad a los débiles e indefensos, de tal modo que no haya base para la vanagloria humana. El corazón humano busca siempre el autoensalzamiento; pero el Señor eliminará toda gloria humana en ese triunfo. Añade palabras de seguridad e indica su modo de defensa. El Señor mismo será su defensa y los fortalecerá por encima de todas sus capacidades o limitaciones naturales. Aquel de entre ellos que sea tan débil que tropiece al caminar, será hecho como David, el gran rey guerrero que era invencible en batalla. Se lo da como el más alto tipo de fuerza en combate en toda la tierra. (Véase 2 Samuel 17:8; 18:3.) Los que son del linaje de David, porque serán conocidos en ese día, recibirán poder como el del ángel de Jehová, el más alto tipo de poder en el cielo. El iba delante de Israel en tiempos antiguos. (Véase Exodo 23:20; 32:34; 33:2; Josué 5:13.) De este modo, Jehová procurará destruir a todas las naciones impías que se atrevan a venir contra Jerusalén.

La declaración del versículo 9 es como la de un hombre que no tiene debilidad, sobre todo después de la promesa de poder que se da en el versículo 8. Dios tratará sumariamente a las naciones que traten de impedir su propósito de bendecir al mundo por mediación de Israel.

El espíritu de gracia

Hasta ahora Dios ha dado a conocer su justo juicio sobre las naciones, pero El tiene propósitos espirituales que se deben cumplir también en Israel. La nación no se encuentra todavía en condiciones de bendición, pues aún no está en una posición de obediencia y de fe en el Mesías, su Salvador.

En el resto del capítulo 12, Zacarías describe con mayor viveza e intensidad que en ninguna otra parte de las Escrituras la conversión de Israel al Señor. Nada en la pasada historia de Israel se puede interpretar como el cumplimiento de este pasaje. En ese día venidero de expiación nacional de Israel, Jehová derramará sobre la casa real y sobre todos los moradores de Jerusalén, y luego sobre toda la nación, el espíritu de gracia y de oración.

Las palabras que se traducen como *gracia* y *oración* se derivan de la misma raíz hebrea. La referencia no concierne a la disposición de depender de la gracia y la oración, sino al Espíritu Santo de Dios en todas sus influencias. El derramamiento de su convicción sobre ellos los impulsará a la oración de fe (Ezequiel 39:29; Joel 2:28, 29.) Entonces suplicarán al Señor que les conceda su perdón y su favor.

En esta condición de quebrantamiento, mirarán a Aquel que traspasaron. La mirada es sincera y llena de atención, dándose cuenta ahora de lo que nunca antes habían comprendido. (Véase su confesión, en esa época, en Isaías 52:13; 53:12.) Esto presupone una determinada condición del corazón. Pero, ¿traspasaron ellos mismos al Mesías? Por su incredulidad y su rechazo de El han hecho como suyas las acciones y obras de sus antepasados (Juan 19:37). Así como el derramamiento del Espíritu implica la divinidad del Mesías, el que fuera traspasado indica su humanidad.

Algunos (basándose en la traducción griega) querrían traducir "insultaron" en lugar de "traspasaron". Sería una interpretación imposible, porque en todos los demás pasajes del Antiguo Testamento en que se usa esta palabra, no puede tener otro sentido que el de traspasar el cuerpo. (Véase 13:3.) Además de esto, es difícil concebir la intensidad de la aflicción de que se habla a continuación, por el agravio de haber insultado al Mesías.

El Talmud anuncia paz a quien refiere este pasaje al Mesías, hijo de José, que todavía debe morir. La teoría de dos Mesías, uno para morir y otro para reinar, es un invento de los rabinos, sin fundamento en las Escrituras para explicar los pasajes que presentan al Mesías que sufre y reina. La respuesta se debe buscar en las dos venidas de un mismo Mesías, como lo demuestra este mismo pasaje que estamos considerando. Zacarías no está hablando de algún mártir desconocido, sino del Mesías mismo que vendría. Los intérpretes más antiguos de este pasaje, tanto judíos como cristianos, lo entendieron así. Una vez que lo vean tal y como fue rechazado, manifestarán su verdadero arrepentimiento lamentando y llorando.

La gran aflicción de que se habla es el tipo más intenso de dolor, como el de perder un hijo único. Esta expresión es especialmente enérgica, por cuanto el no tener descendientes se consideraba como una maldición y un deshonor. Su corazón se llenará de una aflicción tan intensa como si fuera por la muerte del primogénito en el hogar, un dolor peculiar de los padres amorosos. El lamento se ha comparado a la aflicción privada más intensa; ahora se equipara al dolor público más intenso que se haya exhibido en Israel.

La calamidad a que se hace referencia fue la muerte del piadoso rey Josías a manos del faraón Necao. Josías era el único rayo de esperanza de la nación entre Ezequías y la caída de la nación judía. (Véase 2 Reyes 23:29, 30; 2 Crónicas 35:22-27.) Incluso Jeremías escribió endechas especiales para esa ocasión.

El nombre "Hadad-rimón" se compone de dos nombres de dioses sirios: Hadad y Rimón (2 Reyes 5:18). Era el nombre de un sitio en la gran llanura de Esdraelón, cerca de la ciudad fortificada de Meguido que estaba en el lado sudoeste de la planicie. Había sido famoso en la antigua historia de Israel (Jueces 5:19, entre otros pasajes) y lo será también en el futuro, según Apocalipsis 16:16, de donde viene el nombre de la guerra de Armagedón.

En los primeros siglos del cristianismo (según Jerónimo), el lugar se llamaba Maximianópolis. El llanto de Jerusalén por esa tragedia tuvo que ser realmente muy grande, para que pudiera compararse con la aflicción del Israel penitente al ver a su Mesías rechazado y traspasado. Gracias a Dios por esa aflicción piadosa que produce el arrepentimiento.

El lamento nacional

Pero Zacarías no ha terminado todavía lo que desea revelar respecto a esa aflicción. Tiene tal importancia que quiere ampliar más. Se nos detalla la forma del lamento. Habrá llanto universal e individual. En ese tiempo de aflicción se procurará estar apartado y en intimidad. El profeta nos reseña el modo en que la nación estará dividida en grupos familiares y, luego, en individuos, cuando derramen su amargo llanto por haber rechazado a Jesucristo de Nazaret el Mesías.

La casa de David tomará parte en el lloro y también la de Natán. Algunos identifican a este Natán como el profeta (2 Samuel 7:2), mientras que otros creen que es el hijo más joven de David (2 Samuel 5:14). Si se tiene en mira la primera opinión, se incluyen el cargo real y el de profeta; si se trata de la última, se está presentando al mayor y al menor de la casa real. No podemos demostrar de modo concluyente ninguna de las dos interpretaciones.

La casa de Leví se refiere a la familia sacerdotal. Simei era de la familia de Gersón, hijo de Leví (Números 3:17, 18, 21). Se incluyen aquí diferentes clases sacerdotales. Los líderes que se señalan y el pueblo común de la tierra se entregarán juntos a la lamentación, cada uno en su lugar individual.

Se menciona cinco veces que sus esposas lamentarán por separado. Se ha sugerido que esto se refiere a la costumbre judía de que las esposas vivan en aposentos separados y que adoren a Dios por separado. Esto equivale a perder el significado interno del pasaje. El profeta quiere decir que el llanto será tan intenso que trascenderá incluso los lazos más íntimos de la tierra, los que existen entre marido y mujer. En esos momentos, todos querrán estar a solas con Dios.

"Mírame"

¡Qué sencillo y glorioso es al mismo tiempo el medio de salvación proporcionado por nuestro Dios! Es quitar los ojos del propio yo y de los planes y empeños humanos y ponerlos en el Cordero de Dios que quita el pecado del mundo. En la hora gozosa de la conversión de Israel, llegarán a conocer el perdón de pecados al mirar a su Mesías rechazado y traspasado, el crucificado Salvador de los pecadores.

LA TIERRA PURIFICADA

Purificación de la tierra y del pueblo

Existe la conexión más estrecha posible entre el capítulo 13 y el anterior. Zacarías sigue desarrollando el tema de la conversión de Israel al Señor. En el día de la gozosa salvación de Israel y de su restauración al Señor se establecerá un manantial abierto para todo el pueblo para la purificación del pecado y de la inmundicia.

La figura del manantial tiene un lugar eminente aquí, porque fluye constantemente, a diferencia de la fuente del tabernáculo y del templo que se tenía que llenar repetidamente. El manantial purificador se abrió potencialmente hace ya mucho tiempo, en el Calvario, y ahora lo será para Israel. El famoso himno de Cowper "Hay un precioso manantial" tiene este versículo como base.

Israel entra ahora a la provisión de Dios en el Calvario. (Véase Romanos 11:26, 27; también Isaías 33:24; 59:20, 21; 65:19 y Ezequiel 36:25; 39:29.) La provisión de Dios servirá tanto para el pecado como para la inmundicia. Zacarías tiene en cuenta la inmundicia moral y no la ceremonial. Se trata de la justificación y de la santificación también. La culpabilidad judicial y la impureza moral se erradicarán al mismo tiempo. Todos los niveles y todas las clases de la nación tendrán esa bendita provisión.

Los términos del pecado y de la inmundicia se han utilizado con referencia especial a la idolatría (aun cuando el segundo término se refiere en forma específica al mal periódico de las mujeres), constituyendo de ese modo una transición a la verdad que se expresa en el versículo siguiente del capítulo 13. (Véase 1 Reyes 12:30; Ezequiel 7:19, 20.) A la purificación seguirá la abolición de la idolatría. Los ídolos, los falsos profetas y el espíritu de inmundicia serán todos suprimidos. Quitar los nombres de los ídolos y sacarlos del país, de tal modo que sus nombres no sean recordados nunca más, equivale a destruir su autoridad, su poder y su influencia sobre Israel. El pueblo de Jehová dejará de reconocerlos. Se purificará y depurará por completo la adoración a Dios. Dios había prohibido desde hacía ya mucho tiempo hasta el mencionar los nombres de los ídolos. (Véase Exodo 23:13; Deuteronomio 13:3 y Salmo 16:4.)

Los falsos profetas ya no extraviarán a la gente, profetizando lo que procede de su propio corazón. Entonces no habrá profetas verdaderos, porque la revelación de Dios estará completa. El espíritu de inmundicia, que impulsa a los falsos profetas, pretende tener inspiración de parte de Dios, pero su poder procede de Satanás. De hecho, se hace referencia a su actividad maligna.

Este es el único lugar del Antiguo Testamento en que se encuentra la expresión "espíritu de inmundicia", aunque aparece a menudo en el Nuevo Testamento como "espíritu inmundo". El espíritu de inmundicia contrasta diametralmente con el Espíritu de gracia y oración de 12:10.

En el versículo 2 se menciona dos veces la tierra. Se ha sostenido que esto se debe referir a toda la tierra, porque la idolatría se había erradicado ya de Israel debido a la cautividad babilónica. Esto no toma en cuenta el hecho de que las Escrituras revelan que la idolatría reaparecerá en Israel después que la iglesia sea tomada para estar con Cristo el Señor. (Léase con cuidado Mateo 12:43-45 y Apocalipsis 13:11-18.)

Toda la idolatría patrocinada por la bestia romana y relacionada con ella (Apocalipsis 13:1-10) y el falso profeta o el hombre de pecado (Apocalipsis 13:11-18), serán destruidos. La eliminación de los falsos profetas requerirá tomar medidas muy drásticas. Se señalan aquí las disposiciones prescritas en la ley de Moisés para la erradicación de los falsos profetas, donde los familiares más cercanos dan los primeros pasos para abolir el mal. Sin embargo, allá el medio de producir la muerte era la lapidación, mientras que aquí el culpable será traspasado con un arma. El amor a Dios y a su verdad trascenderá hasta los lazos naturales más cercanos. (Véase Deuteronomio 13:6-10 y 18:20.) La gloria del nombre del Señor sobrepasará a todos los sentimientos y lazos terrenales.

El falso profeta

Las profecías falsas habían confundido tanto al pueblo de Jehová durante tantos siglos que Zacarías se ocupa aquí en forma detallada de la erradicación final de esa plaga espiritual. La desvergüenza de los falsos profetas en proclamar sus mensajes mentirosos será reemplazada en ese día por la vergüenza y tratarán por todos los medios posibles de negar toda relación con las profecías falsas. Se abstendrán de usar el manto velloso que era una de las marcas distintivas de los profetas.

Como lobos disfrazados de ovejas, los falsos profetas se habían vestido del atuendo de los verdaderos mensajeros de Dios. Los profetas verdaderos usaban ese manto para mostrar su modo de vida frugal; por otra parte, el mismo se conformaba también a sus aflictivos mensajes. (Véase 1 Reyes 19:13, 19; 2 Reyes 1:8; 2:8, 13; Mateo 3:4 y Marcos 1:6.) Los falsos profetas tendrán temor de dar a conocer sus falsas revelaciones y ya no podrán engañar al pueblo poniéndose las ropas de los verdaderos profetas de Dios. No dudarán en ocultar sus actividades malignas por medio de mentiras.

En los versículos 5 y 6 tenemos la descripción del descubrimiento de uno de los falsos profetas. Uno del pueblo lo acusa de ser un falso profeta y de hablar falsamente en el nombre de Jehová. Sabe muy bien que esa acusación puede tener como consecuencia que pierda la vida a manos de quienes son celosos por la gloria y el nombre del Señor. Por consiguiente, trata por todos los medios de librarse de toda sospecha de tener relación con las falsas profecías. Niega tener relación alguna en absoluto con la profecía. ¿Cómo podía haberse dedicado a la profecía si lo habían mantenido en la esclavitud desde su juventud? Alega que nunca había podido liberarse del servicio a otros para poder ejercer el ministerio de los profetas. Siempre ha estado tan ocupado con las tareas rutinarias de un esclavo para su amo, que nunca había aspirado siquiera al ministerio de profeta.

Pero siguen sospechando de él y le preguntan qué son las heridas que tiene entre las manos (así viene en otras versiones). Responde que son las heridas que recibió en casa de sus amigos devotos. Algunos sostienen que el personaje sometido al interrogatorio tenía las cicatrices en el pecho, mientras que otros creen que las tenía en la espalda. No hay duda de que los primeros tienen razón, porque, de otro modo, no hubiera podido verlas el que hacía las preguntas.

Se sugiere que aquí se trata de una implícita admisión de que había pretendido profetizar y que sus amigos lo habían herido celosos de la gloria de Jehová. No podemos relacionar de ese modo este pasaje con el versículo 3, porque el mandato de Dios era matar al falso profeta y no simplemente herirlo. El hombre del que se sospecha está diciendo simplemente que sus padres lo hirieron al disciplinarlo.

Resulta evidente por nuestras observaciones precedentes que consideramos que el versículo 6 sigue refiriéndose al tema de los falsos profetas. Se ha sugerido también que la persona interrogada es el anticristo; pero eso no resulta factible.

En primer lugar, éste sería un modo muy brusco de presentarlo, porque la exposición se hace en términos muy generales. Siempre que se menciona al anticristo en las Escrituras, se definen con mayor claridad tanto su persona como su obra. Obsérvese cómo se lo contrasta con el verdadero Mesías y Pastor en los últimos tres versículos del capítulo 11.

En segundo lugar, en la época de esta profecía de Zacarías 13, el anticristo no estará en el programa profético. Esto acontece después de su aparición en la tierra y de su condena final. Por estas razones, la persona que se está considerando no puede ser el anticristo.

Algunos sostienen que la persona del versículo 6 es Cristo, debido a que se mencionan las heridas entre los brazos (en otra versión). Esta opinión, aunque bastante generalizada, no tiene nada que la haga aceptable, excepto una referencia superficial a las heridas.

Es una opinión insostenible por varias razones. En primer lugar, Cristo no fue herido varias veces entre sus brazos. Sus heridas, benditas pruebas de su redención consumada, estaban en sus manos y sus pies, además del lanzazo en su bendito costado. Se requieren demasiados juegos malabares con las palabras del pasaje para hacer que las heridas queden entre sus brazos.

En segundo lugar, El no fue herido en la casa de sus amigos, sino en una cruz de diseño romano.

En tercer lugar, ¿en qué lugar, después de su resurrección, pudo El ser interrogado por un inquisidor como se indica en el texto? Sabemos por lo que nos dicen las Escrituras que El nunca se presentó al mundo después de su muerte y resurrección; siempre se les apareció a los suyos para confirmarlos en su fe y darles instrucciones (Hechos 1) sobre la verdad de Dios.

Además, hay otras razones que se oponen a que se aplique el pasaje a Cristo. En cuarto lugar, Cristo no podía decir ni diría que no era profeta. El no sólo era un profeta, sino que era *el* Profeta, y el Profeta de profetas. (Véase Deuteronomio 18:15-18; Juan 1:18; Hechos 3:22; 7:37 y Apocalipsis 1:5.)

En quinto lugar, Cristo no podía decir ni diría que era labrador de la tierra. No hay duda de que durante su juventud ayudó a José, su padre legal, en su carpintería de Nazaret; pero ése no era el trabajo de un labrador.

En sexto lugar, Cristo no podía decir ni diría que había sido esclavo desde su juventud o que un hombre lo había comprado cuando era joven para que lo sirviera. ¿Cómo podría atribuirse jamás alguna de las declaraciones falsas anteriores a Cristo que es la verdad misma?

Finalmente, la opinión de que se trata no presta atención al contexto en lo que se refiere al tiempo o las circunstancias. Se deriva del tipo más superficial de interpretación de la Biblia; sin embargo, perdura debido a que nos agrada apegarnos a una opinión aceptada. Pero ésta no tiene nada que la encomiende y es una grave injusticia para nuestro bendito Señor.

El pastor herido

En tanto que el versículo 6 no puede en forma alguna referirse a nuestro Señor Jesucristo, el 7 no puede referirse a nadie que no sea El. Las palabras se aplican exclusivamente a los sufrimientos de Cristo. (Véase Mateo 26:31 y también la relación con 11:4, 7, 10-14.) Cristo se aplicó esta profecía a sí mismo. Aquí se considera la muerte del Mesías como un acto de Dios. (Véase Juan 3:16; Hechos 2:23; 3:18 y 4:28.)

Dios llama a la espada para que se levante contra su Pastor, contra el Hombre, su Compañero. La espada expresa el poder judicial supremo (Romanos 13:4), y representa cualquier medio de quitar la vida; aquí se la emplea como instrumento de la divina justicia contra el pecado. (Véase Exodo 5:21; 2 Samuel 12:9; Salmo 17:13 y Jeremías 47:6, 7.) Las Escrituras tienen mucho que decir acerca de la espada del Señor.

Cuando Dios se refiere al Mesías como "el pastor" (su pastor, en el original), tenemos ahí una manifestación de su amor por su Hijo, así como la declaración de su justicia en el uso de la espada. La figura del pastor de Israel nos es ya tan familiar desde el capítulo once, que no vamos a ocuparnos más de ella aquí. Pero la designación de "compañero mío" es única en las Escrituras y, además, está llena de mucha verdad espiritual para nosotros. En el Antiguo Testamento sólo se la encuentra aquí. (El término hebreo que aquí se traduce "compañero", se traduce varias veces como "prójimo" con un sentido similar. Son las citas que a continuación da el autor. N. del E.) Véase también Levítico 6:2; 18:20; 19:15, 17; 24:19; 25:14, 15, 17. Se refiere a personas unidas en la ley, los derechos y los privilegios. La palabra procede de un verbo que significa "atar juntos" o vincular. La palabra hebrea para "pueblo" (personas unidas en un interés y origen comunes) tiene la misma raíz.

Dios está hablando de alguien como "Mi compañero, mi asociado, mi amigo, mi confidente, el que está unido a mí, el que asocié conmigo, mi igual, mi familiar más cercano". No sería posible declarar con mayor fuerza la irrecusable divinidad del Mesías de Israel. (Véase Juan 10:20; 14:10, 11 y Filipenses 2:6.)

La palabra hombre denota su humanidad, mientras que compañero indica su divinidad. Cuando el Pastor fuera herido, las ovejas se dispersarían. No sólo se hace referencia aquí a la dispersión de los discípulos después del arresto de Jesucristo (Mateo 26:31), sino fundamentalmente a la dispersión de Israel como nación. Pero en su gracia Dios promete volver su mano sobre (no contra) los pequeñitos, una designación de tierno afecto. El Señor intervendrá a su favor, o sea, en defensa de los pobres del rebaño, del remanente. Jehová velará sobre los suyos.

La refinación del remanente

Al igual que en el capítulo 11, el profeta progresa del rechazo del Mesías por la nación israelita al juicio de Dios por su incredulidad en la época de la gran tribulación (11:15-17), de modo que tenemos el herimiento del Pastor seguido por la época de la angustia de Jacob.

Existe un gran espacio de tiempo entre el versículo 7 y el 8. En la hora de la angustia nacional de Israel, dos partes serán quitadas por juicio en toda la tierra y morirán; una tercera parte permanecerá. Esta última representa al remanente. Sabemos que lo importante aquí no es la precisión matemática, porque en Isaías 6:13 se dice que el remanente es una décima parte. (Véase Ezequiel 20:34-38 respecto a este remanente.)

El remanente habrá de pasar por circunstancias de prueba y será refinado como el oro y la plata. Esto no se refiere a la aniquilación que llevaron a cabo los romanos, como lo sugieren algunos, sino la purificación efectuada por el período de prueba de Israel cuando estén otra vez en su tierra, en los últimos días. La finalidad de la refinación es purificar al remanente y desarrollar fe en ellos. A la liberación física la seguirá la conversión. De este modo se cumplirá el nuevo pacto. Esta será la renuncia final y total a la idolatría. (Obsérvese Jeremías 30:18-22; 31:33; Ezequiel 11:19, 20 y Oseas 2:23.) Israel el pueblo del Señor y Dios, su Señor. Este es el punto supremo y culminante de la historia de Israel.

REGRESO Y REINADO DEL MESÍAS

El último sitio de Jerusalén

El último capítulo de este importante libro profético comienza, al igual que el capítulo 12, con la última invasión de Jerusalén por las naciones de la tierra. La cronología es la misma en ambos capítulos. Algunos sostienen que este capítulo sobrepasa en oscuridad a todos los demás del libro de Zacarías y opinan que el pasaje se resiste a cualquier explicación histórica. Por otra parte, se ha asignado esta profecía a la invasión de Jerusalén por Nabucodonosor en el año 586 a.C. o al sitio de la ciudad por Tito, con sus legiones romanas, en el año 70 d.C.

Baste decir que todas las características de esta invasión la hacen diferente de las dos que se acaban de mencionar. Tenemos ante nosotros una descripción de la guerra de Armagedón. Se trata de un día peculiarmente del Señor en el que se repartirán los despojos de Jerusalén en el centro de la capital. Se designa así ese día, porque en él Dios se propone vindicar su justicia y destruir a los inicuos. Es el día de Jehová que se menciona en las profecías de Joel, Sofonías, Malaquías, y en otros pasajes.

Se le habla a Jerusalén para informarle de los tristes presagios de derrota preliminar. El enemigo, seguro y confiado en sus conquistas, se repartirá los despojos en medio de la ciudad. El profeta ha descrito el resultado del sitio y, a continuación, manifiesta los hechos y la ocasión del mismo.

Jehová dice que reunirá a todas las naciones para combatir contra Jerusalén. Esta es la confederación universal de los ejércitos de las naciones que se menciona en el Salmo 2, Joel 3, Ezequiel 38 y 39, y Apocalipsis 16 y 19. En el versículo 2, Jerusalén es el objeto del juicio de Dios, mientras que la ciudad es objeto de bendiciones en los versículos 9 al 11 y 16 al 21.

Como resultado de la invasión, el enemigo captura la ciudad, saquea todas las casas y viola a las mujeres. Se produce una deportación; pero un remanente del pueblo continúa en la acosada ciudad.

La alineación de las naciones en ese tiempo se anuncia con claridad en los escritos proféticos. Habrá una alianza de las potencias del norte (Ezequiel 38 y 39), una unión de las naciones de Europa meridional (el revivido imperio romano de Daniel 2 y 7, y Apocalipsis 13 y 17); el rey del norte (Daniel 11) y una confederación de los reyes del oriente o levante (Apocalipsis 16). Y las etapas iniciales del conflicto evidenciarían el éxito militar de los enemigos de Israel.

El regreso del Mesías

Pero donde Israel está comprometido, Dios está vitalmente interesado. Entonces, en ese difícil trance de Israel, el gran campeón de Israel, el Mesías Señor, saldrá El mismo, como salen los reyes para la batalla, para pelear contra aquellas naciones, como peleó en muchas batallas antes de ese tiempo. (Véase 2 Samuel 11:1; Isaías 26:21.)

El Señor es verdaderamente un Hombre de guerra (Exodo 15:3). Esta no es una descripción de las providencias que derrocaron al imperio romano, sino una predicción de la intervención visible del Mesías a favor de su pueblo en la última batalla de su tiempo. Ese día, los pies del Mesías, horadados para salvación de los pecadores, se asentarán en el monte de los Olivos, ubicado al este de la ciudad. No se puede relegar esta profecía a la esfera de las descripciones poéticas hermosas. No hay ninguna razón por la que no se la pueda tomar literalmente. Así como el mar Rojo fue dividido en realidad para el rescate de los hijos de Israel, ahora el monte de los Olivos se partirá en dos para que puedan escapar del enemigo. En 2 Samuel 15:30, se llama al monte: "la cuesta de los Olivos". El sitio de su partida es también el de su regreso (Hechos 1:11). La escena de la agonía presenciará la manifestación de su gloria. El monte de los Olivos se dividirá hacia el este y el oeste; parte de él se desplazará hacia el norte y parte hacia el sur, dando lugar a un gran valle.

Debido al proceso de los juicios que tienen lugar en Jerusalén, los sitiados huirán por el valle abierto al hendirse el monte de los Olivos. Se trata de una vía de escape y no de un sitio de refugio. El camino de la liberación llegará hasta Azal, un sitio probablemente cercano al lado oriental de la ciudad.

La huida se compara a la del pueblo cuando se produjo el terremoto en los días de Uzías, rey de Judá. Este debió ser un trastorno desacostumbradamente severo, porque ya habían pasado dos siglos desde que se produjo y, sin embargo, se menciona aquí como comparación (Amós 1:1).

Luego, la mirada del profeta enfoca el Mesías mismo, que llega con sus santos, que son tanto ángeles como seres humanos redimidos. Su corazón se emociona tanto con la visión, que cambia de estilo para hacerlo más directo (Isaías 25:9). Respecto a la composición de esa multitud, véase Mateoo 24:30, 31 (ángeles) y 1 Corintios 15:23 y 1 Tesalonicenses 3:13; 4:14 (los redimidos). Gracias a Dios, el que prometió venir vendrá, con gran poder y gloria.

Cambios en la naturaleza

Con la venida del Señor se producirán cambios drásticos en los fenómenos de la naturaleza. Durante las horas del día no habrá luz; las luces del cielo se congelarán o coagularán, produciéndose así oscuridad. Las luminarias del cielo sufrirán cambios. Será un día singular y extraordinario, el único de su tipo. Sólo el Señor conocerá su carácter esencial. No será un día normal, porque el profeta acaba de decir que no habrá luz. Tampoco será una noche común, puesto que a la caída de la tarde habrá una luz desacostumbrada.

Entonces saldrán aguas vivas de Jerusalén hacia el mar Muerto y el Mediterráneo, haciendo fértil y próspero todo el territorio. Jerusalén es una de las ciudades más áridas del mundo. Algunos creen que "Sion" quieren decir un lugar seco. Pero en ese día de bendición, cuando el Mesías vuelva a su pueblo, habrá aguas vivas que refrescarán la tierra. En las Escrituras, las aguas son un símbolo de purificación, vida espiritual y refrigerio. El suministro será constante, en verano e invierno, sin sufrir la desecación de las aguas por el calor estival. (Véase Ezequiel 47:1; Joel 3:18 y Apocalipsis 22:1, 2). El poder espiritual y las bendiciones acompañan siempre a la presencia del Mesías de Dios.

El reinado del Mesías

Cuando el Hijo de David se siente en el trono de su padre David, el Señor será Rey sobre toda la tierra. La unidad y la gloria de Dios serán reconocidas en todo el mundo. Sólo El será adorado en todo el universo. (Véase Isaías 545;; Daniel 2:44; Apocalipsis 11:15.)

Toda la tierra de Palestina se volverá como el Arabá para permitir el libre paso de las aguas vivas. El Arabá o llanura del Jordán corre desde el mar de Tiberias hasta el golfo elanístico del mar Rojo.

A continuación, el profeta da las ubicaciones geográficas exactas de los cambios. Geba es la moderna Jeba, a diez kilómetros al sudoeste de la capital. Jerusalén misma se elevará y permanecerá segura en su sitio desde la puerta de Benjamín, en la muralla norte de la ciudad hasta la primera puerta, cuya ubicación es incierta, aun cuando algunos creen que se trata de la puerta antigua en el rincón noroeste de la ciudad; desde la torre de Hananel, cerca del rincón noreste de la muralla, junto a la puerta de Benjamín, hasta los lagares del rey, probablemente al sudeste de la ciudad, cerca de los jardines reales y el estanque de Siloé. Se reconstruirá la maldición porque ya no habrá más pecado. Entonces los habitantes de Jerusalén morarán sin temor ni alarma. Qué distinto de las angustiosas y tensas condiciones de nuestros días.

La condena de los invasores

En el versículo 12 volvemos al tema con que se inició el capítulo 14, o sea, el conflicto de los últimos días contra Jerusalén. Había algunos detalles que no se tocaron allí. El Señor dará la victoria en ese tiempo, enviando una plaga sobrenatural contra las fuerzas del enemigo. La carne del cuerpo de ellos se les caerá por consunción; los ojos se derretirán en sus cuencas y la lengua se les disolverá en su boca. Será una muerte en vida. Además del sufrimiento físico personal del tipo más grave, se verán dominados por una confusión sobrenatural: un pánico procedente del Señor hará que todos los hombres se lancen furiosos contra sus compañeros soldados y sus prójimos. Las fuerzas del enemigo se destruirán por una lucha intestina (Ezequiel 38:21).

En la primera fase del conflicto, la marejada de la guerra fue en contra del pueblo de Jerusalén (versículo 1); pero Israel ganará la fase segunda y final de la batalla. Todo el país de alrededor concurrirá para defender la capital contra el enemigo común.

Las pérdidas de vidas y posesiones de los enemigos serán muy grandes. Los ejércitos orientales llevaban consigo grandes cantidades de oro y plata en sus marchas (2 Crónicas 20:25). Los vestidos se mencionan con frecuencia en las listas de despojos, porque constituían una parte importante de las riquezas en el Oriente. (Véase Jueces 5:30; 2 Reyes 7:15.)

Se menciona otra vez la plaga descrita en el versículo 12, para indicar que caerá sobre los caballos, las mulas, los burros, los camellos y todos los animales del campamento del enemigo. Ni siquiera los animales de las fuerzas invasoras se verán libres de la descarga de la ira de Dios sobre ellos (12:4).

La fiesta de los tabernáculos

Cuando se disipe el humo de la contienda y se rinda el remanente de las naciones, los piadosos de entre los gentiles subirán cada año para adorar al Rey, Jehová de los ejércitos, en Jerusalén, y para celebrar la fiesta de los tabernáculos. Las naciones acudirán en forma representativa, porque ni siquiera Israel subió nunca a las fiestas en forma total, hasta el último hombre (Levítico 23:33-44; Deuteronomio 16:13-17).

La fiesta de los tabernáculos es la de la era milenaria. Era la festividad de la cosecha y de reposo, de gozo, alabanza y acción de gracias (Exodo 23:16; 34:2). Las otras dos fiestas anuales, la Pascua y Pentecostés, no se mencionan, porque se han cumplido sus antitipos. La fiesta de los tabernáculos fue celebrada al regresar Israel del exilio. (Véase Nehemías 8:14-18.) Es primordialmente la fiesta de la alegría después de la recolección de la cosecha. (Véase Apocalipsis 7:9.) Cuando llegue el día del milenio, todas las demás festividades se habrán cumplido en sus antitipos. Ahora la fiesta de los tabernáculos encuentra su antitipo. Si alguna de las familias de la tierra se negara a subir a Jerusalén a adorar al Rey, se retendría la lluvia en su tierra, a modo de castigo.

Se ha exagerado mucho la supuesta dificultad que tendrán las naciones para acudir a Jerusalén. Se dice incluso que es una imposibilidad física. Pero como ya se ha visto, este pasaje no requiere que todas las personas de todas las naciones vayan anualmente a la fiesta. Será llevado a cabo por medio de representaciones.

En los versículos 17-19 se presupone que habrá desobediencia incluso en esa era. Se puede encontrar la razón en pasajes tales como el Salmo 66:3, donde se indica que algunos fingirán obediencia (literalmente: mentirán) al todopoderoso Rey Mesías. La retención de las lluvias impedirá que haya cosecha al año siguiente.

En el caso de Egipto, la amenaza no tendría eficacia, por lo que el profeta declara su castigo. Egipto no depende de las lluvias, sino del desbordamiento anual del Nilo, por lo que pueden considerarse exentos. Pero el Señor tendrá un castigo apropiado para ellos: hará venir sobre ellos la plaga, que no será necesariamente la que se menciona en el versículo 12. Nadie podrá desafiar entonces, más que en cualquier otra época, las órdenes directas de Dios y quedar impune.

"Santidad a Jehová"

Mientras que la desobediencia fuera de Israel será castigada con juicios, el pueblo del Señor será recto. Todos estarán saturados de santidad, que ha sido y es el gran propósito y objetivo de todos los tratos de Dios con Israel, con la iglesia o con cada corazón individual.

En los dos últimos versículos de este gran libro profético se indica cómo la santidad saturará todos los aspectos de la vida y toda incumbencia. En ese día el pueblo de Dios conocerá la santidad universal, que ha sido el ideal de Dios para Israel a lo largo de los siglos. (Véase Exodo 19:6: "gente santa".) Hasta las campanillas de los caballos, que se utilizan como adornos, llevarán inscritas las mismas palabras que iban sobre la mitra del sumo sacerdote de Israel: "Santidad a Jehová." Los caballos, utilizados habitualmente para la guerra, los dedicarán ahora al Señor para su gloria. Las ollas del templo se consideraban como los objetos más humildes del santuario; pero en el día del reinado del Mesías tendrán el mismo nivel de santidad que los tazones del altar en que se recogía la sangre de las víctimas.

Donde prevalece la santidad, la piedad ceremonial es innecesaria. El último versículo del libro expresa la misma verdad desde otro ángulo. Si todos los vasos del santuario tendrán el mismo nivel de santidad debido a la purificación universal, hasta las ollas más comunes de la nación estarán consagradas a Jehová. Las vasijas de las casas particulares serán tan apropiadas como las del templo para los servicios de la casa de Dios. En ese día ya no habrá ningún cananeo (mercader) en la casa de Dios. El nombre designa a los fenicios del norte de Canaán, que eran los marineros y mercaderes más notables del mundo antiguo. Eran famosos por sus prácticas impías y representan aquí a una persona profana e impía. (Véase Oseas 12:7.) Es un modo negativo de decir que todos serán santos.

18

MALAQUIAS: ADORACION FORMAL

LA CONTAMINACIÓN DEL SACERDOCIO

Malaquías y su época

Malaquías es el último de la gran serie de profetas que predijeron la venida del Mesías durante más de mil años. No se sabe nada sobre la historia personal de este profeta. Algunos piensan que Malaquías, que quiere decir "mi mensajero", no es siquiera un nombre propio. En general, los críticos liberales sostienen que originalmente el libro era anónimo. Puesto que el hebreo (y también el griego) tiene una misma palabra para "mensajero" y "ángel", varios padres de la iglesia consideraban que el profeta era un ángel encarnado.

Puesto que en este libro se destaca el sacerdocio, algunos creen que Malaquías era un sacerdote. En el Tárgum arameo de Jonatán se considera que Esdras el escriba era Malaquías. Se alega que no se dice nada sobre el linaje del profeta ni sobre el lugar en que nació. Lo mismo puede decirse de Abdías y Habacuc. La tradición judía considera que Malaquías (así como Hageo y Zacarías) era miembro de la Gran Sinagoga. Ningún libro profético del Antiguo Testamento nos ha llegado en forma anónima, por lo que podemos estar seguros de que Malaquías era el nombre del último profeta de Israel.

Este profeta ministró en la época en que Nehemías era gobernador. Es evidente que su ministerio tuvo lugar después de la cautividad: el templo estaba reconstruido; se estaba realizando el servicio sacerdotal y el pueblo estaba sumido en la decadencia espiritual. Malaquías profetizó cerca de un siglo después de Hageo y de Zacarías, y sostuvo las mismas relaciones con Nehemías que tuvieron ellos con Zorobabel y Josué. La época sería hacia el final del siglo cinco a.C.

En su mayor parte, el mensaje de Malaquías es reproche y condena. El espíritu que el pueblo manifestaba tener en sus días se desarrolló

360 Los profetas menores

más adelante en las sectas de los fariseos y los saduceos. Las condiciones morales y espirituales de Israel en esa época eran las de los que pretenden ser cristianos en la actualidad.

Se describe a cabalidad la vida espiritual del remanente que había regresado de Babilonia. Eran insensibles al gran amor que les mostraba Dios. No se percataban de la enormidad de su alejamiento de la voluntad y los caminos de Jehová. No reverenciaban al Señor y, de hecho, lo menospreciaban. Estaban tan carentes de percepción espiritual que, cuando se les señalaban sus obras (y esto no es un mero recurso literario), no veían nada malo en ellos. Su actitud hacia Jehová se pone de manifiesto en la repetición frecuente de: "¿En qué?"

Los pecados de Israel que indignaron a Nehemías eran los mismos que irritaron a Malaquías. Las faltas eran: 1) la corrupción del sacerdocio; 2) matrimonios con extranjeras después de divorciarse de sus esposas israelitas; y 3) negligencia en dar los diezmos y las ofrendas. El profeta indica también el lugar y las perspectivas del remanente piadoso en la nación.

El libro es un discurso continuo. El profeta emplea un estilo de prosa directo, enérgico y enfático. Es la introducción de una forma dialéctica de instrucción que llegó a ser muy popular en el judaísmo posterior. Los ocho puntos de la controversia de Jehová con su pueblo se consignan en 1:2, 6, 7; 2:14, 17; 3:7, 8, 13. En cada caso, cuando se lo acusa de pecado, contradicen al Señor y le piden pruebas de sus acusaciones.

El amor de Dios por Jacob

La designación del libro como profecía ("carga", en el original hebreo) de la palabra de Jehová indica que el mensaje es de reproche más bien que de consuelo o ánimo. Esa palabra se encuentra tanto aquí como en Zacarías 9:1 y 12:1. El profeta dirige sus palabras a Israel, o sea, a las doce tribus que habían regresado. Como se indica antes, la analogía con los títulos de otros libros proféticos muestra que Malaquías es un nombre propio y no simplemente la designación de un cargo público.

La profecía comienza con una gloriosa y cálida nota sobre el amor de Dios por Jacob. En la misma última profecía del Antiguo Testamento y, por así decirlo, en la última página de las Sagradas Escrituras, Dios reitera la persistencia de su amor por Israel. (Véase Deuteronomio 10:15; 33:3 y Amós 3:2.)

La elección de Jacob fue por amor no merecido (Romanos 9:13). La doctrina del amor de elección de Dios no es caprichosa ni arbitraria, ni minimiza un ápice la responsabilidad del hombre ante Dios.

No podemos limitar este amor a las ventajas temporales de Palestina sobre Idumea, en que los primeros habían sido restaurados del exilio, mientras que los últimos no lo habían sido. Porque toda la profecía de Malaquías revela a Dios en varias relaciones con su pueblo: como Padre, Señor, Dios y Juez.

En respuesta a este amor, Israel pregunta con osadía impía: "¿En qué nos amaste?" La raíz de todos sus pecados era el hecho de no percatarse del amor de Dios y de su propio pecado. Respondiéndoles con una paciencia infinita, Dios repite la afirmación de su amor por Jacob más bien que por Esaú.

Se contrasta el amor de Jehová por Jacob con su aborrecimiento de Esaú. Muchos intérpretes del libro ven la palabra *aborrecimiento* en un sentido comparativo y señalan ese mismo uso en Génesis 29:30, 31; Deuteronomio 21:15, 16; Proverbios 13:24; Mateo 6:24; Lucas 14:26 con Mateo 10:37, donde el concepto es amar más o amar menos. Esta afirmación del aborrecimiento de Dios de Esaú se cita en Romanos 9:13 de la profecía de Malaquías y no del Génesis.

Dios no ejerce su soberanía para reprobar a ninguna criatura. El aborrecimiento de Esaú era muy merecido por su continua oposición a Dios a lo largo de los siglos y se lo menciona al final del Antiguo Testamento y no en el Génesis.

No hay pie aquí para sostener la reprobación, que no se enseña en las Escrituras. El ejemplo escogido para revelar el aborrecimiento de Dios por Esaú es la desolación de sus tierras montañosas y el abandono de su herencia para convertirla en un lugar para los chacales del desierto.

Algunos entienden que esto se refiere a la conquista de Edom por los nabateos; otros creen que se trata de las guerras entre Persia y Egipto; otros más ven aquí la devastación causada por los babilonios. Los caldeos habían invadido su país cinco años después de la destrucción de Jerusalén en el año 586 a.C. La palabra que se traduce como "chacales", la misma que se usa en Isaías 13:22, no puede significar "moradas", como algunos pretenden, para preservar el paralelismo con la "desolación", porque tal traducción no tendría sentido en el pasaje de Isaías y la palabra *moradas* tiene un origen incierto.

Aun cuando Esaú, en su soberbia, intentara reconstruir sus lugares desolados, Dios dice que derribará sus edificios. Todo intento de reconstruir su tierra fracasará.

La amenaza anunciada aquí indica que Dios nunca le permitirá a Edom recuperar su posición anterior ni su poder. Lo que se conocía antes en forma apropiada como la frontera de Edom, o el territorio de Edom, será llamado frontera de iniquidad. Los hombres entenderán que la situación desolada de Edom se debe a sus pecados.

No debemos dar por sentado que el profeta habla aquí de la eliminación total del nombre de Edom. La degradación de Edom será para Israel una prueba adicional de la bondad y del amor de Dios hacia ellos. Entonces Israel dará testimonio de que el dominio del Señor sobre su tierra es en verdad generoso. La bondad y la grandeza de Jehová será manifiesta sobre su pueblo.

Sacrificios contaminados

¿Cómo respondía Israel al amor generoso de Jehová? Ahora el profeta pasa del amor de Dios a la ingratitud de su pueblo. Jehová había tratado al pueblo de Israel como a un hijo; ¿lo habían honrado ellos como Padre? Habían sostenido la relación de siervos con El, como Señor. ¿Le habían dado la reverencia debida? No se había dado el justo respeto debido a Dios, principalmente por causa de la impiedad de los sacerdotes, contra los que se dirigen las acusaciones.

El primer pecado de los levitas era el descuido de sus deberes en el templo. En esto estaban menospreciando el nombre del Señor.

Se indica la naturaleza de la ofensa en los versículos que siguen. Los sacerdotes estaban ofreciendo sacrificios defectuosos en el altar de Dios. En Deuteronomio 15:21 se prohibían esos sacrificios de modo explícito. El hecho de que Malaquías se refiere a los sacrificios, o sea, a la carne de animales, en la palabra *pan*, resulta evidente por tres consideraciones: 1) su relación con el altar; 2) la mención de "ciego", "cojo"y "enfermo" en el versículo 8; y 3) el uso del término "pan" para los sacrificios en Levítico 21:6, 8, 17. Si el pan son los sacrificios, entonces la mesa es el altar, más bien que la mesa de los panes de la proposición. (Véase Ezequiel 41:22.)

El desprecio del servicio establecido por Dios denota menosprecio de Jehová. Estaban ofreciendo animales ciegos, cojos y enfermos, lo que estaba prohibido por la ley mosaica. (Véase Levítico 22:20-25 y Deuteronomio 15:21.)

La repetición de la pregunta: "¿No es malo?" es un reproche irónico. Siempre estaban dispuestos a modificar los requisitos y las leyes de Dios por las circunstancias. Tenían la audacia de ofrecerle a Dios lo que no se habrían atrevido a presentarle a su gobernador, probablemente el gobernador persa. El profeta hace un llamamiento a su sentido de propiedad, que es más sensible en el plano humano que hacia Dios. Siempre hay quienes prefieren las alabanzas de los hombres a las de Dios.

El desagrado de Dios

A primera vista, la exhortación al pueblo a que imploren el favor de Dios para que se muestre misericordioso para con ellos parece ser una seria exhortación al arrepentimiento. Sin embargo, es mejor interpretarla como una recomendación irónica. Lo que está diciendo el profeta es: "¿Creen ustedes que con esas ofrendas inaceptables Dios estará complacido con ustedes?" Sus oraciones nunca podrían dar resultados en tanto siguieran presentando tales sacrificios. Era responsabilidad de los sacerdotes, y Malaquías los culpa directamente a ellos. Como consecuencia, Dios no podía tenerles consideración ni honrar sus ofrendas.

Se expresa el deseo de que alguno cerrara las puertas del templo, para que no se pudiera encender fuego en el altar en vano. La palabra que se traduce como "en vano" quiere decir también "de balde". Hay quienes creen que los sacerdotes eran tan codiciosos y avaros que exigían pago hasta por el menor esfuerzo, incluso por cerrar las puertas. Otros consideran que los sacerdotes eran tan perezosos y descuidados que no cerraban las puertas del templo en el momento apropiado. La mejor explicación es que, como la adoración era superficial y carente de sinceridad, Jehová prefería que cesara. (Véase Isaías 1:11-15.) Es mejor no tener sacrificios que tenerlos en vano. Dios no se complacía con los sacerdotes ni con sus sacrificios.

La adoración aceptable

Pero hay una adoración bien definida que es aceptable al Señor. Se revelará y se practicará en toda la tierra. Desde donde nace el sol hasta donde se pone es una expresión para indicar los extremos de la tierra. (Véase el Salmo 103:12 y Zacarías 8:7.) Esto no es un cumplimiento de la era presente, sino una profecía relativa al milenio. Los últimos capítulos de Ezequiel (40-48) muestran que en la adoración milenaria que se efectuará en el templo reconstruido habrá ofrendas e incienso. Aquí no se hace ninguna referencia a que Dios considere la adoración de parte de los paganos como una adoración pura, ni a que Malaquías está hablando de las condiciones que prevalecían en su propio tiempo (lo que sostienen algunos autores), sino del futuro que hemos delineado.

Puesto que Jehová recibirá una adoración pura en todo el mundo, cuando se reconozca y honre su nombre en todas partes, esto se da como la razón de por qué en realidad El no estará complacido con el servicio contaminado e insincero de Israel. Dios no aceptará las ofrendas defectuosas (versículo 10) de su pueblo, porque El es el gran Dios al que se debe adorar con incienso y ofrendas puras en todas las naciones. De modo bastante extraño, la iglesia romana basa en este pasaje, entre otros, su práctica de la misa. Tampoco puede aplicarse a la profecía las opiniones de los padres de la iglesia que consideraban que este pasaje era una predicción de la Eucaristía (la comunión) en la iglesia.

Profanación de las cosas santas

Malaquías vuelve al tema del pecado de los sacerdotes y su menosprecio de la majestad de Jehová. Se repite el reproche del versículo 7. Estaban profanando el nombre de Jehová no con palabras, sino con sus obras. El uso del participio de "profanar" indica que lo hacían habitualmente. El altar y los sacrificios de Jehová se consideraban despreciables. Todo el servicio les resultaba aburrido y fastidioso, porque no ponían su corazón en ello. (Obsérvense ideas similares en Isaías 43:22-24 y Miqueas 6:3.) Desdeñaban y menospreciaban las ofrendas de Jehová. Las oliscaban, es decir, resoplaban desdeñándolas con resoplidos y las trataban con el mayor desprecio. A los sacerdotes no les preocupaba mucho lo que le ofrecían a Jehová, de modo que ofrecían animales hurtados, cojos y enfermos.

¿Cómo podía aceptar Dios aquella falsedad e insulto como algo satisfactorio para El? Y no era debido a la pobreza, sino a la avaricia. Se pronuncia maldición sobre el engañador, que cree que puede jurar —en esos casos se le prometía lo mejor a Dios— prometiendo un sacrificio apropiado, y luego cumplir su promesa con un animal inadecuado. Esas ofrendas eran un insulto para la majestad de Dios, porque El es un gran Rey, cuyo nombre, despreciado (versículo 6) y profanado (versículo 12) por Israel, y que aún será exaltado (versículo 11) entre las naciones, es aun ahora temible y tremendo entre los gentiles. ¡Bendito y exaltado sea el nombre de nuestro Dios!

"Amé a Jacob"

Esta es una hermosa declaración del amor supremo de Dios por Jacob, carente de todo mérito. Muchos hablan de él como si fuera sólo el objeto de la disciplina y del desagrado de Dios y nada más. Pero no; Dios lo ama entrañablemente, lo mismo que al pueblo que proviene de él, o sea, la nación de Israel. En este amor Dios proporcionó el tesoro más valioso del cielo, el Mesías y Rey de Israel, el Redentor de los hombres.

MATRIMONIO Y DIVORCIO

El sacerdote culpable

En el capítulo 2 prosigue la represión de los sacerdotes de parte de Jehová, que se inició en el primero, sobre todo en 1:6. El profeta desarrolla el tema de la situación pecaminosa de los sacerdotes, que se suponía que debían conocer la voluntad de Jehová y enseñársela al pueblo.

A continuación Malaquías anuncia el castigo que les espera si no se arrepienten. El mandamiento que se menciona es el decreto, sentencia o amenaza de castigo consignado en los versículos 2 y 3. Sobre los sacerdotes que se niegan a escuchar la advertencia de Dios y dejan de glorificarlo se pronuncia la maldición de Deuteronomio 27:15-26 y 28:15-68. Las bendiciones que se enumeran no deberán limitarse sólo a los ingresos de los sacerdotes, sino que deben incluir todos los beneficios recibidos de la mano generosa de Dios, los prometidos al pueblo por los sacerdotes en virtud de su investidura. (Véase Números 6:24-26.)

Se incluyen también aquí las bendiciones de vida y paz anotadas en el versículo 5. Jehová las había retenido porque ellos se habían negado constantemente a obedecerle. Además, los amenaza con dañarles la sementera. Esta palabra no se debe traducir como "brazo" para ofrecer un paralelo con "rostro", en el mismo versículo. Lo que significa es la sementera de sus tierras, ya que como los sacerdotes dependían del aumento de las cosechas para recibir sus diezmos, sufrirían de modo inevitable si Dios maldecía las semillas.

Además, Dios les advierte que les echará a la cara el estiércol de sus fiestas. Ese sería un trato sumamente oprobioso. El cuajar era una porción asignada a los sacerdotes (Deuteronomio 18:3); pero el estiércol de los cuajares de los animales sacrificados en los días de fiesta sería arrojado a su rostro. Entonces sería necesario sacar a los sacerdotes junto con los desperdicios, como algo detestable. Conocerían por experiencia propia la naturaleza de la advertencia que se les enviaba. La implicación era que deberían obedecer o difícilmente permanecería en vigor el pacto levítico. Si prestaban atención a su declaración de juicio, Dios podría continuar su pacto que estableció con Leví desde el principio.

El piadoso Leví

Malaquías contrasta aquí la culpable conducta de los sacerdotes impíos de su época con el piadoso carácter y modo de vida de su antepasado, con quien Dios había establecido su pacto sacerdotal. La referencia no tiene que limitarse a Finees (obsérvese la expresión de Números 25:12, 13), porque en el Sinaí Leví había sido fiel, a pesar del pecado cometido por Israel con el becerro de oro. Por esta fidelidad al honor de Dios, Jehová estableció un pacto con Leví y sus descendientes. (Véase Exodo 32:25-29; Deuteronomio 33:8-11.)

La naturaleza del pacto era tal que le garantizaba vida y paz (salvación). Jehová determinó que su nombre fuera temido, y Leví anduvo delante de El con reverencia y temor piadoso. El profeta continúa su hermosa descripción de la sincera piedad de Leví. Su interpretación de la ley, porque el sacerdote era el maestro de la ley de Dios para el pueblo, no respondía a la parcialidad ni servía para fines egoístas, sino a las estrictas normas de la verdad. Hablaba con rectitud, adoraba al Señor y vivía de conformidad con la voluntad de Dios. La expresión "anduvo conmigo" indica una comunión más íntima con el Señor que lo que implica "ir en pos", como en 2 Reyes 23:3.

El resultado de esa vida y ese ministerio fue que muchos fueron conducidos del pecado al temor de Dios. (Compárese con Daniel 12:3.) El versículo 7 indica cuál era el objeto del ministerio de los sacerdotes en Israel: eran los maestros de la ley de Moisés regularmente designados para enseñar al pueblo. Se los llama mensajeros de Jehová. Por lo común esta palabra se refiere a seres angélicos; pero aquí se usa para designar a los sacerdotes, al igual que se la usa para el profeta en Hageo 1:13.

Levitas impíos

Pero qué contraste había entre el Leví de los comienzos de la historia de Israel y los descuidados sacerdotes de la época de Malaquías, que se habían alejado totalmente de la línea de conducta que se describe en los versículos 6 y 7. Por la interpretación falsa de la ley y por su mal ejemplo, inducían a otros a violar la ley lo mismo que ellos. Corrompieron el pacto levítico, haciéndolo inoperante por su falta de atención a sus obligaciones. (Véase Nehemías 13:29.) Debido a que consideraban con menosprecio la adoración y el servicio al Señor (1:7, 12), Jehová los hizo viles y bajos delante del pueblo. Su degradación a los ojos de la nación era una retribución en la misma moneda. Eran parciales al desempeñar sus deberes, lo que incluía cohecho así como otros métodos de darle la vuelta a la administración justa de la ley.

Matrimonios abominables

Las ofensas de los sacerdotes habrían sido suficientes si sólo hubiesen incluido las ya mencionadas. Pero además de ellas, los sacerdotes y el pueblo habían cometido pecados muy lamentables contra sus propios compatriotas, especialmente contra sus esposas. Eran transgresores por contraer matrimonios impíos y no sancionados.

El profeta introduce el tema, preguntando si no tenían todos ellos un mismo padre y si no los había creado un mismo Dios. La respuesta evidente es afirmativa. El padre del que se habla debe ser Dios y no Abraham ni Jacob. La fuerza del paralelismo muestra que difícilmente podría tratarse aquí de un antepasado humano, cuando en la segunda parte del versículo se menciona a Dios. La referencia final es a Dios como Padre de todos los hombres en virtud de la creación; pero la referencia primordial aquí es a Jehová como Padre de todo Israel, como el pueblo del pacto.

Si se relaciona este versículo con Dios, concordará con 1:6 (padre). Se le enseña a Israel que los hombres y las mujeres se encuentran en la misma relación ante Dios, como Padre y Creador. Además, Jehová los había creado no sólo en lo físico, sino que también los había hecho el pueblo de su pacto. (Véase Isaías 43:1; 60:21.)

Puesto que Dios había constituido esa unidad, no debían introducir elementos divisores en la vida nacional. La frase general *contra el otro* incluye a las esposas injuriadas. Estaban violando el pacto que Jehová había establecido con sus padres para garantizar el seguir siendo un pueblo separado de todos los demás. (Véase Exodo 19:5; Levítico 20:24, 26; Deuteronomio 7:1-4.) La ley de Moisés prohibía todo matrimonio con paganos, como salvaguarda contra la importación de la idolatría al seno de Israel. Judá, Israel y Jerusalén, la nación entera, habían actuado de modo traicionero con respecto a las esposas judías, de las que se divorciaban para casarse con paganas. Esos matrimonios mixtos se mencionan también en Esdras y Nehemías (Esdras 9:1, 2; 10:1-4; Nehemías 13:25-27).

La profanación del santuario de Jehová se refiere al pueblo mismo de Israel. (Jeremías 2:3.) Esto era lo que habían hecho al tratar mal a sus esposas que habían sido también separadas como santas para el Señor. Qué alta consideración tenemos aquí para con las mujeres, en contraste con la acostumbrada posición que se les concedía en esa época en el Oriente. La hija de dios extraño indica una mujer idólatra. En las Escrituras se considera al adorador como hijo de un padre (Jeremías 2:27). Tan ofensivo y abominable es este pecado a los ojos de Dios que El amenaza con destruir completamente al transgresor con toda su familia.

El que vela y el que responde no tienen relación con los levitas que mantenían vigilancia en el templo de noche, y se llamaban y respondían unos a otros a ciertas horas, sino que se trata de una expresión proverbial que afirma que nadie escapará. Lo que se quiere recalcar es la universalidad del juicio. Cualquiera que presentara una ofrenda, no podría liberarse con esa obra de su culpa de haber maltratado a su esposa. ¡Cuán santos considera Dios que son los lazos matrimoniales!

La maldad del divorcio

El matrimonio de israelitas con mujeres idólatras entrañaba otro aspecto más. Había un segundo aspecto, un segundo pecado. Esos matrimonios implicaban el divorciarse de sus esposas judías. En-

368 *Los profetas menores*

tonces las mujeres abandonadas acudían al altar de Jehová y lo cubrían con sus lágrimas. Así, cuando los ex maridos venían con sus ofrendas, Jehová no los recibía con benevolencia. Puesto que tenía en cuenta las lágrimas de sus acongojadas esposas, no aceptaba sus ofrendas.

En ninguna otra parte del Antiguo Testamento se nos dice tanto respecto a la maldad del divorcio. No es necesario que recalquemos su aplicabilidad en nuestros días. Se trata de un pecado que clama poderosamente a Dios. Pero los contemporáneos del profeta se preguntaban por qué Dios rechazaba sus sacrificios. La respuesta es que Dios presenciaba los matrimonios contraídos legalmente, en los que se le pedía que fuera testigo del pacto. Sus esposas israelitas eran las compañeras y mujeres de su juventud, las que habían escogido en su juventud para compartir tanto las alegrías como las tristezas de la vida.

El versículo 15 es un fuerte argumento contra el divorcio; pero, al mismo tiempo, se lo considera también como el más difícil de todos los pasajes del libro de Malaquías. Siempre ha sido un problema para los intérpretes, tanto judíos como cristianos. Sin ánimo dogmático, vamos a repasar las opiniones más importantes y a indicar nuestra preferencia.

Para comenzar, podemos decir con toda seguridad que la primera porción de este versículo es tan difícil como sencilla es la final. El profeta está haciendo una advertencia contra el continuo trato desleal a sus esposas, al divorciarse de ellas para casarse con mujeres paganas. Se ha propuesto una lectura alternativa para la primera porción del versículo: "Y ninguno que tuviera un residuo de espíritu ha hecho eso." Esto quiere decir que nadie que tuviera algo del Espíritu de Dios en él habría contraído ese tipo de matrimonio con una mujer extranjera, divorciándose de su esposa judía. Si se adopta esta traducción, no se adapta bien al resto del pasaje. El Tárgum y la mayoría de los rabinos entienden que el "ninguno" se refiere a Abraham, que pudiera citarse como un caso en que se tomó otra esposa además de la primera. Entonces, en los días del profeta, los judíos estarían defendiendo lo que hacían, señalando el ejemplo de Abraham que tomó por mujer a Agar cuando tenía ya a Sara por esposa. Además, en esa opinión se sostiene también que Abraham seguía teniendo el Espíritu de Dios, ya que su propósito no era el placer egoísta sino obtener la simiente que Dios le había prometido. Así pues, la situación de Abraham y la de los contemporáneos de Malaquías no eran análogas. Nos parece que ésta es una exposición demasiado forzada.

Dado que el profeta está hablando sobre el divorcio, es muy natural ver aquí una referencia a la institución original del matrimonio por Dios mismo. Compárese el "una carne" de Génesis 2:24, con el "uno" de este pasaje. En la relación matrimonial, Dios hizo uno de dos. Se proporcionó una esposa para un hombre aunque Dios seguía poseyendo el poder creativo del Espíritu para haberle hecho a Adán varias esposas. Pero ¿por qué hizo Dios una sola mujer para el hombre? Estaba buscando una simiente piadosa; quería tener un remanente de hijos de Dios.

La poligamia y el divorcio no conducen a criar hijos en el temor de Dios. Y en definitiva, esas prácticas no contribuían a obtener la simiente piadosa en el linaje del Mesías prometido. El propósito de Dios de tener una simiente piadosa estaba siendo contrarrestado y desviado por sus matrimonios mixtos y sus divorcios. En vista de todo esto, Malaquías les advierte que debían actuar con diligencia para no caer en esas acciones inicuas.

En resumen, Dios declara de modo inequívoco que odia el divorcio, o sea, el desechar a la esposa. Este versículo no discrepa de Deuteronomio 24:1, donde se permite el divorcio. Esto fue aprobado debido a la dureza de su corazón. (Véase Mateo 19:3-8.)

Dios aborrece también al que cubre de iniquidad su vestido. Esto se refiere a la antigua costumbre de poner una prenda de vestir sobre una mujer para reclamarla por esposa. (En particular, nótense Rut 3:9; Ezequiel 16:8.) En lugar de extender su vestido para proteger a su esposa, cubrían sus vestidos de violencia hacia sus esposas. Los vestidos simbolizaban la confianza y la protección del matrimonio. Se les advierte que se apresuren a remediar este asunto tan vital.

Dios está cansado

La tercera ofensa de los impíos en Israel era un escepticismo perverso. Por su impiedad y su incredulidad habían cansado a Jehová; habían agotado su paciencia. Presentaban el antiguo argumento frente a la providencia divina, a causa de la prosperidad de los inicuos y el sufrimiento de los justos. Habían sufrido tantas pruebas durante el exilio y después de él, que estaban dispuestos a creer que Dios se complacía en la causa de los impíos y los favorecía, a los paganos que disfrutaban de prosperidad, en contra de los piadosos.

Se quejaban de que Dios no juzgaba la impiedad con suficiente severidad. Y si no era así, ¿dónde estaba el Dios de justicia de quien oían hablar continuamente? Muchos relacionan este versículo con el capítulo siguiente (y está relacionado conceptualmente), porque la respuesta a 2:17 se encuentra en 3:1. Dios nunca deja de responder a una pregunta semejante hecha en un espíritu escéptico. Lo que hizo fue completar el número de sus iniquidades y revelarles que ya estaban maduros para el juicio.

Maldición en lugar de bendiciones

El corazón del hombre se deleita en las bendiciones y los beneficios que recibe de manos de Dios, incluso cuando no le da gracias al Señor por ellos. También Israel daba por sentadas las bendiciones que recibía. No se daba cuenta de que su continuación dependía de la fe y la obediencia. Como resultado de ello, sus bendiciones fueron reemplazadas con maldiciones. ¿Y no sucede lo mismo con demasiada frecuencia en la vida de los creyentes? Se olvidan de que las bendiciones de Dios dependen de nuestro andar en obediencia y de que demos a conocer a Jesucristo a judíos y gentiles por igual. Dios retendrá esas bendiciones si andamos según nuestra propia voluntad.

EL MESÍAS Y SU PRECURSOR

Los dos mensajeros de Dios

No hay duda de que los capítulos 3 y 4 de esta profecía se conocen mejor que los primeros dos. Los dos capítulos finales están llenos de revelaciones proféticas concernientes a la primera y la segunda venidas del Mesías.

Como en tantos otros pasajes del Antiguo Testamento, encontramos aquí las dos venidas juntas. El capítulo comienza con las palabras alertadoras: He aquí. El Señor promete enviar su mensajero. Esta es la respuesta de Dios a su osada y escéptica pregunta de 2:17.

En los vocablos mi mensajero tenemos un juego de palabras con el nombre del profeta Malaquías.

Pero ¿quién es este mensajero? Se ha sugerido que, en vista de 4:5, podría ser el profeta Elías; pero todo ello es demasiado inseguro en este modo de ver. Se ha mencionado también la posibilidad de que el profeta no tuviera específicamente a nadie en la mente. Esto es difícil de sostener. La mayoría de quienes han estudiado esta profecía han visto aquí acertadamente la predicción de la llegada del precursor del Mesías, por la naturaleza de su ministerio, indicado en el versículo que estamos estudiando. El mensajero es, sin duda alguna, Juan el Bautista. (Léanse con cuidado Mateo 3:3; 11:10; Marcos 1:2, 3; Lucas 1:76; 3:4; 7:26, 27; Juan 1:23.) Estos versículos muestran inequívocamente que el personaje de quien se profetiza aquí es Juan el Bautista. Se describe su misión como que preparará el camino del Señor. Esta predicción se apoya en la profecía de Isaías 40:3-5. Es una referencia a la costumbre que tenían los reyes orientales de enviar hombres delante de ellos para quitar toda barrera y todo obstáculo de su camino. En este caso, significaba eliminar la oposición al Señor, mediante la predicación del arrepentimiento y conversión de los pecadores a El. Ese era el objetivo del ministerio de Juan.

Los impíos de la nación habían preguntado: "¿Dónde está el Dios de justicia?" La respuesta es que el Dios al que buscaban vendría de pronto a su templo y el ángel del pacto, al que decían que deseaban. Cuando el pasaje indica que el Señor vendrá súbitamente a su templo, no se implica que eso sucedería en los días de Malaquías, sino más bien inesperadamente, en el tiempo señalado para su venida. Esto se cumplió parcialmente en la primera venida de Cristo y se realizará del todo en su segunda venida a la tierra.

¿A quién se designa como "el ángel (o mensajero) del pacto"? ¿Es la misma persona que el mensajero mencionado ya en la primera parte del versículo? Esta expresión aparece sólo aquí y algunos consideran que no se puede determinar su significado. Pero el caso no es tan imposible. Un estudio comparativo de las Escrituras del Antiguo Testamento concernientes a este tema revelará que esa persona es el Angel del pacto de Exodo 23:20-23; 33:15; Isaías 63:9. El Angel es la autorrevelación de Dios. Es el Señor mismo, el Angel de Jehová de la historia del Antiguo Testamento, el Cristo preencarnado de las numerosas teofanías (apariciones de Dios en forma humana) que se mencionan en los libros del Antiguo Testamento.

Comentaristas judíos tales como Abenezra y Kimchi consideran que ese personaje es el Señor, y el último incluso refiere tanto "el Señor" como "el Angel del pacto" al Mesías. No queremos pasar por alto las tres pruebas innegables de la deidad del Mesías que se dan aquí: 1) Se lo identifica con el Señor: "preparará el camino delante de mí. . . ha dicho Jehová de los ejércitos"; 2) se lo señala como el propietario del templo: "a su templo"; y 3) se lo llama el "Señor" al que buscan.

¿De qué pacto se trata en la frase "el ángel del pacto"? Algunos intérpretes consideran que se trata del nuevo pacto de Hebreos 9:15. Es más bien el que ya estaba en vigor en el Antiguo Testamento, como se puede ver en las numerosas manifestaciones de Dios en toda la dispensación antigua. Es el pacto que ya estaba establecido con Israel. (Véase Exodo 25:8; Levítico 26:9-12; Deuteronomio 4:23.) La mayoría de Israel en la época de Malaquías y en los días de Cristo estaba buscando y deseando un libertador temporal. Para ellos, esta promesa parecería irónica; pero el deseo de los piadosos era sincero. Recuérdese que el evangelio se inició en Israel en la primera venida, y sucederá lo mismo en la segunda. Israel es el centro en los propósitos de Dios en las dos venidas del Señor Jesucristo a la tierra.

Mesías el refinador

Así como en el primer versículo se combinan la primera y la segunda venida de Cristo — una característica común en las profecías del Antiguo Testamento, como se puede ver en Isaías 61:1-3 —, en el segundo versículo se reúnen elementos de ambas apariciones del Mesías a su pueblo Israel. El profeta indicó que deseaban la presencia del Señor; pero ahora pregunta quién de entre ellos podrá soportar el tiempo de su venida. La respuesta esperada, en vista de los impíos de la nación, es que nadie podrá soportar ese día. Esto era ciertamente así en los días de Malaquías, podía aplicarse muy bien en los días de la primera venida de Cristo, cuando El escudriñó todo, y luego decretó la destrucción de Jerusalén y la dispersión de Israel; y será también cierto cuando El regrese. (Compárese esto con Joel 2:11; Malaquías 4:1; Mateo 3:10-12; Apocalipsis 6:15.) La venida será en juicio para depurar la escoria, esto es, la iniquidad, de Israel.

El fuego purificador es una vívida imagen del campo de la metalurgia para mostrar que el Angel del pacto no vendrá simplemente como monarca libertador y terrenal para otorgar beneficios temporales, sino como escrutador de corazones y vidas. (Para la misma imagen de depuración véase Zacarías 13:8, 9.) Se vuelve a presentar la idea de la purificación mediante la figura del jabón de lavadores.

Se ve al Señor sentado como Juez. El refinador se sienta, con el crisol ante él, observando tanto la intensidad del fuego como el metal que se está purificando de su escoria. Cuando llegue el juicio, se iniciará verdaderamente en la casa de Dios (1 Pedro 4:17).

Toda la nación será depurada, comenzando con los hijos de Leví (Ezequiel 48:11). Se especifica a estos últimos, porque sus ofrendas habían sido inaceptables, debido a su impiedad. Serán purificados de los pecados que se describen en los capítulos 1 y 2. Luego presentarán a Jehová ofrendas en justicia, como en 2:6 y no como en 1:7-14. Serán ofrendas de justicia, porque las darán con un corazón que estará en una posición justa ante el Señor.

La mayoría de los comentaristas católicos romanos consideran que ésta es una profecía de la ofrenda de la eucaristía, pero en realidad se refiere a las condiciones milenarias, cuando el Señor haya regresado y establecido su reino de justicia en la tierra.

En los días del Israel purificado y restaurado, sus ofrendas serán verdaderamente aceptables para Dios, como ofrendas hechas en justicia. Las ofrendas de los días del milenio (Ezequiel 40-46) conmemorarán el sacrificio del Calvario, como la Cena del Señor lo conmemora en la actualidad. Muchos creyentes olvidan que, aun cuando mediante la Cena del Señor la iglesia conmemora la muerte de Jesucristo en el Calvario por los pecadores, Israel no ha tenido hasta ahora tal conmemoración de la obra del Mesías durante los siglos de su incredulidad.

Los sacrificios milenarios desempeñarán la función de esa conmemoración para la nación redimida. No se puede argumentar en su contra que los mismos no serían sacrificios eficaces en el reino milenario, porque aun en los tiempos del Antiguo Testamento los sacrificios no tenían verdadera eficacia. (Véase Hebreos 10:4.) En la dispensación del Antiguo Testamento, los sacrificios eran hitos o indicadores. En la era del milenio serán recordatorios que mirarán atrás al acontecimiento central del Calvario. Los días pasados mencionados por Malaquías son los tiempos de Moisés o quizá también los de David y los primeros tiempos del reinado de Salomón. En esas épocas se indicaba que las ofrendas eran agradables a Jehová.

Predicción del juicio

A continuación el profeta se dirige a sus contemporáneos y los amenaza con el juicio de Dios. Los que hacen obras malas deben ser aún juzgados. Esta es todavía la respuesta de Dios a su insolente reto de 2:17. Los primeros que recibirán el castigo de Dios serán los hechiceros. (Obsérvese Exodo 22:18.) La hechicería prevalecía en Israel en los días posteriores al cautiverio. Era un pecado al que probablemente los hombres fueron llevados por sus esposas extranjeras idólatras, y que prosiguió hasta los tiempos del Nuevo Testamento (Hechos 8:9).

Los adúlteros experimentarán también la vara del desagrado de Dios. Este término se aplica probablemente a los que estaban viviendo con esposas extranjeras, después de divorciarse de sus esposas hebreas, los de 2:16.

El juicio se dirigirá también contra los que juran en falso, o sea, los que practicaban el falso testimonio. El perjurio se condena en Exodo 20:16; Levítico 19:12; Deuteronomio 19:16-20; Jeremías 29:23; Proverbios 19:5. Los que defraudan en su salario a un sirviente contratado se clasifican con los anteriores.

Finalmente se sentencia a los opresores de las viudas, de los huérfanos y de los extranjeros, que son objetos especiales del amor y cuidado de Dios.

Se señala el origen de todas sus transgresiones: todas se derivan de su falta de temor de Dios. Pero como Jehová es un Dios inmutable e invariable, que tiene propósitos de misericordia para con ellos, los cuales debe cumplir, llevará a cabo cumplidamente sus propósitos de gracia a pesar de la línea de conducta descarriada de ellos. El Señor declara que, aunque debe castigarlos, no los destruirá del todo, porque El es inmutable en sus promesas del pacto.

A la nación se la llama "hijos de Jacob" con relación al pacto de Jehová con el patriarca. En resumen, Israel debe su existencia, a pesar de sus pecados, al inmutable propósito del Señor de otorgarle abundante misericordia y gracia. La esperanza de todas las naciones, así como también la nuestra, se basan en el carácter inmutable e indefectible de nuestro Dios cumplidor de pactos.

El robo a Dios

Pero así como Dios es inmutable en su bondad, ellos no han cambiado de su inicuo proceder. Desde hacía ya mucho tiempo, desde la época de sus padres, se habían desviado de los mandamientos del Señor. Esto no es nada nuevo en su caso, es algo en que han tenido mucha mala experiencia. Dios los llama para que vuelvan a El arrepentidos y El se volvería a ellos con bendiciones. (Véase Zacarías 1:3.) A pesar de lo largo del tiempo transcurrido en su alejamiento del Señor, El está dispuesto a recibirlos si se vuelven a El con verdadero arrepentimiento.

En su fariseísmo, la mayoría impía de la nación, satisfecha en sus caminos torcidos y descuidados, no veía la necesidad de volverse verdaderamente a Dios, y pregunta en qué habían de enmendar su vida. La respuesta es muy clara. ¿Era posible que el hombre insignificante le robara al Dios infinito? Con todo, le estaban robando. Le habían robado en los diezmos y en las ofrendas. Con toda probabilidad, habían reducido sus diezmos y ofrendas debido a las condiciones adversas, lo que se denomina aquí robo a Dios. (Deuteronomio 14:22-29; 26:12-15.)

En Israel las ofrendas eran las primicias, no menos de un sesentavo del grano, del vino y del aceite (Deuteronomio 18:4). Había varias clases de diezmos: 1) la décima parte de lo que quedaba después de tomar las primicias, cantidad que iba a los levitas para su sostenimiento (Levítico 27:30-33); 2) el diezmo que pagaban los levitas a los sacerdotes (Números 18:26-28); 3) el segundo diezmo que pagaba la congregación para las necesidades de los levitas y de sus propias familias en el tabernáculo (Deuteronomio 12:18); y 4) otro diezmo cada tres años para los pobres (Deuteronomio 14:28, 29). Esos diezmos no los estaban dando apropiadamente en los días de Nehemías y de Malaquías (Nehemías 13:10), por lo que se acusa con razón al pueblo de estarle robando a Dios. Al tratar de robarle a Jehová se estaban robando a sí mismos, porque tenían malas cosechas y hambrunas, como juicios que correspondían a su pecado. Así eran malditos con maldición, porque seguían defraudando a Dios (se emplea el participio). Y el mal lo estaba perpetrando toda la nación.

El camino a las bendiciones

Sin embargo, no todo estaba perdido. El profeta señala el camino para obtener el favor de Jehová. Se enuncia aquí un importante principio espiritual que es aplicable en todas las épocas: Dios derrama sus bendiciones sobre los corazones totalmente entregados a El. Si queremos que el Señor abra sus tesoros para nosotros, debemos abrir primeramente los nuestros. Se le aconseja a la nación que lleve todos sus diezmos al alfolí, para que haya alimento en la casa de Dios. El alfolí eran las cámaras del templo a donde se llevaban los diezmos. (Véase Nehemías 10:38 y 13:12.) Al obedecer esta exhortación experimentarían en la práctica que el Señor abriría las ventanas de los cielos y derramaría sobre ellos bendiciones hasta que no hubiera suficiente espacio para contenerlas.

Dios quiere que lo prueben en la práctica como en 2 Crónicas 31:10. El les mandaría lluvias abundantes. La abundancia de bendiciones se compara a las lluvias. No se retendría ninguna bendición. Evidentemente, como se indica en el versículo 11, la tierra había estado sufriendo una sequía. Ahora habría una gran abundancia, sin espacio suficiente para recibirla.

Dios les promete que todas las cosas perjudiciales, las langostas o cualquier plaga similar, serán retenidas por causa de ellos. Cuando la lluvia regara los campos, las plagas no destruirían la cosecha. Se denomina el devorador especialmente a las langostas, debido a su voracidad insaciable. En su andar en obediencia y como resultado de las bendiciones derramadas por Dios sobre ellos, todas las naciones los llamarían benditos. Tanto Dios como los hombres se deleitarían en la nación de Israel. Entonces se cumplirían las palabras de Deuteronomio 33:29, Isaías 62:4 y Zacarías 8:13.

"Regresen a mí"

Este es el llamamiento patético de Jehová a Israel en todo el Antiguo Testamento. Para convertir en realidad las bendiciones de Dios en su vida nacional, sólo necesitan volver a Jehová por medio del Salvador, el Señor Jesucristo. ¡Repitamos constantemente el llamamiento a Israel para que se vuelva al Señor!

Palabras violentas contra Dios

El mismo tipo de escepticismo manifestado por los sacerdotes impíos en 2:17 se indica aquí que ha contaminado al resto de la nación. Sus palabras habían sido obstinadas e intolerables para Jehová. Pero la insensibilidad de su corazón presumido y voluntariamente ignorante les hizo preguntar qué era lo que habían hablado contra Jehová.

En realidad, habían dicho que era inútil tratar de servir a Dios. Pretendían haber cumplido la ley de Dios y haber andado afligidos delante de Jehová, todo en balde y sin resultado. Estaban totalmente equivocados en cuanto al servicio a Dios, porque lo veían con espíritu mercenario, como si el obtener provecho fuera el propósito primordial y único de todo ello. Sin embargo, Dios mira al motivo y no al interés propio. Consideraban que el aspecto exterior sería suficiente, en lugar de una humillación sincera ante el Señor, de modo que se vestían de saco y de ceniza, pretendiendo estar afligidos por sus pecados. Véase el significado de la verdadera adoración en Isaías 58:3-8.

No satisfechos con quejarse de su triste destino, llamaban bienaventurados a los soberbios. Puesto que no habían prosperado en su fría adoración del Señor, sostenían que los soberbios eran los favorecidos de Dios. Algunos consideran que los soberbios eran los paganos impíos de fuera de Israel, mientras que otros creen que eran los impíos de Israel mismo.

Ninguna de esas interpretaciones excluye a la otra, y no hay razón de por qué ambas opiniones no pudieran ser ciertas. Consideraban que los soberbios de todas partes eran los favoritos de Jehová. Se fijaban mucho en la prosperidad y florecimiento de los inicuos, quienes tentaban a Dios con palabras y obras presuntuosas y, sin embargo, escapaban todo juicio.

El libro de memoria de Dios

Cuando los malvados profieren desconsideradamente sus execrables blasfemias contra Dios, los piadosos deben ser prevenidos de cómo responder a esas acusaciones contra el Señor. En medio del fracaso espiritual y de la corrupción que los rodeaba por todas partes, el remanente piadoso se reúne por sus deseos y necesidades espirituales mutuos, en el temor del Señor. Cuando estuvieron reunidos, los piadosos conversaron de la verdad y la piedad, fortaleciéndose unos a otros en su confianza en el Señor.

Mientras los que temían a Jehová hablaban juntos del Señor, El inclinó su oído y escuchó. Entonces se escribieron esos actos de comunión en un libro de memoria delante de El. Este es un lenguaje simbólico, porque nada es pasado para Dios, que tenga que recordarlo, y El no necesita llevar libros. Pero esto es para animar y dar seguridad a los piadosos. Ya en el Salmo 56:8 se indica que se llevan libros en el cielo.

Se cree que la figura del libro se tomó de la costumbre de los reyes persas de llevar una crónica de los nombres de quienes servían al rey, mencionando los servicios prestados. (Véase Ester 6:1, 2.) Pero esto no es necesariamente así, puesto que se menciona un libro en Daniel 12:1 y en el pasaje de los Salmos ya mencionado. Dios tiene benignamente delante de sí a los que en verdad lo reverencian y piensan en su santo nombre.

Dios dice que serán su tesoro especial; los llama suyos de un modo peculiar y especial, su posesión. Serán para Jehová algo que tiene un valor muy especial. El término se aplica a Israel en Éxodo 19:5; Deuteronomio 7:6; 14:2; 26:18. Se los recordará de modo especial en el día designado por Dios para llevar a cabo sus propósitos, el día de su juicio, cuando Él venga de nuevo. Dios los librará del juicio de los inicuos y los perdonará como un padre amoroso perdona a su hijo que lo sirve. (Véase Salmo 103:13.) Entonces se manifestará el tremendo abismo que separa a los justos de los impíos, a quienes sirven al Señor y los que no lo sirven.

Hay quienes creen que el "os" se refiere a los malos murmuradores de Israel, pero esto se aplica mejor a los justos. Los piadosos han tenido muchas oportunidades de ver que Dios no trata a todos por igual, tanto a los justos como a los malos. Eso será mucho más evidente aún cuando el Señor libere gloriosamente a los piadosos y destruya en forma soberana a los inicuos.

"EL SOL DE JUSTICIA"

El día de la ira ardiente

La mayoría de las ediciones del Antiguo Testamento en hebreo y casi todos los manuscritos del texto original incluyen los seis versículos del capítulo 4 como una continuación del capítulo 3. Todas las versiones tienen la división que encontramos en nuestras Biblias en español. Hay quienes creen que la separación del capítulo es lamentable; pero no vemos que resulte perjudicial para los conceptos del pasaje.

Debemos considerar estas palabras finales con solemnidad íntima porque el capítulo 4 nos da el último mensaje de los profetas del Antiguo Testamento. Después de esta profecía, el cielo permaneció en silencio durante cuatro siglos, hasta que se dejó escuchar la voz de Juan el Bautista, que llamaba a Israel al arrepentimiento en vista de la venida del Mesías.

El día del que se habla es el importante día de Jehová, tan prominente en todo el Antiguo Testamento. Es el día de la ira del Cordero, revelado en el Nuevo Testamento.

El lenguaje es breve y brusco, lo que hace resaltar la tremenda realidad de la predicción. Puesto que con frecuencia se compara el juicio de Dios a un fuego, se dice que ese día será ardiente como un horno. (Entre muchos otros pasajes, léase con cuidado Isaías 10:16; 30:27; Jeremías 21:14; Ezequiel 20:45-48; Amós 1:4 y Sofonías 1:18 y 3:8.) Ante el fuego del juicio de Dios, los malvados serán como rastrojo que será abrasado y no les quedará ni raíz ni rama. La intensidad del fuego hace destacar la magnitud de la ira de Dios.

Obsérvese el fin de los soberbios; es muy diferente de la idea expresada en 3:15. Las raíces y las ramas, como los dos extremos del árbol que representa el todo, es una expresión proverbial que significa totalidad. Todos ellos serán destruidos en forma completa. Todo lo que sea ofensivo será depurado del reino (Mateo 13:41, 42).

Los que enseñan la aniquilación de los malvados usan este versículo como base para sus enseñanzas erróneas en el sentido de que los malvados serán borrados por completo de su existencia consciente. Pero este pasaje habla de un juicio al cuerpo de los malos. El alma y el espíritu serán juzgados ante el gran trono blanco. Las Escrituras no enseñan nada acerca de almas que dejen de existir debido al juicio de Dios. Los justos estarán en una bienaventuranza consciente eternamente, mientras que los impíos sufrirán conscientemente por toda la eternidad (Apocalipsis 20:11-15).

Los resultados del futuro día de juicio para los malvados están indicados en el versículo 1. En los versículos 2 y 3 tenemos las consecuencias de ese día para los justos. No hay nada en las Escrituras que reseñe en forma más destacada el destino enormemente diferente de los creyentes y de los incrédulos, cuando el Señor venga a juzgar al mundo.

El Sol de justicia

Los que temen el nombre del Señor (los mismos de 3:16) recibirán un destino bendito que tienen asignado. Para ellos no habrá fuego ardiente como un horno, sino el calor confortante y el cálido afecto del Sol de justicia que trae salvación en sus alas. El que es un horno para los malvados es como el sol para los justos.

Algunos intérpretes no ven en la frase "Sol de justicia" más que un período de bendiciones para los piadosos. Por nuestra parte, creemos que el sol se emplea aquí para representar a Dios mismo y, en particular, al Señor Jesucristo, el Mesías de Israel. (Véase el Salmo 84:11 y también 2 Samuel 23:4 e Isaías 9:2; 49:6.) Se lo llama el Sol de justicia porque Él es el Señor, justicia nuestra (Jeremías 23:5, 6 y 1 Corintios 1:30).

Este Sol trae sanidad espiritual, porque así como los rayos del sol material dan la luz y calor para el crecimiento de la vida vegetal y animal, el Sol de justicia sanará las heridas sufridas por los justos.

Se habla aquí de los rayos del sol como de alas, debido a la rapidez con que se extienden sobre la tierra. La esperanza de Israel es el Sol de justicia; la esperanza de la iglesia es el Lucero de la mañana (2 Pedro 1:19 y Apocalipsis 22:16).

Obsérvese la diferencia que hay entre el lucero de la mañana, que anuncia la llegada de la aurora, y el Sol de justicia, que introduce el día resplandeciente. Por la obra redentora del Salvador, los piadosos saldrán, escapando al juicio que caerá sobre los malvados. Será tal su libertad de represión externa, su vitalidad y su gozo, que saltarán como becerros de la manada. Y hollarán a los malos. Jehová invertirá la situación usual entre los justos y los impíos. Se compara a los impíos con la ceniza, el resultado del fuego del juicio de Dios. Todo esto sucederá el día que Jehová ha designado.

Moisés y Elías

Puesto que no iba a surgir ningún profeta desde la época de Malaquías hasta el advenimiento del precursor del Mesías, era tanto más necesario que cumplieran más concienzudamente la ley mosaica. Moisés les había dado la ley, pero la misma no procedía de él, porque en eso, como en todo su ministerio, él era siervo de Jehová. Obsérvese bien que la ley se dio para todo Israel y no para otros, a pesar de lo que puedan pretender contrariamente en sus elucubraciones los partidarios del séptimo día.

Se relaciona aquí a Moisés con Elías (versículo 5), como lo fueron en el monte de la transfiguración y, según lo creen muchos, como lo serán en la gran tribulación (Apocalipsis 11:3-12).

En el versículo 5 tenemos el tercer gran "he aquí", en la última parte de la profecía de Malaquías (véase 3:1 y 4:1). Compárense las palabras del comienzo de este versículo con el 3:1.

Los comentaristas están divididos en dos campos respecto al tema de si el profeta se refiere aquí en forma personal a Elías, o en forma ideal (representativa) a través de Juan el Bautista. Los que consideran que se trata de una representación idealizada de Juan el Bautista, señalan los pasajes de Mateo 11:14 y Lucas 1:17, donde se dice que Juan vino con el espíritu y el poder de Elías, y donde se dice que representa a Elías para ellos, si quisieran recibirlo. Esta opinión explica la negación de Juan el Bautista en Juan 1:21 como que se refiere sólo al sentido personal del término, o sea, que estaba negando ser Elías en persona. También se explica Mateo 17:10-13 de tal modo que se afirma que Elías había venido ya como Juan el Bautista.

Se explica el día grande y terrible de Jehová como el espantoso tiempo del juicio que dio como resultado la destrucción de Jerusalén por los romanos. De hecho, no se usa de ese modo la frase "día de Jehová" en las profecías del Antiguo Testamento, como acabamos de ver. En general, los comentaristas judíos y los intérpretes cristianos consideran que aquí se refiere literalmente a Elías el tisbita.

Estamos de acuerdo con esta última opinión. Juan el Bautista mismo dio testimonio de que no era Elías (Juan 1:21). Sabía por el Espíritu que en un sentido se lo mencionaba en Malaquías 4:5 (Lucas

1:17); sin embargo, sabía también por iluminación divina que él no satisfacía por completo todas las condiciones y requisitos de esa profecía. Habrá un cumplimiento futuro.

Incluso después de la experiencia de la transfiguración, en Mateo 17:11, el Señor habló de la venida de Elías como algo aún futuro; aunque había venido ya, en cierto sentido, en la persona y el ministerio de Juan el Bautista. La mención del día de Jehová muestra que no es posible que se esté refiriendo aquí exclusivamente a Juan, porque su ministerio precedió al día de gracia de Cristo y no al día de su juicio.

Así como Juan el Bautista vino con el espíritu y el poder de Elías antes de la primera venida, Elías vendrá en persona antes de la segunda venida. En resumen, la venida de Juan el Bautista fue un testimonio de fe y no el cumplimiento de esta profecía.

El ministerio de Elías en Israel había sido llamar a los israelitas apóstatas para que volvieran a Jehová, a quien habían abandonado. Volverá para apartar de sobre Israel la maldición de Jehová. Esta es una misión que Juan no realizó en su ministerio. Algunos consideran que los dos testigos de Apocalipsis 11 son Moisés y Elías, que cumplen así esta profecía.

Véase allí la naturaleza de los milagros realizados. El objetivo del ministerio de Elías cuando venga antes del día grande y terrible de Jehová, será hacer volver el corazón de los padres hacia los hijos y el de los hijos hacia los padres (exactamente lo contrario de lo que se produjo en la primera venida de Cristo, véase Mateo 10:34-36), no sea que Jehová venga y castigue a la tierra con una maldición. La reconciliación que se procura (basado en Lucas 1:16, 17) ha de ser entre los hijos incrédulos y los padres y antepasados creyentes (tales como Jacob, Leví, Moisés y Elías, mencionados en 1:2, 2:4-6; 3:3 y 4:4).

Si no se efectúa esa restauración, la venida del Mesías será una maldición sobre la tierra, en lugar de una bendición. La maldición o condena significaba destrucción y exterminio. (Véase Levítico 27:28, 29 y Deuteronomio 13:16, 17.)

Es interesante e instructivo el hecho de que la palabra final del último profeta del Antiguo Testamento sea *maldición*, mientras que la primera palabra del Mesías en el monte fue *bienaventurados* (Mateo 5:3), y el último versículo del Nuevo Testamento comienza con *la gracia* (Apocalipsis 22:21).

Los judíos repiten el versículo 5 después del 6 porque Malaquías termina con el pronunciamiento de una maldición. Los eruditos judíos indicaron que en cuatro libros del Antiguo Testamento debía repetirse el penúltimo versículo al leerlos. Son Isaías, los Doce (los profetas menores que terminan en Malaquías), Lamentaciones y Eclesiastés. (Compárense sus últimos versículos.)

El remedio de la maldición

El libro del Génesis muestra cómo entró la maldición al género humano, y Malaquías indica que esa maldición nos amenaza todavía. El libro de Mateo se inicia con el Hijo de David, el Hijo de Abraham que vino a ser hecho maldición por nosotros al ser colgado en un madero, hecho declarado maldición en la Palabra de Dios, para que tengamos bendición, gozo y vida eterna por medio de la fe en su nombre. Sólo por mediación de Jesucristo, el Mesías, el Señor, puede escapar Israel de la tremenda maldición.

Nos agradaría recibir noticias suyas.
Por favor, envíe sus comentarios sobre este libro
a la dirección que aparece a continuación.
Muchas gracias.

Editorial Vida
7500 NW 25 Street, Suite 239
Miami, Florida 33122

Vidapub.sales@zondervan.com
http://www.editorialvida.com

Printed in the USA
CPSIA information can be obtained
at www.ICGtesting.com
LVHW051531210724
785408LV00008B/58